# 陈忠实的人与文

李清霞 ●著

中国社会科学出版社

**图书在版编目（CIP）数据**

陈忠实的人与文／李清霞著 . —北京：中国社会科学出版社，2013.10
ISBN 978 - 7 - 5161 - 3180 - 0

Ⅰ.①陈…　Ⅱ.①李…　Ⅲ.①陈忠实—评传　Ⅳ.①K825.6

中国版本图书馆 CIP 数据核字（2013）第 205456 号

| | |
|---|---|
| 出 版 人 | 赵剑英 |
| 责任编辑 | 李炳青 |
| 责任校对 | 张玉霞 |
| 责任印制 | 张汉林 |

| | |
|---|---|
| 出　　版 | 中国社会科学出版社 |
| 社　　址 | 北京鼓楼西大街甲 158 号（邮编 100720） |
| 网　　址 | http://www.csspw.cn |
| | 中文域名：中国社科网　　010 - 64070619 |
| 发 行 部 | 010 - 84083685 |
| 门 市 部 | 010 - 84029450 |
| 经　　销 | 新华书店及其他书店 |

| | |
|---|---|
| 印　　刷 | 北京市大兴区新魏印刷厂 |
| 装　　订 | 廊坊市广阳区广增装订厂 |
| 版　　次 | 2013 年 10 月第 1 版 |
| 印　　次 | 2013 年 10 月第 1 次印刷 |

| | |
|---|---|
| 开　　本 | 710 × 1000　1/16 |
| 印　　张 | 24 |
| 插　　页 | 4 |
| 字　　数 | 405 千字 |
| 定　　价 | 62.00 元 |

笑容绽放的陈忠实

眼中噙泪的陈忠实

秋野中的陈忠实，略显忧伤

陈忠实在祖屋院子摘枣

# 序　言

张　炯

　　李清霞教授的新作《陈忠实的人与文》，是她在中国社会科学院文学研究所博士后工作站从事两年研究工作的成果。这个课题的导师组除了我，还有著名评论家包明德、白烨、陈骏涛、王光明等人。导师组对她的成果的一致评价是"优秀"。

　　《陈忠实的人与文》这个题目是我与她协商确定的。因为陈忠实是当代著名作家，也是陕西土生土长的作家，他的长篇小说《白鹿原》出版后，在国内外都产生了广泛的影响，还荣获茅盾文学奖。他的文学创作道路，具有深刻的理论意义，应该研究。而李清霞也是陕西人，对陈忠实已有一定的了解和研究基础，导师组中的白烨研究员对陈忠实素有研究，能够提出好的指导意见。果然，在两年内李清霞很好地完成了自己的研究课题。出站后，她回到教学岗位，对原稿又做了进一步的修改，才交由中国社会科学出版社出版。

　　正如作者在"引言"中所说，《陈忠实的人与文》意在解决以下问题：一、陈忠实如何从一个回乡知青、农村基层干部成长为优秀的作家，从个人命运遭际探寻作家文学创作的动力机制和源泉。二、陈忠实如何走出"文化大革命"文化审美模式及叙事模式，形成自己的艺术个性与文体风格。三、《白鹿原》的社会文化内涵和思想艺术价值，兼及作家艺术超越的可能性。四、陈忠实散文创作及 21 世纪以来短篇小说创作的价值与评价。五、作为文学现象，陈忠实和《白鹿原》的社会意义与文化符号意义。

　　应当说，李清霞经过长达数年的采访和研究，比较出色地完成了此书的写作。她多次采访陈忠实本人，倾听他的自述，并与他交换各自的看法。她收集了许多有关的资料，广泛地阅读了前人对陈忠实研究的成果，并在广阔的学术和理论视野中，形成自己对陈忠实及其文学创作的见解。书中相当详细地叙述和描绘了陈忠实如何从农村青年，一步步成长为著名作家的曲折而漫长的过程，并对他的系列作品做了介绍和评价。对他的长篇小说《白鹿原》更以厚重的篇幅做了详尽的分析和探讨。自然，对作家的认识和评价，往往是仁者见仁，智者见智。对于一个作家，特别是对于创作道路比较曲折、成果比较丰硕、内容比较复杂的作家，要获得全面而深刻的认识和恰当而公允的评价，往往需要几代评论家的努力和读者反复阅读的考验。本书自然只属于一家之言，难免会有认识的局限。但作为阶段性的研究成果，它的引证丰富、思虑精慎、立论严谨、见解独到，还是给读者留下了深刻的印象。毕竟通过这样的著作，读者会加深自己对陈忠实及其创作的理解，并从中得到许多启示。

新中国文学已经走过了六十余年的岁月，其间涌现过许多创作成果丰硕的作家。但文学评论家和文学史家他们的研究仍很不够，没能把他们的创作成果很好地介绍给读者，对他们的文学创作的历史意义，也缺乏应有的深刻论述。因而，吸引更多的文学研究者和评论家潜下心来，不再仅仅满足于对作家作品做浅尝辄止的泛泛评介，而对有相当成就的作家做深入的研究，写出更有分量更有学术价值的著作来，实在非常必要。近年来，这方面的著作，包括作家评传和作家创作专论渐渐多起来，这无疑是十分可喜的现象。它们对于发展我们的文学批评，并加强我国文学评论界、研究界与世界的对话，都非常重要！

成功的作家就像一棵大树，它总要深深扎根于生养自己的土地，还要善于从周围环境中吸收各种养分，它也一定要迎向风霜雨雪，乃至电火雷霆，但总是由于自己的顽强坚韧，由于自己坚定的意志，由于自己雨滴石穿的努力，终于攀登上荣誉的顶峰。我想，陈忠实就是这样一位作家。他扎根于关中，把自己的根须深深伸向民族文化和政治风云的土壤，而能从前辈作家以及世界各国现代名家的作品中吸取营养，在并非一帆风顺的环境中，励志不移，不怕艰难地向文学前路奋勇迈进！这样的作家的文学道路不但会给许多文学爱好者、青年写作者以深深的激励，也会使许多普通的读者得到人生的滋养及审美享受。因而，《陈忠实的人与文》这部书，不仅对文学工作者有益，也对广大读者有益。我祝贺这样的一部著作出版，并衷心希望它能因资料的丰富、语言的清新流畅和论述的深入浅出，而获得众多读者的喜爱和赞赏！当然，更希望能得到读者和专家学者对它的批评、指正。

# 目　录

# 引　言

陈忠实是"文化大革命"前开始创作的陕西作家，他的《白鹿原》以深邃的思想、深厚的文化底蕴和独特的艺术风格赢得了文学界和读者的一致好评，被誉为当代现实主义长篇小说的"扛鼎之作"，作者"蛰居"白鹿原祖屋整整4年，完成了"民族史诗"的建构，开创了"家族·文化"的历史叙事模式。《白鹿原》成为20世纪90年代以来罕见的畅销书与常销书，正版销售量已超过150万册，在国内外产生了广泛的影响，该书还是教育部推荐大学生阅读的两部当代长篇小说之一。

多年来，陈忠实坚信"文学依然神圣"，本着农民"不问收获，但问耕耘"的生活理念，对文学"虽九死其犹未悔"，完成了从回乡知青到专业作家的精神蜕变，成为许多文学爱好者和文学新兵的楷模。其人生和创作经历的传奇性和示范性，被某些媒体和读者神化、简单化、庸俗化，使部分文学青年对文学创作及作家成长产生误解，将勤奋与坚持当做文学创作的"法宝"。如今，陈忠实已年过七旬，没有出版过自传，也没有授权他人出版过传记和评传，以致出现了对作家及其作品"过度阐释"和"有意误读"的现象。本书拟对陈忠实由回乡知青到业余农民作家的曲折奋斗经历，以及执著中有游移、稳固中有变异的复杂心理进行客观描摹，探索其由稚嫩简单到成熟丰富的艺术实践，揭示其成长的内在规律，对其文学生涯和创作进行全方位的文化审美观照。

本书是第一部真正意义上的陈忠实评传，是在《陈忠实研究资料》①和笔者前期研究基础上完成的，其间历时8年，笔者经过实地考察和走访，搜集整理了大量的第一手资料。2008年7月开始撰写，该著填补了

---

① 山东文艺出版社 2006 年版。

陈忠实研究的空白，首次以"传记"的形式对陈忠实的文学人生进行梳理和评价，首次对陈忠实"文化大革命"后期的小说创作进行分析与评价，首次对陈忠实21世纪以来的短篇小说创作、散文创作及文学思想进行科学系统的评述，是第一部全面考察作家陈忠实及其创作的学术专著。

本书将陈忠实及其创作放在中国当代文学史，乃至世界文学的大背景中进行考察，通过其成长经历与创作经验的总结，探寻其创作的艺术规律和文学价值，以便对陕西当代文学创作的流变进行宏观把握，探寻陕西作家艺术创作的共性及儒家文化对其创作的影响，进而勾勒出中国当代文学发展的脉络，以期为未来文学的发展与作家成长提供借鉴。

孟子主张知人论世，对作家文学生涯和心灵历程的描述与剖析，是为了更好地解读和阐释作品的思想文化内涵及其所表现的社会历史内容和民族文化心理；郁达夫说："文学作品，都是作家的自叙传"，艺术创作的过程也是作家精神剥离与超越的过程，被誉为"民族秘史"的《白鹿原》也是一部外化了的作家心灵秘史。所以，本书注重作家与作品的关系研究，通过作品的分析论证，探寻作家作为生命个体70年来的生活经验、生命体验和精神裂变史，以反观中国社会70年来的沧桑变化及其对文学创作的影响，即将"作品—作家—社会"的逆向思维和研究与传统的社会学美学研究相结合，以便客观公正地评价作家作品。这是本书研究方法的突破。

《陈忠实的人与文》意在解决以下问题：

一、陈忠实如何从一个回乡知青、农村基层干部成长为优秀的作家，从个人命运遭际探寻作家文学创作的动力机制和源泉。

二、陈忠实如何走出"文化大革命"文化审美模式及叙事模式，形成自己的艺术个性与文体风格。

三、《白鹿原》的社会文化内涵和思想艺术价值，兼及作家艺术超越的可能性。

四、陈忠实散文创作及21世纪以来短篇小说创作的价值与评价。

五、作为文学现象，陈忠实和《白鹿原》的社会意义与文化符号意义。

由于作家及其创作是一个动态变化的过程，作家的人生经历还存在许多变数，在作家成为文化名人的时代，对作家个人性的东西应给予足够的尊重。因此，全书在人物评传部分本着"述而不作"的原则，尊重作家及其作品；对文学创作的评价则坚持思想自由、学术独立的原则，以保证研究成果的学术品格。

# 第 一 章

# 陈忠实的文学道路

## 第一节　"倒着走"——从高中生到农民

1962 年夏，傍晚时分，古老的旱原弥漫着雨洗后的葱绿与清新，这个清瘦的青年望着被薄雾笼罩着的一黛原坡，神情凝重。夜深了，山影越发地模糊，他的身影越发地单薄，潮气上漫，他的眼睛湿了。

这个孤单的身影就是 20 岁时的陈忠实，那时的他可曾料到，30 年后这古老的旱原在他的笔下成为中华民族的秘史？"白鹿原"给他开了一个不大不小的玩笑，陈忠实的人生在这里拐了个弯儿。

1942 年农历 6 月 22 日，陈忠实出生在陕西省西安市灞桥区毛西乡西蒋村一个普通的农民家里。那是一个三伏天的午时，天气暴热，出生不过半个时辰，婴儿的身上就被密密麻麻的热痱子覆盖，整整一个夏天，母亲都在替他从头到脚撕揭干了壳的痱子皮……成年后，每当他遭遇坎坷，母亲就慨叹儿子出生的时辰不好，要是遇上伏天的雨，儿子的时运就会好多了。

他属马，跟父亲同月同日同时辰出生，他说父亲是一本书，是他在这个世界上最熟悉最了解又最难理解的人。他爷爷是当地远近闻名的私塾先生，终生力行"耕读传家"的古老遗训，他的父亲则是一个地地道道的农民，但他是村中少有的几个能打算盘、能提毛笔的人，偶尔闲暇，他会坐在院子里看书，直到老年依然保持这样的习惯；过年或村上有人家"过事"，父亲会在院子里铺开纸张，备下笔墨为村人写春联、喜联或挽联之类。他是乡村里的明白人，不管多么艰难，他都坚持供养自己的两个儿子上学。父亲最终死于食道癌，陈忠实亲眼看着父亲"庞大的躯体日渐一日萎缩成一株干枯的死树……"①　他觉得他和父亲的生命中都需要雨。在他的心中，父亲就是一棵树。树是陈忠实小说、特别是散文中常见的审美意象，他的系列散文《我的树》（五篇），写出了他与树的渊源与情感。

陈忠实家境贫寒，童年时代的他在南原②上挖野菜、捡柴火，在灞河里与同伴嬉戏，在野风野趣中快乐地成长着。1950 年春节过后的某个晚上，父亲把一支毛笔和一沓黄色仿纸交到他手里，告诉他明天早起要去上学，并要他和哥哥伙用一个砚台。七岁的孩子凝视着那撮黑里透黄的动物毛做成的笔头，想，明天就要走进自己人生的第一个驿站——西安市灞桥区毛西乡西蒋村小学了，心里感觉有点儿兴奋，有点儿紧张。

1953 年到 1955 年，陈忠实在蓝田县华胥镇的高级小学接受高小教育。学校距他家只有二里路，他却得搭灶住宿，住在教室里的木楼上。这是他最早离家独立生活。他作品中常常提起的灞河从他家门前自东向西倒流，他家在灞河南岸，学校在对岸。灞河一年三季常会涨水，河水湍急，河边多植杨柳，古时"灞柳伤别"即为长安八景之一。河川里四季景致不同，远古时代这里温暖湿润，属亚热带气候，雨量丰沛，是水乡泽国，草木繁茂，蓝田猿人和剑齿虎、披毛犀、猛犸象一起游荡在南原北岭和灞河川道里繁衍生息。灞河源头公王岭上蓝田猿人遗址的陈列室里，摆放着蓝田猿人头盖骨化石的复原仿制品，外行实在难辨真伪。

这个以华胥氏命名的小镇紧挨灞河北岸，因华胥塚遗址而得名。小镇地处秦岭北麓和关中平原过渡带，地形复杂，兼有丘陵、高原、河川等地貌，气候多变，景色宜人。华胥是女娲的母亲，《山海经·海内东经》说："华胥履大人迹，于雷泽而生伏羲。"《春秋世谱》云："华胥氏生男名伏羲，生女为女娲。"《竹书纪年·前篇》的记载颇有拉美魔幻现实主义的色彩，其云："太昊之母，居于华胥之渚，履巨人之迹，意有所动，虹且绕之，因而始娠。"美丽浪漫的神话传说，具有《荷马史诗》般的神秘韵致。风和日丽的某一天，少女华胥氏在灞河边无意间踩到了一位巨人

---

①　陈忠实：《乡土关中》，中国旅游出版社 2008 年版，第 170 页。

②　《白鹿原》之前的作品中，陈忠实称这古老的旱原为"南原"；《白鹿原》成功后，人们习惯称之为"白鹿原"，至今如是。

的脚印，心头如小鹿般被柔情撞击，那一刻天空彩虹缭绕，这个少女怀孕了，伏羲和女娲因此而诞生了。在《白鹿原》中，如白鹿般纯洁的白灵出生时，白家院子里梧桐树的枝头有百灵鸟在鸣叫，白嘉轩以为女儿吉祥通灵，为之取名"白灵"，疼爱有加。不知陈忠实写到白灵降生时眼前是否闪过远古的那道飞虹？司马迁在《史记·五帝本纪》中说：华胥氏生伏羲女娲，伏羲女娲生少典，少典生炎帝和黄帝。黄帝是"人文始祖"，那么华胥呢？传说她是"九河神女"，史书上说她"蛇身人首"。传说黄帝曾梦游华胥国，那俨然是一个人类理想的大同世界，国无首脑，民无奢欲、无天殇，人无爱憎、无利害，一切遵循自然法则，"乘空如履实，寝虚若处林"。据历史学家推算，华胥国距今8千多年，华胥镇不远处的陕西半坡遗址距今6千多年。2006年5月，陈忠实被聘为半坡博物馆的文化代言人，是国内作家代言博物馆的首例。孕育了中华民族始祖的灞河，至今还孕育滋养着灞河两岸的普通生民。

陈家同时供给陈忠实兄弟两个上中学，生活逐渐显得捉襟见肘。父亲节衣缩食，拼命向土地和汗水索取，他能想到和做到的，一是卖粮，二是卖树。短短三四年间，滩地上的小叶杨树全部被砍伐一空，连地下的树根都掏挖干净了，只有渠岸上留下了一排新插的白杨枝条或手腕粗细的小树……小树的成长赶不上儿子的成长，无奈之下父亲卖掉了农民视为生命的水田，却依然无法为儿子筹集到足够的学费。水田之于当地农民的重要在《白鹿原》中有真切的描绘。在旱原上，水地是庄稼人的命根子，一家人"肚圆"的基本保障。李准的短篇小说《不能走那条路》写了一个叫宋老定的农民为生活所迫而卖地的故事，在20世纪50年代中期引起了极大的社会反响。初一第一学期结束的那个大年初二的晚上，父亲对陈忠实说："你得休一年学，一年。"父亲是经过深思熟虑的，陈忠实当时只有13岁，在同学中算小的，父亲想先供哥哥上完初中，待哥哥考上师范或技校，压力缓解之后再供他上学。父亲的盘算合情合理，然而，父亲没有料想到的是这一年的休学竟然彻底改变了陈忠实的人生轨迹，父亲临终时歉疚地说"我有一件事对不住你……""我不该让你休那一年学！""错过一年……让你错过了二十年……"[1] 2006年8月，陈忠实做客《艺术人

---

[1]　陈忠实：《陈忠实散文》，文化艺术出版社2009年版，第22页。

生》，谈及此事，不禁潸然泪下，父亲的临终自责成为陈忠实一生背负的情债。

　　家庭经济的窘迫让幼小的陈忠实过早地懂事了，小学毕业那年，他13岁，系上了生命中的第一条红腰带。跟随班主任杜老师与20多位同学一起徒步去距家30余里的灞桥镇报考中学，他在同学中年龄最小、个头也最矮，这是他有生以来最远的一次出行，此前他离家最远的距离不过三公里。砂路磨破磨烂了他的旧布鞋，脚后跟磨出了血，血浆渗湿了鞋底和鞋帮，他渐渐掉队了，同学们倒追回来，他却不肯告诉同学真相，因为他怕穿胶鞋的同学嘲笑自己的穷酸。这种爱面子的心理似乎与生俱来，他一生从未在人面前哭过穷。同学的关爱、老师的激励丝毫无法减轻他脚底的痛楚，老师和同学嘱咐他一直往前走，他们会在前面等他。他期望在路上捡到一块烂布包住脚后跟，企盼能撞见某位熟人赶着马车从身边经过，当然，他最终也没发现哪怕是巴掌大的一块碎布，他后来才意识到其实他从来也没认识过哪位车把式。他从路边的杨树上将下一把树叶塞进鞋窝儿，走不过十几米，砂石路就断绝了他的小小的单纯的幻想，他狠下心从书包里摸出擦脸用的那块布巾，大约有那时用的课本的两倍大，只能包住一只脚，跟脚的疼痛相比，擦脸已经显得有点奢侈了。包住的那只脚不用直接遭受砂石的磨蹭，他踮着另一只脚跛着往前赶，果然快了很多。不知走了多少路，脚下的布巾磨透了，他把布巾倒过来再包在脚上，直到那块布巾磨得稀烂无法再用。最后，他只好把课本一本本拿出来，一沓一沓撕下来塞进鞋窝儿……他自信只要他能走进考场，没有书也一定能考中。从鞋窝儿里泛出的课本纸张的碎片撒落在砂石铺就的国道上，活像关中人送殡时沿路抛撒的纸钱。课本撕光了，他完全绝望了，脚底的疼痛几乎掐灭了心头最后的火焰和勇气，中学对他来说是模糊的、遥远的，回家割草拾柴不也很好吗？何苦要受这般苦楚，他崩溃地坐在了地上，再也不想挪动。这时，一声汽笛的长鸣惊住了他，一列火车冒着白烟呼啸而过，这是他平生第一次听到汽笛的长鸣，他看到火车了。

　　车窗里映出一个少年的脸，娴静悠闲的样子，年龄似乎与他相仿，他要去探亲，还是在旅行，或者和自己一样，去投考心仪的学校？他是否看到车下那个穿着没底的布鞋的乡里娃？他会以怎样的眼光看我呢？他瞪大了眼睛，天哪！在这个世界上，竟然有那么多人是坐着火车跑呢，而自己却在用双脚赶路，还穿着步步出血的没有脚后跟的鞋?! 一股无名火从丹田直蹿脑顶，他愤怒了，人"不能永远穿着没后跟的破布鞋走路……"①他忍着痛倒净鞋窝儿里残留的碎布树叶烂纸屑，重新举步，咬牙忍着，渐渐地，那双脚仿佛走到了云层里，那云层里有呼啸而过的火车和那临窗远眺的少年，而那双脚已不再属于他……在离考场所在的学校还有一二里的地方，他终于赶上了大家，凭着那股子不服输的狠劲，他掩饰隐瞒着血肉模糊的脚后跟。

那一声汽笛的鸣叫，在陈忠实的生命中响彻着，当他遭遇打击，以为自己就要走向生命的尽头，站在水井边难以抑制那纵身一投的欲望时，当他在文学的春天受到审查，准备放弃仕途放弃文学时，那声汽笛就在记忆深处鸣叫，还有他那血肉模糊的脚后跟……

人生难道真有宿命，本命年的红腰带像魔咒一样缠绕着他，难道人的生辰真的与命运有关，那个炎热焦躁的午后似乎预示着他的生命也像这旱原一样充满了坎坷和灾难? 第二次系上红腰带那一年，他被划进"刘少奇路线"（1966 年），政治生命几乎完结，钟爱的文学刚刚起步就遇到挫折，家庭灾难也接踵而来。第三次系上红腰带那年，他被免了公社副书记的职务，躲在西安小寨一处破败的小屋里读着莫泊桑、契诃夫的小说，以自虐式的阅读反省自己。第四次系上红腰带那年，适逢全民下海的浪潮，他蜷缩在白鹿原上的祖屋里与白嘉轩、鹿子霖们周旋着，孤清，寒冷，却不寂寞。人过五十，他终于明白魔障在心，红腰带只是人懦弱无助时的托辞而已。因此，他认定人生之路——文学，往前走，不抱怨，不辩解，把灾难当作上天赐予的精神财富，感受它，体验它，书写它。以之丰富自己，成就自己!

然而，忍耐节俭不是解决贫困的根本途径，陈忠实开始利用假期和业余时间为自己筹措学费，他先一天后响到附近的菜园或果园摘割韭菜、大葱、沙果、杏子、甜瓜等蔬果，挑到十几里外原上的小镇去卖掉，赚取一点小小的差价。但他微薄的努力终究没能改变家庭的困窘，他忍着委屈和惊愕答应父亲去办理休学手续，在教务处，负责的女教师看他各科成绩优秀，问明原因后去请求校长对他格外照顾，校长表示无能为力，女教师将

---

① 陈忠实:《我的人生笔记》，时代文艺出版社 2007 年版，第 160 页。

他送到学校门口，叮嘱他明年一定按时报到，那一刻，他突然看到女教师眼中晶莹的泪珠，几十年里，女教师晶莹的泪珠不时闪现在他的面前，他说："当各种欲望膨胀成一股强大的浊流冲击所有大门窗户和每一个心扉的当今，我便企望自己如女教师那种泪珠的泪泉不致堵塞更不敢枯竭，那是滋养生命灵魂的泉源，也是滋润民族精神的泉源哦……"①

13岁那年，他曾写过助学金申请书，结果未获批准，他觉得感情受到挫伤，丢脸。尽管他知道获得助学金的那些同学确实比他更困难，理智上也能理解，但这次挫伤竟影响了他整整一生，从那以后，他拒绝申请一切困难补助，也从不向组织和他人诉苦，不管当时的情况多么窘迫艰难。在农村做基层工作时，孩子的尿布少到换不过来，他的夫人就在灞河滩上选了一块光滑的河石，抱回家，洗净，做饭时在灶锅下烧热，用来烘烤孩子的尿布，孩子稍大，这块宝贝又被当作"暖壶"为孩子们取暖，因为家里实在没有足够的柴草用来取暖。他对夫人大加赞赏，夸她聪明，有创造性，年终困难补助时，他依然拒绝写申请。夫人早已见怪不怪了。这是个人气性使然。

像许多孩子一样，陈忠实就是想到城里的中学去念书，城市、火车就是那个年代现代文明的标志，至于念书以后干什么，他是混沌迷茫的。成名之后，他追忆那时读书最宏伟的志愿就是当个工人挣工资、吃商品粮，因为那是乡村人眼中最幸福的事。然而，就在复学之后，他却意外地喜欢上了文学。那时的中学语文课分汉语和文学两部分，文学课本里，那些反应农村生活的作品，唤醒了陈忠实心中有限的乡村生活经验，当浅薄的生活经验被铅印的文字印证时，他激动不已，天生对文字敏感的神经被唤醒，他开始憧憬和梦想，畅游在文字的梦想中，爱好文学这件浪漫而诗意的事，竟发生在这个穿着粗布衣服、吃着开水泡馍的农家子弟的身上。曾有人追根溯源将陈忠实的文学生涯与他的出身联系起来，陈忠实说："书香门第以及会讲故事会唱歌谣的奶奶们的熏陶，只能对具有文字敏感的儿孙起反应起作用，反之讲了也是白讲唱了也是白唱。"② 是啊，这可以看做陈忠实对文学创作的一种感悟和理解，文学是愚人的事业，但文学仅靠

---

① 陈忠实：《陈忠实散文》，文化艺术出版社2009年版，第22页。
② 陈忠实：《凭什么活着》，时代文艺出版社2007年版，第19页。

勤奋是不够的，它还需要天分，比如这种对文字的敏感。陈忠实曾经很后悔鼓励别人搞文学创作，有一个农村青年向他讨教创作的秘诀，陈忠实热情地鼓励了他，结果，这个青年什么都不愿再做，发誓要专心创作有一天也能像陈忠实一样写出《白鹿原》那样的巨著。

辍学后的他与家庭一起抗拒着穷困的生活，他抱着不满周岁的妹妹在村里村外游荡，逗逗小动物，在树荫下、灞河边回忆着自己在学校的快乐时光，感受着大自然的神奇和美妙。有一天，乡里的书记在村里碰到了抱着妹妹的陈忠实，了解情况之后，书记发火了，认为新社会让贫农的孩子失学，实在是本乡的耻辱。他立即与中学校长通电话，要他想尽一切办法让孩子复学。校长答应让陈忠实复学，并每月发给他6元钱的助学金。陈忠实1966年年初入党；美国"9·11"之后，陈忠实在美国密歇根湖畔的一个小镇上探亲访友，"美国之音"不知通过什么渠道得到了消息，邀请陈忠实到电台发表讲话，被他拒绝了。他说："我是中国人，我是党员，我不只代表我个人。"

复学后，陈忠实像《平凡的世界》中的孙少平一样，每周背着粗粮馍馍，从乡下到城里读书，一日三餐开水泡馍，奢侈品不是罐头、点心，而是杂拌咸菜；衣服鞋袜都是母亲缝制的，冬日里单薄的棉衣难敌严寒，只有一顶单帽是洋布的。在农村读小学时，大家都差不多，在城市中学，面对衣着艳丽别致的城市同学，他感到从未有过的压抑与自卑。他把这种压抑和自卑转化为学习的动力，以优异的成绩充实自己的内心，掩饰内心深处的躁动与不安。他是一个外表沉静的少年，很少参加学校组织的集体活动，尤其惧怕那些需要花钱的活动，如看电影、看话剧等，文体活动虽不需要直接花钱，有时演出服总得自己准备或者同学借。他怕在公众场合亮相，为自己衣衫褴褛而羞愧，他更怕周末在家自己开口要"一元钱"时，父亲那躲避而又恐慌的眼神。每到那类集体活动，他就悄悄躲在宿舍或者教室，更多的时候是在操场独自徘徊。就在这样的生活艰难中，时光走到了1959年，他正在西安市十八中读初三，柳青的《创业史》第一部（当时叫《稻地风波》）在《延河》杂志连载，每期两章，他每月准时到邮局花两毛多钱买一本，那两毛钱对于陈忠实来说，实在是一笔不小的花销。陈忠实后来曾被称为"小柳青"，他也把柳青作为自己文学创作的导师，并最终完成了对于柳青艺术的超越。这一时期，他几乎阅读了能找到的所有的赵树理小说，还有一位天才神童作家——刘绍棠激励、鞭策着他，刘绍棠13岁开始发表作品，其当时的知名度、影响力绝不输于今天的韩寒、郭敬明。

初中毕业时（前排左一），打着赤脚的陈忠实手里拿着的是《延河》杂志，上面刊有柳青的《创业史》第一部

穷困所引发的自卑和抑郁直接表现在他的学习上，一方面他拼命学习渴望以此证明自己，另一方面又不能容忍老师同学丝毫的误解和不公。一次自拟题目的作文课上，年轻的车老师误以为他的两首小诗为抄袭之作，不仅没有打分，评语末尾还用红墨水写着："以后要自己独立写作。"① 陈忠实前去质问老师凭什么说他是抄袭，老师说他不可能写出这样的诗，他失控了，一把从作文本上撕下那两首诗，再撕下老师的评语，若不是看到老师震怒得可怕的眼睛，他就把纸团摔到老师脸上了，后来他在《第一次投稿》中追忆到当时的情形，他误以为老师是因为他粗布衣裤的丑笨和上不起伙围蹲在开水龙头旁边时的窝囊而瞧不起他；或许老师只是觉得这两首诗的水平远远超出了初中生的水平。晚上，躺在自己铺一半盖一半的被子里，他做好了被开除的打算，期末操行等级降到了"乙"的处境。直到另一次自选作文课，陈忠实写下了平生第一篇小说《桃园风波》，取材于他们村子里果园入社时发生的一些事。车老师给他打了"5＋"，讲评时却只字未提。陈忠实内心膨胀出一种报复的快感，直到一个雪天，车老师搂着他要他去语文教研室，告诉他学校要推荐他的作文《堤》去参加市里的中学生作文比赛，车老师修改了他的错别字，还将作文抄写投寄给了《延河》杂志。陈忠实后来第一次在报刊上发表处女作时，想寄一份报纸给车老师以慰藉那颗被他冒犯过的美好的心；他出版第一本小说集时，想赠书给车老师；他成为著名作家，把车老师的故事写到了散文里，车老师依然没有出现。他只知道车老师在他初三时调回甘肃了。

陈忠实是幸运的，初中阶段，他经历过辍学的苦楚，也遇到了女教师和车老师这样的好教师及热心而又有责任感的乡上的书记和校长，当然还有一如既往支持他的父亲。任何人的成功都不是个体努力所能完成的，他需要众人的扶持和整个社会的共同支持。陈忠实成年后，总是尽己所能帮助他人以回报社会，这与他少年时代的求学经历密不可分。

1961 年，三年自然灾害最严重的时候，陈忠实就读于西安市第三十四中学，学校坐落在灞河之滨，景色优美。上高二的他正处在长身体的年龄，饥饿像疯狗一样撕扯着所有人的肠胃，为了应付饥饿，保护发育中的青年学生，政府采用"劳逸结合"的方式，即取消体育课和晚自习，取

---

① 李佩芝：《灞河川里那条汉子——记作家陈忠实》，《文学家》1986 年第 4 期。

消一切作业。学生只需上课不必写任何科目的作业，不活动照样觉得饿，陈忠实常常饿得想哭。空闲的时间更加难熬，很快地，他和另一位文学爱好者常志文想到一个消磨时光的好办法——读书，要省钱又能读到新书的办法也有一个，那就是：每天晚饭后悄悄溜出学校，抄近路赶往10里外的纺织城书店读书，书店关门时回校，第二天接着去读。在喧嚣浮躁的当今社会，西安还有几处独特的风景，每逢节假日，位于小寨的嘉汇汉唐书城，台阶上，书架间，常常能看到坐着或站着阅读的时尚男女；寒暑假，晨风里，省图书馆大门外蜿蜒的长龙期盼着大门敞开的时刻。读书时，陈忠实和常志文沉浸在艺术与想象的世界里，似乎忘记了饥肠辘辘，而回去的10余里路简直成了痛苦的肉体与精神折磨，干瘪的肠胃有一种被掏空的感觉，即使躺在床上想尽人间的美味也无法哄骗肠胃，他们只好喝一大碗盐水，用饱胀感暂时麻痹自己的神经，在梦中寻找白面馍馍，回味读书的乐趣。这段经历是苦涩、酸楚的，但也充满了刺激、兴奋和期待。

这段时间，他俩和陈鑫玉组织起一个文学社，取名为"摸门小组"，十分恰切地表达了他们寻找文学之门而不得的饥渴、迷惘、痴迷的状态和心境，以及他们对文学热切的追求与向往。同时还创办了文学墙报"新芽"，创刊号上刊登了陈忠实的散文《夜归》。在那个极端贫乏的岁月里，三人合资订了一本《人民文学》杂志，新杂志寄到的日子就是他们盛大的节日，他们轮流阅读，热烈讨论。几十年后，陈忠实还记得他们如何相约走出学校后门和后门外的操场，翻过灞河长堤和柳树林带，围坐着在灞河水边的沙滩上，讨论着王汶石的《沙滩上》和曹禺的《胆剑篇》，直到熄灯就寝的钟点。星光朦胧的灞河滩上，三个读高二的农家子弟正在窥视着文学殿堂的一梁一柱及其中的窍门……

《夜归》那篇散文在墙报发表之后不久，朋友们将它寄往《陕西日报》文艺部。一月后，编辑部回信提出了修改意见，嘱咐他修改后尽快寄回。陈忠实在急切和焦灼中等待了许久，奇迹终于没有出现。三年后，他将修改后的《夜归》，再次投给《陕西日报》，编辑部提出修改意见，他再次陷入急切和焦灼的等待。还曾小心翼翼地到报社探问过，但文章最终没有发表。1965年1月，他打破文章原有构架，重新构思写作，改名为《夜过流沙沟》，并将之寄往《西安晚报》副刊，文章变成了铅字。这篇习作，历经四年，两次修改，一次重写，先后五次投寄，始得发表。这需要怎的耐心和勇气呀！陈忠实将之作为自己的处女作。

其实，在这篇文章发表之前，陈忠实还发表过几次作品，而且大多发表在《西安晚报》副刊上。第一次是1958年秋天，他刚进入初三年级，处在"大跃进"时期，学校处于半停课状态，学生也加入到大炼钢铁的洪流中，大小村庄靠着大路或村巷的庄稼院的围墙和房墙上，都绘上了浪漫主义的图画，还配着充满浪漫激情的诗歌。其中一幅诗配画，陈忠实印象最深，上面画着一位头裹羊肚手巾的壮汉双臂推开两座山峰，配诗末尾一句是："喝令三山五岳开道，我来了"。陈忠实深受感染，作文课上，老师让大家写歌颂"大跃进"、人民公社、总路线"三面红旗"的诗歌，他一气写了五首，每首四句。老师大加褒奖，他便将五首诗寄往《西安晚报》，几天后就有同学在阅报栏上发现了陈忠实的名字。当同学问诗是不是他寄的时，他竟激动到不好意思去看，被同学拽到校门前院的阅报栏，他看到印在自己名字下的四句诗，羞涩矜持的外表也难掩内心的自豪。成名后的陈忠实说尽管那首诗更像顺口溜，但那确实是一个农村少年第一次见诸报刊的文字啊！

另一次是1964年，他所在的西安郊区开展以阶级教育为纲的"面上社教"运动。公社要搞文艺汇演，他所在的农业中学接受了任务，他将当地一位贫农的家史编成一首陕西快板，演出后反响强烈，很快就在《西安晚报》临时开设的《春节演唱》专栏全文发表了。陕西快板属曲艺类，那四句诗是歌颂大好形势的，陈忠实觉得它们算不得严格意义上的文学作品，许多年里都不愿提及；他坚持把《夜过流沙沟》作为自己的处女作。但是，那首诗和陕西快板的发表无疑极大地鼓舞了陈忠实文学创作的热情，增强了他的自信心和自豪感。说到喜欢文学创作的原因时，他曾戏谑地说因为同学们都认为喜欢文学的人很浪漫很神秘，当然也更能得到女同学的青睐。初三时发表的那首小诗，虽只四句，在那时的中学可是凤毛麟角，颇能引起轰动效应的。对贫穷自卑的陈忠实来说，其意义和影响可想而知。如果没有这首小诗的发表，很难说陈忠实有没有足够的勇气将文学事业进行到底。

对文学的狂热并没有冲昏陈忠实的头脑，他早已开始盘算自己的未来，他深知高考才是决定自己命运和未来人生道路的关键，因此，从未放松过文化课学习。他所在的西安市三十四中学1961年的高考升学率是百分之五十，高两级的那一届竟然是百分之九十以上。进入高三第一学期，他踌躇满志，和所有的学子一样沉浸在最后冲刺的单纯与自信中。

春节过后，开学不久，学校突然接到验招飞行员的通知，校长、班主任轮番动员，借机对学生进行爱国主义教育，结果几乎是预料之中的，因为在学校的历史上，走出去的飞行员人数依然是零纪录。飞行员，驾驶飞机保卫祖国的领空，那是何等神圣神秘啊！首先是政审，出身"地富反坏右"家庭的、有海外关系的、家庭和直系旁系亲属中有被杀被关被管制过的成员的学生，都过不了校团委的政审关。政审过后，除过女生，一个班能参加体检的人数就剩十来个了，体检之后还要进行更严格的政审。陈忠实是政审过关的幸运者，而且是被普遍看好的几人之一。那一年，他刚好 20 岁，身高 1.76 米，体型匀称，视力 1.5。他后来不无自豪地吹嘘：我那时一年到头几乎不吃一粒药，打篮球能连续打满两场——80 分钟。怀着侥幸与慌乱，他期待自己能成为打破学校纪录的那个幸运儿，然而，美梦在检查到第四项时被轻易地击碎了。医生发现他小腿上有一块疤，指甲盖大小，那是他小时候碰破后感染留下的，他试图解释，医生说那块小疤到高空气压压迫时，就可能冒血。他信服了医生的话，回校加紧复习。不过，一个和他同龄同班的男生成了那个幸运儿，他顿时成为全校瞩目的人物，就连那两颗虎牙也成了青春魅力的象征。

飞行员之梦破灭了，陈忠实有些许遗憾，却并不沮丧，他期盼着军校保送的机会，他上一届有十余名同学被保送，而且大多去了一所炮兵学院，据说那个炮院院长是他们灞桥人，传说今年还是对口保送。他早已在心里把自己各方面的情况跟那些同学比较过无数次，自我感觉很不错，炮兵虽比普通士兵稍微严格，但远没有飞行员那么挑剔。大家焦急地等待着，已过了往年保送的时间，还没有任何讯息，同学们的心揪紧了。

很快，班主任程老师就带来了"噩耗"——今年高校招生比例大减。大减，到底有多大？（上级不许说那个比例）班主任有一个巧妙的比喻：今年考大学可能比"考举人"还难。陈忠实的脑子顿时一片空白，最后程老师又说：军校保送生的任务取消了。1962 年，整个北方省份的军校保送生都取消了。

保送幻想的破灭意味着所有的捷径都被堵死了，只有背水一战。陈忠实进入了一种无法选择的沉静与单纯，这是他学生时代最下功夫最认真最专一的学习时光，除了睡觉，就是安静地备考。然而，沉静又一次次被扰乱，先是神秘的"政治保送"，即保送军校，但考试照常参加，考生一视同仁，这对陈忠实影响不大，他依然埋头苦读；再是破例在高中毕业生中征召现役军人。这以前，征兵对象只是初中以下的青年，高中毕业生只作为飞行员和军校的挑选对象。学校层层传达文件，同学们远不像应征飞行员那样踊跃，但这毕竟是一条出路，高考压根无望的同学感觉到惊喜；像陈忠实这样学业优秀的学生却陷入两难境地，既想考入大学，又担心万一落榜，失去了这次机会。

得知高考招生比例缩减的消息后，陈忠实也在心中盘算过自己的人生出路，做出了万不得已的打算，即万一考不上大学，就学习柳青回农村自修文学，搞创作。这时，前方突然出现一道微弱的彩虹或亮光——当兵，有点像"鸡肋"。他暗自忖度：当兵不仅有白米饭、白馒头和免费的军装，还有可能提干；高考是烫手的山芋，诱惑最大风险也最大；自修文学成为柳青那样的作家，实在是很虚幻很渺茫的事。陈忠实再也无心坐在教室里演算数理化习题了，他和一帮热心当兵的同学一起跑到十华里外的纺织城，当时的区政府武装部，找到接兵的军官打探消息。他问自己腿上有一块指甲盖大的疤痕能否过关，军官笑着说不要紧。他觉得当兵已经十拿九稳了。

周六回到家，他兴冲冲地向父母诉说经过，没想到父亲不赞同，父亲认为考不上大学可以回家务农，天下农民一层人呢！陈忠实拿出"守卫边疆"之类的堂皇理由说服父亲，父亲答应再想想、再跟亲戚商量一下。回校时他明确告诉父亲自己已经报了名。

三天后，他发现班主任带着班上的几个同学去纺织城的大医院体检，独独落下了他。他追到医院，被告知同学们已体检完跟着班主任逛商场去了。他找到带着妻子逛街的班主任，老师说回去再说。他懵了，不知道自己为什么被取消体检资格，难道是因为"政审"？

后来班主任告诉他，他的父亲前一天到学校找过老师。班主任说征兵名额本来就少，别人争，你爸却挡驾，正好。学校的指导思想是：把当兵这条出路留给那些高考基本没有希望的同学，而陈忠实是属于高考有希望的学生。他无话可说。

就这样，他与军徽擦肩而过。堵塞这条路的人是他的父亲。

这一年，1962 年，全校四个毕业班有 8 名同学考上大学，他所在的班级剃了光头。陈忠实成为村里第一个高中毕业回乡务农的人。自然也成为读书无用的样板。他感觉自己跌入了谷底，几次从梦中惊醒滚落床下，家人担心他"考不上大学再整出精神病来"。

父亲说：天下农民一层人呢！

## 第二节 "独开水道"——自修文学

那个雨后的傍晚，陈忠实完成了人生的第一个蜕变——从高中生到农民，他接受了自己"回乡知青"的普通身份，他决定了人生未来的道路，他要像高尔基一样上社会大学，农村就是他的大学，他预计用四年时间自修完大学中文系的课程，他为自己制定了严苛的学习计划，立志第四年在报刊上公开发表文学作品，他做到了。1965 年 3 月 8 日，《西安晚报》文艺副刊发表了他的第一篇散文《夜过流沙沟》。

柳青说："文学是愚人的事业。""作家是六十年为一个单元的。"

陈忠实的信念是：只问耕耘，不问收获。

回乡知青的身份是尴尬的，陈忠实接受了命运的挑战，他又是幸运的，经过极其短暂的农村劳动，他被安排到村上的小学去教书，成为一名民办教师。那所小学只有两个教室，几个年级轮流上课，一间旧庙是他和另一个老师的办公室。备课改作业辅导学生，晚上的时间就点着自己那墨水瓶改造的煤油灯埋头阅读、写作。时间一点一点地过去，陈忠实逐渐习惯了这种乡村生活，文学成为他生命的寄托。

1964 年，因为他在小学教学成绩突出，改变了那所学校每年初小升高小比率过低的现象，后被调入毛西公社农业中学任教，兼任团支部书记，公社领导赏识并决定培养他。这年春节前，郊区开展以阶级教育为纲的"面上社教"运动，公社搞文艺汇演，陈忠实接受了演出任务，并主动编写了一首陕西快板，请了一位口齿清楚相貌端正的同学演出，效果很好，就是后来在《西安晚报》、《春节演唱》专栏发表的那首。家人同事都替他高兴，他也很振奋。

第一篇散文发表后，陈忠实受到极大的鼓舞，他陆续在《西安晚报》

上发表了《杏树下》（1965 年 4 月 17 日）、《樱桃红了》、《春夜》（1966年 3 月 25 日）和《迎春曲》（1966 年 4 月 17 日）等七八篇散文特写，他觉得自己开始叩响了文学殿堂神圣的大门。直到"文化大革命"开始《西安晚报》停刊，一年稍多的时间，高密度地在同一家报纸副刊发表这么多文章是很不容易的，更何况还是一个农村业余作者，他开始引起编辑、文学爱好者和读者的注意，也结识了一些具有文学理想的朋友。

青年陈忠实（1963 年）

陈忠实发表作品的经历是曲折的，第一篇散文就先后经过五次投寄，才得以发表。前两次投给《陕西日报》，两次按编辑要求修改后再投，其间他还亲自到报社打听稿件的下落，作为民办教师的陈忠实，在报社门口徘徊踟蹰，自卑和羞怯使他只跟门口的那位编辑说了几句话，不敢乱瞅别的人。面对那些坐在窗明几净的办公室里的编辑们，他不免自惭形秽。有幸的是，他两次投稿都受到了编辑部署名"文艺部"的回信，并有修改意见和鼓励的话，成名后他多次表达了对写信给他的编辑的感激之情。这些鼓励对一个文学"摸门者"是何等重要啊！

陈忠实非常重视编辑们的意见，《西安晚报》的一位陈姓编辑在一封信中说："你的诗歌比起你的散文来稍微逊色。建议你专注散文，有所突破，然后再触类旁通。"① 这是他收到的第一封指导他写作的信。那时候他 20 岁出头，喜欢写小说、散文和诗歌。这封信是在编辑发表了他的一首短诗之后写给他的，这一年是 1965 年。陈忠实实在是太在意这位肯给予一位初学者以指导的编辑的话了，他自惭地觉得自己的诗歌是如何让人"勉为其难"，此后，他果然专注于散文、小说创作，即使成为专业作家之后，他也很少将诗作拿去发表或让朋友们赏鉴，也从不自称"诗人"。

他怀着虔敬之心带着一篇新写的散文，登门向陈编辑求教，陈编辑话不多，赞扬了他的散文，再次坦言不大欣赏他的诗歌。第一次走进编辑部跟文学编辑交谈还得到另一个惊喜，陈忠实见到一位年轻美丽的女编辑——李炎。陈忠实极少在文章中夸赞女人美丽，李炎是其中之一。"文化大革命"结束后，他才知道那位美得让他震惊的女编辑的名字。他还多次打探给他指导的陈编辑的去向，未果。

回乡后，陈忠实从村小学的民办教师到公社农业中学的团支部书记；1966 年年初成为中共预备党员。

"文化大革命"的阵势吓坏了陈忠实，"破四旧"几乎否定和批判了中国传统的文学作品和新时代的文学作品，包括新中国成立以后的文学作品。当时连郭沫若都表态说，他读了《红岩》，应该把他的全部文学创作都烧毁，扔了。陈忠实也加入"否定自己"的浪潮，看着自己省吃俭用买回来的文学书，他感到困惑迷茫又不舍。特别是看到自己厚厚一摞的日

① 陈忠实：《凭什么活着》，时代文艺出版社 2007 年版，第 200 页。

记，内心的恐惧无以言表。陈忠实有一个很好的习惯，就是每天必须记日记，还写生活笔记。在生活中观察到的一些生活世相，一些生活细节，都记下来。那些生活记事，既有社会上光明的东西，更多的还是社会生活细节中的一些丑恶的东西。在当时，这些东西若是被造反派翻出来，后果不堪设想。一个礼拜天，他回到农村的那个家，在他的那个土茅房里把日记一页一页撕下来，全部烧成灰，再用黄土把它覆盖了。那一刻，他难受极了。那以后他就再不记日记了，不敢记日记了，因为好多人出事都是日记被翻出来惹的祸。

他"文化大革命"期间发表的作品很少有抨击社会时弊的内容，连揭露社会生活细节中丑恶现象的东西都很少，这也是原因之一。但对文学的热爱，对文字的敏感却是无法烧毁、埋葬的。换一种社会和时代可以接受的方式，他依然在写，如他后来所说"文学依然神圣"，在陈忠实的心中文学从来都是神圣的。

"文化大革命"后期及新时期之初，发表作品只是荣誉，并没有稿费，生活拮据时，妻子也曾有过委屈和抱怨，但她从未阻止或干涉过丈夫的创作，包括他与文友们的文学交往，并以他为傲。1982年，刚刚被陕西省作协吸纳为专业作家的陈忠实决定回到白鹿原下的祖屋专事创作，整整10年，写短篇小说和中篇小说，直到长篇小说《白鹿原》写成。《白鹿原》截稿前夕，在城里陪大女儿上学的婆婆身体不好，妻子不得不进城伺候婆婆，照管儿女。那段时间，她在城里为丈夫擀好够吃一个礼拜的面条，蒸好馒头和包子，按时送到原下老屋，并为他准备好干净的衣物；无论刮风下雨，她都要让丈夫吃到手擀面。

《白鹿原》获得成功后，陈忠实成为无数读者追捧的对象，陕西省作协主席、中国作家协会副主席，各种奖项使陈忠实成为炙手可热的名人，文学爱好者不断到家中拜访，还有人提出各种各样的问题要陈忠实帮助解决，夫人总是热情地接待每一位来访者，把来访者的愿望和要求转达陈忠实。

随着公务的繁忙，陈忠实在家吃饭的时间越来越少，有几年还独自一人回到原下创作新作，夫人年事渐高，又有了外孙旦旦的绕膝，不便相随。但是，只要陈忠实在家，夫人都会亲自下厨做他喜欢吃的糁子面或老鸹楸。或许，她无法像张兆和那样成为沈从文的知心人和精神支柱，或许，她也很难揣度丈夫出国和出席国内会议需要设计怎样的公众形象，但她却能几十年如一日为丈夫洗干净所有的衣物，并熨烫平整。婚姻的模式各有不同，她很少陪伴陈忠实出席各种会议和应酬，偶尔需要，她也做得大方得体，广受好评。每年的清明，她会陪丈夫回原下的祖屋，祭祖、清扫、种花、剪树，然后与丈夫面对面坐在熟悉的小院里品茶闲谈；每年的中秋、春节，她和丈夫一起接受儿女的祝福，共享天伦之乐。她深知自己的一言一行对丈夫来说意味着什么，她以丈夫的操守为自己的操守，丈夫就是她的一切。

60 岁前后，这位来自农村夫人学会了弹钢琴，自娱自乐。陈忠实说起这话时，语调中充满了自豪。他完全理解夫人弹钢琴的艰辛与苦衷，夫人内心的情愫深深感动着他。

"5·12"地震时，陈忠实不在妻子身边，通讯中断，他无助地站在街头，好容易打车回到省作协的楼下，夫人已和保姆一起带着孙子转移到安全的地方，他后怕地说："难为她怎么从 20 层的楼梯上走下来，她的心脏怎么承受得住哇？"陈忠实很少在公开场合谈到夫人，她总是默默地站在丈夫的身后。

1968 年秋天，停课两年的学校开始复课，一学期尚未结束，公社抽调他去参加"清理阶级队伍"的落实政策和"整党"工作，因为有"保皇派"的阴影，他不想到公社去协助工作。公社书记是军人出身，几句话就把他"骂"进了公社大院。他认真谨慎地对待每一份案卷，耐心细致地处理每一份材料，决不让任何一个无辜的人蒙冤。他和专案组的同志一起，为所有被揪出来的人落实了政策，获得了"解放"。任务结束后，他被书记留在了公社。陈忠实要求去当烧瓦工挣钱养家糊口，公社没有批准，不久，任命他为公社副主任，1975 年提拔为公社副书记。

他不间断地下生产队，参加农业学大寨，指导春耕秋收，平整土地、修理梯田，筑水库、拦河坝，传达文件、调解村民纠纷……长年累月在农业生产第一线忙碌着，繁杂的农业劳动和乡村生活浸染着他，感动着他，使他始终保持着农民的质朴和回乡知青的单纯和明净，这些经历后来成为他文学创作取之不尽的源泉。他生活在农民兄弟中，是他们中的一员，村民家里出现婆媳、妯娌闹矛盾、兄弟分家、红白喜事、春节写对联等家长里短的事，无论白天夜晚、刮风下雨，他们都会叩响这个明白人、文化人的院门，他们觉得他是自家人。夜深人静，文学这个魔鬼就从心底走来与他相会、缠磨，他不知疲倦地记录着白天生产生活的见闻，徜徉在文字织就的画卷中，努力训练自己掌握从生活中攫取素材的能力。他说："若不是文学的力量，我大概早成了一个农村的油条干部了。"①

1971年，《西安晚报》恢复文艺副刊，编辑张月赓委托一位到郊区采访的记者向陈忠实约稿，在不断的催促和鼓励下，陈忠实写了散文《闪闪的红星》发表在刚恢复的《红雨》副刊上，写一位军医在山区为群众治病的感人事迹，引起了较大的反响。"文化大革命"以来，读者与文艺处于几乎绝缘的状态，突然看到这种写普通人生活的散文，感觉新鲜亲切。这是他自"文化大革命"停笔5年后的第一篇散文写作。这以后，陈忠实的小散文就不断送到编辑手里。当然，这些散文必须保证政治上没有问题，这一点，编辑部会严格把关。"文化大革命"期间，稿费被取消了，每发表一篇作品，编辑就寄给他一张最高价码为"一元五角"的购书证。他到指定的钟楼新华书店去，那里没什么可买的书，他就买一本巴掌大的《新华词典》，给孩子念书用。后来竟多到自家用不完，就送亲戚朋友的孩子。因为约稿，两人成为好朋友，张月赓退休后，陈忠实几乎每年春节前后都要请他吃饭小聚。张老爷子喜欢洋餐——肯德基，两个老汉头发花白，啃着鸡腿，坐在一群孩子和年轻人中间饶有兴致地说笑着，成为南大街肯德基店里的一道奇特风景。

在那个随时可能因文字惹来冤狱的年代，陈忠实点灯熬油劳神费力地写着，文学创作逐渐成为他的一种习惯、一种需要、一种寄托，文学让人心地纯净。这一时期的创作锻炼了驾驭文字的能力和篇章结构的水平，也形成了他较为固定的思维和审美模式，以致新时期为超越它而吃尽苦头，经历了炼狱般的痛苦和精神剥离。笔者始终认为语言风格、审美追求、创作手法等技巧上的改变，对一个作家来说，虽然难，但通过主观努力还是可以做到的。而思维模式和性情的改变实在是痛苦的折磨，几十年来，陈忠实的性格没有发生大的改变，只是比年轻时淡定宽厚了，少了些急躁，但骨子里的自负、倔强不屈、疾恶如仇却没有丝毫改变。对"十七年"和"文化大革命"期间形成的二元对立思维模式以及"政治为纲"观念

① 李佩芝：《灞河川里那条汉子——记作家陈忠实》，《文学家》1986年第4期。

的超越，却十分不易。

1972 年下半年，陕西作家协会恢复工作，被下放到农村的作家和编辑回到作协，但不得沿用"文化大革命"前的旧称，改为"陕西省文艺创作研究室"，陕西作协的机关刊物《延河》也允许复刊，为显示杂志与旧的"文艺黑线"断绝的决心，更名为《陕西文艺》。由于当时老作家们能否重新发表作品尚无定论，稿源就成了问题，于是，作协召集西安地区部分工农兵业余作者开会，鼓励他们积极创作并推荐新人新作。《延河》是国内颇具影响的文学期刊，许多大作家和青年作家都在上面展现自己的风采，柳青的《创业史》在那里连载过，茹志鹃的成名作《百合花》投寄过十几家刊物都没能发表，最后被《延河》发表了，并引起茅盾等评论家和读者的广泛关注，可见《延河》当时的思想艺术水准和社会影响力。

陈忠实的文学兄弟，工人作者徐剑铭写信将作协恢复工作的事告诉了他，同时告诉他已将他发表在内部刊物《郊区文艺》上的散文《水库情深》推荐给了《陕西文艺》的编辑。几天后，编辑路萌就打电话与他交流意见并修改，这篇散文发表在《陕西文艺》创刊号上，至此，陈忠实的文学创作进入一个新阶段，成为在作协挂号的业余作者了。谈及此事，他感慨万千，在他业余操练与投稿的过程中，十几年时间，除了初二时语文老师车占鳌亲自抄写投寄过的作文外，他从没敢给《延河》投过稿，徐剑铭将他和他的作品推荐给了《延河》。在一篇回忆他与徐剑铭交往和友谊的散文中，陈忠实称徐剑铭和车老师为自己文学创作道路上的"贵人"。小时候算命的说他"紧当处有贵人相助"，车老师和徐剑铭只是在《延河》这条道上的"贵人"，在他的文学道路上，"贵人"何止这两位呢?!

1973 年 7 月，《水库情深》发表在《陕西文艺》第 1 期。

1973 年 11 月，《接班以后》发表在《陕西文艺》第 3 期。这是陈忠实的第一个短篇小说。

1974 年 9 月，短篇小说《高家兄弟》发表在《陕西文艺》第 8 期。

一天，陈忠实正在公社学大寨，突然接到省文艺创作研究室的电话，通知他去参加接待一个日本文化访华团，接待人员的名单是省革委会定的，是"政治任务"，必须完成。其他接待人员包括大学革委会主任、革命演员、革命工程师等，陈忠实算是"革命的工农兵业余作者"。陈忠实本能地推辞着，原因有二：一是觉得自己才发表了两篇小说，有"猴子称王"之嫌；二是没有合适的衣服穿。

那时，他每月的工资是 39 元，要养 5 口人，一般情况下他两年才添一次新衣服。他盘算着如果为接待外宾而添置一件新衣服的话，必然要造成家庭经济的失衡，有点划不来，于是他决定借身衣服去参加晚宴。他瞄准了公社一位年龄相当的同志，他跟自己个头身材差不多，而且人样俊气，穿戴比较讲究，衣料也高出一档，代表他们公社的最高水平。借了身半新的上衣和裤子，他想衬衣在里面，补丁露不出来，自然不会影响国家形象，所以就没借衬衣。

回到驻队的村子，这身行头就被他工作组的三个组员否决了，太旧！可能会影响国家声誉，一位大姐从家里拿来她丈夫的一套黄呢军装，硬让他试穿，结果显得不伦不类，他留下了她拿来的一双皮鞋，感觉稍微有点小。

第二天中午搭乘郊区公交车到作协候命，《陕西文艺》的副主编贺抒玉上下打量一番，不行，还是"太旧"。他没好意思说就这还是借的呢。考虑到"国家面子"、"政治影响"，贺抒玉从家里取来丈夫李若冰的蓝呢上衣，陈忠实换上倒很合身。整个人都气派了！

这是他平生第一次接待外宾，陪同外宾吃饭，他觉得比学大寨拉车挑担还累，还不时替换他坐着的那位比他大十余岁的日本女作家担心：她的嘴唇那么红，如果她独自个上街，会不会被红卫兵逮住，把她的红嘴唇像剪烫发砍高跟鞋那样割了削了呢？

这一年，他 32 岁。

陈忠实成为"文化大革命"后期最早发表文学作品的业余作者之一，根本原因是他农民作者的身份，当时称出身，他出身贫农，学历高中，一直在农村基层工作，政治上可靠，这次接待外宾也是组织任务。老子说："祸兮福所倚，福兮祸所伏。"高考落榜是陈忠实人生最大的转折点，大学是他永远的痛，但"文化大革命"后期的一系列事件表明，这是他成功的重要契机，尽管这是政治和历史造成，而人是历史中的人。改革开放之后，尊重知识尊重人才，陈忠实作为"人才"享受了国家"知识分子政策"，妻子儿女农转非进了城。每当人们谈到学历时，他还是说高中毕业。有一次出国访问填表时，工作人员说外国人重视学历，你这么大的作家写高中毕业有点怪，干脆写大专吧，他答应了。回家后竟忐忑得睡不着觉，觉得弄虚作假万一被人识破，不仅是丢自己的脸，也会给国家抹黑。第二天，他找到该工作人员要求把自己的学历栏改为"高中"。在全民热衷学历的那些年，许多人都参加了函授、进修等形式的学历提高班，陈忠实参加过许多的学习班，学历却没能得到提高。21世纪前后，中国学术界出现了一些怪现象，有些在国内大学或研究机构已经做了博导或已被聘为博导的学者，由于在国外讲学受到质疑，回国后竟要读一个博士学位装装门面，教育部门马上出台相关政策，对那些学术上有突出成就、具有高级职称（比如教授）的研究人员，在年龄上放宽，且"开发"出"论文博士"这一"新产品"，即不用考试，不用脱产学习，只需按时提交论文答辩通过即可获得博士学位。陈忠实却一直坚持自己的原则，他说学历、学位不是衡量一个人知识和才能的唯一标准。高尔基、沈从文等作家都没有上过大学，文学创作最重要的是作家的生命体验，而不是学历。

　　1975年，陈忠实发表了短篇小说《公社书记》和《铁锁》。

　　1976年年初，陈忠实接到一项特殊任务，《人民文学》编辑部约他到北京参加一个创作笔会。3月13日，他同其他7位业余作者参加了"学习班"，在那里，他认识了后来《北京文学》的编辑傅用霖①。对于陕西的一位业余作者来说，接到北京的《人民文学》的邀请是多大的荣耀啊！当然，又是一次政治任务。事情起因是《人民文学》当年第1期发表了蒋子龙的《机电局长的一天》，编辑部受到批评和质疑，时任主编的袁水拍（文化部副部长）迫于压力打算将蒋子龙等人集中到北京来，"组织他们写与走资派作斗争的作品"，后经施燕平提议，索性扩大规模，"举办一个学习班"，把各地较有创作基础的作者集中到编辑部，讲明目的、要求，然后各自构思，写出初稿后，再由刊物编辑加以辅导，直至定稿备用。② 蒋子龙因故未能参加这个学习班。陈忠实创作了《无畏》，发表在《人民文学》第3期，这是一篇适应当时党内反击右倾翻案风、声讨党内

---

　　① 1979年春，陈忠实收到傅用霖的一封书面约稿信，欣喜之余，他寄去了新时期创作的第3个短篇《徐家园三老汉》，很快刊登出来，并广受好评。

　　② 吴俊：《环绕文学的政治博弈》，《当代作家评论》2004年第6期。

走资派的图解政治之作，引起了较大的反响。1976 年 10 月，中国发生了一件重大的政治事件——"四人帮"反革命集团被打倒，党内开始全面的拨乱反正，文学的春天来到了。而陈忠实却陷入了尴尬难言的境地，社会上传说纷纭，有人甚至把《无畏》的写作和"四人帮"的某个人联系在一起，他被审查了一段时间。

那么，陈忠实何以会受到《人民文学》的青睐被招到北京的呢？1973 年，他的短篇小说《接班以后》就引起了当时人民文学出版社编辑何启治的注意，小说还被西安电影制片厂改编为电影《渭水新歌》（编剧陈忠实），并于 1977 年公开上映。小说虽然是写两条路线斗争的，但生活气息浓厚，语言生动鲜活。隆冬时节，何启治从北京来到西安，与陈忠实在西安郊区区委所在地小寨的街角会面。何启治代表恢复工作不久的人民文学出版社到西安组稿，《陕西文艺》编辑部推荐了陈忠实，他看了《接班以后》，认为小说具备扩展为长篇的基础，鼓励陈忠实将之写成 20 万字左右的长篇，回京后还写了封长信从立意、构架和生活素材等方面对陈忠实进行指导。感动之余，陈忠实还是觉得力不从心，便借口上级要他去南泥湾"五七"干校劳动锻炼推脱了，随后，何启治被抽调到西藏工作了三年。这次小寨街头的约稿成了他们几十年友谊的起点。

陈忠实因《无畏》受到审查，《人民文学》毫不含糊地保护陈忠实，委派编辑部小说组组长来陕，在陕西作协工作人员路萌的陪同下分别对省市等相关部门反复申明陈忠实参加的创作笔会与"四人帮"没有任何干系，是编辑部组织的创作笔会，编辑部还继续向陈忠实约稿，希望他尽快走出困境，重新开始创作。

1977 年年底，经审查陈忠实写《无畏》与"四人帮"没有任何关系，也没有发现他工作中有任何失职渎职的错误，他依旧做着灞河河堤工程副总指挥的工作。政治问题解决了，但由此形成的剧烈的心理冲突，由此导致的那种不想被人原谅的羞愧却怎么也无法消散。他和指挥部的同志一起住在河岸边土崖下的一座孤零零的瓦房里，生着大火炉，睡着麦秸铺，读着与他同龄的作家刘心武的《班主任》和陕西青年作家莫伸的《窗口》，心中又跃动起小说创作的欲望，那是文学的春天到来的先声。

接受审查期间，陈忠实的心情是沉重的，他相信因一篇小说致罪的荒诞时代应该结束了，自己的尴尬处境终究会过去，然而闲言冷眼还是让他如芒刺在背。这时，文友徐剑铭和李佩芝骑自行车从城里探望他来了，他感到一种珍贵的温暖，还有朋友在关心他。由于错过了公社食堂开饭时间，他特地花钱在供销社买了两斤点心（以他当时的经济状况，两斤点心已经很奢侈了），他实在不忍心让两位朋友饿着肚子蹬几十里的自行车。他的问题澄清后，徐剑铭又约了一帮文友利用休假到家中探望他，他们一起笑骂"四人帮"，讨论党的文艺政策放宽放松的尺码。那次聚会，徐剑铭拿了一张"十几块钱"的稿费汇款单给陈忠实的夫人看，证明稿费制度恢复了。十几元钱相当于增加了三级工资，如果他有这笔外快，就不用来访的朋友们自带白酒了。当时，他的工资依然是39元。

1978年秋，灞河河堤工程一完工，陈忠实就调入了西安郊区文化馆，从基层行政部门转入了文化单位，他决定去读书、去反省以便皈依文学。这是他人生的一个转折。住在文化馆破落残损的平房里，院中荒草尽情地疯长着，窗外农民的菜地里大白菜、绿头萝卜也日渐粗壮，他像干涸的土地遇到甘霖一样阅读着，吞下去—再回嚼—直至融入自己的血液。他深知从思想上清除极左的东西也许并不困难，难的是先天不足的艺术上的空虚。他称这段读书的日子为"自虐式阅读"，从早到晚，或借或买，他如饥似渴地阅读，书籍包括刚解禁的小说，陌生的诺贝尔奖获得者的作品，同时代作家新近发表的作品，以及他能够在图书馆借到的或买到的哲学、社会学、文化学、历史学、文艺学、美学、心理学等方面的著作。他要用真正的文学驱逐他艺术感受中的非文学因素，他感慨地说："对于非文学因素的荡除和真正的纯文学因素的萌生，对写作者来说，用行政命令是不行的，只有用阅读真正的文学作品来荡除，假李逵只能靠真李逵来逼其消遁。"[①] 针对文学创作，他决定继续以短篇为突破点，先通过大量阅读中外优秀的短篇小说，把"左"的艺术说教彻底扫荡，然后集中探索短篇的结构和表现艺术，特别是莫泊桑的短篇精品，他反复研读思考借鉴，企图打破自己在"文化大革命"期间形成的短篇结构上的单调手段。这以后，阅读成了他获取新知识、新资讯、与世界接轨的重要途径。至今没有丝毫懈怠。

阅读使他进入了五彩缤纷的艺术世界，他觉得自己已临近文学殿堂的门口，之前的创作都是在"摸门"，在文学殿堂的门口兜圈子，创作的欲

---

① 陈忠实：《凭什么活着》，时代文艺出版社2007年版，第21页。

望像胸中的小兔子一样窜动着，他的羞愧心理得到了调整，文学创作的信心恢复了，他急切地想要表达。1978年10月18日，在《西安晚报》发表报告文学《忠诚》，同年年底，在《延河》发表短篇小说《南北寨》。陈忠实集中阅读了莫泊桑与契诃夫的短篇小说。陈忠实说阅读这些小说使他明白了什么是真正意义上的文学和文学本质的意义。他的《徐家园三老汉》等小说就受到莫泊桑塑造典型人物方式的影响。

1979年春节过后，陈忠实坐在老文化馆东南角的那间小屋里重新开始创作小说。初夏的一天，在省作协的会议上，一位头发略显稀疏的老编辑向他约稿，夸他的小说有"柳青味儿"，这位是《陕西日报》文艺版的编辑吕震岳，他嘱咐陈忠实报纸一版只能装下7千字，不超就行。这次约稿意义非同寻常，通常情况下，一个作家有编辑约稿就意味着他的创作已被文坛所关注，陈忠实早已过了这个阶段，"文化大革命"期间，《西安晚报》、《陕西文艺》、《人民文学》等报刊的编辑都曾向他约过稿。《无畏》之后依然向他约稿，他以为那是一种被信赖被理解的感遇之恩，暗想一定要拿出好作品，不令约稿人失望。他本想将手头正写的小说写完，再给陕报写，因为这篇篇幅较长。一月后，吕震岳来信催稿，陈忠实决定将给《人民文学》的短篇给陕报。因为字数的限制，这篇小说的结构成为陈忠实所有短篇中最费思量的一篇，语言也力求简练，不容一句虚词冗言，一边写还一边数着页码算着字数。这就是1979年6月3日发表在陕西日报副刊上的《信任》。内容是写一位挨整受冤的农村基层干部以博大的胸襟和真诚的态度对待过去整他的"冤家仇人"，矛盾甚至很尖锐。当时全国人民都在声讨控诉祸国殃民的"四人帮"，社会上到处弥漫着平反冤假错案所激起的社会各阶层的激烈的情绪，围绕着"四清"运动的矛盾，农村新的社会矛盾和社会心理也是尖锐而又复杂的，农村的情况远比那些伤痕文学的代表作所表现的复杂得多，但当时文坛上作家们都在写伤痕，尤其是知识分子、老干部、知识青年这三类人成为小说表现的对象，当然他们本身也是伤痕文学的书写者。今天，回过头看伤痕文学，包括反思文学，都存在着片面性。新中国成立以来的历次运动，农民也同样遭受了痛苦的肉体折磨和深重的精神奴役，这两次文学思潮中，农民几乎是缺席的，他们是被书写的。《信任》表现的恰是被忽略的这部分人群的生活和感受。陈忠实在农村生活了几十年，他深知农村几十年阶级斗争扩大化给许多无辜的群众和优秀的基层干部造成的伤害，也有读者来信谈到农村在平反冤假错案过程中，又出现了新矛盾和新的对立，个别地方甚至出现了个人之间的打击报复。《信任》中主人公用宽广的胸怀对待曾经整过自己的人，卓有远见地化解了阶级斗争造成的人为矛盾，为解决农村的现实问题提供了有益的借鉴。

《信任》也是陈忠实当时心境的曲折表现，是"推己及人"的文化心理在文学创作中不自觉的运用。平反冤假错案在社会各阶层引起了强烈的反应，农村中也出现了许多新矛盾、新问题，社会心理十分复杂，如何面对是社会和普通群众关心的问题，陈忠实对此进行了设身处地的思考。他还没有从政治阴影里彻底摆脱出来，他既渴望人们对自己文革中的创作客观对待，也期望借小说表达自己的态度和胸怀——他不会对受审查的事耿耿于怀。他太需要"信任"了，他想借小说重新建立他和读者的真诚的信赖。

作品完成了，手捧小说，他踌躇了，觉得心里不踏实。他没敢把稿子直接给陕报，而是找到了自己的老友张月赓，请他把把关。和张月赓一起阅读的还有部队作家丁树荣，他们一致认为陈忠实的担心是多余的，丁树荣还热情地将稿子捎给了吕震岳。一周后，小说发表。陈忠实后来追述说这是他"自有投稿生涯以来发得最快的一篇作品"①。半月后他从乡下参加夏收劳动归来，得知小说受到好评，反响强烈。吕震岳邀他去报社看"读者来信"，他按捺不住心头的激动，蹬着自行车绕到大雁塔进和平门直奔陕报（东大街），他太想听听读者的评说了。陈忠实特别重视文学圈外普通读者的意见，至今如此。看着读者的来信，他禁不住眼热欲泪，他用小说挽回了那些可能弃他而去的读者，他和读者之间重新建立起了真诚的信赖，这是他三年来日夜企盼的。但有一封读者来信还是以不屑的口气讥讽和评说着，说他在"文化大革命"期间写过适应时风的小说，现在又倒过来写什么《信任》，等等。对此，陈忠实说："我以为他说的是基本客观的事实，他肯定读过我过去写的几篇以阶级斗争为主调的短篇小说。"② 这段话表现出他难得的自我反思意识和诚实的品行。

小说受到杜鹏程和王汶石的大力赞扬，王汶石建议"由《人民文学》

---

① 陈忠实：《吟诵关中》，重庆出版社 2008 年版，第 82 页。

② 同上。

转载",他把《信任》推荐给《人民文学》的编辑向前(她此时恰在西安),向前读后打电话给编辑部转达了杜鹏程和王汶石的意见,还专程到郊区文化馆探访陈忠实。《人民文学》七月号转载了这篇小说,还为此抽掉了已排定的某篇稿子。主编张光年"在病床上看了刊物,尤其赞赏《信任》的艺术构架"。① 随后,《青年文学》创刊号转载,《中国文学》以英、法文介绍给世界,美国《中国当代文学作品选》收录,还被翻译成日语出版。

《信任》获 1979 年全国优秀短篇小说奖。1980 年春的一天,评论家胡采走进灞桥区文化馆那个破落的小院,《文艺报》约他对陈忠实的小说进行评点,他将自己写的评论文章拿给陈忠实看,喝着廉价的茶水,交流着他对陈忠实小说的评点和印象,而且"平静温和地谢绝吃饭。"在纪念胡采的文章中,陈忠实说胡采处于昏迷状态的神情与他的父亲一样,是那种"痛苦下的平静","诚实劳动者们生命终结时的高贵的平静"②。胡采和他的父亲在做人诚实的精神层面上是融通的。

《信任》的确让陈忠实获得了各方的信任,也赢得了自己在文学艺术上的自信,这篇小说的发表标志着他从文学爱好者或业余作者成长为一个具有主体性的作家。吕震岳的这次约稿,对陈忠实来说具有非凡的意义,随着交往的加深,两人成为朋友,陈忠实将吕震岳视为"良师",吕震岳一直鼓励他"多读多思索",关注他的创作动态和成果。骨癌晚期时,还忍着病痛写了一篇短论发在《陕西日报》上,谈自己对《白鹿原》获茅盾文学奖一事的看法和意见,陈忠实看到他寄来的文章和毛笔字写就的一页短笺,百感交集。吕震岳去世,他著文《何谓良师——我的责任编辑吕震岳》纪念,称"世上最好的一个文学编辑谢世了"!这句话套用自《白鹿原》中白嘉轩对鹿三的评价。他们之间是真正的文学意义上的友谊。

在成长的道路上,他得到过许多文学界前辈和文学编辑的鼓励和帮助,他尊为师长的就有柳青、王汶石、杜鹏程、吕震岳、蒙万夫等,他引为文学挚友的有张月赓、吕震岳、何启治、徐剑铭等。《白鹿原》在评奖过程中受到质疑,著名马克思主义文论家陈涌著长文对其文学创作进行梳

---

① 陈忠实:《凭什么活着》,时代文艺出版社 2007 年版,第 7 页。

② 同上书,第 43 页。

理和评价，肯定了《白鹿原》的思想文化成就和艺术水准，认为《白鹿原》不存在"历史倾向问题"，陈忠实尊他为"释疑者"①。

## 第三节 "信任"之后的决绝——从乡村干部到专业作家

《信任》的创作，使陈忠实完成了人生的第二次蜕变——从农村基层干部到人文知识分子，他不再是那个喜欢文学的公社干部，而是一个具有主体性和艺术自律的作家，这个蜕变是艰难的，陈忠实称之为"精神剥离"。他从一个生活的表现者、书写者成长为思考者、智者。

1980 年被提拔为灞桥区文化局副局长，兼文化馆副馆长。为避免琐细的事务性干扰，他住在灞桥镇的文化馆里，潜心读书写作。夏季的一天，陈忠实接待了一位北京来的编辑，他是代表《北京文学》来约稿的刘恒，两人谈了很多，谈话的内容已随时间飘逝，留在两人记忆中的是那顿午餐——牛羊肉泡馍，20 多年后，两人在北京饭店还谈起当年的那碗"优质"牛羊肉泡馍。那时，社会上还在讨论两种制度和两条道路的问题，但灞桥镇上刚开张不久的个体牛羊肉泡馍馆的生意却异常火爆，食客盈门，还要排队编号，饭口时，里面的四五张桌子根本坐不下，食客们端着专用的大号粗瓷白碗在门外的人行道和马路沿上，一路摆开，或站或蹲，一律是热腾腾地冒着热气，顺着碗边吸溜着。刘恒和陈忠实一起蹲在人行道上，掰馍、等候。那碗"优质"比"普通"的多着两块肉。那道独特风景与午餐阵势早已成为历史，但两人都还记得那顿午餐，于是，陈忠实便盼着能在百年老店"老孙家泡馍馆"招待一次刘恒，挽回那个夏天的遗憾，但至今依然是遗憾，友谊也依然长久。谈及此事，陈忠实不无感慨地说，那一年他涨了工资（18 年来），月薪：45 元；大概发了 10 多篇小说，累计赚取稿酬：1000 多元。他终于能请远道的朋友吃一碗牛羊肉泡馍了，尽管是蹲着或站在街道上。那是抹不去的美妙的生命记忆。

---

① 陈忠实：《凭什么活着》，时代文艺出版社 2007 年版，第 38 页。

1980 年陕西作家群，后排中间陈忠实

1980 年盛夏，陕西省作家协会在秦岭太白县城召开短篇小说创作座谈会，会议决定在《延河》刊发"陕西青年作家小说专号"，并配发照片、小传，隆重推出陕西的青年作家。1981 年 1 月号，由胡采作序的专号推出了莫伸、路遥、王晓新、邹志安、陈忠实、王蓬、贾平凹、李天芳、京夫九位青年作家的作品。这是第二代陕西作家群的集体亮相。

1979 年到 1981 年，他发表短篇小说 18 篇。其中《立身篇》获《甘肃文艺》1980 年优秀作品奖。为征文而作的《第一刀》写农村刚刚实行责任制出现的家庭矛盾和父子两代的心理冲突，与改革现实紧密呼应，引起了读者的普遍关注，还获得征文的最高奖（《陕西日报》1981 年优秀作品奖）。由于当时同类作品较多，如高晓声的"陈奂生系列"、何士光的《乡场上》、路遥的《人生》及张一弓的《黑娃照相》、王润滋的《鲁班的子孙》等，陈忠实的这些短篇小说并没有产生广泛的影响，他自己也认为这些小说生动活泼有余，深层挖掘还不到位。

陈忠实的第一部小说集《乡村》书影

　　1982 年 7 月，他的第一个小说集《乡村》出版，收录了他 1979 年到 1981 年发表的 18 个短篇和《铁锁》（1975 年创作）。"乡村"是名副其实的，19 个短篇全部写乡村，他以农民"不问收获，但问耕耘"的心态在文学的"土地"上辛勤劳作，乡村是他生活工作的地方，最能触动他内心深处最敏感的那根神经。40 年来，他生活在农民中间，了解他们的生活、情感、心理和愿望，他以一个农村基层干部的身份考察思索农村社会的变迁，他以当事人的身份审视着农民在现代化过程中所经历的精神裂变，他又是一个思想者，对中国文化几千年的发展进行着痛苦的反思，对中国现代化的前景既渴望又担忧。

　　他在《寻找属于自己的句子——〈白鹿原〉创作手记》和其他文章中多次提到一本历史著作《崛起与衰落——古代关中的历史变迁》一书对他的启示，这本书的作者王大华当时是一位青年学者，研究中国古代历史，他的史学观念是"历史跳跃式发展论及东西南北观"，在书中，他"分析评述古代关中在西周、秦汉和隋唐三次由弱变强、由落后变先进的历史进程，力求简明而系统地探讨关中崛起的必要条件和内在规律，重新认识在中国历史上起过划时代作用的这五大王朝，对影响深远的西周文化、秦汉文化和隋唐文化提出新见解。"任何历史都是当代史，王大华的历史研究，陈忠实的小说创作，其根本指向都是中国的现代化道路和现代化建设，探讨目前在世界经济文化发展中相对落后的中国如何迅速崛起，重现历史上曾经的辉煌与繁荣。

1982 年年末，陈忠实调入陕西省作家协会，从事专业创作。

陈忠实是一个很有官运的人，他说这都"是文学捎带来的"①，1982年冬进入作协不久，他当即决定回归老家，常年住在乡下祖屋写作。1985年春他被增补为省作协副主席，副厅级，同年夏，被任命为中共灞桥区委副书记挂职深入生活，秋末冬初他萌发了《白鹿原》的创作意向，便向区委书记坦然说明，除区委常委会、三级干部会和区上的重大活动外，日常事务不参与，以便腾出时间来写作。1988 年《白鹿原》草拟时，他便终止了在灞桥区委的挂职锻炼。文学已成为他生命的主宰，写作就是他生命存在的方式，正是这种信念和状态才使《白鹿原》得以诞生。

成为专业作家后，他可以自由支配自己的时间了，为逃避喧嚣，更好地反思、充电，他决定回到家乡的祖屋去清净地"反刍"他 20 年乡村基层工作的生活积累，去创造属于自己的艺术世界。大约 1 年半的光景，他就为读者奉献了 1 个中篇，10 个短篇，8 篇散文、特写和报告文学，还有5 篇言论。这些作品大多是写改革开放之初社会转型过程中农村产生的新问题、新矛盾，以及矛盾的解决，结局大体是正义、道德的积极力量必胜，新的价值规范重新确立，化解矛盾的方式也大体一致。这是改革文学的通病，乐观简单。与之前的小说比较，这些作品对历史现实的综合把握和展现更加丰富、更加艺术化了。

1983 年，他的第一个中篇小说《康家小院》②发表，这部小说在他的创作中具有重要的作用，标志着他已经将艺术的笔触伸向了人的精神层

---

① 李佩芝：《灞河川里的那条汉子——记作家陈忠实》，《文学家》1986 年第 4 期。

② 发表于《小说界》1983 年第 2 期，获《小说界》首届优秀作品奖。

面，小说意在揭示中华民族在封建文化统治下所承载的沉重的精神负担，以及突破这种精神枷锁的艰难。陈忠实后来追述说创作因由产生于1981年在山东"孔府"的参观游览，他说自己参观孔府、孔庙、孔林，最后竟感到沉重的心理上的无形的压力。他"似乎隐隐看到荒园里有无数幽灵在飘忽倏去，出入于新老坟墓，游荡于柏林荒草之间，令人头发直竖、毛骨悚然，胸脯上似有磐石压至，蔽闷窒息。"① 那一刻，他意识到人们挣脱偶像崇拜的艰难，产生了一种强烈的探究国人民族文化心理的欲望，儒家文化对中华民族文化心理定式形成的影响及其在民间和日常生活中的各种表现形态，包括"文化大革命"给人的思维模式带来的影响，对领袖的狂热崇拜等，他开始探寻中国现代化与中国人传统文化心理的关系。

1984年，发表中篇小说《梆子老太》和《初夏》。《梆子老太》写一个被政治异化的农村妇女，接续了鲁迅先生揭露"国民性"的主题，将一颗扭曲的心灵揭示给人看，着意写人性的复杂。陈忠实个人比较喜欢这部小说，因为这是他第一次尝试以人物结构小说，打破之前惯用的以事件结构小说的习惯，在他是艺术上的探索、尝试与突破。《初夏》是写农村体制改革的，这是陈忠实创作的第一个中篇，从草稿到发表，经过了三年时间，这是他"从事写作以来二十年间所经历的最严重的一次痛苦"②。

陈忠实由此得出的创作经验是：一、写作之前先给人物作传。这个方法很实用。二、"作家创作时所要依赖和研究的主要对象是生活"③，"生活可以纠正作家的局限和偏见"④

在创作上，他很能接受他人的意见，并主动向理论家、编辑和同行请教。《初夏》写农村实行责任制以来出现的新问题，随着改革的不断深入，农村社会及人心发生着重大的变化，如何把握，就得看作家对生活熟悉的程度，看作家能否切身体验到农村基层干部和普通农民精神跳动的脉搏，看作家艺术概括与综合能力的强弱与否。陈忠实

---

① 《陈忠实文集》第三卷，太白文艺出版社1996年版，第537页
② 同上书，第539页
③ 《陈忠实文集》贰，广州出版社2004年版，第494页。
④ 同上书，第493页。

首先意识到短篇小说的容量已经不足以表达他对乡村生活的体验了，于是他尝试用篇幅较大的中篇来概括他在农村社会变革中所经历和感受的。1980年冬到1982年春天，改革的声浪一浪高过一浪，农村再也找不到一个可以潜心读书和写作童年回忆的安静去处了，陈忠实无法在现实中沉默。

1982年春节刚过，他被区里抽调派往公社协助并督促落实中共中央1982年一号文件，文件精神可简括为"分田到户"，即推行"农村生产承包责任制"。区上限定约三个月时间，必须把土地分配到农户手中，包括农具、耕牛等。他骑着自行车带着铺盖卷来到公社，住在知青回城后留下的空旷冷清的大院里，从早到晚跟随公社干部奔走在辖区内的30多个大小村子里，召开社员大会宣讲文件，召开有社员代表参加的干部会，研究土地、耕畜和农具的分配方案和办法，再召开社会大会征求意见，补充完善后具体实施。村民们为了利益常常争得面红耳赤，甚至动粗口，他们耐心调解，直到把分田到户的工作落到实处。就这样，时隔30年，他和文学上的导师与崇拜者柳青做了一件完全相反的事，20世纪50年代初，柳青放弃北京优裕的生活回到陕西，以县委副书记的身份，落户在长安县皇甫村，直接参与了农村合作化运动，宣传实行农业集体化是农民共同富裕的道路；如今，陈忠实与公社干部一起"分田到户"，把集体（生产队）的大片耕地按地质优劣划分等级，再按人头分给一家一户。在中国农村实行了近30年的农村集体所有制宣告解体。

秋后，他自己家也分到了几亩地，因为他的妻子儿女还是农村户口。当年生产队将不会再给他的妻儿分配口粮，他得亲自耕作以养家糊口，他的工资和稿费买高价粮根本无法养活他们。他从文化馆请假回家种麦子，可尽管他正值壮年，浑身是劲，却不懂农耕技术，就和几个热心的农民结成了临时互助组，并自告奋勇地去"搂犁"。当时耕牛很少，白鹿原的坡地和灞河川道里，到处都是人在搂犁播种，大家挥汗如雨，沉浸在对白面馒头的憧憬中，谁也顾不上笑话谁。约有七八天时间，他就这样搂着犁在田地里劳作，心里却不时地思考着农民未来的命运。此后每个礼拜天回家，他放下自行车喝口水润润嗓子，就上坡下滩巡视着自家那几块大小不等的绿油油的麦地，像中国世世代代的农民一样希望能"多收三五斗"。田埂上，他用汗水"走出"了一条小径，炎炎烈日下，他和村民们用农村土造的脱粒机打完麦子，天哪，他家竟收了 2000 斤！妻子和三个孩子人均 500 斤，全年吃白面也够他们娘几个吃两年了，而这还只是村里中等水平的收成。陈忠实的内心翻腾着，丰收的喜悦、对集体所有制的反思和对乡村未来发展的期冀和展望，使他久久不能平静。这一段特殊的生活经历在《最后一次收获》中也有所表现。

1983 年春夏之交，根据党的知识分子政策，他的妻子儿女农转非，成为西安市市民。半年来，角色的转换也如鞭打的陀螺般迅速，行政干部—拉犁者—专业作家。自收自种了一季麦子后，他把土地交回了村委会，却没有把家搬进城里，他自己也从灞桥镇搬回了偏僻的老家，成为村里最特殊的住户，他要静下心来回嚼他 20 年的乡村生活体验。《初夏》就是在这个过程中酝酿、构思、修改完成的。

小说初稿完成后，《当代》的编辑认为"有基础"，对小说中冯景藩和彩彩这两个人物很感兴趣，希望陈忠实能更"充分"地写他们；修改后的小说得到文坛前辈秦兆阳的指教，再次指出冯景藩等人物身上有很大的潜力可挖掘；小说发表后，王汶石写信指出冯景藩身上"意念的东西多了点"，还有艺术加工的余地，特别是景藩老汉的思想活动、行为做法，对马驹的态度和举措等方面，处理和描写得有点简单。在给王汶石的回信中，陈忠实说自己还没有充分揭示出这个人物丰富的内心世界，同时清楚地意识到："理论的贫乏对于理解生活的深刻性的限制；艺术魄力的过于拘谨对于形象的塑造和揭示的制约；提高理论修养和振奋艺术魄力，这两者对我来说都相当迫切。"[1] 王汶石在信中还指出：从艺术地表现生活的广度和厚度上，在生活气氛的浓度上，《初夏》与他过去的短篇小说相比是一个飞跃。《初夏》获得 1984 年《当代》文学奖。

1985 年，发表三部中篇小说：《十八岁的哥哥》（《长城》第 1 期）、《夭折》（《飞天》第 1 期）、《最后一次收获》（《莽原》第 4 期）。《夭折》写一个文学青年如何在失败的悲伤失落中重新挣扎奋起的故事。他敏锐地洞察到新的社会历史变革带给社会的动荡及由此导致的农民精神世界的骚动与不安，捕捉到新的价值观念对农村传统价值观念和现存秩序的冲击所带给农民的苦恼，他试图把握农民在变革时期心理和精神层面的复

---

[1] 《陈忠实文集》贰，广州出版社 2004 年版，第 497 页。

杂变化。

三年中，陈忠实的个人生活也发生了很大的改变。1984 年 5 月，他第一次到上海，参加上海文艺出版社举办的《小说界》第一届文学奖颁奖活动，实现了他人生的两个突破：第一，他平生第一次吃鳝鱼；第二，在上海城隍庙，他为自己买了第一双皮鞋。

陕西人不吃鱼，曾被外省人特别是南方人讥笑过，有趣的是，这事竟传到胡耀邦那里，他在陕西视察时在一次会议上说："我听说陕西人不吃鱼？"① 其实，并不是陕西人都不吃鱼，不吃鱼的是关中和陕北的乡下人，陕南农村也是吃鱼的。陈忠实自幼生活在关中农村，小时候不仅不吃，还觉得 20 世纪 50 年代进西安的东北人、上海人吃鱼很奇怪、很脏，而且他们不止吃鱼，还吃黄鳝、螃蟹、河虾等。改革开放后，鱼是吃了，黄鳝他却从没想过去吃。一天，在上海郊区参观后，晚饭点菜时，《小说界》的编辑魏心宏点了一盘红烧鳝丝，问陈忠实吃不吃，他只说自己没吃过。魏心宏连声赞叹，说连上海市内也很少能吃上这么好的鳝丝，撺掇他尝一下，他夹了一撮，倒没有人们所说"第一次吃螃蟹"的惊险，感觉还不错，再吃，竟吃出不同于猪肉、羊肉、牛肉、鸡肉的鲜味来，之前的抵触大约是耿耿于黄鳝那黑丑滑溜的蛇一般的形态吧。几年后，西安稍有档次的酒店饭馆都有了红烧鳝段、红烧鳝丝之类的菜，陈忠实总会点一道请大家品尝，引起了不少人的侧目、惊诧：原来他不光爱吃苞谷糁就酸菜呀！

在城隍庙，他还买了样小东西——两把不锈钢的小勺子，他觉得从造型到拿在手里的感觉都特别好，用了二十多年都光亮如初，可惜后来丢了一把，剩下的这把，他出远门常常带着，既方便又环保。后来，他连在西安市内开会吃饭都自带保温杯，尽量不用一次性的纸杯。

说起皮鞋，他感慨颇深：小时候（好像是西安解放前夕）表姐给过他一双皮鞋，皮子又硬又磨脚，试了一下就压了母亲的箱底了；20 世纪 70 年代，小舅子给过他一双工厂发的劳保用品——翻毛皮鞋，结实却也磨脚，他穿了几年，脚上磨出了鸡眼；家里经济条件好些了，布鞋供得上穿时，他就再也不想穿皮鞋了。第一次会见外宾时穿的那双皮鞋是借的，

① 陈忠实：《凭什么活着》，时代文艺出版社 2007 年版，第 142 页。

还有点小。这次临行前，妻子嘱咐他买双皮鞋，说好皮鞋不磨脚，上海的鞋好。亲戚朋友也好言相劝，说他经济状况好了，也是有点名气的作家了，天南海北地开会，穿家里做的灯芯绒布鞋虽然舒服却有失面子。在一位青年作家的指导下，陈忠实买了平生第一双皮鞋，价位较高，圆形鞋头，宽大气派，明光锃亮的皮子摸起来细腻柔软，他断定绝不会磨脚。那一刻，他觉得自己从此进入穿皮鞋的社会阶层了，那感觉真有点像陈奂生进城。这个 42 岁的男人终于有了一双属于自己的还算高档的皮鞋。这双鞋作为门面，只在外出开会或进城时穿，回到乡下还穿布鞋，一穿就是七八年，90 年代初才换了新的款式。

1985 年 12 月 20 日，他第一次随中国作家代表团出访泰国，前后半个月。为此，他专门置备了一套质地不错的西装，第一次穿上西装打上领带端详着穿衣镜中的自己时，陈忠实脑海里浮现出蓝袍先生的影像——镜中的自己就是一个刚刚塑造完成的蓝袍先生，以蓝袍先生为参照，他意识到"打开自己"的必要和迫切。1986 年元月 4 日，陈忠实出现在大家面前：锃亮的皮鞋，雪花呢的大衣，胸前还交叉着浅灰色的毛围巾，俨然是归国华侨的装扮，他身材适中，挺拔中透着俊逸。连家人都吃了一惊。出访前，组织上发给他 500 元的服装费，他买了那套浅灰色西装，还买了套蓝色中山装。同事们笑他这辈子怕是割舍不了中山装了，他说还是中山装实用，到哪儿都能穿呢！回来却彻底改变了模样。如今的陈忠实西装、夹克、风衣，什么都穿。他不喜欢穿牛仔裤，但不反对别人穿。夏天，他穿衬衣多过了穿 T 恤，他觉得套头的衣服麻烦，只要不打领带，他都会把衬衣上面的扣子解开，让自己少点拘束。与丝绸和化纤布料比较，他更喜欢棉质的衣服，看重服装的质地，也不排斥品牌。冬季，围巾成了他必备的装饰品，围巾能让一个男人多一份儒雅潇洒飘逸的风度和气质，关键是围巾自由随意，不用紧紧地箍着脖颈。对于服饰，他有着很不错的品位，偶尔点评一下某位女士的服饰装扮，还有那么一点专业的水准和味道。他自己则始终保持庄重朴素得体的外在形象。

这次出访，他写了几万字的《访泰日记》，文中几乎对每个交往过的人都做了细致的肖像描写，特别是服饰描写，以此来表达两国政治文化和审美的差异，可见，异域文化给他怎样的感官与心灵的震撼。在日记中，他这样描述泰国前总理他依三公子的夫人："女主人看去有三十岁年纪，淡蓝色的宽短袖上装，红色泰裙，披肩的一头黑发"①，自然随和。在曼谷一家超市参观时，他和北京作家郑万隆合作做了一个小小的社会调查，两人分别数来自不同方向的顾客各 40 人，不拘男女，看看有多少人穿着相同样式和颜色的衣服，就是我们今天所说的"撞衫"。结果是没有一个"撞衫"的。他们震惊了。我们的近邻东南亚小国泰国，高速路上川流不息的汽车，超市里琳琅满目的商品，特别是五颜六色款式新颖的服装，对比国内几十年一贯制的蓝灰色的制服，曾有外国人嘲笑说 20 世纪 70 年代到中国实在分不清男人女人。

看着镜中西装革履的男子，陈忠实感到陌生，他想起一年前在电视上看到胡耀邦西装领带的崭新形象时，他脑海里浮现出了毛泽东那代领导人一律中山装的形象，西装和中山装已经成为思想解放和思想保守的时代标志。《蓝袍先生》是他出国前夕（11 月）完成的 8 万字的中篇小说（《文学家》1986 年第 2 期），他之前的小说（《康家小院》除外）一直紧盯着乡村现实生活的变化，以及新的农业政策和乡村体制给农民生活和心理世界带来的冲击，这次的创作，他把笔触伸展到 1949 年以前的原上原下的乡村，他要探索这些变化之所以产生的深层历史文化根源，中国乡村何以会形成那种生存方式、思维方式、道德规范或曰精神生态系统，其社会、历史、文化根源是什么？几千年形成的文化心理积淀已经成为中华民族的集体无意识，那种思维定式、行为规范已深入人心，透过蓝袍先生徐慎行，审视自己和民族正在遭受的精神禁锢，揭示社会转型期新旧观念冲突下人的内心矛盾和痛苦。

《蓝袍先生》是陈忠实颇为得意的一次艺术探索，他第一次尝试以人物的生命轨迹中的生活琐事展示人物，特别是那些具有心理冲击力的生活细节来探寻人物心理的变化和矛盾。小说写出了一个旧式农村知识分子几十年的悲喜命运：徐慎行穿上蓝袍告别了懵懂快乐的少年时代，在冷峻威严的父亲的"监护"下，成为一个称职的私塾先生；新社会，他脱下象征着封建桎梏的蓝袍，换上象征着获得新生和精神解放的"列宁服"，烧毁了父亲赠予他的处世名言"慎独"；反右运动中受极左思潮影响，又被囚禁在"小库房"——极左的心理牢笼之中，想要回到"蓝袍"中亦不

---

① 《陈忠实文集》叁，广州出版社 2004 年版，第 409 页。

可得。他的文化心理、价值追求几经颠覆和平衡，最终从一个窠臼走出，又走进另一个窠臼。个体追求精神自由的过程成为一个循环和轮回，令人痛心的是，这种循环并没有呈现出"螺旋上升"的趋势。他挣脱了有形的牢笼和父亲的权威，却走不出无形的精神牢笼，儿女的观念是外力所能改变的，而"心狱"或心魔已内化为他的意识结构，外化为他的行为准则。陈忠实在创作的过程中深深感到这个人物内心的痛苦和恐惧，当徐慎行被一个女人的美貌所惊扰时，青春的男性激情尚处在萌而未生的阶段，就被父亲察觉、训诫并扼杀了。就像《组织部新来的年轻人》中林震对赵慧文的超越同事的情感刚刚萌发时，就被组织部长刘世吾同志察觉并以党的领导的名义关心劝诫阻止了一样。父亲的权威就是悬在人们头顶的、无形的"宙斯之剑"，监督着人性中细小的邪念和"走神"，可人的原始本能和生命力的勃发有时就如洪水猛兽一般。这一刻，陈忠实产生了探寻徐家那镂刻着"读耕传家"的青砖门楼下两扇黑漆木门里的故事的强烈欲念，徐家上几代人的生活故事，需要更多的文字和更长的篇幅来展示它。那一刻，创作长篇小说的念头突然萌发了。

对照泰国的见闻，对照身体力行倡导穿西装的胡耀邦，对照蓝袍先生，他觉得还需要进一步解剖自己，打开自己。后来，在不太正式的场合，陈忠实大都穿休闲西装或夹克，他认为那样感觉舒服、自由、洒脱。

蓝袍先生终于没有走出精神上的"小库房"，陈忠实在创作的过程中意识到"打开自己"的重要，然而，一个人的思想观念、价值立场、思维模式、文学风格，甚至心理定式、情感结构都有可能改变，通过精神的"剥离"，作家陈忠实完成了艺术上的飞跃，但是，作为一个具有主体性的生命个体，他却很难毫无保留地向亲人或朋友敞开心扉，总是在酒未熏、情"未酣"时戛然而止，他把自己心灵深处最隐秘、最敏感、最脆弱的那部分严密地包裹着，蓝袍先生没能坚守的处事原则，他始终坚守着，尤其是在"50"以后，他几乎做到了"慎独"，有不少文学青年以他为道德楷模。生活中，他比白嘉轩更加孤独，白嘉轩还有一个精神导师朱先生，还有一个精神并不十分对等的鹿三。但陈忠实怕是脱不掉心中的"蓝袍"了，灵魂最深处总有一块庞杂芜乱的山坡，致使《白鹿原》的文本歧义引来无数的解读、论争和质疑，也是他至今没能完成曾经计划中的长篇的重要原因之一。

那一闪而过的长篇创作的欲念并没有成为他的困扰，告别了蓝袍先生，他又被一个乡村女人深深地打动了；在当地报纸上，他看到一个乡村女人创办养鸡场的报道后，十分激动，就冒着数九的严寒，搭乘汽车辗转打问，在陕西户县的一个果园里见到了这个女人，陈秀珍不甘囚禁于小院之中，敢于开拓的精神和勇气让他感佩，但更让他震惊的是，她的红火的养鸡场破产了，不是市场的缘故，也不是经营不善，而是家族兄弟之间利益分配导致了这场败局。这个个体养鸡场就这样毁在自家人的勾心斗角之中，在辽阔的中国大地上，这样的悲剧恐怕不是陕西关中平原的特例吧？传统的文化观念和文化心理遭遇现代性时所引发的家族血亲之间的矛盾冲突，需要我们认真审视和对待，它或许会成为中国现代化的羁绊。陈忠实先写了5千字的报告文学《大地的精灵》，随后又以此为原型创作了8万字的中篇小说《四妹子》①。他把四妹子从关中腹地的终南山下拉了出来，写了一个具有现代商品意识的**陕北妹子**，她是一个勇于追求个人生活的幸福和个性自由的新型农村妇女，她与梆子老太截然不同，她是活生生的、感性的，她身上还有着陕北黄土文化孕育下的吃苦耐劳、坚韧顽强的精神。小说的叙事空间更加阔大，文化内涵更加丰富，作者不仅探究了生活方式、利益关系引发的亲情冲突的历史文化内涵，还对地域文化和人物心理进行了比较深入的探索。小说明显受到法国文学理论家丹纳（注：他认为物质文明与精神文明的性质面貌都取决于种族、环境、时代三大因素）的影响，也可算作陈忠实对寻根文学思潮的一个回应。对照韩少功的《爸爸爸》、李航育的《最后一个渔佬儿》、贾平凹的"商州系列"等，《四妹子》寄托了陈忠实对关中文化的反思和批判，其力度绝不亚于《蓝袍先生》，但是由于"四妹子"来源于生活真实反倒冲淡了文化探索的意义。《蓝袍先生》中有一个细节，徐慎行和班主任一行三人去田芳家退还彩礼，那是同学捐赠的，田芳父亲，一个不识字的粗笨的关中农民以"人而无信，不知其可也"驳斥老师，徐慎行不由暗暗吃惊，四妹子的公公是关中地区殷实人家的家长、徐慎行的父亲是农村私塾先生，受人尊重的乡村知识分子，也是"读耕传家"的徐家当家人（还可加上《康家小院》中勤娃的舅舅和父亲），他们处世的方式和维系他们的日常生活的精

---

① 1986年8月写成，发表于《现代人》1987年第3期。

神生态系统竟然惊人地相似，可见，文化心理定式和思维模式、行为模式与经济地位的关联并不是根本性的。虽然陈忠实并没有提到这几个中篇与《白鹿原》的渊源，但是文本间的内在关联还是能显示出他反思与探索的过程。

陈忠实修建后的祖屋

1986 年春节过后，陈忠实苦心筹备了 3 年之久的工程动工了。这一次不是作家陈忠实的长篇巨制，而是关中农村的普通男人陈忠实的浩大工程——盖房。在历史上，关中农民人生三件大事：置地、盖房（即盖新房）、娶媳妇；新中国土地国有了，农民人生大事就剩下两件：盖房、娶媳妇。陈忠实祖居的老屋，已经成为无处不漏的大漏斗，盖房就成了他人生中的一件大事。他的新房依然盖在祖屋的地基上，盖新房那一个月，他兴奋地在那里盯着，热心地指点着，参与着，在劳动中，他想到几十年的辛酸，感受到李顺大造屋的艰难与欢欣，他与李顺大的情感在这一刻交融了。陈忠实是一个地道的关中汉子，他深知新房的意义，尽管他在作协大院里有自己的单元房，但家乡的祖屋对他来说意义非凡，其中有他的童年记忆，有他文学梦想的苦难和辛酸，有他儿女呱呱坠地时的喜悦，那是他的生命之根，文学之源。盖好了房，他又修了围墙，立了一个小门楼，于是，街门和新房之间就有了一个小小的庭院，他还专门为自己辟出一间书房，10多平方米，虽不大，却是一个独立的空间。《白鹿原》就是在新盖的屋子里创作完成的，每年秋末冬初或春天，他都会在小院里栽种树木花草，在动手写《白鹿原》的那个早春，他在大门外栽下了两棵法国梧桐，在四年的创作中，小树伸展着枝叶，努力为他撑起一片尚不浓郁的绿荫，如今的法国梧桐早已以树的姿态傲然挺立在小院之中，巨大的伞状树冠伸向在天空，不知谁家顽皮的孩子在树干上刻上了"忠实"二字，随着树干的粗壮，"忠实"也成长着。后来，他又陆续在院中栽了两株樱桃、一株柿树、一株梨树，每一株树都寄托着他的一段思绪、一份情感，这一切在他的系列散文《我的树》中有真切的叙述和描绘。

1985年夏，关中遭遇了几十年不遇的湿夏，田野上熟透的麦子无法收割，麦穗就发霉出芽了，百日阴雨使旱原上许多农家的猪舍、茅厕倒塌。一天午夜时分，陈忠实被一声天崩地裂般的响声震醒，呆坐在炕上足有5分钟，还以为是地震了。当他确信是后院滑坡之后，就吓得再也无法入睡，好容易坐着等到了天亮，看到后院的景象，他感到一种揪心的后怕：后坡上的树木绿草裹着泥浆和砂石全部倾覆在他的后院。记忆中满坡的迎春花黄灿灿的，总是最早报送着春的讯息，枸杞、榆树、酸枣棵子给四季的漫坡披着五彩的盛装。

秋末冬初是植树的好时节，他从山坡上挖回十几棵野生的洋槐树，在陡峭的沙坡上挖好坑，再给坑里填上一筐肥沃的黄土，便于洋槐树扎根。最下面的那棵已能做椽子了，而坡顶最高处的那棵才只有手指粗，还总是不开花，因为它长在沙层最厚的地方，每年伏天它都濒临旱死的边缘，这时，陈忠实就拎半桶水，爬上坡顶给它浇半桶，它就这样顽强地活着，长着。这天他惊喜地发现，它朝东的那根枝条上点缀着两朵白花，虽相隔较远难以成串，但它终于开花了，完成了一株树生命的全过程，不论多么艰难，不论多么缓慢，它的生命绽放了。他爬上后坡，俯身亲吻着可爱稚嫩的小花，香气清丽可人，一点也不亚于繁茂者的串串浓香。他期望着那两朵小白花在枝头绽放的时间久些，清香飘得远些。这片洋槐组成了一个小小的森林，在风声中欢叫着，暴雨骤降，它便如波涛般咆哮着，护卫着身前的小院。风和日丽，午后或傍晚的漫坡上，偶尔会有一个男人疲倦地靠在粗糙的树干上眺望远方，或者背靠大树坐在石头上抽烟，森林的气息中混合着雪茄的香气，飘得很远很远。

陈忠实是个倔强的人，种树都要跟自己较劲，人常说："樱桃好吃树难栽"，他在自家院里栽了两株樱桃。柿树是旱原上常见的庭院树种，左邻右舍院里都有，秋天，橙黄色的火晶柿子在宽大油绿的树叶中闪烁，仅柿树就是一幅艳丽的风景。他上小学时，家里也是有一株小碗口般粗细的柿树的，他还偷着用竹竿打过，有一天他放学回家，看到家里的柿树被齐根锯掉，覆着细土的断茬不断地渗出树汁来，仿佛树的血泪。母亲说请来的神汉说柿树不祥，那几年家里连遭祸事：一个小妹夭折了，一个小弟都四五岁了也夭折了，家里还死了一头牛。神汉的道理无非是"柿"即"事"，锯掉柿树，家里以后就没"事"了。他第一次在新屋院栽下的那棵棒槌粗的柿树，在第二年的伏天竟死了，无论他怎么浇水、松土，柿树就是不肯发芽，像任性娇气的孩子。他相信自己是土命，跟植物和土地有缘，所以选择了移栽的方式。他很用心栽植，自忖树根的深度、树的阴阳定位、浇水的多少都没有问题，问内侄儿，人家也只是说柿树本来难移栽。这次他采用了嫁接的方式，先在小院西北角栽下一株软枣，当地人用这种泼势好活的树作各种柿树嫁接的砧木。第二年夏初请了嫁接果树的巧手一次就嫁接成功，当年就发了新枝，蹿起一人多高，叶子大到都赶上男人的手掌了。他担心手指般粗细的嫩枝被风吹坏，还为它立了一根支撑用的木杆。柿树开花结果了，秋后，他把放软的红亮的火晶柿子送给城里的朋友们，还不忘炫耀"我家院子里自产的"。

他欣赏生命旺盛的树木，赞美过青藏高原的一株柳树；精心呵护过娇美的梨树，他喜欢它满树的白花。他崇拜仙风神韵、优雅柔嫩的朱鹮；疼惜纯白的幼鸽的胆怯和羞涩，为受伤的白鸽在太阳下洗澡敷药；就连斑鸠、麻雀、燕子，他也在小院里给它们喂食、搭窝，陪它们嬉戏；看小小的麻雀如何"鸠占鹊巢"，他认为燕子生性善良娇弱，故而常被欺，说给村人，村人不以为然，说那是燕子自动把麻雀钻过的窝让给麻雀的，因为它们干净到闻不得麻雀的臊气。他喜欢一切洁白柔美的花朵，喜欢一切美丽善良娇弱的生灵，唯独气恨那残杀了雄鸽而使雌鸽形单影只、悲伤孤清的鹞子和那些以残害幼小生命为乐趣的人们。

在祖屋里写作的陈忠实并不孤单，有那些树木花草朝夕相伴，早晨斑鸠"咕咕"叫，唤他起床，午后傍晚，要喂他的白鸽、燕子和麻雀，夜晚，他感到祖爷和父辈的呼吸声伴随着自己入眠。村里人偶尔会来串门，跟他一起喝茶、喝酒，邻家青年的流行音乐和摇滚乐常常传送到他的耳鼓，他收音机里播放的秦腔也曾扰了他人的清梦，间或还有单位的同事、编辑作家、文友、文学青年前来拜访。

1987 年 10 月，他发表了中篇小说《地窖》。从 1982 年出版第一个小说集《乡村》，到 1988 年，陈忠实先后创作了 8 部中篇，22 个短篇小说，21 篇散文、报告文学、言论等，还有 1 部两集的电视剧本。他说在专心创作中篇小说的这几年，从未放弃短篇的创作，他已能比较自如地运用短篇小说创作的各种技法，正在努力探索和操练中篇小说的各种技法，为长篇小说的创作打基础。他认为，驾驭不了中篇小说的结构和人物设置的技巧，就很难构思和表现长篇小说宏大的结构、复杂的人物关系和深刻的思想内涵，就像栽种柿树一样，直接移栽一株比较茁壮的小树未必比嫁接这种土笨的办法更奏效。虽然现在的技术发达了，大树和楼房都可以平移了，但文学是愚人的事业，直接照搬西方的某种文学思潮或创作技巧的作家作品大有人在，成功者似乎也有，陈忠实总是在把学来的东西咀嚼、消化、融入自己的血液中时，方才敢拿来使用。他的《白鹿原》，人们能看到他受到某某作家的影响、某种思潮的影响，但影响不是照搬，有人戏称"他比别人会抄"，抄得不着痕迹。抄出自己的风格了，就叫继承、借鉴、创新。从《红楼梦》中，我们也同样可以清楚看到它对《水浒传》和《聊斋志异》等古典文学作品继承与借鉴的痕迹。

这一时期的短篇小说，主题大致有这样几个：其一，《我自乡间来》系列共四个短篇，写了 4 个性格各异的人物，落脚点都在农村新政策给农民生活和心理带来的变化和影响上，以及农村的新气象、新风尚等。马罗大叔是个生性乖僻的老光棍，却有着传奇的人生和侠骨柔情；"我"的堂叔"鬼秧子乐"精明诡秘，对党的政策揣测、怀疑、期冀，既想发家致富，又担心政策变化，凡事总是疑神疑鬼，按捺不住致富欲念终于成为万元户的"鬼秧子乐"率先为镇小学捐款 1 万元，还要求公社书记为他立碑，免得将来运动来了公社抓他"污染"，村人乱口咬他，钱捐给了学校，家家的孩子都得了他的好，他很为自己的计算得意；田雅兰"文化大革命"期间是当地有名的泼妇，赶上改革开放的好政策，她养鸡、承包果园、买车搞运输成为致富能人，她要挽回自己的名誉，把当年国家给她的救济款还给国家，她还想登报让人们知道当年的"歪婆娘"不是好吃懒做没能耐；当年拐子马用生命护卫的防护林在他的示范作用下，被农民砍伐哄抢，拐子马被拘，小说矛头直指农村改革开放后出现的领导多吃多占、以权谋私的社会现象，拐子马是一个生冷硬蹭的倔汉子，一根筋，有鲜明的关中汉子的特点。

其二，市场经济和商品观念冲击下，人们心理、传统道德和价值观念的转变。《失重》（1986）和《桥》（1986）从不同的角度揭示了市场经济在普通农民精神领域所引起的波动，以及对他们固有价值观念的影响。前者写两姐妹两担挑几十年的交往，老实厚道的农民吴玉山与城里当局长的担挑郑建国的关系总处在"失重"的状态，他当初盖房时担挑用手中的权力为他买过便宜的楼板，现在担挑因受贿嫌疑被羁押，政府要他作证，作实证，亲情上过不去，有愧于心；作伪证，那可是违法行为。传统道德与现代律法观念折磨着这位善良的老农，"失重"不再是表面的、世俗的，它触及了人的内心和道德的层面，触及了转型期制度建设和新观念确立的层面。后者也没有停留在农民打工被骗、挣钱无望的艰难处境的描述上，而是把笔触伸入到商品经济社会对传统道德观念和朴素的民风民俗的冲击上，王林在冬季水弱的小河边搭起几丈长的小木桥，向过桥者收取 1 毛钱的过桥费，渴望早日建起新瓦房。这一行为遭到岳父的痛斥，王林觉得"忽然想哭"。新型人际关系的确立在农村还需要一个漫长的过程，对比后来全国各地分段收取高速路、国道，甚至乡道的过路过桥费的状况，不知陈忠实会作何感想？

其三，对社会变革中个人命运和日常生活中人情人性的关注。《毛茸茸的酸杏儿》（《衮雪》1985 年第 5 期）以一个回城女知青的回忆展开叙述，讲述了一个关于成长的故事，一个敢于向女知青求爱的农村青年很自然地被女方的父母视为不成熟，背后隐含的是认为他不自量力。10 年后，女知青成为女教师，与医生丈夫和孩子过着平静和谐、富裕寂寞，甚至有点乏味的生活。忽然，电视上偶然闪过的一个镜头唤醒了她的记忆，那个永远也长不大的农村青年果然实现了自己的梦想，借高考制度恢复的东风，考上了国际关系学院，成为驻某国大使馆的秘书，那自信而顽皮的笑脸……她不禁慨叹："成熟了，生命的活力也就宣告结束了。"那个特定年代，多少人过早地成熟了，陈忠实以此感叹那不再的青春与激情。《到老白杨树背后去》（1986）、《打字机嗒嗒响》（1986）也是写个人面对爱情与事业选择时的两难处境，以及青少年时纯真美好而酸涩的情感，有趣的是主动放弃者或曰自主选择者对自己的选择都没有丝毫悔意，小说让人震撼之处正在这里，康君认为他的选择没有犯"方向性的错误"，如果与心爱的打字员小凤结婚，有谁会发现他具有县委宣传部长的德和才呢？爱情在面对现实和理性时，是多么的脆弱和无奈啊！《旅途》、《送你一束山楂花》等则写出了人情人性的美。

其四，从政治经济变革层面向人的道德情感的纵深处开掘。《害羞》（1988）中某小学为搞创收买了一套生产冰棍的机器，教师轮班卖冰棍，王老师守着冰棍箱却羞涩地怎么也无法开口叫卖，那种窘迫无奈、违心胁从及害羞的表情，显得他与经商热潮极不和谐。王老师难以超越社会给予教师的身份设定和中国传统的师道尊严，中国传统的"抑商"观念和"万般皆下品，唯有读书高"的文化心理，与商品经济大潮是那么的不和谐，但毕竟像王老师有害羞心理的人是越来越少了，中国羞感文化的缺失真是文明的进步吗？《两个朋友》（1989）故事性很强，是一个复仇的故事。"文化大革命"期间因出身不好而遭受情感挫折的王育才，改革开放后成为有钱人，就邀请曾经的恋人吕红到他的公司做事，并旧情复燃，相约离婚后重结连理，他拒绝所有前来劝说的亲朋，执意离婚，吕红离婚后，王育才抽回诉状，远走高飞。直到最后他才亮出底牌：报复，而且蓄谋已久。这个曾经羞怯的青年并没能享受到报复的快感，他为自己那种羞怯丧失殆尽而惋惜，人性的迷失和沦丧不仅令他人痛苦，带给他个人的痛苦似乎更加深重。作者开始反思民族情感和现代性的关系。

其五，《窝囊》（1987）和《舔碗》都与《白鹿原》有关，可以看做陈忠实历史文化探索的前期成果，也是他创作《白鹿原》过程中，内心不安与畏怯的曲折表现。前者的主人公张静雯的原型是革命烈士张景文，她早年背弃财主家庭参加革命，1935 年冬，在"肃反运动"中被当作特务活埋。对历史特别是党史进行回顾与反思的作品，当时还不是很多，这篇小说有点投石问路的意思，后来，这段故事又出现在《白鹿原》第 28 章，而白灵的故事也是以此为原型的。这大概是陈忠实所有作品中最忠实于"史实"的短篇小说，连人物名称都用了谐音，在创作之初，他似乎也像"鬼秧子乐"一样为自己留了条后路，很有点农民的"狡黠"。完全不同于 21 世纪创作的系列短篇"三秦人物摹写"。《舔碗》写黑娃给黄掌柜扛活，黄掌柜待人和善，活儿尽着做馍饭尽着吃，每天和黑娃一块下地干活，可就有一样黑娃受不住——那就是舔碗，他自己和家人吃完饭舔碗，要求黑娃也舔，还费心巴力地教黑娃舔碗。黄掌柜说自己偌大的家业就是舔出来的，黑娃始终学不会舔碗，他觉得恶心，要求黄掌柜年终扣他 2 斗粮，黄掌柜说他舔了碗，年终多给他 2 斗粮，黄掌柜是好心让他明白节俭，黄掌柜说一天舔 3 次碗，就跟孔子说的"吾日三省吾身"是一个道理。黑娃发现黄掌柜每顿饭都舔自己的碗时，忍不住阵阵作呕，口舌生疮，没敢要两个月的工钱就连夜逃走了。黄掌柜是典型的靠勤劳和节俭致富的中国农民，节俭是中华民族的传统美德，黄掌柜对粮食的爱惜本无可厚非，他教黑娃舔碗也是一片好心，但具体到舔碗这件事，就很难说是美德还是恶习，或者是鲁迅先生所说的国民劣根性了，更何况还要将之强加在他人的身上。陈忠实对中华民族的传统美德开始进行反思和批判，笔力之犀利，目光之敏锐，是当代作家中罕见的，只是这个短篇在市场经济大潮影响下文学已失去轰动效应的 20 世纪 80 年代末，并没有引起广泛的关注，这个细节在《白鹿原》中也被白嘉轩、鹿子霖等人的光芒冲淡了，对此，陈忠实觉得非常遗憾。

　　1986 年 4 月，就在把盖新房的工匠送出门的第二天，陈忠实背起挎包，趟过家门前的灞河，穿过对岸的村庄，到公路上搭上通往蓝田县城的班车，他要去那里查阅县志，了解这座古原的历史；他被长篇创作的欲念燃烧着，望着车窗外白鹿原的北坡，几十年生活着的地方，竟突然变得陌生了，神秘了，当他以一个作家和人文知识分子的身份重新审视这座古老的旱原时，这沉寂的原坡弥漫着神秘的诗意……当晚，他住在了全县最豪华的旅馆，住宿费最高标准每晚 8 元[①]，他在 2009 年出版的"白鹿原创作手记"中依然感念省作家协会给予他的资金支持。《白鹿原》在他的心中正式开始孕育、构思，他开始打造那死后垫棺的枕头……

## 第四节　蛰居"做枕"——《白鹿原》的创作、发表与获奖

1987 年 10 月下旬，陈忠实参加了中国共产党第十三次代表大会。

1988 年，陈忠实获得"一级文学创作"职称。

无论在政治上还是专业上，他都获得了很高的地位，是许多作家羡慕的对象。从 1962 年高中毕业回乡，到 1988 年整整 26 年，再过 4 年他就50 岁了，他忽然有一种莫名的恐慌和担忧，万一身体不济，自己的哪部作品可以传世呢？他说对自己之前的作品都不太满意。他预计长篇的写作至少需要 4 年时间。

1986 年 8 月，酷暑难耐，陈忠实在长安县查阅县志和党史文史资料，为了不影响晚上休息进而影响白天查阅资料的进度，他无奈地住在了县供销社开办的那唯一一家旅馆仅剩下的套间，日租金 12 元。这是他平生第一次在外面住套间，来访的熟人朋友无不惊讶其豪华享受。与蓝田县一样，这里也是每次只能借 1 本，看完再换，县资料馆同志负责的精神着实让他感动，但每天要在旅馆和资料馆间往返几次，他小心地翻阅，摘抄下他认为有用的资料，那时打字复印远没有现在方便，他只能用钢笔一字一句地抄写，并注明出处。直到有一天，县委书记程群力慕名来访，问他有什么困难，问他是否有创作大部头作品计划，他轻描淡写地说他就是想了解自己脚下这片土地的历史渊源。这就是陈忠实的"蒸馍"理论，蒸馍时，成熟之前不能揭锅盖，一漏气馍就夹生；他创作小说也是这样，在心里憋着，反复酝酿，直到构思完成铺开稿纸，一气写完，这是他写作的习

---

① 1986 年笔者就读于陕西师范大学，大多数同学的生活费都是每月 10 元。

惯，也是他的个性使然。他多年前也曾怀着虔诚的心，把自己正在谋划的小说构思告诉作家朋友们，大家也给了他可供采纳的建设性的意见，结果是说出构思之后，动笔时却发现故事不再新鲜，有点索然无味，创作的欲望减弱了，最终竟放弃了那篇小说的创作。《白鹿原》修改完成之前，他也是绝口不提小说的内容和人物。

　　第二天他再去借阅时，资料员抱了一摞县志给他，他倒担心起资料放在他那里是否安全。关于"枕头"的话就是在这时说给一个笔名李下叔的青年作家的。李下叔和陈忠实后来都曾撰文谈及此事。大致情形是，李下叔以《长安报》编辑的身份拜访陈忠实，想为报纸约篇专访；陈忠实喜欢李下叔坦诚不刁、肆无忌惮的个性，交往渐深，友情日厚。某晚，两人就着桃子喝啤酒，酒意微酣，陈忠实说到长篇的构想，言谈之中，忽如中邪一般，他说那一刻他仿佛听到了枪毙黑娃的枪声，此前两人曾说起过白鹿的意象，说到过小娥，说到过彼此对《百年孤独》、《查泰莱夫人的情人》的观感，李下叔一直感叹、遗憾陈忠实对昆德拉尚未触及，还没读过《生命不能承受之轻》，或许，陈忠实研究了昆德拉之后再创作长篇，《白鹿原》会是另一番景象，谁又能说得清呢？那时，陈忠实抽的还是"工"字牌雪茄，两人谈及创作的构想、主题、朋友的情意等，"挖祖坟"的题旨已十分明确，约定李下叔就做那鞭策他创作的"鞭子"。靠在床上，陈忠实不禁感叹自己半生热爱文学写了十几年小说，活到45岁，竟没有一块死后可以垫头的东西。这就是"枕头"之说的原始出处。这个东西须进得了文学史，被世界承认，能为民族为历史甚至为整个人类行为立传。[①]《白鹿原》发表后被誉为"中华民族的秘史"，大多数"当代文学史"都有提及和论述，高等教育出版社出版的《中国现代文学史》（朱栋霖等编）下册也有论及，《白鹿原》还被教育部指定为大学生必读书目中仅有的两部当代长篇之一（另一部为《创业史》第一部）。令陈忠实难以预料的是，2010年，他的《无畏》也进了当代文学史，评价是"生活气息浓厚，人物个性鲜明"。他后半生的"芥蒂"被历史重新评价，而且成为那个时代和他本人创作的标志和收获之一。

　　李下叔也的确算得陈忠实的朋友，他对陈忠实的评价也与别人不同，

---

① 冯希哲、赵润民主编：《走近陈忠实》，陕西人民出版社2006年版，第21页。

人常说陈忠实"诚实、厚道、质朴、沉静",他说陈忠实个性"豪狠",眼睛尤能传神,目光睿智、威严,震怒时双目呈正三角形,有一种不可抗拒的人格力量。

李下叔认为以陈忠实在农村生活工作 20 多年的生活积累,雄厚得写什么长篇用得完?至于下那么大的功夫查阅地方县志和文史资料吗?他才说自己要创作一部"垫棺作枕"之作。大约是说过这话 1 年后,李下叔在一篇约千字的人物通讯(《陕西日报》)中即提到"枕头"的话,没有引起什么反应。5 年后,《白鹿原》在《当代》发表,并由人民文学出版社出版发行后,作家雷电的一次采访中谈到"枕头"之作,这句话才流传开来。可见,这句话本身并不能产生什么轰动效应,也算不得什么惊世骇俗的宏论、豪言。在生活中,出自作家之口,比这豪壮得多、有文采得多的话,常会听到,问题是缺乏优秀作品的佐证,豪言壮语就可能成为狂言或笑料。试想,倘若陈忠实后来没能交出《白鹿原》这份答卷,"枕头"之言,要么被人淡忘,要么成为笑谈或笑料。

陈忠实从不隐瞒或回避自己的农民出身,也从不掩饰他的情感价值取向,他直言不讳:若是看到农民在城里的商店饭馆受到冷落和歧视,马上就会火冒三丈。遇到城里人、特别是社会名流将农村落后的原因归结为农民群体不争气时,他也会不顾社交礼仪,拍案而起,据理力争:这能怪农民吗?当极左政策将农民一步步剥夺殆尽时,农民的苦难一点不少于知识分子。所以,陕西评论家王仲生认为他的创作经历了一个从与农民共反思到与民族共反思的发展历程,他的作品总是与农村、农民同呼吸共命运,歌颂时不遗余力,批判时切中要害。同时,他还是一个老党员,是沐浴着党的阳光成长起来的作家,他热爱党,有坚定的党性原则和政治信仰。他也是一个具有主体性的人文知识分子,而且接受过中国传统文化和民间文化的熏染,他说:作家是社会最后的良心。多重身份与价值理想使他的精神价值体系和文化心理呈现出复杂多元的态势,这是后来形成《白鹿原》丰厚历史文化底蕴和文本歧义的重要原因。

1985 年秋,陈忠实创作《蓝袍先生》时萌发了长篇小说的创作欲念,1986 年 4 月新房竣工后动身到陕西省蓝田县查阅县志,1988 年 4 月 1 日动笔写《白鹿原》的草稿,1991 年腊月 25 日下午,画上最后一个标点符号"……",1992 年 3 月 25 日上午,修改完成的书稿交给《当代》杂志的编辑高贤均和洪清波，1992 年年末《当代》最后一期发表了一半，另一半 1993 年第 1 期发表，1993 年 6 月，《白鹿原》的单行本出版。其中查阅资料构思两年，创作修改定稿 4 年，共计 6 年。

他用两年时间先后查阅了蓝田、长安、咸宁三个县的县志，在蓝田县志上抄录了宋朝吕大临兄弟创作的《乡约》，这是中国第一部用于教化和规范民众做人修养和日常行为规范的系统完整的著作，曾在中国南北乡村推广过，至今规范并影响着国民的日常生活、行为规范和精神世界。一部 20 多卷的蓝田县志竟有四五卷记载"贞妇烈女"的光辉事迹或名字，她们是"××村××氏"，很多女人连名字都没有留下，她们用怎样漫长、残酷的煎熬和鲜活的生命才换来那不足二指宽的位置，那一刻，叹惋之余，陈忠实说自己竟产生了一个恶毒的意念，女人的本能和天性受到如此摧残，总会有一个纯粹出于自然人性本能的抗争者，他联想到小时候在村里看到的村民们惩戒逃婚的新媳妇的惨状和听到的女人撕心裂肺的惨叫声，田小娥的形象浮现在眼前。

写作长篇需要作充足的前期准备，几十年的乡村生活经验，对家乡历史和民风民俗的深入了解，这些只是最基本的生活素材准备，对历史文化的审美观照还需要更高的视野，他很欣赏美国人赖肖尔的《日本人》和陕西学者王大华的《崛起与衰落》的历史观，又接受了那时正在流行的"文化心理结构"学说。在创作风格上，他只有超越自己的老师柳青和王汶石，才有可能形成自己独特的艺术风格；陈忠实曾有"小柳青"之誉，并以擅长写农村老汉而知名，他的《徐家园三老汉》，用精湛的笔墨塑造了三个性格迥异的农村老汉，颇受好评。他曾尝试以女性为主角结构中短篇小说，涉及乡村小院、"文化大革命"极左思潮、改革开放、婚恋等方面，却没能引起足够重视，如《田雅兰》、《梆子老太》、《四妹子》等，在女性人物塑造上寻求突破是陈忠实长篇创作的重心之一。在创作方法上，他依然认定现实主义创作手法，觉得 1985 年前后的文本实验并不适合他的创作实际，他坚信现实主义依然充满着活力。那时，他对拉美魔幻现实主义已有了初步了解，但远远谈不上融会贯通或创造性地使用，拉美作家卡朋铁尔的《王国》曾给过他很大的启示，特别是卡朋铁尔艺术探索和追求的传奇性经历，让他重新审视和思考了现代性和民族性的关系，对中国文坛曾风靡一时的寻根文学有了更加深入的了解，他说："应该到钟楼下人群最稠密的地方去寻民族的'根'。"① 有人说陈忠实的《白鹿原》是摹仿马尔克斯《百年孤独》的，对此，他不置可否。他说当初《百年孤独》读得他"一头雾水"，倒是王蒙的《活动变人形》和张炜的《古船》读起来备感清爽亲切。可见，结构不一定要新颖骇俗，他决定以人物和内容为核心建构自己的长篇。他认为："最恰当的结构便是能负载全部思考和所有人物的那个形式，需得自己去设计，这便是创造。"而人物则贵在把握其心灵脉络，写出人物的气质个性和精气神儿，树立起一个立体动态的人物，为此，他苛刻地规定自己不得对人物进行外在描写，特别是肖像描写，着重写人物心理和潜意识，从而达到将人物写活的目的。

《白鹿原》这个书名是 1987 年结构长篇时确立的，后来虽想过换个响亮的名字，如《古原》，最终还是觉得《白鹿原》最恰当。原计划1987 年冬动笔，因母亲住院陪护了两个月推迟到 1988 年清明前后。

动笔之前，他列了一个人物名单，标示人物谱系，即人物的社会关系和族亲关系。创作过程中却从未翻看过，因为所有的人物关系网络及其恩怨——情感纠葛与生死遭际，早已烂熟于心。陈忠实在创作第一个中篇时写过草稿，之后的几个中篇都是一次成稿，但长篇创作非同小可，预计40 万字，又是第一次，他决定先写草稿。

清晨，西蒋村的村民们扛着农具上坡或者下滩，走向自家的责任田开始一天的劳作，村里的特殊村民——作家陈忠实洗漱之后，看着院子里月季花新绽的嫩叶，他觉得今晨村巷中传来的狗吠声格外响亮。喝了两三杯清茶，他揭开一个大号笔记本，表情沉静而凝重。在自己建造设计的专有书房里，他没有像平时写作那样坐在书桌前，而是坐在长沙发的左首，把笔记本放在腿上，左手控制住笔记本，顺着纸页上的暗格写下第一句话："锅锅儿嘉轩后来引以为豪壮的是一生里娶过七房女人。"

这是陈忠实在自己的书房中写下的第一句话。这一大两小的沙发也是他和夫人商定，为长篇创作而特制的。由一位同村青年制作，他亲自选定了绿色的罩布。成为专业作家 7 年后，他终于有了一个自己的书房或工作间。书房不大，10 多平方米，一张带抽屉和柜子的书桌，一把有靠背的椅子，两个书架，摆放着一直堆积着的有用的书，还有那套沙发，一律出

① 陈忠实：《借助巨人的肩膀——翻译小说阅读记忆》，《长江文艺》2005 年第 1 期。

自乡村木匠的手艺。他对自己的书房颇为得意。而当笔触触及白嘉轩的四合院时，他的魂魄就超离了现代的书房，游荡在近百年前那位白鹿村族长的深宅大院里，祠堂神圣静穆的氛围、古老的街巷、飘然而过的白鹿、那幽远动荡的历史和妖冶妩媚的小娥，共同形成一股强大的气场，驱使着他，沉静下来的小宇宙爆发出生命的活力和创作的激情。历时 4 年。

忆及自己的书房，陈忠实感慨、欷歔不已，1982 年之前，他先后在乡村中小学、乡镇和文化馆工作，都是宿办合一的一间屋子，多数时候还是两人合住。1982 年成为专业作家后才分到两居室的楼房，他没有入住，而是搬回了老家。祖屋厦屋的北墙外有一间又低又窄的简易房，那是 20 世纪 70 年代父亲为已成年的妹妹搭建的，而今，父亲谢世了，妹妹出嫁了，这里成为他的写作间。里面摆着一张单人床，一张祖传的方桌，一把椅子，一张条凳（不知哪位祖上置办的）。方桌很大，几乎占了房子一半的空间，桌面不像是漆染的黑色，四条桌腿无一牢靠，父亲生前用麻绳捆着的四条桌腿已经松弛了，他把麻绳解开捆扎实了，动作熟练而灵巧，他说：“我有捆绑桌子的经验”，调侃中透着辛酸，他坐在桌前开始写那些短篇和中篇，直到为盖新房拆了这间简易房。在新房盖好尚未启用的那一年多时间里，他只好在叔父跟他兑换的同院的西厦屋里摆开吃饭的小餐桌，坐一只小方凳窝在那里写作。那间房年久失修无人居住，墙皮脱落，火炕坍塌，地砖底下被老鼠掏空了，一不小心就可能踩空，连鞋带脚掉进窟窿里，老鼠偶尔会窜出来探探脑袋，“吱吱”叫两声。这间破败的厦屋展现在他眼前的却是一个神秘的想象世界，在他的笔下这间屋颇有点马孔多镇奥雷良诺·何塞的姑姑阿玛兰塔房间的意味和氛围，抑或让他想到白鹿村外小娥死后漫天飞舞着蝴蝶或蛾子的那间破烂不堪、杂草丛生的窑洞。

陈忠实常年生活在农村，习惯与太阳和村人们保持同样的作息时间；路遥曾说他的“早晨从中午开始”，即路遥总是夜晚创作，白天休息或处理其他事物，路遥常常会在半夜敲开邻居或朋友的门要一个冷馍充饥，喜欢抽红塔山，喝咖啡，得了病也不肯上医院。陈忠实总是一如既往地抽雪茄，经济条件差时抽“工字牌”的，后来条件好些抽“巴山牌”的，至今没有改变。有人说陈忠实喝酒，如果有一瓶西凤酒、一瓶二锅头，陈忠实说喝西凤酒；如果有一瓶西凤酒、一瓶茅台酒，陈忠实还是说喝西凤酒。与路遥相比，陈忠实是幸运的，也可以说是幸福的。创作《白鹿原》的四年中，妻子几乎都守在他的身边照顾他，他每天能吃到热乎乎的饭菜和妻子亲手蒸的馒头、亲手擀的面，即便是在创作的最后阶段，因婆婆生病，妻子要住在城里照顾老人和孩子，她依然坚持定期给陈忠实送来给养——蒸馍和手擀面，陈忠实只需稍作加工即可。所以，那些老朋友们总是说陈忠实的文学创作，夫人对他的支持和帮助很大，熟人朋友曾猜想如果他与一位知识女性结合，是否会有今天的成就？

陈忠实在接受记者采访时，谈到他对创作环境（包括生存环境）的态度，他期待良好的创作环境，清净而舒适。但创作环境与创造成就没有必然联系，不好的环境里未必就写不出好的作品。他打了个比方：创作就像母鸡下蛋，肚子里没蛋的母鸡，在软绸锦缎铺就的窝里，卧再久也生不出蛋来。不过，他也有自己的习惯：他创作时，房间不能有其他人，哪怕是最熟悉的人，哪怕是素不相干的陌生人，都不成，他说那样小说中的人物就会被吓跑，不敢再回来。平日里，他最恼火的就是创作思路被打乱难以接续的状态。

在这间与奢华无缘的书房里，陈忠实完成了一次自认为顺畅的艺术创造，1989 年元月，草拟稿完成。40 多万字，厚厚的两个大 16 开的笔记本，一个整本，一个半本。从动笔到完成初稿，前后不足 1 年，酷暑难耐的七八两月，又值孩子考试择校的短暂停滞，这是他平生年写作量最大的年份，也是日写作量最大的年份。

40 多万字，他用一个姿势写完。他说："我仍然坐在业已习惯的绿布沙发的左首，把硬皮笔记本摊在膝盖和大腿面上，追逐着已经烂熟的一个个男人女人的脚步。"[1] 他觉得这样写作很放松，就像早年写日记或练笔，纯粹写给自己，心理上松弛而自如，没有在稿纸上写作的紧促和拘谨，不用想着编辑评论家和读者，能让原上的人们尽情地演绎自己的人生，由着性子地撒欢儿。沉浸在百年古原的沧桑回忆里，他感受体验着创作的欢欣与痛苦，他写到田小娥被公公鹿三用梭镖钢刃从后心捅杀，那一瞬，他突然眼前一黑，不得不搁下钢笔，等他睁开眼睛，顺手写下"生的痛苦，活的痛苦，死的痛苦"12 个字，他将这一绺纸条贴到小日历板上，以纾

---

[1] 陈忠实：《寻找属于自己的句子》，上海文艺出版社 2009 年版，第 31 页。

解情绪。4 年时间，他共写过 2 张纸条，另一张是关于性描写的十字"箴言"——"不回避，撕开写，不作诱饵"。作为一个男性作家，他或许觉得这个女人太苦，苦到他只能"搁下钢笔"；对于田小娥解读的文字早已无数倍于陈忠实创造这个人物所使用的笔墨，曾有不少评论家针对田小娥对陈忠实展开批评，被称为"民族秘史"的《白鹿原》中，几千年来女人的命运遭际与生存境遇，在他，大约就是这 12 个字吧。福楼拜写完包法利夫人吃砒霜自杀那一段，觉得自己满嘴都是砒霜味。这 8 个月里，他记忆的仓库被打开激活照亮了，丰厚得几乎吓到了他，创作思路在写作过程中得到扩展和深化，许多自以为得意的细节也在写作过程中不断蹦出，写作的顺畅远远超出了他的预料，草稿完成后，他只告诉了自己的妻子。怀着难言的欣喜，他和村民邻人结伴逛集市，采办各色年货：猪肉、蔬菜、鞭炮、写对联的红纸等等；进城买面粉、大米、菜油和蜂窝煤——这些东西都是凭票供应给城镇居民的——走在进城或赶集的路上，望着漫坡上的枯草的白鹿原北坡的沟壑台梁，他兴奋不已：这座古原不再只是他生长生活工作过的地方，它已经被自己写成小说了，或许有一天它会像顿河草原和马孔多镇一样成为人们想象神往的地方。回到家里，他帮妻子剁肉洗菜，和孩子一起守在厨房的案边，等着新年蒸熟的第一锅大肉葱花包子。

那年除夕，他自拟了一副春联，句中隐含白鹿的意蕴，他在心里默默回味着，1989 年的第一缕晨光洒向西蒋村这个小小村落时，爆竹声里，院门外的这个男人感到一种从未有过的释怀和陶醉……

《白鹿原》初始构思时曾计划写上下两卷，每卷三四十万字，而完成的草拟稿是 40 多万字，迫使陈忠实对构思中的长篇大动刀斧的原因是复杂的，过程也是异常痛苦的。直接原因是 20 世纪 80 年代中后期经济体制的改革已经深入到文化领域，出版社开始进入市场，自负盈亏，而文学也已失去了轰动效应，出版社竟传出某知名大牌作家的作品集征订数不足 1千册；他的一个中篇小说集《四妹子》原定由中原农民出版社 1988 年 4月出版，由于订数不足 3 千册，延迟至 1989 年才出版①，而且要由作者

---

① 《四妹子》版权页仍然注明为：1988 年 4 月第一版第一次印刷。

自行销书以抵稿费，看着墙角捆扎整齐的千余册图书，出书的欣喜顿然消散，一种内心的压迫感让他觉得难堪、羞愧，自己那曾经颇受好评的小说竟然成了积压品。《白鹿原》成功后，陈忠实在南方一家书店签售，有一位读者拿着一本《四妹子》要他签名，他拿起来看了，发现书上印着中原农民出版社，读者说是刚才在书店卖的，他确切知道出版社并没有重印，书店卖的显然是盗版，他什么也没有说，认真地为这位读者签了名。出版社的运营机制迫使他不得不重新思考《白鹿原》的创作，酝酿中的长篇人物众多关系复杂，需要上下两部才能容纳，每部 30 万—40 万字。他暗忖自己读书尚且不喜欢多卷本的大部头小说，更何况读者。另外，出于为读者的钱包考虑，买一本书自然比买两本节省一半的钞票，出版后销量也会好些。他断然决定写一部，字数控制在 40 万字以内。他重新对长篇的人物和情节——包括细节逐一斟酌考量，舍弃了某些可以舍弃的情节和细节，尺度是"合理性和必要性"。直到自己认为再无可删时，40 万字还是装不下，看来只有在语言文字上下功夫了。首先，舍弃工笔细描的表现手法，索性放弃描写语言，确定以叙述语言为长篇小说的语言方式，40万字的长篇纯粹使用叙述语言，小说的可读性、准确性、形象性、趣味性等问题如何解决？要用叙述语言恰当准确地表述自己的乡村体验和对历史现实的深刻反思，绝非易事。他用"形象化的叙述"来表述自己长篇将要使用的语言方式，用文艺学专业知识解释就是要增强叙述语言的表现力，叙述语言缺乏表现力就会成为"流水账"或"生活流"，枯燥乏味琐碎，拖沓冗长，以至于让人读不下去或催人入眠。富有表现力的叙述语言是有张力的、灵动的、充满生气和动感的文字，它饱满充盈，余味无穷，具有吸引读者阅读的魅惑力。但如何获取这种叙述能力，他尚无十足的把握。

早在 1981 年，文学具有轰动效应的时候，陈忠实就思考过小说的可读性问题，即作品与读者的关系问题。这事跟父亲有关。那年春天，父亲被查出食道癌，因年事已高，不适合做手术，只能接受中医救治，为了减少看病途中往返的劳顿，他将父亲接到了他工作的灞桥文化馆。父亲很配合，不像儿女那般慌乱、忧心忡忡，他显得平静坦然，逛街，与人闲聊，兴致还不错。一天，父亲说：听说你写作都有些名气了，我还没看过，拿些给我看看。那时他的第一部小说集《乡村》还在编辑的案头，所以就把他发表过的短篇小说，包括得过全国奖和报刊奖的都端给了父亲。两天后，父亲把这些刊发有儿子小说的报刊交到儿子手上，说："你还是给我找几本古书吧！"①"还是《三国》、《水浒》好看。"②他的心顿时凉了半截，父亲并不喜欢他的小说，也不忍心伤他的自尊。他为父亲借了一套《明史》，父亲戴上老花镜，坐着或躺在床上读着，除了吃饭上厕所，就那么读着。他明白他的小说远没有达到父亲的期待，意识到自己与经典的巨大差距。那一刻，在他的潜意识里就有了一个愿望和决心，平生一定写一部让父亲能读下去的书，后人愿意读的书，也就是"死后做枕头的书"。中国是宗法制社会，父子的关系很微妙，做儿子的总是特别在乎父亲的评价，《白鹿原》中的两个叛逆者黑娃和白孝文都先后跪倒在祠堂里祖宗的牌位前。

为了锻炼自己对这种叙述语言驾驭的能力，他创作了《窝囊》和《轱辘子客》两个短篇，尽量减少人物之间的直接对话，每句话都力争使用具体形象的叙述语言，任何干巴巴的交代文字都会破坏语言的趣味性和整体风格。《轱辘子客》在《延河》发表不久，作协的几位同事都发现了他小说语言的变化，感到新鲜，觉得这种语言形态还不错。这无疑增强了陈忠实的信心。1988年夏，长篇创作的间隙，又创作了两个短篇《害羞》、《两个朋友》，继续自己的语言实践，在叙述中加入必要的、个性化的、富有丰富蕴藉的对话，从而缓解叙述语言长篇累牍给读者造成的阅读疲劳，增加文字的变数和动感。

1989年清明前后，把3个孩子分别送进学校，料理完家里的杂事琐事，摊开稿纸，穿越时空隧道，他进入近百年前白嘉轩的仁义白鹿村，草拟时的激情与冲动淡了许多，他得静下心来重新审视自己创造的那个艺术世界，"沉静"、自信地写下了开篇第一句话："白嘉轩后来引以为豪壮的是一生里娶过七房女人"。

1991年腊月25日下午，陈忠实在纸上画上了6个圆点——"……"，那时还不到下午5时，南窗的光亮已经昏暗，窗外白鹿原北坡的柏树已被朦胧的暮色笼罩，放下钢笔的那一瞬，他眼前一片黑暗，木然地坐着抑或是趴在桌子上，不知过了多久，他才挪到沙发上，觉得两腿像被抽掉了筋

---

① 陈忠实：《凭什么活着》，时代文艺出版社2007年版，第193页。
② 陈忠实：《寻找属于自己的句子》，上海文艺出版社2009年版，第170页。

骨一样，又软又轻。他点燃了雪茄，深深地吸了口，微闭的双眼沁出泪水，烟雾缭绕，难以承受的轻飘让他晕眩，收拾好稿纸，他走出屋子，走过小院，走下门前的塄坡，走在光秃秃的白杨甬道上，灞河川道里的冷气如针扎一般。顺着河堤逆水而上，原坡上干枯的树木荒草、粗糙模糊山坡塄坎在他眼里是那样柔和，他就那样走着，伴着哗哗的水声，偶尔坐下来抽支烟，他觉得胸口憋闷，想对着无人的原坡疯吼狂喊几声，却怎么也跳不起来，喊不出来。终于，他点燃了河堤下的一丛风干的菅草，火借风力，噼噼啪啪蔓延开来，薄荷的香气、蒿草的臭气、杂草的瘴气混杂着水汽和湿气，弥漫在傍晚的空气中，呛得他双目泪流咳嗽不止，火苗蹿着跳着，顺着河堤一路向东烧去……

第二天睡到自然醒，骑自行车再乘公交车回到作协自家门前，敲开房门，开门的是他的妻子。他说："完了。"她平淡地说："完了就好。"

近 3 年的时间，创作因各种原因几度中断，陈忠实也经历了诱惑、困惑、误解、烦恼等情事，但沉静专注的写作情态却稳定地持续着。路遥的早晨从中午开始，陈忠实的作息伴随着羲和的规律，清晨起床，捅开炉火烧开水，一杯热茶喝下便铺开稿纸，傍晚停止写作，到山坡或河边散步观景。但在写到田小娥被公公鹿三用梭镖捅死之后，他的生活规律被打乱了。傍晚停止写作后，白嘉轩、鹿子霖和其他人物总是盘踞在他的意识里说他们的话做他们的事，挥之不去，他走到哪里他们幽灵般地跟到哪里，脑子得不到休整，第二天便无法进入正常的写作。他烦恼了一阵，发现下棋是驱赶他们的好办法，另一个办法就是喝酒，喝得飘飘忽忽，就解脱了。于是，他又形成了新的规律：傍晚停止写作后，以下棋或喝酒的方式将盘踞在脑海中的作品中的人物驱赶出去，次日晨喝茶铺纸，真诚地召唤和聚拢他们回到他的小书屋。让他颇感遗憾的是：棋艺进步不大；以前从不喝酒的人却落下了酒瘾。

1989 年 8 月，酷热难耐，陈忠实曾在骊山北麓的一道黄土崖下的窑洞里避暑写作，约 1 周时间，他写作完成了《白鹿原》第 12 章，那是他的朋友青年作家峻里的家。其他的章节都是在他自己的小书屋中完成的。1989 年 8 月下旬到 12 月底，每周至少 4 次去作协开会，长篇的写作被迫停止。那年"六四"之后省上搞清查，有人向省委举报揭发陈忠实曾经坐在卡车驾驶室指挥了一次事关重大的游行。陈忠实未作任何辩解。组织正式通知他参加清查，在会上，他淡然地说："当时的思潮，我要在机关也能参加游行，但我所在的地方在一个高崖下面，连收音机也听不到。"①这一点，陈忠实倒是丝毫没有夸张，他家的电视机因为信号不好只能当收音机用，碰到足球亚洲杯赛和世界杯预选赛亚洲区涉及中国足球队的比赛，他这个铁杆球迷就得骑自行车跑七八里路到亲戚或熟人家里去看。

那年月还没有 VCD，陈忠实喜欢秦腔，电视机没信号，他不甘心，又花钱买了一台收放机，可以放录像带。晚上，他把买来或借来的录像带拿来播放，引得村人们前来观看，有时不得不把电视机搬到院子里。他对秦腔音乐越发着迷，白天创作间歇，一杯茶、一支烟、一段经典的秦腔，在他几乎成为神仙般的享受。有趣的是，他还"培养"出一位超级戏迷，他家隔壁的小卖部里有位婆婆听戏上了瘾，若是陈忠实哪天写作兴起，错过或忘了打开收录机或是收音机，收音机播放秦腔是有固定时段的，婆婆等不及，就隔墙叫着他的名字，说自己戏瘾犯了……后来有位评论家说他在《白鹿原》的文字里读出了秦腔的旋律和节奏。陕西作家周瑄璞曾经很不解地问过陈忠实秦腔有什么好听，他说：我喜欢秦腔就像你喜欢豫剧、小青年喜欢流行歌曲一样，不需要什么理由，就是喜欢。

1991 年，路遥获得茅盾文学奖，作协的同事们都期待着他的长篇，他不急不躁，依然按计划沉稳地写作。

随后，有件事却着实吓了他一下。官帽又一次砸向他，传闻说组织上拟调他去省文联当党组书记，正厅级。在中国，文联和作协属文化机构，日常工作通常由党组书记和常务副主席负责，主席和其他副主席不用坐班，只分管自己那部分工作。陈忠实 1985 年已经是省作协副主席，此时他年龄尚不满 50 岁，25 年的党龄，正是年富力强之时，被组织看重自然在情理之中。这个消息他是在一次私人性质的作家聚餐中获悉的，当时没太在意，不久就得到确切的消息，他当即表态自己不适宜去文联做党组书记，因为他已决定后半生以创作为主，更何况长篇创作正处在关键时刻，他总觉得作家得靠作品说话。回到原下的小院，他给当时的省委宣传部部长王巨才写信申明不愿去文联的理由，并迫不及待地骑自行车跑了 8 华里路把信寄走，生怕王部长不同意，更担心万一组织上下一纸任命调令怎么

---

① 李星：《重构陈忠实》，《东方》1999 年第 10 期。

办，作为党员，他绝不能违反组织原则……内心焦虑，慌惶得没法集中精
力到长篇创作之中……一月后，他实在坐不住了，第二次写信申明自己不
愿去的理由，并表示只要不开除党籍，他绝不离开作家协会，如果作协人
事不好安排，他宁肯放弃作协副主席的职位，做一个专业作家。信写给王
巨才和分管文艺的副部长邰尚贤，信寄出两个月都没有任何消息。直到
1991 年的三伏天，陈忠实在丈八宾馆参加省委会散会之后，王巨才叫住
了他，在一株松树的阴凉下，他说两封信都收到了。具体情况是：收到第
一封信，王部长以为陈忠实怕行政工作耽误写作，就决定派一个能力强的
副书记主持日常工作，陈忠实不用坐班，只参与大事的决策；第二封信王
巨才让拿给副手看了，两人很都感动，有人托门子走关系想谋个一官半
职，这个陈忠实，给个正厅却不要。最终，陈忠实在原单位原职不动，王
部长很真诚地说："倒是觉得亏了你。"① 那一刻，陈忠实握着王部长的
手，由衷地感激这位领导的贴心与关爱。王巨才是散文作家，有《退忧
室散记》等散文集，1995 年后先后担任过中国作家协会党组副书记、书
记处书记等职。

陈忠实与朋友赵润民在自家小院前，院内梨花盛开

---

① 陈忠实：《寻找属于自己的句子》，上海文艺出版社 2009 年版，第 138 页。

　　一个人躲在家乡的小院，4 年时间专心创作，他的生活该何等枯燥乏味啊，没有了都市的繁华喧嚣，缺少了作家文人们的诗酒唱和，很多读者和文学爱好者曾为此欷歔不已，感慨万千。很多年后，回望当年长篇创作的心路历程，留下的却只有逸闻和野趣。陈忠实一生做过几件得意的事：在公社工作时领导参与了三件较大的工程，一是贯通大半个公社的一条引水（灞河）灌溉渠，使大片旱地变成了水地；二是利用夏收后秋播前的两个月间隙，平整了 800 亩坡地，将之修成台阶式的平地，以便保水保肥，即规范的梯田；三是为灞河修造了一条 8 华里长的河堤，解决了夏季洪水泛滥淹没农田的问题，这条河堤至今依然发挥着作用。作为专业作家，他创作了长篇小说《白鹿原》。他也有自己颇为得意的几个身份：一是专业作家；二是公社干部；三是账房先生。特别是第三种身份，他一直很受用，因为在关中农村，只有"乡性"好的人才能担任，当然还得能写会算，这种身份是对男人品性和人格的承认，与什么级别的行政职务完全不同，所以他格外看重。那些乡邻们全然不会在乎他是否在创作的激情之中，也没有人意识到这个作家是个副厅级干部，他们会在任何时候走进他的小院，告诉他时间地点，要他去给自家的红白喜事帮忙，嘱他"你还干你那摊子事"。红事热闹喜庆，得计划周全；白事复杂，有时还要调解矛盾纠纷，特别是写挽联着实要下一番功夫，他在一副对联里对某位老人的一生功绩和性情概括归纳，往往能赢得村上识字人的赞赏，甚至有人说逝者能得到这副对联的彰显，死了也能合上眼了，这种时候，他的感觉就像自己的小说受到好评一样。然而，在《白鹿原》获得茅盾文学奖之后，陈忠实成为文化名人，住在城里，不能做"执事"（帮忙的乡党）了。过年时，他贴在院子门口的春联，初一早上就不翼而飞了。

　　春季，早上起床看梨花带露含娇。傍晚，看着拳头大的一树青梨在秋风里变黄。冬日的清晨，漫天白雪，扫着院子的雪听邻人夸赞"好雪啊！"最难熬是酷暑，午后热到手心手背的汗水浸湿了稿纸，他在桌下放一盆凉水，把双脚泡进水里降温，仍然无法写字。他索性放弃以保证次日清晨的写作。月上枝头，他躺在清澈见底的灞河里，看满天星斗和浮在原顶的那弯新月，听鸟儿、蟋蟀的混合交响，萤火虫在草丛中一闪一闪，他的思绪也随着那光影的闪动度过了 4 个春夏秋冬，走过了白鹿原百年来的沧桑岁月……最终，所有的激情都随着那夜冷风中的野火飘向了远方……

他觉得，这 4 年，他是为文学、为自己而活。

1992 年正月初五，陈忠实开始修改正式稿，即"再过一遍手"。即审阅文字，弥补创作过程中微小的疏漏，错别字、漏字，长句子的语法错误等，情节上重复交待的自当处理，偶有表达不准确的地方及时修订。他不时觉得庆幸，看来自己将正式稿当作定稿来写实在是明智之举，他深深地意识到作家"第一次陷入在那些既陌生又熟识的人物的情感世界和身临的生活环境的时候，迸发出来的文字往往是最恰当最准确的甚至常常有始料不及的出奇的细节涌现出来……"① 他常常为某一个精彩的细节、传神的对话暗自得意，如果重来肯定写不出来了；犹疑、惶恐也时常搅扰着他，这样的作品读者能接受吗？当今的文艺政策到底有多宽松，1989 年之后收紧的文艺政策会做出什么调整，他对于近百年关中农村历史社会人生的感受、体验、书写，能否被理解被接受。正式稿截稿前的一件事曾让他很恼火，一位爱好写作的同乡在当地晚报写了篇文章，说他写完了《白鹿原》，还对内容进行了道听途说的揣测，他感觉憋气又无奈，好几天才调整过来。

1992 年 2 月下旬的一天早晨，他在广播上听到邓小平南方谈话的消息，其中两句话坚定了他对自己长篇《白鹿原》的信心，即"思想要再解放一点，胆子要再大一点"。那一刻，他断然决定推出《白鹿原》，并写信告知人民文学出版社编辑何启治，他同时兼着《当代》杂志副主编，长篇已完稿，3 月下旬脱稿，问是出版社派人来取稿，还是由他亲自送往北京，还提出希望给他安排一个文学理念比较新的编辑做责编。很快，陈忠实接到一个电话记录，告诉他出版社派来取稿的编辑高贤均和洪清波次日天亮之时到达西安。这个消息是乡里的通讯员送来的，那时不仅没有传呼机和手机这类现代通讯工具，农村家里连电话也没有，何启治将火车车次告知陕西省作协，作协把电话打到他老家所在的乡镇，辗转送到他的手中。不巧的是，母亲的高血压已达到危险的刻度，村里的赤脚医生为母亲输液，挂上吊瓶的时候，母亲就瘫痪了，他在床边伺候着，心情很复杂。

---

① 陈忠实：《寻找属于自己的句子》，上海文艺出版社 2009 年版，第 147 页。

那天夜里下了足有一尺厚的雪，他请人照看母亲，自己天不亮就起身，积雪封路，他步行了七八里路才赶到远郊汽车站，搭头一班车进城，当两位编辑走出车站时，他已经等在那里了。安排好两位编辑的食宿，他赶回乡下的老屋，用两天时间修改完了长篇的最后三四章，同时一边看护着输液的母亲。1992 年 3 月 25 日早晨，在陕西省作协招待所的一个普通房间里，陈忠实把近 50 万字的厚厚一摞手稿交给高贤均和洪清波，硬生生咽下了到口边的一句话："我连生命都交给你俩了。"他清楚地知道出版社不会以作者付出劳动的多少来判断作品的质量，自尊心不允许他任性妄为。中午，他在家里请两位编辑吃饭，新春头茬韭菜包的饺子，那时，他还没有经济实力请他们下馆子。下午，两位编辑坐火车去成都参加一个文学笔会。擦黑，他回到乡下的老屋，母亲的腿可以动了，他感觉踏实了些。独自坐在房中喝茶，抽烟，听着隔壁屋里偶尔传来的母亲轻轻的呻吟，耳边回响着高贤均爽朗的四川口音，眼前闪现着洪清波那羞涩的眼神，长篇的命运会怎样呢？《白鹿原》快写完的腊月的一天，妻子回来给他送给养——蒸馍和擀好的面条，送妻子出小院时，他告诉妻子不用再送了，这些面和馍吃完，就写完了。妻子突然停住脚问，要是发不了咋办？他毫不迟疑地说，那我就去养鸡。这句话后来被陈忠实和很多人演绎过，恐怕永远也不可能找回说话者当时的情境和心态了。陈忠实随口说出养鸡，大约与他曾经采访过养鸡场，创作过《四妹子》有关吧？或许那一刻村人邻居某家的鸡恰好"叫了几声"，他说这话的心绪是复杂的，他对自己的长篇自然是充满信心的，但谁能想到四妹子的养鸡场是那样破产的呢？陈忠实的长篇该不会面临相似的命运吧，无意中冒出的养鸡的话暴露了陈忠实不为人知的隐忧。"长篇出版不了就去养鸡"跟七品芝麻官说"当官不为民做主，不如回家卖红薯"有异曲同工之妙，七品芝麻官要说的是：当官就得为民做主。在内心深处，陈忠实从来就没有为自己留过后路，他早已把生命交给了文学。养鸡，姑且把它当作一时的调侃或一个男人孤独、无奈时的自我发泄吧。不过，陈忠实自己对此话再做阐发就显得有点虚伪了。这句话也为《白鹿原》修订本的获奖埋下了伏笔，他说：我从来不说淡泊名利的话。他说自己的官运都是文学捎带来的。他需要读者，也需要社会和主流意识形态的认可。

灞河柳色

　　长篇手稿交给出版社之后，他把一份复印稿送给了那个"逼"他跳楼的人——李星，他焦灼地等待着，无心创作，无心阅读，就是担心，就像小孩子把作业交给老师，急等着批语。十几天之后，他内心忐忑地进城探听李星的意见，两个大男人在楼梯上撞见，李星一句"到屋里说"吓着了陈忠实，两人像特务一样从1楼上到5楼，没说一句话，李星把菜兜子放到厨房，径直走进自己的卧室兼书房，陈忠实跟进门，李星猛然回身，一双小眼瞪得圆圆的，用力捶打着掌心，像吼秦腔般说道：咋叫咱把事弄成了！陈忠实回忆两人当年谈话的情景说："一种被呼应被理解的幸福感从心底里泛溢起来。"① 他至今都记得那天李星手里拎着几棵葱。又过了不到 10 天，他收到高贤均代表他和洪清波的审读意见，评价之好之高是他不曾想到的，他震惊得想跃起吼叫。2002 年，高贤均患癌症，他专程到北京看望。

50 岁的这个春天是美好的，50 岁的这个男人是敏感多情的，看着原坡上返青的麦苗和田坎塄坡上翠绿的荆棘杂草，露珠鲜嫩的光泽洒满原坡，灞河水光粼粼，水鸟婀娜地伸长了脖颈；落日的余晖中，他温情地蹲在不知谁家栽着红苕秧苗的沙地上，久久凝视着那刚冒出来的片片嫩叶，仿佛看到女人和孩子提起一嘟噜紫皮红苕时的笑脸，一股烤红苕的香气在空中弥漫、飘散……

这一年，他读诗诵词，心境平和，还写诗填词，这首《青玉案·滋水》可作为他人生的写照：

> 涌出石门归无路，反向西，倒着流。杨柳列岸风香透。鹿原峙左，骊山踞右，夹得一线瘦。
> 倒着走便倒着走，独开水道也风流。自古青山遮不住，过了灞桥，昂然掉头，东去一拂袖！

上阕写灞河流过家乡的形态和白鹿原的地形地貌，灞河古称滋水，秦孝公为宣示自己的霸业，将之改为霸河，后人为之加上三点水谓之"灞河"。灞河源出秦岭，因山势所狭，夹在白鹿原和骊山之间，顺川道向西流去，是标准的"倒流河"。50 年来，他偎依着这条河，这条河缠绕、滋养着他。下阕写出了他志得意满、踌躇满志的真实情状和神态。

20 世纪 90 年代初，文学炒作的现象已经出现，陈忠实认为炒作是缺乏自信的表现，靠炒作蹿红的作品难以持久，炒作或许还会损害炒作者的自我形象，所以，《白鹿原》发表前只有他的几位朋友如刘建军、畅广元等传阅过复印稿，媒体上的公开消息是《陕西日报》署名田长山的一则百字书讯，只说这部小说写的是 1949 年以前的乡村故事，没有任何评价

---

① 陈忠实：《寻找属于自己的句子》，上海文艺出版社 2009 年版，第 157 页。

和溢美之辞，更没有强调作家耗时 6 年的事，因为读者不会以作家投入时间和精力的多少来评判小说的思想艺术价值。这则书讯是陈忠实和田长山两人拟就的，俩人曾合作过报告文学《渭北高原，关于一个人的记忆》，并获得 1990—1991 年全国报告文学奖。短短的百字文竟让两位作家斟酌了 1 个多小时。书讯在那期《当代》杂志出版前发表，是《白鹿原》发表和出版前唯一的一篇宣传文字。

《白鹿原》书影（1993 年版）

《白鹿原》在北京经过《当代》杂志洪清波、常振家、朱盛昌、何启治三级审稿，人民文学出版社当代文学一编室编辑高贤均、刘会军、李曙光等审阅，一致认为《白鹿原》是大家多年企盼的一部大作品。"它那惊人的真实感，厚重的历史感，典型的人物形象塑造和雅俗共赏的艺术特色，使它在当代文学史上必然处在高峰的位置上。"① 一致决定给它最高待遇，即在《当代》杂志连载，并由人民文学出版社出版单行本。1992年8月，朱盛昌签署了在《当代》1992年第6期和1993年第1期连载《白鹿原》的终审意见；1993年1月18日，何启治以书稿终审人的身份签署审读意见："这是一部显示作者走向成熟的现实主义巨著。作品恢弘的规模，严谨的结构，深邃的思想，真实的力量和精细的人物刻画（白嘉轩等人可视为典型），使它在当代小说林中成为大气（磅礴）的作品，有永久艺术魅力的作品。应作重点书处理。"② 1993年6月，单行本出版。屠岸（人民文学出版社前总编辑）认为《白鹿原》是新时期人民文学出版社出版的最优秀的四部长篇小说之一③。

1992年夏天，陈忠实填的一首《小重山·创作感怀》准确地描述了他创作的心境：

> 春来寒去复重重。掷下秃笔时，桃正红。独自掩卷默无声。却想哭，鼻塞泪不涌。
>
> 单是图利名？怎堪这四载，煎熬情。瞩目南原觅白鹿，绿无涯，似闻呦呦鸣。

《白鹿原》在《当代》刊出前半部，当月西安《当代》杂志脱销，钟楼邮局是当时西安最大最全的杂志销售点，那里有一个名字很长的登记表，预订1993年第1期《当代》杂志。1993年4月中旬，西安广播电台开始连播《白鹿原》，稍后，中央人民广播电台长篇小说连播栏目开始连播；七八月份小说上市时，形成了热销的场面，陈忠实体验到了签名签到

---

① 冯希哲、赵润民主编：《走近陈忠实》，陕西人民出版社2006年版，第10页。
② 同上书，第11页。
③ 另外三部为：《芙蓉镇》、《南渡记》和《活动变人形》。

手软的感觉,那天,早晨8点左右赶到书店,看到一眼望不到尾的长队,他竟有点不知所措,他头也不抬地签着,直到太阳西沉,只有中午简单地吃了点午饭。这时,这个曾经在《陕西日报》门外惶恐徘徊的农村青年想到了自己的父亲,如果父亲能看到沉甸甸的《白鹿原》,看到这涌动的人群,会怎么说呢?父亲那《三国》、《水浒》的参照,依然令他畏怯。

1993年7月16日,《白鹿原》讨论会在北京中华文学基金会文采阁举行,张锲、屠岸、朱寨、严家炎、蔡葵等六十多人参加。中国作协副主席冯牧转来了书面发言。

1993年10月20日,西安召开了《白鹿原》作品研讨会,何启治专门赶到西安参加。

1993年在中国当代文学史上是特殊的、有意义的一年,"陕军东征"① 成为抹不去的一页,《白鹿原》之外,陕西作家贾平凹的《废都》、高建群的《最后一个匈奴》、京夫的《八里情仇》、程海的《热爱命运》相继在北京的4家出版社出版,形成一种陕军东征的合力。其中以《白鹿原》和《废都》影响最大,争议也最大。《废都》的命运遭际很复杂,此处不作详述。《小说评论》(1993年第4期,12篇)、《当代作家评论》(1993年第4期,4篇)、《文艺争鸣》(1993年第6期,3篇)等期刊相继发表系列文章对《白鹿原》展开解读阐释和批判。冯牧认为《白鹿原》的成功"给严肃文学带来了希望"。雷达说:"《白鹿原》的出现,给当今寂寞的文学界带来了新的震撼和自信,它告诉人们,我们民族的文学思维并没有停滞,作为社会良知的作家们,也没有放弃对时代精神价值的严肃思考。"② 评论家白烨专文对这些热议进行了概括和总结。他说:

---

① 关于"陕军东征"的提法和渊源还有一些争论,"陕军东征"最早见于韩小蕙1993年5月25日《光明日报》的一篇报道,《文艺报》贺绍俊的报道也提到"陕军东征",只是韩文中没有提到程海的《热爱命运》,因为发稿时这部长篇尚未发表或出版,后来《陕西日报》转载了韩文,"陕军东征"更加热闹,后来还出现了许多搭车的书。再经某些相关人员和书商的炒作,致使此事越炒越热,相关作家、出版社、书商均获益匪浅。"陕军东征"成为文学与市场妥协合谋的成功范例,标志着读者、作者和市场的交流与互动日益丰富活跃,纯文学与俗文学的界限在商业化运作中不断被打破。

② 雷达:《废墟上的精魂——〈白鹿原〉论》,《文学评论》1993年第6期。

　　我觉得《白鹿原》是真正具有史诗品格的作品，因此避讳使用"史诗"，不足以说明这部作品。这部作品从清末写到解放，历史跨度有半个多世纪，虽然主要写白鹿两家，但由此联结的根根须须却异常的丰紧，比如由不同政治力量的对抗表现了悲怆国史，由不同的文化心理的较量表现了民族心史，由有关的性爱的恩恩怨怨表现了畸态的性史。整个作品便由这各具内涵的线索交合沟连，构成了一部气度恢宏的"民族秘史"。在一部作品中复式地寄寓了家族和民族的诸多历史内蕴，具有如此丰赡而厚重的史诗品位，我以为在当代长篇小说创作中并不多见。这部作品在艺术上也是精益求精的。它在结构方式上以人物命运为单元，以历史性的事件为线索，分合得当，宏微相间。语言表述上把关中方言与书面语言相杂糅，铿锵有力，有滋有味。这部作品在发表之后，有人认为是新时期以来最好的长篇小说之一，还有人认为是当代时期以来最好的长篇之一。还有人认为是现代时期以来最好的长篇之一。层层递增，不一而足。这些看法都有所本，并非无稽之谈。说它是新时期以来最好的长篇，是因为新时期以来少有在史志意蕴上如此丰厚隽永的作品；说它是当代时期以来最好的长篇，是因为当代时期以来少有在化合中西艺术上如此自然老到的作品；说它是现代时期以来最好的长篇，是因为现代时期以来少有在反思民族文化传统上如此深沉锐利的作品。①

　　谈到阅读感受，张锲说："《白鹿原》给了我多年未曾有过的阅读快感和享受"，有"初读《静静的顿河》、《战争与和平》、《红楼梦》时那种感觉。"画家范曾恰旅居法国巴黎，一个偶然的机会读到《白鹿原》，不觉大惊，大喜，慨然写道："陈忠实先生所著《白鹿原》，一代奇书也，方之欧西，虽巴尔扎克、斯坦达尔，未肯轻让。"并赋诗一首：

　　　白鹿灵辞渭水陂，荒原陌上飨宗祠。旌旗五色凫成隼，史倒千秋智变痴。仰首青天人去后，镇身危塔蛾飞时。奇书一卷非春梦，浩叹

————————

① 白烨：《作为文学、文化现象的"陕军东征"》，《小说评论》1994 年第 4 期。

翻为酒漏卮。①

1996 年夏，范曾应陕西作家雷电之请，手书此诗及小注（落款：乙亥年抱冲斋五十翼范曾于北京），由雷电转赠陈忠实。海外评论者梁亮认为《白鹿原》"比之那些获得诺贝尔文学奖的小说并不逊色"。

读者来信更是数不胜数，一位石家庄的读者在信中说："我想写出这本书的人不累死也得吐血……不知你是否活着，还能看到我的信吗?"②陕西作家方英文曾在文章中讲过一则关于《白鹿原》的段子。说是两个闲人在西安街头打架互撒砖头，其中一人接住砖头一看，厚厚的，一本《白鹿原》，随即揣入怀中，撒腿就跑，一场争斗随之化解。可见小说当年的影响。陕西长武县农民任安民八十多岁的父母对《白鹿原》非常喜爱，但因年老眼花，看书很吃力。孝顺的任安民就用毛笔小楷手抄这部五十万字的小说供父母赏读。不料父母未及读完就先后去世。陕西省书画研究院有关负责人得知此事，鼓励任安民将小说抄完。任安民花了五年时间将小说分三十四册抄完。2004 年 8 月，该手抄本经陈忠实题写书名，按原貌出版发行，并被陕西省书画研究院收藏。一时传为佳话。

赞誉之辞不可谓不多，而非议之辞也的确有点吓人，有人指责《白鹿原》有"倾向性问题"，歪曲了新民主主义革命，甚至传说有人要"封杀"它，等等。有的文章从单纯社会、政治角度批评"《白鹿原》因对革命斗争中某些'左'的弊端和错误行为的反思失衡"，"导致了对革命斗争本质的历史文化阐释的失误"。这里所据以评估《白鹿原》的，与其说是文学创作的尺度，不如说是历史问题决议的尺度。③ 其他诸如：美化地主阶级，丑化共产党人，有意模糊政治斗争应有的界限等，这些说辞还颇有依据，即陈忠实依傍陕西省作家协会主席的官位，利用体制资源私下"预定"写作，作品是靠媒体炒作具有了新闻价值，是商业运作的结果。陈忠实是 1993 年 6 月开始担任陕西作家协会主席职务的。还有传说《白

---

① 诗后小注云："陈忠实先生所著《白鹿原》，一代奇书也，方之欧西，虽巴尔扎克、斯坦达尔，未肯轻让。甲戌秋余于巴黎读之，感极悲生，不能自已，夜半披衣吟成七律一首，所谓天涯知己斯足证矣。"

② 冯希哲、赵润民主编：《走近陈忠实》，陕西人民出版社 2006 年版，第 11 页。

③ 白烨：《作为文学、文化现象的"陕军东征"》，《小说评论》1994 年第 4 期。

鹿原》在人民大会堂举行新闻发布会，又由中央电视台的新闻联播节目向全世界宣布：中国文学由此走向世界，等等①。实际情况是：《白鹿原》出版后并没有在人民大会堂举行新闻发布会，中央电视台也从未在新闻联播中"向全世界宣布"过。而几年后的1998年4月20日，陈忠实登上了人民大会堂第四届茅盾文学奖的颁奖台。

何启治后来回忆说："从1992年到1999年，作为人民文学出版社分管当代文学的副总编辑和《白鹿原》一书的终审人以及责编之一，我从来没有见到上级领导关于《白鹿原》的任何结论性的指示，书面的固然没有，连电话通知也没有。书照样重印着，照样受到读者的欢迎，却就是不让宣传。"②

1993年12月23日《羊城晚报》称：广电部副部长王枫说，写历史不能老是重复于揭伤疤。《废都》和《白鹿原》揭示的主题没有积极意义，更不宜拍成影视片，变成画面展示给观众。这两部长篇被列为影视禁拍作品③。2001年，西安电影制片厂从陈忠实手中拿到电影拍摄权，几经周折，电影《白鹿原》终于在2010年9月开机，投资1亿元。《废都》于2010年解禁后，影视改编权旋即被金球影业以100万元的价格买下④。

陕军在中国文坛掀起了轩然大波，其作品"莫名其妙地迎接着一轮又一轮的打挤，有些居于台前，有些居于幕后，飘飘忽忽，忽风忽雨，不许宣传又不给定性。这情形就像一帮子优秀选手，已经在跑道上开始了冲刺，有些已经冲到了前列，观众席上一片掌声，人丛里国旗飘扬，连外国人也扑上来拥抱握手，而我们的领队却因为自己昨夜睡得不舒服在贵宾席上皱着眉头。"⑤ 李国平的这段描述形象生动地概括了当年"陕军"的尴尬处境。读者热捧热议，盗版层出不穷，出现了所谓"洛阳纸贵"的怪现状，评论界则捧者"捧杀"，棒者"棒杀"。《白鹿原》1993年6月10

---

① 白烨：《"一鸣惊人"前后的故事》，《洪流》1994年第5期；朱伟：《史诗的空洞》，《文艺争鸣》1993年第6期。

② 何启治：《〈白鹿原〉档案》，《出版史料》2002年第3期。

③ 原文题为：王枫提出：《废都》、《白鹿原》不能上银幕，1993年12月13日《羊城晚报》转引《金陵晚报》常朝晖文。

④ 本讯讯：《废都》影视权百万售出，《深圳商报》2010年4月21日。

⑤ 冯希哲、赵润民主编：《走近陈忠实》，陕西人民出版社2006年版，第97页。

日，获得陕西省第二届"双五"文学奖最佳作品奖，1994 年 12 月获得人民文学出版社"炎黄杯"人民文学奖（这两个都是民间组织的评奖活动），并被翻译成日文、韩文、越文出版，港台还发行了竖排繁体中文版（详见附录陈忠实创作年表）。陈忠实对盗版和盗名现象十分厌倦，曾明确表示不为盗版书签名，后来，他看到有些读者拿着盗版书排长队找他签名，书上还标注着读者的阅读感受，他感动了，买到盗版书不是读者的错，读者真心阅读了就是对作家和作品最大的肯定。他又何苦在乎书的版本呢？

1995 年秋，第四届茅盾文学奖开评，《白鹿原》成为绕不过的一部长篇，10 月底评出 20 部初选作品，《白鹿原》在 23 人专家审读小组顺利通过。却不知什么原因停止了终评，直到时过两年才进行评选。著名评论家陈涌反复琢磨作品，然后在评委会上拿出正式意见，即两个基本上："作品在政治上基本没有问题；作品在性描写上基本没有问题。"[1] 评委会意见基本达成一致。陈涌还著长文《关于陈忠实的创作》[2]，对陈忠实的文学创作进行了客观科学系统的论述和评价。他认为"陈忠实从他 70 年代发表小说开始，便一直是一个接续过去现实主义传统的作家，他还很少受到其他艺术方法的影响。"《白鹿原》则让我们看到，陈忠实"充分地理解现实斗争的复杂性，理解中国革命的长期性、复杂性和残酷性这个特点，但又同样清楚地看到中国历史发展的趋向。"文章最后指出："尽管陈忠实在自己探索中国社会关系和社会斗争的过程中，也出现了自己主观认识上的一些问题，但他整体思想倾向的正确是应该肯定的，他的这部作品，深刻地反映了解放前中国的现实的真实，是主要的。"茅盾文学奖颁奖后的几天，陈忠实和白烨去拜访了陈涌老人，他告诉陈忠实，因为《白鹿原》的阅读使他对陈忠实的小说产生了兴趣，就自己到新华书店买了《陈忠实小说自选集》（华夏出版社 1996 年版）的短篇卷和中篇卷两本，约 1 百万字，读完后才写了那篇论文交给《文学评论》。陈忠实称陈涌为"释疑者"，陈涌认为《白鹿原》不存在"历

---

① 阎纲：《〈白鹿原〉乡党夜话》，《中国文化报》2008 年 10 月 20 日。

② 载《文学评论》1998 年第 3 期。全文 2 万余字。

史倾向问题"，让陈忠实"知遇"之外更由衷地"钦敬"①。陈涌是我国著名的马克思主义文艺理论家。评委会提出了修改意见：作品中儒家文化的体现者朱先生这个人物关于政治斗争"翻鏊子"的评论，以及与此有关的若干描写可能引起误会，应以适当的方式予以廓清；另外，一些与表现思想主题无关的较直露的性描写应加以删改②。何启治认为，被删改的两处性描写，既是情节发展的需要，也是人物塑造的需要，应该保留才是。

2005 年 6 月，陈忠实做客《艺术人生》，朱军问起此事，陈忠实说当时是评委会的同志给他去的电话，他答应修改前还明确问过，是不是只有修改了才有参评资格。评委会的同志明确地回答，评委会的意见已经基本一致，修改不修改都获奖；建议修改，只是为了作品本身更完美而已。当年《白鹿原》第 1 次印数是 14850 册，到同年 10 月第 7 次印刷，累计印数 56 万多册。

2008 年 9 月，中国作家协会副主席张炯在接受《徐州师范大学学报》访问时说："我觉得，一些茅盾文学奖的获奖作品在不久的将来也会成为经典，比如说陈忠实的《白鹿原》、张洁的《无字》等。我认为《无字》可以成为女性文学的经典。"随后，他谈到 1998 年在瑞典斯德哥尔摩访问时与马悦然会谈的情况。他说两人在斯德哥尔摩大学会面，交谈了很长时间，马悦然向他推荐了自己喜欢的好作品，包括高行健的《戏剧》、李锐的《旧址》等——2000 年高行健以《灵山》等作品荣获诺贝尔文学奖；他也向马悦然推荐了国内近年来的好作品，其中包括《白鹿原》，马悦然说他还没有读过《白鹿原》，张炯就将随身携带的《白鹿原》③ 送给了他。

---

① 陈忠实：《凭什么活着》，时代文艺出版社 2007 年版，第 38—39 页。

② 他对《白鹿原》删改了两三千字，并于 1997 年 11 月底把修订稿寄到了人民文学出版社。12 月推出了修订本。有人曾对《白鹿原》修订本获奖的合法性提出质疑，认为宣布获奖名单时，修订本尚未出版发行。

③ 张炯先生出国访问前手头没有《白鹿原》，便打电话要陈忠实寄一本给他，他将这本《白鹿原》带到瑞典，送给了马悦然。

## 第五节 "生命之雨"——文化名人的
## 创作与烦恼

　　陈忠实担任陕西省作家协会主席时，作协的办公地点在建国门内，作协大院曾经是 20 世纪 30 年代国民党 84 军军长高桂滋的官邸，是一套院的小平房，省作协自 20 世纪 50 年代就在那里办公，因年久失修、景象破败而被人戏谑"可拍聊斋"。

　　陈忠实的办公室就在这座小院里，只有半间，一张床和办公桌占去大半，多来几个人便挤得进不得门。他在此屋住了 3 年，因墙基下陷成为危房，后搬入一间经过翻修的办公室。这个办公室在历史上发生过一件惊天大事——曾经软禁过蒋介石，电影《西安事变》中有一个镜头，蒋介石穿着睡衣躺在床上，让小兵去叫张学良，就在这间屋子。如今床没了，床的位置放了一张桌子，桌子上有台电视。他的办公室的隔间是小会议室，有球赛的晚上，又成为作协那帮球迷看足球的地方，陈忠实看球很投入，喝着白酒，抽着雪茄，眼睛紧盯着，时而叹息，时而叫好。碰到西安主场，他就和朋友们一起去现场观球、吼叫，他兼任原国立球迷协会的副主席，还写了很多球评，专业程度或许有待商榷，情感却绝对真挚。2006年足球世界杯，他写了 13 篇观感，在当地报纸上连载。他早年看球，特别在乎陕西队，尤其是中国队在亚洲赛场的输赢，输了球，他沮丧地垂头丧气；如今的陈忠实多了些沉稳与专业，看重的是足球精神和足球艺术，对输赢已不像从前那样介怀。他不仅喜爱足球，对其他的体育运动也很喜欢，比如乒乓球、篮球等，2004 年奥运会期间，他发表了系列随笔"老陈看奥运"（6 篇），表达自己对体育的热爱和对体育精神的理解和颂扬。

　　1993 年，陈忠实刚刚担任陕西省作协主席，一天在《陕西日报》上看到一篇拜祭柳青墓的文章，其中写到柳青墓破败不堪、令人惨不忍睹。第二天他就要了辆车直奔柳青墓。当他看到农民家的粪土就和柳青的坟头连在一起时，心头涌起一阵悲哀的情绪。回到作协马上与有关单位商量，先圈一个围墙把柳青墓保护起来，并亲自与当地农村的干部谈判，最后在当地一位很崇拜柳青的农民企业家和长安县政府的帮助下，征下了柳青墓所在的那块地，砌上了围墙。尽管在这过程中也遇到一些麻烦，包括柳青家属的一些纠缠，他说："不管怎样，我算是对自己一生崇敬的作家做了一件让灵魂得到安慰的事。"所以，有人说陈忠实是一个懂得权力重要性，并能有效运用职务之便为社会、为他人谋福利的人。

1995 年，在陈忠实的不懈努力下，省政府同意立项作协办公楼，行政拨款 200 万元。截至 1998 年竣工，为了办公楼的立项和修建，由他签名送出的《白鹿原》和《陈忠实文集》就有几千册。在一次访谈中，他说："《白鹿原》之后我遇上省作协换届，我当选为陕西省作协主席，而我上任时，当时作协的状况不尽如人意，经济拮据，电费欠缺，汽车停顿，办公室墙壁下陷、塌顶等，我既然担任这个职务就不能眼看着大家在这样的困境中生活。"① 由此，可想见几年前为《白鹿原》的创作，他坚辞省文联党组书记一职的确是出于真心。在业余文学创作的岁月里，他从不敢为个人爱好而耽误工作；当文学这个魔鬼折磨得他魂不守舍时，他毅然决然地放弃仕途发展调到省作协当了一名专业作家，并舍弃都市的繁华与喧嚣，回到乡下的祖屋，一住就是 10 年，最终熬出了《白鹿原》；当了省作协主席，他用心"谋其政"，盖起了办公楼，改善了办公环境，还筹资 100 万元（企业赞助）设立了陕西文学发展基金会，用利息奖励陕西中青年作家。作为省作协的领头人，他深感培养中青年作家，特别是业余作者的重要，业余创作的艰辛，他深有体会，有感于柳青、王汶石、胡采等老一辈文学大家对自己的培养，他深知成名作家、作协领导的鼓励和培养对业余作者和青年作家意味着什么，这直接关系到陕西文学的发展和青年作家的成长，他觉得肩上的担子很重，扶持中青年作家，为他们写序，跟他们交流，接待来访者，甚至有些业余作者为工作调动、恋爱失败、生活困难等问题到作协找他，他都耐心细致地帮助解答、解决。这些事为他赢得了声誉，也挤占了他大量的时间，他曾不止一次地说："这一届干满坚决不干了！"但是，说归说，组织原则，他坚决遵守。直至 2007年 9 月卸任，他坚持"在其位"即"谋其政"。

《白鹿原》完成后的几年，陈忠实在访谈中曾说自己对长篇创作产生了浓厚的兴趣，未来几年将把创作的重心放在长篇上，十几年过去了，计

① 陈忠实：《〈白鹿原〉获茅盾文学奖后答问录》，《延安文学》1997 年第 6 期。

划中的长篇没有任何踪影，媒体质疑：陈忠实还在"炼钢"？2001年8月，他发表短篇小说《日子》（《人民文学》第8期；《陕西日报》2001年8月24日；2007年获蒲松龄短篇小说奖）。有人嘲讽他"江郎才尽"，有人说他后劲不足，有人说他成了文化名人、文化官僚了，有人说他更有责任心了，有人说他害怕自己无法超越《白鹿原》的高度而不敢写了，等等。陈忠实很少解释，说得最多的就是还没有必须要写的那种生命体验。白烨的评价比较中肯，他说陈忠实《白鹿原》之后的散文创作已形成自己的风格，题材虽不够广泛，但思想艺术成就很高，还没有引起批评界的足够重视；21世纪以来，陈忠实的短篇小说构思精巧，意蕴深远悠长，语言自然凝练，堪称精品。但他的散文和短篇的成就都被《白鹿原》的光芒遮蔽了。

1996年始，陈忠实陆续将自己的散文结集出版，2000年前共有5种散文集，包括：《生命之雨》、《走出白鹿原》、《告别白鸽》、《陈忠实散文精选》和《家之脉》，从第二个集子开始，就不全是新作，而是优化组合原有的篇目。21世纪以后则有散文集和小说散文集多种，基本收录了他的短篇小说和散文、序跋、访谈等。他的散文大致有这样几类：一是回忆性散文，即对自己往昔生命历程的回顾与反思，如《生命之雨》、《家之脉》、《三九的雨》、《关于一条河的记忆与想象》、《晶莹的泪珠》、《旦旦记趣》及"生命历程中的第一次"系列等；二是对大自然的细腻观察与感悟，如"我的树"系列、《种菊小记》、《告别白鸽》、《拜见朱鹮》、《家有斑鸠》等；三是他的行走笔记，写他游历世界各地和祖国名山大川的所见所感，如《泰国掠影》、《黄帝陵，不可言说》、《追寻貂蝉》、《再到凤凰山》等和"意大利散记"、"美、加散记"、"俄罗斯散记"、"凉山笔记"、"车过柴达木"、"感动长征"等系列；四是生活杂感，包括他的人生感悟和文化散文，如"辩证关中系列"、"老陈看奥运"、"2006年足球世界杯观感"等系列和《漕渠三月三》、《五十开始》、《六十岁说》、《原下的日子》等名篇；五是序跋、文论、创作访谈等，其中有些序跋以事以文写人述人，颇有特色，如《王纾小说选》序（题为《红烛泪 杜鹃血》）、《李星文集》序等，都堪称写人的名篇，文论《兴趣与体验》、《借助巨人的肩膀——翻译小说阅读记忆》等，以及访谈《文学的力量》、《关于四十五年的问答》、《白鹿原上看风景》、《人生九问》等表达了他的文学观念——文学依然神圣，写出了他创作的艰辛历程和感悟，最终于 2009 年创作完成《寻找属于自己的句子——〈白鹿原〉创作手记》，对自己的创作和文学思想进行了全面的梳理和总结。这些散文勾画出了一个立体的陈忠实的形象，表现了他生命中细腻柔软的一面。

21 世纪以来，陈忠实共发表短篇小说 9 篇，现实生活题材的有《日子》、《作家和他的弟弟》、《一个虚脱症患者的发言片段》、《腊月的故事》、《猫与鼠也缠绵》、《关于沙娜》等，"三秦人物摹写" 3 篇，包括《娃的心，娃的胆》、《一个人的生命体验》、《李十三推磨》。现实题材的短篇重在写生之艰难，关注普通人的生存境遇与精神困惑，笔触深入到社会的各个层面，诸如：农民、下岗工人、农村基层干部、警察、作家、小偷、警察局长、虚脱症患者，等等，透过这些小人物生存境遇和心理秩序的细微变化，表现作家本人对现代文明的探索和思考，他试图从三秦大地的一隅把握社会生活变化的脉搏；"三秦人物摹写" 则是以死亡为核心，写出了生之意义、死之壮烈，旨在刻画秦人的精神文化气质，小说以真人真事为摹本虚构还原了历史人物的精神面貌，从历史切入现实，矛头指向就是当代社会面临的精神文化问题，"三秦人物" 身上体现的民族精神正是当代人所缺失的。这正是陈忠实短篇创作的现实文化意义。

《白鹿原》之后，陈忠实的创作就数量来说并不算少，因其没有大部头的作品——长篇小说，唯一可独立成书的是《白鹿原》创作手记，有人将之作为陈忠实的传记来读，他本人却不以为然。也有人嘲讽他是 "一本书" 作家，他也坦然面对，只说自己找不到写长篇的感觉。关于陈忠实的散文、21 世纪的短篇以及文学创作观念，本书将有专章论述。

为了创作，他曾为自己约法三章：不再接受参访；不再关注对以往作品的评论；一般不参加应酬性的集会。他说："作家不能像明星那样，老上电视、传媒，让读者观众老看他那张老脸有什么意思嘛！作家归根结底是通过作品与读者交流。在作品之外的热炒，当作名人在各种媒体上曝光绝对没啥好处。文学的事业只能靠文学本身去完成嘛。"① 获得第四届茅盾文学奖之后，他被媒体包围了一阵子。2000 年春节过后，带着 20 多袋无烟煤和吃食，年近六旬的陈忠实又回到西蒋村祖居的老屋，这一蹲又是

---

① 冯希哲、赵润民主编：《走近陈忠实》，陕西人民出版社 2006 年版，第 12 页。

两年，他自己沏茶烧水，把夫人在城里擀好切碎的面条煮熟，夏日一把躺椅，冬天一抱火炉。清晨，在屋院里听斑鸠"咕咕咕"地鸣叫；傍晚，到灞河沙滩或原坡草地去散步；别人工作的时间，他就在书桌前写小说、散文或其他文字。他体验到当年白居易纵马白鹿原的心境："宠辱忧欢不到情，任他朝市自营营。独寻秋景城东去，白鹿原头信马行。"（白居易）《原下的日子》中的很多小说、散文和文论都是在这里完成的。这两年成为他继《白鹿原》之后年写作量最多的年份，他说："在原下进入写作，便进入我生命运动的最佳气场。"①

2001 年 11 月，陈忠实当选为中国作家协会第六届副主席，刚走出北京丰台的大礼堂，《西安晚报》记者王亚田就打来电话问他当选后首先想到的是什么，他脱口而出："作为一个作家，应该始终把智慧投入写作。"还有就是"责任和义务"。

这些年，陈忠实也有几次走出国门的机会。1993 年 10 月，他随中国作家代表团出访意大利，参观了西西里、威尼斯、佛罗伦萨、罗马等名胜古迹。这次出访，他没有像第一次那样记日志，而是把最触动心灵的故事记录下来，凝结为《中国餐与地摊族》和《贞节带与斗兽场》这两篇散文。改革开放后，不少中国人因羡慕意大利的富裕和繁华，企图在欧洲淘金的青年们，在意大利的日子并不好过，有些人摆起地摊，与警察周旋；更有人走向了犯罪的道路，成立了"红色旅"等类似于黑社会的组织，可恶的是他们专事抢劫、勒索、绑架中国同胞，意大利政府将之作为与"黑手党"同等对待的打击对象，陈忠实产生了 20 世纪初《沉沦》的主人公曾经有过的呼喊：让我们的国家快快繁荣富强起来，别让我们黑头发黑眼睛的子孙再做被警察驱赶的兔子……在意大利国家博物馆的墙上，有一件匠心独具的展品——贞节带，想到欧洲中世纪那些戴着贞节带的妇女忍受着怎样的心理和生理上的屈辱和痛苦，他痛心不已，这与中国关中县志上的贞妇烈女卷和贞节牌坊有着异曲同工之妙，在扼杀女人的"灵、性"方面，欧洲人用钢铁强行封堵，中国人用伦理纲常教化嘉奖，枷锁容易打破，而伦理教化的影响却是深远的。那一刻，田小娥的影像闪现在眼前，他说："这个女人惹得某些脸孔一本正经而臀部还残留着'忠'字

① 陈忠实：《原下的日子》，太白文艺出版社 2004 年版，第 6 页。

的当代中国人老大不顺眼。"① 在古罗马斗兽场上，他联想到希特勒、墨索里尼、东条英机这些战争贩子在现代社会是如何将整个地球变成了一个大斗兽场，联想到中国当代史的某个时段我们如何以"文化大革命"的名义鼓动人与假想的敌人殊死搏斗，站在古罗马的斗兽场上，他陷入了冷寂的沉思。

　　1995 年 4 月，他前往美国和加拿大访问，他惊叹于美国和加拿大这些自由国度的静谧、安详，地铁站、大小餐馆、居民区、街道，到处都是静悄悄的，让人感觉清净、轻松、和谐，人们对秩序、规则的自觉恪守让他由衷地感佩，他认识到国民整体素质的提高与健康健全的心理形态，才是民族复兴与壮大的决定因素。华盛顿街头的一尊现代派雕塑，一辆涂抹成铁黑色的实战坦克，炮管是一支口红，长短粗细恰如真实的炮管。奇特的造型和精妙的构思是特定时代的产物，20 世纪 60 年代末，美国人民的反战情绪日益高涨，那一代青年曾喊出"我们要性爱不要战争"的口号，这尊雕塑成为人民意志的见证。陈忠实以为它牵涉了世界人民共同的生存理念和理想，惊异于它能在华盛顿与川流不息各色轿车和谐相处，并成为城市中一道亮丽的风景，进而联想到人类该如何面对历史，忏悔、反思，还是遮蔽？波士顿郊外的康克尔镇有一座小桥——北桥，现在是美国国家公园，至今依然保留着 1775 年的样子，正是那年的 4 月 19 日夜，北桥桥头打响了美国独立战争的第一枪。河还是当年那条泥河，河岸上依然野荸茅草丛生，用粗刨的原木构架的小桥，桥栏没有油漆，经游人抚摸磨损得哧溜光滑，木纹清晰可辨，成群结队的梭形鸟儿掠过游人的头顶，从一片树林喧嚣着飞往另一片树林，没有任何人工雕饰的痕迹。桥头有一块纪念碑，一尊雕塑，作为纪念。桥那头是偷袭北桥战死的英国士兵的墓碑，碑文大意是：这些年轻人跑了 3000 英里从英国来到北桥，死在这里；此刻，他们的母亲还在梦里想念儿子哩！② 这里没有骄傲、诅咒、仇恨，有的只是惋惜与怜悯，是宽广的胸怀和深沉的博爱，而发动朝鲜战争、越南战争的美国早已迷失了那种人情人性，成为历史的疮疤，美国普通公民内心抹不去的伤痛。他联想到中国人对待历史伤痛的态度，想到自己在《白鹿

---

① 陈忠实：《我的行走笔记》，时代文艺出版社 2007 年版，第 9 页。
② 同上书，第 18 页。

原》中对抗战的描写和记述，对于侵略者，他还没有这种宽厚悲悯的情怀，而这正是李建军博士几年后指出的"狭隘民族主义"。他反思过，但他无法超越民族性，大约这也是他始终无法完成自己对20世纪后半叶这段中国历史叙述的原因之一吧。马尔克斯用爱来拯救自己的灵魂，重塑人类的未来，陈忠实还无法确定他将用什么来救赎自己和国人，有人用过科学，有人用过教育，有人用过爱，有人用过美，他该用什么？儒家文化？《白鹿原》中他没能找到救赎之路；迷茫，困惑，探索，寻觅，他痛苦而孤独。他依然是人，他依然"在路上"，但他始终不甘心只在"在路上"。

2006年8月，陈忠实出访俄罗斯，他从莫斯科地铁口脚的脚步声中感受到这个民族内在的劳动激情和创造力，改变了他不知什么时候被人灌输的"俄罗斯人很懒"、"俄罗斯遍地酒鬼"的偏见。在托尔斯泰的庄园——"林中那块阳光明媚的草地"，他感知着作家伟大灵魂神圣的灵性，他的博爱、高贵、温暖，他的平民意识、自由精神，就如草地上柔媚的阳光一样不朽，慰藉着走过这块草地的每一个人，温暖着每一个徜徉在他的奇妙文字中的每一位读者。他感到文学的神圣和永恒，托尔斯泰伟大的灵魂、高尚的人格无处不在，这里就是海德格尔"诗意的栖居"之地，走过通往墓地的林间幽径，开阔的草地上开着红黄白紫各色野花，雨后的阳光热烈灿烂中闪烁着娇羞的明媚，陈忠实将之作为"现实主义的具象"，他向往"高贵的灵魂"，看到了托翁为人的"终极状态"——纯粹。他未来的创作将与托尔斯泰发生精神上的对接，虽然为没能驰骋顿河草原略感遗憾，但在托翁的庄园，他的心灵获得了宁静。在美国南方访问时，他很想去拜访被福克纳称作"地球上邮票大的地方"，即福克纳故居，福克纳一生不曾远离的"生活根据地"，最终却因故未能成行，提及此事，他颇感遗憾。他说，走在托尔斯泰"林中那块阳光明媚的草地"上，他越发觉得神秘了。

1998年，《白鹿原》获得茅盾文学奖之后，陈忠实接受的各种访谈，与文学相关或不相关的访谈不计其数，每当文坛和社会文化生活中出现影响较大的事，不管与他本人或文学有无关系，都会有媒体记者或朋友熟人采访或问道他的观感，他感到应接不暇，甚至有的公司、酒店开业也有人请他去主席台上坐一坐，以显示企业的文化品位，竟然有一家外地的房地产公司请他作形象代言人开发房地产，弄得他哭笑不得。不仅如此，他还常常遭遇盗版或盗名，几乎他所有的作品都有盗版，他觉得无可奈何又无计可施。2000年年底，他应百花文艺出版社之邀首次出面澄清《壁虎村》被盗版一事。百花文艺出版社出版了李霁宇的长篇小说《壁虎村》，长篇小说《村画》是《壁虎村》的盗版本，作者署名先为"陈中实"后为"陈忠实"。盗版《村画》竟然在正版《壁虎村》公开出版约半年前就已在市面上出版行销。陈忠实说："原以为什么人自己写了《村画》，盗用我的名字促销，如此而已，现在很清楚了，什么人盗印了李霁宇的作品《壁虎村》，又盗用了我的名字，李霁宇既不能得利，又不能出名，比之我的作品被盗损失更惨重了；那么我呢？我被结结实实绑在冒名顶替原作者的不光彩的柱子上了。"① 曾有一位农村青年给陈忠实写信表示感谢，说他是文学青年，写了很多小说散文发表不了，一气一急之下就把自己的作品署上陈忠实的名字寄给刊物，竟迅速发表了，而且屡试不爽，发了很多作品，得了不少稿费。他曾觉得这个世界太不公平，气愤刊物媒体追逐名人，并认为自己写得不错，从而树立了信心，同时内心深处还有些许的自责，于是决定写信将此事告知陈忠实本人。陈忠实没有责怪这个青年，还鼓励他继续创作。但说起这件事，他还是对青年作家的成长表示担忧，业余作者成名前发表文章实在是太难了，他希望社会，特别文学期刊和媒体能扶持业余作者，给他们提供更广阔的发展空间，对网络有了更多了解之后，他说网络为业余作者的成长提供了一个更广阔的平台。

2004年12月14日下午，西安城中心繁华的钟楼广场上出现了一位名叫珍真的19岁少女，当街叫卖自己10万字的小说书稿，要价20万元，西安几家报纸同时报道了此事。陈忠实看到报纸，甚感惊诧，竟有人以这种方式谋求小说的出版。当得知这个女孩子11岁时就患上红斑狼疮这一医学上至今尚未攻克的顽疾，他感到一个花季少女生活的不幸和人生的悲剧，更感慨这个初中勉强毕业的少女通过自学和阅读写了几百万字的诗歌和小说，少女那种生命的紧迫感和巨大的勇气触动他的心灵，感动了他。得知珍真喜欢他的作品想见他，他约见了珍真。看到苍白柔弱的少女，他

---

① 王峰：《连遭四次盗名想诉诸法律 著名作家陈忠实发布严正声明》，《江南晚报》2003年7月1日。

三次落泪，对珍真说"我被你的勇气感动。"① 在多方关怀下，珍真的长篇小说《午夜天使》由太白文艺出版社推出，他说这既是珍真生命理想的成功，也是社会各界关爱生命、关爱文学的精神的彰显和张扬。小说出版过程中，陈忠实热切地关注着，不仅阅读了长篇的校对稿，还著文《天使或是蜻蜓，翅翼沉重》以示祝贺，并对小说进行分析点评，他说：《午夜天使》"能把这个不被人在意的小角落里的几个人物，写到令我可以感受到生活底层运动的脉动，也感知到人生中大命题的颇为深刻的内容，真是出我意料的艺术效果"。②

珍真只是陈忠实关心过的一个特殊的业余作者，这些年来，他为成名和未成名的作家撰写的序言和书评就有100多篇，题写的书名更是不计其数。但是，他的好心也产生过预想不到的后果。成名后，他总是热心接待每一位来访者，以扶持业余作者为己任。获茅盾文学奖后，有一位陕西户县的农村小伙，带着自己的习作到西安拜访他，他接待并认真读了他的习作，感觉很一般，他不忍打击小伙的写作热情，客气地说了几句表扬与鼓励的话。陈忠实说话向来注意分寸，很少对人妄加溢美之辞。现在社会上流行见到女人就夸漂亮的风气，陈忠实也很少跟风。没想到他的鼓励和客套被小伙曲解了，回家后，小伙子沉迷于写作，固执地要当个作家，不肯出外工作，不肯做农活，生活穷困潦倒。亲戚朋友劝他放弃写作，他却说："陈忠实曾经表扬过我，说我写得不错。我想，只要我坚持，总有一天，能成为名作家。当年的陈忠实，不也是在农村苦苦写了好多年才写出名的吗？"十几年来，早已不再年轻的"小伙"只在地方小报上发表过几个"豆腐块"，陈忠实去户县参加活动时，听说此事非常自责，后悔不该鼓励那位青年，应该毫不留情地告诉他，他的文章写得很一般。此事在媒体上引发热议，有人指责陈忠实客套误人，有人认为陈忠实是好心，不必自责。

2005年9月，凤凰卫视《名人面对面》栏目现场，陈忠实谈到文学创作与天才、天分的关系，已不再强调勤奋坚持对于文学创作的意义，也没有再说柳青那句激励过他的话："文学是愚人的事业"，因为他和柳青

---

① 陈忠实：《吟诵关中》，重庆出版社2008年版，第236页。
② 同上书，第238页。

所理解的"愚"和当下人们所理解的"愚"意义完全不同。他说："作家要有一根对文字敏感的神经。我无非就是一个对文字敏感的农村孩子……"这是他的人生体验和艺术体验，文学艺术有其内在的发展规律，仅凭热爱坚持是很难成功的。很多大学中文系的老教授都给新生敲过这样的警钟：中文系不是培养作家的。意思无非是说，靠大学中文系的学习要成为优秀作家是远远不够的，文字工作者与专业作家是全然不同的两个概念。如今的教育理念是发展每个人的潜力，发展的前提是发现，发现的前提是个体具有潜力或禀赋，"喜欢＋勤奋＋坚持"并不意味着就能成为陈忠实那样的作家。评论界和媒体总是把陈忠实的成功归结为勤奋＋坚持，而且过分强调陈忠实天资愚钝，客气一点的说他少点才气，全靠着农民那种"只问耕耘，不问收获"的精神，才写出《白鹿原》那样的巨著。这种宣传误导了许多人，陈忠实自己也不好辩解，于是以讹传讹，致使很多业余作者以为只要像陈忠实那样坚持不懈地写下去，就一定能成功。2009年，《白鹿原》创作手记出版，陈忠实在书中谈到自己的创作生涯如何从模仿赵树理开始，不断"寻找属于自己的句子"的文学创作历程。他强调"欲望不决定结果"。他说他只是在"手记"中追述了自己寻找过程中的一些零碎的事，却并不表明他已找到真正属于自己的最好的句子。这大约可以看作他对自己文学创作生涯的一个总结吧。

2002年3月，《南方日报》记者问到陈忠实对"作家作秀"①的看法，他说：各种排行榜只是评论界刺激文坛而已。他坚信"酒香不怕巷子深"，必要的宣传评介是需要的，但作家作秀总不是好事情②。尽管陈忠实不愿作秀炒作，但《白鹿原》之后，特别是获茅盾文学奖之后他却成为媒体的宠儿。2003年6月15日，陈忠实与侯跃文做客中央电视台《讲述》父爱；2005年11月29日，中央电视台科教频道《子午书简》栏目播出专题片《陈忠实在白鹿原上》；2005年9月25日，凤凰卫视《名人面对面》栏目闾丘露薇对话陈忠实；2006年，话剧《白鹿原》上演后，观众很想知道生活中的原著作者是怎样的人，中央电视台《艺术人生》

---

① 湖南文化界曾排出了一个"作家作秀排行榜"，余秋雨、王朔、李敖三人以10票位列榜首，王蒙、余杰、张贤亮、刘心武、柯云路、朱文等也名列其中。

② 陈忠实：《作家作秀总不是好事》，《南方日报》2002年3月29日。

邀请了陈忠实；2009 年 10 月 16 日，中央电视台《读书》播出专访《守望——白鹿原》；在阳光卫视《人生在线》（2007 年 7 月 6 日）节目中，陈忠实说：人生就是为了承受痛苦。人的生命过程就是一个不断承受痛苦的过程，当人不再能承受痛苦时，人生也就结束了。在他的生命历程里，他坚持把人生的痛苦当作精神财富，承受、咀嚼、玩味，并最终以艺术的形式实现对人生痛苦的超越，所以何启治、李星、李国平、李建军等都曾为他的孤独与痛苦而感叹过。这里列举的只是一部分，还不包括陕西电视台和其他省级电视台的专访、讲座、专题，以及纸质媒体和网络媒体对他的访谈和介绍。不断地在媒体曝光，或许不是他的本意，但却是不争的事实，那就是读者、观众在阅读《白鹿原》的同时也记住了作家陈忠实。

2002 年 7 月 31 日，在西安常宁宫休闲度假山庄举行了陈忠实"文学生涯 45 周年庆贺笔会"，社会各界人士纷纷到会表示祝贺。当天，陈忠实创作了散文《六十岁说》，表达自己的人生和文学感悟："文学创作才是我生存的最佳气场"，坦言自己不抗拒生命规律，在耳顺、忆旧之年龄段"力戒那些传统和习俗中可能导致平庸乃至消极的东西"。继续关注正在发生着的生活运动，从这一年开始，陈忠实连续创作了 9 个短篇小说，在《关于 45 年的问答》中，他说"我最近的几个短篇《日子》、《作家和他的弟弟》、《腊月的故事》说责任感也罢，说忧患也罢，关注的是当代生活过程中的弱势群体，不是一般意义上的同情和呼吁，着重写生存状态下的心理状态，透示出一种社会心理信息和意象，为社会前行过程中留下感性印记。关于我的创作我从不做承诺。我的创作忠实于我每一个阶段的体验和感悟。我觉着当代生活最能激发我的心理感受，最能产生创作冲动和表现的欲望。"他恳请上帝给他一个清醒的大脑，因为对知识的渴望追问，对现实生活的热切关注，对文学的真诚热爱，是他的生命意义所在，而清醒的大脑和健康的体魄是生命质量的根本保障。年过 60 岁的陈忠实，生活越来越有规律，习惯吃面食，三餐都很简单；心性恬淡沉稳，多了一份智者的雍容、长者的大度，与人相处多了些宽厚，少了些锋芒。依旧抽着心爱的雪茄，只是量少了，神态悠闲中透着淡定；因为胃部做过手术，他几乎不喝白酒，高兴时畅快地喝两杯啤酒，也绝不喝醉；读书成了他新的乐趣，秦腔偶尔还会听，却不再放声吼了。有一次，朋友在饭桌上开他的玩笑，说是在书院门一家小店看到他的字挂在那里卖，一看就知道是假的，他热切地询问缘由，朋友不无嘲讽地说因为那幅字比你写得好多了，大家哄笑，他只是憨笑着，不恼也不怒。

作为陕西文坛的当家人，陈忠实改善了作协的办公环境和作家们的居住环境，尽心竭力地扶植青年作家，发现文学新人，又获得了茅盾文学奖；生活简单自律，几乎没有什么负面新闻，不少文学爱好者称他为"道德楷模"。2004 年 9 月，西安市"脚步·西安"城墙艺术月活动通过《西安晚报》向社会公开征集"您眼中的西安名人"，陈忠实成为举荐人数最多的名人（第一个被推荐的名人是跳水王子田亮）。推荐者说陈忠实是一个从里到外都透着"陕西味"的陕西人，性格坚韧刚强。退休工人刘粉生评价陈忠实是位德高望重、朴素真诚、为人正派的平民作家，她说自己是一个文学爱好者，20 年前陈忠实曾回信指导过她的文学创作，给了她极大的鼓励①。有网友称陈忠实最能代表陕西人"倔"、"硬"的性格。不知不觉中，陈忠实成为大家公认的文化名流，在西安形成了以他为核心的一个文化圈子，最初，他对此并无意识，进入 21 世纪，他认可了这样一个社会身份和文化定位，并希望借助自己的文化魅力和社会影响力为家乡多做点事，他开始不断参加各种社会活动，热心公益事业，关注并参与到地方的经济建设和文化建设的浪潮中。他以自己的人格魅力展示、宣传、影响着西安和陕西，家乡也给予了他崇高的荣誉和信任。2004 年 10 月，他受邀做了"魅力咸阳"城市推荐人；12 月，陕西省文化厅、省文联、省残联等联合举办的"让世界充满爱"大型秦腔义演活动为智障儿童奉献爱心，他担任义演的"爱心大使"。2006 年 3 月 26 日，首届陕西城市经济文化发展高峰论坛（陕西省社会科学院等部门举办）暨城市经济文化杰出贡献奖颁奖典礼在西安止园宾馆举行，陈忠实获得杰出人物奖（获奖者共 5 人）；5 月，陈忠实成为西安半坡博物馆文化代言人，在中国博物馆界尚属首例。2008 年 1 月，"首届陕西慈善名流之夜"慈善晚会上，陈忠实捐赠了两幅 4 尺书法作品表达他对"2007 陕西慈善榜"的支持，并将书法作品作为拍品参与慈善拍卖；7 月 4 日，陈忠实在西安市小雁塔前以第六棒的身份完成奥运圣火的传递，他说，当火炬手经历是对他心理上的强化与补偿，他真切感受到奥运圣火的光芒和奥林匹克精神的

---

①　本报讯：《田亮被首推　陈忠实拥者众》，《西安晚报》2004 年 9 月 7 日。

神圣，那一刻他的心灵得到了净化、精神境界得到了提升，这是他人生最重要、最难忘的一段经历。2010 年 1 月 1 日凌晨，第三届"钟鸣盛世·祈福长安"西安城墙新年鸣钟祈福盛典隆重举行，陈忠实等嘉宾共同撞响第一槌，鸣响了新年第一响钟声；不久，他与贾平凹、赵季平、张克瑶等文艺界名人着唐装亮相春晚①，与全国人民共同迎接新年；4 月 22 日，作为一名"世博种子使者"，陈忠实向远方宾客发出了真挚邀请：古城西安独具魅力，欢迎您来领略。他说："来西安除了看兵马俑外，也希望海内外游客能多多感受古城迅猛发展的现代化气息。"他认为西安除了过去留下的许多独有的历史文物值得观览外，西安的高新技术产业园、航空航天城、大学城、农林城等特色化产业基地，以及园林般的城市环境同样值得国内外宾客身临其境细细品味②。5 月 20 日，陈忠实被灞桥区政府聘为灞桥区决策和咨询委员会委员、灞桥区文化旅游策划委总顾问、白鹿原发展建设总顾问，成为"白鹿原形象代言人"。几年来，樱桃红遍的初夏，白鹿原上总能看到他与市民们一起领略自然美景、生活情趣和浪漫情怀的挺直的身影，唯一变化的是他的头发日渐稀疏斑白，如今的霸陵原上，万亩樱桃不单是农民们重要的经济支柱，更是关中大地一道美丽的民俗风景，成为西安人民幸福生活的美好见证。这一切与《白鹿原》的广泛影响不无关系。

1996 年《白鹿原》入选《百年中国文学经典》（谢冕、钱理群主编），新中国成立后入选的长篇小说还有：《红旗谱》、《古船》、《九月寓言》、《心灵史》、《射雕英雄传》、《天龙八部》等。

1999 年《白鹿原》入选"百年百种优秀中国文学图书"（人民文学出版社与社会各界联合发起）。

1999 年 6 月，《亚洲周刊》与来自全球各地的学者作家评选出"20世纪中文小说一百强"，《白鹿原》排名第 38 位。

2002 年教育部全国高等学校中文学科教学指导委员会将《白鹿原》列入大学生必读书目，《白鹿原》是新中国成立以来仅有的两部入选长篇

---

① 2010 年春节联欢晚会，西安为直播点之一。

② 本报讯：《文化名人当种子使者 陈忠实：来西安看古也看今》，《华商报》2010 年 4 月 24 日。

之一（另一部为《创业史》第一部），这件事使陈忠实格外兴奋，他觉得这是对他和《白鹿原》最大的肯定。

2008 年 12 月 4 日，深圳"读书月组委会"联合深圳报业集团主办的"30 年 30 本书"文史类优秀读物评选出炉，《白鹿原》成为其中仅有的一部当代长篇小说。

陈忠实参与过很多社会文化活动，他自己最为看重的是"白鹿书院"，他自任院长，立志要为中国传统文化的传承出一份力。他说最早提出"白鹿书院"动议的中年学者，在广泛征求了一些资深学者的意见之后，有了比较成熟的想法才告知陈忠实，陈忠实最初很踌躇，觉得书院是传承国学的神圣之地，而自己的国学积淀实在有限，但终于架不住他们的耐心说服，更兼自己颇想为中国传统文化的传承做点什么，就共同筹划并创立了"白鹿书院"。院址设在"思源学院"院内，思源学院院长周延波担任理事长，投入财力、物力支持书院的正常运作，书院的主要活动包括藏书、编书、教书、研讨、交流、设奖。书院请来做论坛的专家学者也会给思源学院的学生开设讲座等，文化交流与教学相互促进。书院开办白鹿书院网站、白鹿论坛、中国传统文化精英论坛等，出版《秦岭》、《白鹿学刊》、《白鹿论丛》等期刊和丛书，旨在"传播传统文化之风神秀骨，传播时代新声"，成为"万松浦书院"、"岳麓书院"、"中国文化书院"之后的第四大书院，上海《东方早报》（2005 年 7 月 17 日）以《中国四大书院：传统文化版图的一次重构》为题报导书院的成立盛况。2005 年 6 月 6 日，陕西省民政厅批准成立白鹿书院，陈忠实担任终身院长。6 月 28 日，白鹿书院和西安思源学院联合在西安曲江宾馆腾龙阁，举行了隆重、热烈又别开生面的白鹿书院成立庆典暨中国传统文化精英论坛，正式将长篇小说《白鹿原》中的白鹿书院搬进现实中的"白鹿原"上，社会各界和媒体给予了极大的关注，中国作家协会、岳麓书院、万松浦书院、江西庐山白鹿洞书院、《人民文学》杂志社等近百家单位和个人发来贺电。陈忠实说创办白鹿书院的初衷"一是要探讨传统文化精华对今天的意义；二是关注当代人文心理新的倾向；三是想做点实事，现在不是出书难吗？没有名气就出不了书，我们想帮助新人出书。"① 陈忠实认为温饱问题解

---

① 本报讯：《专访白鹿书院院长陈忠实》，《国际先驱导报》2005 年 7 月 19 日。

决了，我们该静下心来了，静心想想我们的文化传承。他认为传统文化能给人自信，并曾多次在会议上建议：加大中国传统文化在学生课本中的比例。由于写过一篇《借助巨人的肩膀》一文谈翻译小说的阅读对其文学创作的影响，致使不少评论者和媒体以为陈忠实对中国传统文化知之甚少，陈忠实没有接受过传统私塾教育，也没有接受过现代大学教育，当然更没有留洋经验，他的人生体验中这几个方面是缺憾。他的传统文化根基来源于有限的学校教育和家学渊源，还有不成系统的自学，更重要的是他生活在传统文化厚重的关中农村，关中农村儒家文化的民间形态不仅完善而且牢固，这些对他世界观、价值观、人生观的形成都产生了积极的影响。

书院成立后，常务副院长邢小利提出成立一个"陈忠实文学馆"，用来收藏陈忠实的相关资料，给对陈忠实和《白鹿原》有兴趣的研究者和读者提供一个较为翔实的资料。2007 年 1 月，"陈忠实文学馆"开张，依然设在思源学院院内，这是 27 位茅盾文学奖获得者中的第 1 家个人文学馆，此事曾引起网友的质疑。华东师大中文系教授陈子善表示，作品的多少与作家的成功度没有关系，"有的人以一部长篇、一首诗就可以在文学史上留下一笔，有的人写了几十部作品，却依然会被人忘记，而陈忠实无疑属于前者"①。其实，此前已有两家以陈忠实名字命名的文学研究机构，一是成立于 2005 年 10 月的陈忠实当代文学研究中心，由西安工业大学创办，陈忠实担任主任，同时被聘为西安工业大学教授、人文学院名誉院长；二是成立于 2006 年 1 月的陕西师范大学陈忠实研究中心，宗旨是"研究陈忠实暨陕西作家、走进陕西文学、传承中国文化"，中心主任是张国俊。陈忠实是作家在高校兼职较早的一批人，2001 年 12 月，就被聘为西安石油学院学术委员会名誉主任，西安石油大学"中国近现代文学研究中心"主任，西安石油学院双聘教授，为该校创作了校歌，还定期为学生开办讲座，是一位认真严谨的"教授"，时不时地还在校园里漫步徘徊，与人闲谈，2003 年回城后，他的许多作品都是在这所校园里完成的。

2005 年 9 月 23 日，陈忠实在白鹿书院举行的黄河论剑中谈到黄河文明的出路时，写到"三农"问题，他认为目前"三农"中存在两个非常

---

① 本报讯：《陈忠实开文学馆起争议》，《哈尔滨日报》2007 年 1 月 31 日。

严重的问题：一是农民工的工资拖欠，二是农民工工资的合理性。2000年，他在短篇小说《日子》中就谈到了拖欠农民工工资问题。农民工工资的合理性问题，是逐渐被社会和农民工认识到的问题，陈忠实较早地发现并关注了这个问题，他认为要解决这些问题，必须加强政府的行政管理和执法力度，依靠国家的权威。对个别西方国家叫嚣的"中国威胁论"，他说这些论调一旦面对中国农民和农村的现状，就显得非常可笑。在他看来，"三农"问题是中国发展的重要问题，解决不好，必然影响中国社会的和谐发展和整体进步，削弱中国的国际竞争力。

几年来，书院在陈忠实和周延波的共同努力下，开设论坛，出版丛书，扶植新人，成为陕西文化界文化交流的重镇。

2005年8月17日，巴金逝世，陈忠实心情很沉重，他说巴金身上体现着中国作家的人格，影响了几代人，在中国新文学的形成时期，巴金表现出最准确、最强大的五四时代精神，《家》敢于向一切束缚与约束进行诀别，很多热血青年读着《家》冲破封建的牢笼，走上了革命道路。新中国成立后，巴老创作的《英雄儿女》家喻户晓，而《随想录》式的深刻反思，更是表现了一个中国作家的伟大精神与人格。他说自己在高中时代就读了巴金的大部分作品，对他的思想开拓有很大的影响。巴老是我们的楷模，令人高山仰止！

2005年9月20日，陈忠实出现在首届蒲松龄短篇小说奖颁奖盛典上，并宣布第二届蒲松龄短篇小说奖启动。他的短篇小说《日子》（2000年5月创作）获奖。在获奖感言中，他说他始终坚持作品（无论篇幅大小的小说还是散文）都是"写给读者看的（自我欣赏那是无需再说的事），而且是首先写给同时代的读者看。"他惶恐地说："当一个或大或小的新作完成，我总是改变不了那种忐忑不安的心情，担心我的这种体验和对体验的表述形式，能否得到读者的呼应和认同？在我看来，读者对作品的冷漠，无非是这作品对生活开掘的深度尚不及读者的眼里功夫，或者是流于褊狭，自然还有艺术表述的新鲜感，等等。"获奖让他喜出望外，备受鼓舞，"也潮起我尤为喜欢的短篇小说的写作兴致和信心"。但那以后的几年，陈忠实没有发表任何短篇小说，后来获奖的《李十三推磨》是在此之前创作发表的。

李小超的陶塑《白鹿原》

　　《白鹿原》未出版单行本之前，曾在几家广播电台连播过，对小说后来的热销产生了极大的影响，因此，陈忠实非常看重不同文化艺术形态之间的渗透、影响和扶持。小说一发表，西安电影制片厂导演吴天明就表示有意将之搬上银幕，并说要拿《白鹿原》为他的人生画个圈，由于各种各样的原因，未能践行，两人都深表遗憾。但《白鹿原》还是陆续被改编为秦腔、陶塑系列群雕、连环画、话剧、舞剧、电影等艺术形式，电视剧的改编尚在进行中。1997年，陈忠实答应剧作家丁纪龙改编《白鹿原》，当时也有些担心。2000年11月，秦腔《白鹿原》在西安秦腔艺术节上演出，效果相当好。易俗大剧院爆满，观众们一直被集中、细腻的剧情感动着。但由于舞台艺术的限制，剧中删掉了朱先生这个人物，陈忠实觉得很遗憾。陶塑《白鹿原》共有88个场景，3000多个人物，作者李小超的艺术感觉很好，生活图景、生活氛围和人物造型是很传神。为了创作，他辞去公职，住在乡下3年，研读原著，逐个分析人物形象，做了大量的民俗文化考察，为了使陶塑中的器物真实可感，他在礼泉周围寻找实物，按照原型进行刻画，以达到生动传神的效果，陈忠实印象最深的场景是朱先生的葬礼，黑娃的挽联赫然高悬，气势、气氛特别令人震撼。他说这是一次很有创造性的改编。连环画的作者李志武曾画过路遥的《平凡的世界》，得过全国大奖。为创作连环画《白鹿原》，亲自到白鹿原上考察过民俗风情。2001 年，《白鹿原》在《连环画刊》全年连载。陈忠实觉得连环画表现最充分，最接近原著，因为连环画表现比较自由，故事也有连贯性，图画下面的解释性文字，用的就是小说中的原话。

话剧《白鹿原》从筹备到演出，历时 4 年，实现了话剧艺术的许多创新，是一次不可多得的艺术实践。编剧孟冰是总政话剧团团长，谈到改编的原则，他说："我根本无法超越《白鹿原》！只要完整、准确地表现出原著的精神风貌，就完成了创作任务。"他没有删除人物，也没有截掉任何一个大的情节，把白鹿原上半个世纪的沧桑巨变完整地保存并演绎出来，呈现在舞台上，只是把一些事件作为背景进行幕后处理在筹备过程中。导演林兆华几次到西安，上白鹿原去观察感受那里的天象地脉气韵，与陈忠实一起上原下坡，沿着灞河从一个村子出来再到另一个村子去，寻找 20 世纪 50 年代之前民居住宅、家族祠堂，想要找到《白鹿原》中白嘉轩的宅子，至少相当于他那样经济实力的宅基房屋的规模与样式，遗憾的是，历史的遗存在如今的关中大地已很难找到，所见多是贴着瓷砖的水泥平房或二层小楼。后来终于找到一户准备拆掉的旧房，建筑比较讲究，林兆华看上了这家的门、窗子和一架木板梯子，嘱咐房主妥善保存。在陈忠实的带领下，他们找到一处原下沟底的破败窑洞，村庄已整体搬迁，土窑却无法搬动，窑院围墙倒塌，院子里杂草野树丛生，荒凉、败落而凄冷，林兆华惊喜地叫道："这就是小娥和黑娃住的窑洞呀！"陈忠实开玩笑说可不要把小娥和黑娃的窑洞在布景上弄成毛主席在陕北住过的窑洞了。关中也有一些坡崖沟坎地区，那里的窑洞比陕北的窑洞高、宽大，也显得更深，但不及陕北的窑洞精致。主演濮存昕、宋丹丹和郭达都是国内知名演员，为了演出，濮存昕与剧组同上白鹿原体验生活，苦练陕西方言；宋丹丹接到任务第二天就进健身房减肥健身；郭达是陕西人，不仅自己揣摩角色，还要帮剧组的人练习陕西话。陈忠实尽己所能大力支持，与编剧孟冰一起讨论剧本，陪同林兆华和濮存昕等演员在白鹿原上体验生活，深入到农户家中与他们同吃同住，一件一件挑选揣摩道具，有许多道具都是从原上农户家中搜寻来的。农民们听说是为话剧《白鹿原》寻访道具，都热情奉献出谋划策。陈忠实还向剧组推荐了华阴的老腔剧团，以及在民间颇有影响的秦腔群众演员，最后出现在话剧开场的秦腔老腔演员在演出的间隙还在谈论自家麦子的收成，他们对秦腔老腔是发自内心的热爱，演出更是原生态和本色的，为话剧增色不少。出于对艺术的执著和敬畏，他们在剧组中不卑不亢，与名导大腕相处和谐，体现了陕西民间艺人的精神风骨，在《艺术人生》的现场，也是收放自如，受到社会各界的普遍好评。林兆华说："在我所导的话剧中，这是第一次运用老腔、秦腔，是想拉近观众在心理上与白鹿原的距离，增加全剧的史诗感和历史沧桑感。"① 话剧上映后，"老腔·秦腔·《白鹿原》原生态作品音乐会"在北京中山音乐堂上演（2006 年 6 月 26 日），濮存昕担纲主持，演奏家都是话剧《白鹿原》中的原班人马，他们用自己看家本领为首都观众带来了浓郁的秦风秦韵②。

2006 年 5 月 31 日，话剧《白鹿原》在北京首都剧场首演，陈忠实提前两天到达北京，并去排练场看望了参加演出的陕西秦腔老腔演员和剧组。北京人民艺术剧院终于将长篇小说《白鹿原》搬上了话剧舞台。首映当晚，陈忠实说自己"被震撼了"，舞台设计和造型真实而典型，传递出黄土高原独有的风貌，弥漫着那块土地独特的浑厚和苍凉气象。演员对角色的把握都很到位，白嘉轩的坚韧、冷酷，凛峻、诚恳；鹿子霖生命历程的大起大跌，得意时的张狂，失意时的绝望与无助；小娥那悲苦的命运与人生，都被演绎得淋漓尽致，催人泪下。陈忠实感到话剧创造出了一个时代真实的社会气氛和脉象，是严肃认真的艺术追求和创造，而且实现了目的达到了效果。他说林兆华前卫的导演艺术对他的小说写作也有启迪，比如，他要求演员按生活行为去表演，力戒戏剧动作和戏剧腔调，从而成功演绎了已成为历史的原始封闭形态下的关中地区的乡村生活，而且被首

---

① 本报讯：《秦腔老腔〈白鹿原〉中放光彩》，《西安晚报》2006 年 6 月 23 日。

② 据说老腔植根于陕西华阴，西汉时期开始萌生，由码头上的船工号子演化发展而来，是我国现存的最古老的剧种之一，老腔古朴浑厚、苍凉悲壮。因为在话剧《白鹿原》中的亮相，老腔一夜成名，从陕西华阴走向了全国的舞台，还被收入国家非物质文化遗产保护名录。

都北京的现代观众所接受，这是前卫的导演思想和原生态的乡村生活的完美结合。话剧在北京连续演出 30 场，在西安的巡演也很成功。

　　陈忠实在话剧《白鹿原》观感中，也谈到不同艺术形式表现方式的不同，其中提到"性"在话剧舞台上的表现与小说中的不同，他说小说中的"性描写"是供不出声的阅读，在舞台上"不宜响出声来；即使生活实地中有这种行为发生，也是当事人互相之间的语言行为，容不得旁观者看和听的。"① 舞台上"意传"即可。话剧中鹿子霖乘人之危达到窃色意图，与田小娥在舞台右角的性动作，陈忠实觉得很扎眼，他建议两人滚倒在土坎下就可意会了；狗蛋抓住鹿子霖与小娥偷情的把柄，要挟小娥"日一回"的话，他觉得"夯口锥耳"，认为换成"让我睡一回"会顺耳些。话剧《阿 Q 正传》中阿 Q 就对吴妈说过："吴妈，我想跟你困觉。"意思表达得也很清楚。

　　2007 年 6 月 7 日，由首都师范大学音乐学院主创的现代交响舞剧《白鹿原》在北京保利剧院公演。主办方历经两年的精心筹划，首都师范大学音乐学院院长、著名作曲家杨青与本院作曲家张大龙担任作曲，特邀中国歌剧舞剧院著名舞蹈编导夏广兴担任总编导，陕西省文联著名作家和谷担任编剧，大多数演员都是首都师范大学音乐学院舞蹈系的学生，扮演田小娥的演员张姝（北京舞蹈学院）只有 19 岁。舞剧的剧情主要围绕田小娥情感脉络的主线而展开，力图通过塑造这位被封建礼教所扼杀的叛逆者形象而揭示其所带给人们的文化反思。《白鹿原》被称为厚重的民族史诗，被改编成舞剧，这是陈忠实"意料不及的艺术形式"。在编舞上，夏广兴对具有浓郁特色的陕西文化源流进行了精神层面的深刻领会，取其神，变其形，将其融入在现代文化的时尚元素中，使舞蹈表达独具意境。陈忠实说舞剧最好地表达了原著的精神。舞剧在北京演了 3 场，在西安演了 3 场，场场爆满，效果很好。

　　《白鹿原》改编为电影的消息在媒体上传播了十几年。小说出版不久，吴天明就拿到了《白鹿原》的电影拍摄版权，后因各种原因被搁置。1997 年，小说将获茅盾文学奖的消息传开，电影拍摄的消息又沸沸扬扬起来，张艺谋、李安、田壮壮、贾樟柯、杨亚洲等都曾被传说担任导演。

---

　　①　陈忠实：《吟诵关中》，重庆出版社 2008 年版，第 280 页。

2002 年，西部电影集团正式与陈忠实签订了买断该作品电影版权的协议，由紫金长天传媒集团公司投资 5000 万元改编拍摄，王全安执导。但上报过程并不顺利，2004 年获得准拍证，2005 年获得剧本立项，后因故搁浅。编剧芦苇是陕西剧作家，曾是电影《活着》和《霸王别姬》的编剧，陈忠实说芦苇是自己的好友，是中国最好的编剧之一，他相信芦苇能改编的很圆满，并表示自己不干预剧本的改编。芦苇 2002 年着手改编，翌年拿出了第一稿，2007 年 7 月，第四稿脱稿。电影总制片人、紫金长天传媒集团总裁王庆勇表示要把《白鹿原》拍成一部"艺术史诗片"。然而，8 月 26 日，电影《白鹿原》"创作高层专家论证会"在京举行，对芦苇的第四稿进行论证。为电影剧本举行专家论证会的事，在国内并不多见，专家们一致认为，《白鹿原》是中国当代文学史上一部重要的、经典性的作品，也是一部主题思想深刻丰富，情节结构宏大复杂的现实主义优秀之作，更是一部体现中华民族挣扎、抗争、奋进命运的史诗。改编成电影是大家期待的一件大事。陈忠实在接受采访时说，《白鹿原》改编成电影很难编。难点在于：人物众多和小说本身没有连续完整的故事。他希望改编能体现出原著之魂，即准确表现出两代人的精神和心理波折，人物的中心人格品质、精神内核、道德价值观不能变，"即底色不能变"。

芦苇的第四稿根据电影叙事的要求，对原作的故事线索、人物、情节进行了删节、集中和改造，主要人物由 20 多个删减至 7 个，朱先生和白灵被删去，结构上以田小娥与黑娃、鹿子霖及白孝文等男人的关系为主线，剧本没能得到专家们的一致认可。专家们认为电影改编的关键在于怎样坚持唯物史观去把握原著精神。评论家何西来认为，剧本的史诗艺术氛围和史诗的胸怀整个是缺失的。剧本整个结构的组合和展开是以田小娥的戏为主，田小娥和这些男人们的关系在《白鹿原》中写得很精彩，但这不是主线。原著中最能体现史诗性的人物是白嘉轩。《文艺报》总编辑范咏戈从总体上肯定了剧本，他不认为剧本"薄"了。他说"电影化"后无论拍成一部宏大叙事的史诗电影或西部电影，或艺术（探索）电影都是改编者应当享有的自由。与会理论评论家强调，必须尊重电影自身的艺术规律，用电影的方式展示时代风貌、民族命运、人民精神，塑造有血有肉的人物形象。评论家康健民认为，要用电影特殊的语言把小说的精髓表现出来，也是再创造的过程，也是探索、创新。专家们对剧本的人物塑造有较大的争议：一是白嘉轩在小说中的主导地位在剧本中让位给田小娥，是争论的重点。评论家雷达说，白嘉轩是儒家文化在中国农村底层生活中最完美的无可挑剔的实践者。他的个人品质无可挑剔，象征着儒家文化的柱石。他性格中传统的合理性和时代的冲突具有历史悲剧性的深刻内涵。但是在电影中，这个人物性格内在的矛盾冲突、传统的魅力消失了，仅仅变成一个封建卫道士的形象，内涵被"薄化"，形象被"窄化"了。电影评论家李兴叶认为，电影是拍给那些没看过小说又知道这本小说的观众看的。田小娥为主线的故事要把人物性格内涵与原著精神衔接好，不能写成一个风情故事。田小娥这个人物再深度开掘还有很大的空间，但应该更丰满更有个性。评论家郭运德以为田小娥是旧中国被压迫、被欺凌、被损害的女性形象，她身上有人性光彩、地域风情和女人魅力。评论家张陵认为剧本可以更加突出田小娥的正面色彩，充分展示这个处于动荡时代的女性追求幸福生活的理想。评论家康健民则认为，田小娥只能作为一条暗线，还应有明线，那就是描写更加波澜壮阔、色彩斑斓的历史生活。二是对黑娃和白孝文的争议也比较大。评论家雷达说，不能把他完全作为土匪、草莽来理解。黑娃的阶级意识是很强的，不过他是个自在的角色。这个人物写好了非常有光彩。专家们指出剧本对白孝文的人格缺陷和性格的复杂性、两面性表现不够，却过多渲染了他的阳痿，人物处理得很模糊，甚至有些乱，这说明改编者对这个人物的思想内涵还要进一步思考①。另外还指出血腥和性场面过多，方言使用太多等问题。原定的"10月开机"又泡了汤。电影《白鹿原》再度搁浅。

《白鹿原》中朱先生、鹿兆海、白灵被称为"白鹿精魂"，白鹿精神集中体现在这三个人物身上，而且朱先生和白灵是小说中少有的有生活原型的人物。朱先生的原型是清末举人、关中大儒牛兆濂；白灵的原型是革命烈士张景文，早年参加革命，在西安的学生运动中曾痛打过戴季陶，1935年秋，在陕甘宁边区的肃反运动中被活埋。这两个人物在小说中具有非常重要的历史意义和象征意义，删去这两个人物，《白鹿原》故事性更强，矛盾冲突更加集中，但维系关中民间精神生态系统的白鹿精神却无

---

①　本报讯：《坚持唯物史观，尊重电影规律——史诗艺术巨片〈白鹿原〉创作高层专家论证会纪实》，《文艺报》2007年9月8日。

法得到完整的体现，这是影视改编的瓶颈所在。其次，小说中的性描写如何搬上荧幕，如何体现性在小说中的文化意义与生殖崇拜，也是影视改编的难点。

2010年6月，《白鹿原》投资亿元开拍的消息再度在媒体发布，导演王全安改编剧本开始为剧组选演员，媒体上各种消息铺天盖地。9月9日，电影《白鹿原》在北京宣布开机。主要演员表亦公布：白嘉轩——张丰毅，鹿子霖——吴刚，鹿三——刘威，田小娥——张雨绮，白灵——李梦，黑娃——段奕宏，白孝文——成泰燊，鹿兆鹏——郭涛；除了白灵的扮演者李梦是新人外，其他都是知名演员，据传李梦的清纯度毫不亚于张艺谋《山楂树之恋》中的"静秋"。导演王全安表示电影《白鹿原》是一部心灵的史诗，不会拍成《色戒》。陈忠实曾说《白鹿原》拍电视剧是最合适的，能把故事说完整。

陈忠实是当代文坛"触电"较早的作家，1976年根据他的短篇小说《接班以后》改编的电影《渭水新歌》（西安电影制片厂）在国内公映；新时期以来，他的短篇小说《信任》和中篇小说《初夏》先后由陕西电视台改编为单集电视剧和3集电视剧；中篇小说《四妹子》由中央电视台改编为上下集电视剧。这几部影视剧都没有引起轰动。除《初夏》外，其他3部影视剧都是由他本人改编的，他遗憾地说，他改编影视剧算是一个失败者。他意识到写小说和编剧还真不是一码事。所以，《白鹿原》的改编，他始终没有参与。

2010年8月，西安曲江影视拿到了广电总局的批文，预计电视剧拍摄40集，剧本正在改编当中，曲江影视的老总赵安从2001年开始筹划，用了10年时间，终于拿到批文。他表示电视剧会更忠实于原著，剧组会挑选一线的导演和演员。

陈忠实说写作的目的就是希望有更多的读者，能通过各种形式来理解作品。《白鹿原》每能多一种表现形式，对他来说都是幸事，他都坚决支持。他将和读者、观众共同期待电影和电视剧版的《白鹿原》。

2007年9月，从陕西省作家协会主席位子上退下来的陈忠实发现，读者和评论界依然关注他和他的创作。没有了行政职务的拖累与束缚，他的思维更加开阔，行踪也更加自由，时间也更加充裕，与人交往时更像一位邻家的长者，偶有身体不适或情绪低落时，也可以偷点懒儿，发个脾气，使个小性儿，倒显得更加真实可亲可爱，比那个过去总是一本正经的作协主席招人待见。他为青年作者写序言或书评，也倾注了更多的心力在"白鹿书院"和他兼职的高校上。2007年开始，应部分读者的要求，他接受了《江南》杂志编辑张晓红的电话约稿，答应写一些关于《白鹿原》写作前后的有趣的事，刊出后，反响很好。《小说评论》主编李国平迅即在刊物上分两期连载，并要陈忠实继续写下去，继续连载，直到2009年第5期的"后记"，共13期，历时2年多。2009年8月《寻找属于自己的句子——〈白鹿原〉创作手记》由上海文艺出版社出版发行，受到读者的广泛欢迎。这是陈忠实近几年最受关注的一部著作。

陈忠实的人生和创作很富有戏剧色彩和悲剧色彩，有点"丑小鸭"的故事模式，加之，陈忠实至今没有自传，曾有五六家出版社约他写自传都被他拒绝了，而且至今依然坚持着；也曾有作家批评家和出版社要给他写传记，也被他一一拒绝，他说作家是靠作品说话的，作家什么都说了，还让读者、研究者和评论者说什么呢？不仅如此，他还很排斥"自序"和"后记"，若非为维护丛书体例的统一性，他一般也不愿写。"手记"陆续发表的过程中，也有过异议和反对的声音。也有一些读者坚持把"手记"当作陈忠实的传记来读，原因自然在于"手记"中陈忠实谈到了自己的家世、农村生活工作的经历、创作《白鹿原》的辛酸苦辣，等等，而这些资料是读者所能了解到的最多的关于陈忠实个人生活和创作历程的文字。这部著作以感性的文字、真挚的情感对陈忠实的文学人生进行了细致入微的刻画，特别是那些创作感受，诸如主题的发掘与提炼，材料的获取与整合，田小娥与朱先生等人物的萌生与凝练，构思与结构的确立，细节与叙事语言及读者和市场的关系，作家的文学观和历史观，作家的创作心理和社会心态，作品的写作与修改，等等，这些问题都是中国当代文坛的现实问题，也是困扰很多中青年作家和文学爱好者的重要问题。陈忠实以一个老作家的身份，从自己的创作实践出发，而不是从观念和文学理论出发，对上述问题进行了颇具个性的分析与解读，最可贵的一点是他用文学的语言和漫谈的形式阐述文学理论问题，是一个很有创造性的尝试，稍有文学基础的人都能领会他的文学思想。这在学院化批评受到质疑的当代，是难能可贵的。对初学写作者来说，"手记"是不可多得的文学"教科书"，生动，有趣，好读，而且具有示范性和现实的可操作性。这部著作的文学理论价值目前还没有引起学术界和文学批评界的足够重视，当然，普通读者将之作为作家逸事来阅读，也未尝不可。

《白鹿原》是陈忠实的代表作，也成为陈忠实难以超越的一个高度。《白鹿原》也一次次将他推入读者和媒体关注的中心，成为议论的焦点。关于陈忠实和《白鹿原》研究和批评的专著至 2010 年年底已有 12 种之多，详见本书的附录。从问世之日起，《白鹿原》得到的好评不计其数，受到的批评有温和善意的，也有尖锐刻薄的，更不乏上纲上线的。对于赞扬鼓励的，陈忠实心存感激，诚惶诚恐；对于批评者，他也基本做到了平心静气，有则虚心接受，无则加勉。2000 年 9 月初，在《〈白鹿原〉评论集》的研讨会上，李建军批评《白鹿原》在表现民族情感时有"狭隘的民族意识"，陈忠实缺乏博大的人道情怀，当然，这句话是有语言背景的。李建军将《白鹿原》和《静静的顿河》进行比较，两部小说都写了民族战争，都写到敌人的死亡，而且都写到"头发"，《白鹿原》中鹿兆海每杀死一个日本兵都要割下一缕头发，最后交到朱先生手中的是 43 撮，朱先生祭奠鹿兆海时，将这 43 撮头发燃烧，闻到那种头发烧焦的气味，朱先生竟然恶心得嗷嗷直吐。李建军说他读到此处感觉极不舒服，他的原则是仇恨止于死者。而《静静的顿河》中格利高里杀死了一个奥地利士兵，他非常痛苦、难受，慢慢地走到死者的身边，发现他的口袋里有一个小夹子，里面夹着一个德国姑娘的照片和姑娘的一缕金黄的头发。他认为肖洛霍夫能超越战争状态下的民族对立，来关注这缕金黄的头发，与之相比，陈忠实有"狭隘的民族主义"。他并没有全盘否定《白鹿原》和陈忠实的创作，其实，类似的观点在他的专著《宁静的丰收——陈忠实论》（华夏出版社 2000 年版）中已经表达过，而且有比较严谨的论证，只是没有引起足够的重视。1995 年，陈忠实访问美国时，参观了波士顿郊区三四十公里的康克尔镇，在"北桥"桥头，陈忠实为美国人给英国士兵立下的墓碑和碑文所震撼，并对立碑者那种宽容的胸襟和人道主义情怀表达了由衷的感佩。

陕西当代知名作家的研究、中青年作家的培养及文学新人的发现，一直是陈忠实关心的问题，也是他坐镇陕西作协时下大力气抓过的大事之一。柳青是中国当代文学史上重要作家，是陈忠实最崇拜的作家，他一直以柳青为自己的文学导师，每年都要去柳青墓前拜祭；他年轻时曾被人称作"小柳青"，他的创作受柳青的影响很大；2005 年，陈忠实"三秦人物摹写"之二《一个人的生命体验》就是写柳青的，为了创作，他还专程采访过柳青的女儿。2006 年 7 月 2 日是柳青诞辰 90 周年纪念日，6 月 24 日，以柳青命名的首届"柳青文学奖"评选揭晓，陈忠实、贾平凹获"突出成就奖"，另设长篇小说奖、中篇小说奖、短篇小说奖和文学新人奖等，该奖三年一届，是为了弘扬柳青深入生活、关注底层、献身文学的崇高品格和精神，促进陕西文学创作的繁荣和发展而设立的。当天，陈忠实还为神禾原上的柳青广场揭幕，广场将于 10 月 1 日全面建成并向市民开放，通过雕塑、展厅、浮雕墙等形式，全景式地展现柳青在长安生活和创作的历程。2007 年 9 月 8 日，柳青文学研究会在陕西省长安区成立，评论家畅广元担任研究会会长，陈忠实、贾平凹、雷涛出任名誉会长，陈忠实表示柳青研究会十年前就应该成立了，他在发言中说："柳青《创业史》的艺术性和思想性，使其成为中国文学的一个高峰，在我国当代文学史上有着重要的地位和深远的影响。"研究会将整理柳青文献，设立"柳青文学奖"，同时创办《秦岭》会刊和柳青文学网站，以弘扬柳青精神。

2007 年，作家路遥逝世 15 周年，11 月 16 日至 19 日，在路遥的母校延安大学举办了"路遥逝世十五周年纪念暨全国路遥学术研究讨论会"，纪念这位"视文学为全部生命"的人民作家。17 日上午，开幕式结束后，举行了路遥纪念馆的揭牌仪式。王巨才、陈忠实、雷涛及延安大学的领导为纪念馆揭牌。纪念馆内陈列了路遥生前的百余张照片、部分手稿以及路遥使用过的桌椅等物品。大家还登上文汇山，在路遥墓前举行了祭扫仪式。路遥是当代文学史上重要的作家，曾任陕西省作家协会副主席，他的《人生》和《平凡的世界》（获第三届茅盾文学奖）影响了几代中国人，但路遥的人生是短暂的，有人曾说路遥是穷死的、病死的，《平凡的世界》虽然获得了茅盾文学奖，而且成为畅销书和长销书，但路遥及其家人并未因此获得什么财富，路遥死时还欠着 1 万多元的外债。后来，路遥的四个弟弟都先后得了和他一样的肝硬化腹水病，2007 年 4 月，路遥的弟弟王天笑也患上这种病无钱医治，另外两个弟弟王卫军、王天乐已因此病去世，省作协得知消息拿出 3000 元救助他，陈忠实专程到医院去探望了王天笑，并带头捐款。7月，路遥的生父去世，省作协党组书记雷涛代表作协专程赶到陕北，察看了延安市延川县郭家沟村路遥养父母故居的保护情况，又看望了榆林清涧县王家堡村路遥的生母马芝兰和回家料理父亲丧事的王天笑。送上了作协的慰问金，还带去了陈忠实给王天笑捐赠的2000元钱和亲笔书信，他鼓励王天笑重振精神，与病魔抗争。他还和贾平凹分别写信给榆林市委书记希望政府出面救助路遥的家人，此事最终被当地政府妥善解决。陕西作家的清苦和创作上那种"拼命三郎"的精神历来被文坛所称道、感慨着，1993年，路遥逝世两个月之后，陕西另一位年富力强的干将邹志安①因肺癌病逝，他的清贫引起了社会的巨大同情，上海《文学报》发起全国范围内的募捐活动，响应者2000余人，为新中国成立以来文坛所罕见。陈忠实痛心疾首地说"鬼魅无形，读者有情"。他著文纪念邹志安，为他对文学"虽九死其犹未悔"的精神而由衷感佩。他与邹志安是邻居，目睹了邹志安如何"嚼着酸菜、喝着包谷糁子"留下了500余万字的文学作品，邹志安对文学"不悔"的信念和临终时凄楚的眼神总是闪现在他的眼前，邹志安走后许久，他都无法写下纪念的文字。两人的母亲在作协的巷道里认识之后常常互访，邹母还送过陈家一包当年的新苞谷糁，令陈忠实大为感动。邹志安去世后，陈忠实多次到邹家看望邹母，盛情邀请老人到家里与他母亲聊天拉家常，陈母因高血压腿脚不灵便，陈家的楼层也较低，但老人一次也没有去过，他再次邀约时，老人哭着说她看到陈忠实和母亲在一起就想到自己的儿子。闻听此言，他心痛得心肝碎裂，说不出一句话。路遥和邹志安的英年早逝，也促使省作协对驻会作家进行了一次全面体检，作家的身心健康真正被提到了作协工作的日程上。路遥临终时留恋着这个世界，舍不下自己的女儿和亲人朋友，他说如果可以交换，他宁肯用所有的一切来交换健康。两人相继离去，让陈忠实和陕西文坛备感痛楚与寂寞，陈忠实说年长者为小弟送行，诸多痛楚中最难以承受的是物伤其类的本能的悲哀。大家再也看不到作协院子里躺在摇椅上的路遥那疲惫的身影。

2005年5月23日，在毛泽东《在延安文艺座谈会上的讲话》发表63

---

① 邹志安，1947年生于陕西省礼泉县，他的《哦·小公马》和《支书下台唱大戏》连获第7、第8届全国优秀短篇小说奖，一举跃上全国文坛。

年之际，中国作家协会组织的中国作家"重访长征路，讴歌新时代"采风团从江西南昌出发，分三个团组，赴长征沿途重点地区采访采风，历时一个月，6月22日到达延安。陈忠实是他所在第一团年龄最大的作家，一路上，他总是坚持走在队伍的前列，绝不让同行的年轻作家搀扶，还不时跟大家聊天逗趣，完全不像年过六旬的人。爬山时，有好心的年轻朋友搀扶他的胳膊，他感到温暖的同时，也有一种惶惶然的惊恐，特别是有人真诚地呼唤他"陈老"时，他潜意识中产生出一种强烈的对老的拒绝与反抗。他说自己多次去过延安，如今从江西南昌出发重走长征路，终于使他对长征有了更加直观、深切的体验与感受，走进了一段活生生的历史，长征精神是一种非凡的时代精神和民族精神，革命先烈那钢铁般的意志、义无反顾的牺牲精神，是当代人面对现实生活发展和矛盾的教科书，重走长征路是当代人与历史的一次对话，是对参与者一次心灵的洗礼，他说自己是用心灵去走"长征路"的。在瑞金，他为那些没有留下姓名的红军战士而深深感动，在被朱德称为"天下第一山"的井冈山上听着群山翻卷着如排山倒海般的呼啸声；在黄洋界上，他想起毛泽东的《西江月·井冈山》中"黄洋界上炮声隆，报道敌军宵遁"，仿佛听到昔日那隆隆的炮声，手抚迫击炮冰冷的炮管，留影的瞬间，他产生了探寻当年操纵这门迫击炮发出致命制胜一炮的红军战士的强烈欲望，当时红军只有一门炮，三发炮弹，前两发炮弹因受潮而没有打响，最后一发正中敌军指挥部，借着炮弹爆炸的威势，赤卫队员和暴动队员趁势猛攻，呐喊声震荡山谷，加之煤油桶里燃放的鞭炮制造出来的机枪连发的音响效果，敌军误以为红军主力回归，连夜收兵撤离。那是1928年8月30日，朱毛红军井冈山会师不久，刚站住脚，敌人就开始围剿，毛泽东率31团3营去湘南迎接红军大队，留1营守井冈山，湘赣敌军调集7个团的兵力围剿。守住黄洋界，也就守住了井冈山革命根据地，这次保卫战的最高指挥员之一就是陕西南郑人何挺颖，那位20岁考入上海大学，并于同年加入中国共产党的年轻人，参加过北伐战争、秋收起义、三湾改编，1928年春，党的前委改编为师的编制，毛泽东任师长，何挺颖任师政委。黄洋界保卫战后不到半年，何挺颖就在进军赣南闽西的大余战斗中牺牲，年仅24岁。他由衷地敬仰钦佩这位年轻的乡党。从他们身上，陈忠实感到单是从个人安身立命的角度，都会蓄积起一股不屑于当世各种腐败现象的正气与傲骨。他们神圣的信仰，他们那种自觉承担国家民族命运的责任感与使命感，何挺颖和朱志卿（黄洋界保卫战的另一位指挥员）等先烈们，当你们面对他们时，那些轻谈信仰与精神的人们，当你们嘲讽历史、嘲笑信仰与精神时，应该衡量孰轻孰重……尽管网上有人调侃说这又是一次著名作家集体作秀或免费旅游，但陈忠实却认为重走长征路是一次心灵的洗礼和精神的净化。

陈忠实对故乡有着深深的眷恋，白鹿原上的坡原沟坎，家门前倒流的灞河，四季的花草树木、五谷果蔬，院里的斑鸠麻雀，河边的水鸟，草丛里的萤火虫，田野里、沙滩上忙碌着的乡邻，都在他的笔下鲜活起来，书写他们是他的责任，是他的幸福，但他觉得这还不够，当他的社会影响力越来越大时，他有意识地参与了越来越多的与家乡建设和发展相关的规划，想为家乡多做些事。对陕西的山水，他格外情深，写了大量的散文歌咏它们；关中是一片具有厚重历史感的神奇土地，它即被神话也被丑化曲解着，陈忠实的文化散文"辩证关中系列"对关中的民风民俗，以及关中在现代转型期人心的艰难裂变进行了理性的剖析和揭示，对秦人所谓的劣根性，诸如封闭保守、中心情结、乡土情结等，改革开放后关中也出现了"孔雀东南飞"的现象，陕西经济文化发展不均衡的现象，等等，陈忠实对这些问题都进行了深刻的思考和历史的反思，试图探寻陕西现代化进程中秦人文化心理转型的艰难过程与便捷出路。作家陈世旭曾与他一起访问过台湾（1998 年），他说陈忠实在外面只用从家乡带出来的烟、酒、茶，烟永远是雪茄，从工字牌雪茄到巴山雪茄（后停产），如今大多是安徽的王冠雪茄，偶尔有朋友馈赠古巴雪茄、巴西雪茄等，他也品得有滋有味，却不习惯，觉得劲太大、太冲；喝酒，他曾迷恋过西凤酒，喝啤酒喜欢口味纯正绵软的，2002 年做过一次胃部手术后，他就不喝白酒了，啤酒也决不多喝；喝茶对他来说既是习惯也是养生之道，早起喝茶虽然有人说未必好，但他却坚持了几十年，从沫子茶、砖茶到"陕青"，认定了"陕青"后，他就没再轻易改变过，在全民减肥的时代，他一直保持着适中的体型，不知是否与他喝茶的习惯有关联，至少与他的饮食习惯有关，陈忠实吃东西很有节制，既不挑食，也不贪婪。他是一个恋旧的人，对生活中的人和事，记忆中的点点滴滴，他未必常常提及，却会记在心里。对于在人生与文学道路上帮助支持影响过他的人和作品，他都怀有一种感恩的心态，就像他对自家的山水与别人的风景一样，始终保持着同等的敬意与怀恋。在鲁迅的家乡绍兴，月色朦胧的百草园，唤起了童年的记忆，坐在孔乙己的咸亨酒店里，用手指捏着茴香豆，喝着不怎么好喝的黄酒，因为孔乙己的缘故，也觉得别有兴味；走在乌镇的观前街上，全没有了咸亨酒店的轻松与谐趣，茅盾的祖父在家业富足之后首先让子孙读书，与白鹿原上"读耕传家"的祖训和传统如此相似，看到茅盾家的私塾，想起自己的父亲，那殷殷的期望是中国几千年文明得以传承的保障，茅盾的文学成就，来自于深厚的家学渊源，现代的思想文化和信仰，以及广阔的社会实践，他坚信，倘若茅盾守在自家的深宅大院是很难感受和体验到老通宝们养蚕的苦乐辛酸和希望破灭时的绝望，茅盾的眼睛和心灵自觉地投注到老通宝们日趋凋敝的茅屋小院里，他用文学家的人道主义和悲悯情怀，以及强烈的忧患意识关注着世界国家和民族的命运。中学时代，陈忠实就发现老通宝们的遭际与那个时代关中粮农棉农菜农的遭际没什么两样，所以，他的作品不大关注某一地域的小的文学色彩，而历史时期对同一个民族的塑造和影响，其心理结构和心理秩序是很难找到本质性差异的，文学的"人类性"特征，是他在长期的阅读与创作中体会到的，也是他创作的选择与方向，或许他做得还很不够，但他却有清醒的"人类性"意识和对于人类的"狂妄"的责任感。抚摸着沈从文的墓碑，陈忠实的表情格外凝重，碑上赫然刻着："一个士兵要不战死沙场，便是回到故乡。"生硬的话语让人措手不及，副题为：悼念从文表叔。这是黄永玉立的碑，人们咀嚼玩味着个中滋味。沈从文的墓以一块重达 5 吨的巨石为标志，石块是黄永玉为表叔选择采掘来的，当地山上随处可见的沉积岩石块，各色大小不等的砾石与沙粒堆积凝结在一起，未经雕琢的自然本色，与近旁的山和树融为一体，仿佛从蛮荒时代就一直蹲踞在这里，陈忠实不由感佩黄永玉超凡脱俗的审美取向和他对表叔沈从文的理解与体恤，眼看着吵吵嚷嚷川流不息的游人，他生怕扰了沈从文的幽梦，沈从文先生平生好静，悄然走出凤凰小城，死后又悄然回归凤凰山。坐着小船行驶在沈从文无数次航行过的河里，陈忠实的内心突然柔软起来，他买了一本《从文家书》，依着船舷，听着清冽的水声，感受着沈从文对妻子张兆和的绵绵思恋；10年前，他在凤凰城看了山，看了水，看了先生的书屋和墓地，感觉先生已将湘西的山光水色和民生的风情灵气淋漓尽致地展示出来了，感慨颇深，竟至不敢贸然动笔。曾经他不能理解沈从文何以天天将自己的行踪写信或写日记告知妻子，此刻，在船上，他觉得沈从文是多么的幸福啊，有一个女人可以思念、依恋、牵绊，多好啊！以前他总认为男人应该是树的形象，沈从文的缠绵多情让他觉得难为情，10 年后，他才明白伴着床铺下日夜流淌的水声入梦，那正是自己打小的梦想，听着灞河里哗啦的淘洗声、棒槌在石块上敲击衣服的闷响声，河边的木屋里也有一个"三三"（沈从文小说中的人物）一样的姑娘，这个梦，在太多年前就从他的心底消失了。他羡慕起沈从文来，莫名的惆怅涌上心头，捧着那一份情，水汽浸入了心底，那里还能滋养出圣洁的莲花吗……

陈忠实

陈忠实是一个不轻易给人承诺的人，他担心自己无法兑现。一旦答应别人，不论什么事，不论什么人，他都会设法奔走周旋，并力争结局圆满；有时，由于各种各样的原因实在无法达到所托之人的要求和理想，他也会一一回复交代，说清非不愿而不能也。有人说他德高望重，他自己说是死要面子。2008 年 4 月 12 日，陕西作家方英文的《后花园》在西安工业大学召开作品研讨会，主办方给陈忠实发了请柬，陈忠实要参加"中国作家看凤阳"的采风活动（时间是 4 月 8—12 日），得知他不能参加，方英文后来决定给陈忠实施一个小计，假装不知道他外地采风的事，于10 日发短信提醒他别忘了 4 月 12 日来参加自己的首次作品研讨会。熟人都号准了他的脉，知道他的脾性。果然，陈忠实主动给采风团请假连夜坐火车回到西安，12 日上午 8 点 30 分出现在会场上，满脸疲倦，他解释说自己出去时是带着《后花园》的，在活动间隙和火车上阅读，在返回的火车上，凌晨两点看完才睡觉，还来不及与方英文之前的作品比较，所以研讨会上只能谈直感，难免会有偏颇。陈忠实将自己的阅读感受准确地表达出来，一谈文学，满脸的疲惫就不见了，话语激昂了，手势也丰富有力了，点燃的雪茄也成了道具，对作者要表达的东西，他能很要害地阐发出来，而且句句都在"痒处"；对不足的地方，他也以同行的语气，坦率地、商量式地一一点到。好心的朋友就劝他面情硬些，实在推不过，就随便说几句，不要把时间花在那些作品阅读上。他说他做不到，他坚持通读之后才肯动笔写序或写书评。同样风格的，还有著名评论家张炯，不过，张炯先生的原则性更强，绝不会因熟人关系或其他任何缘故为作品说好话，对作品的不足总是直言不讳，并适时提出修改意见。陈忠实曾因面情软，惹过不少事，也被人抱怨指责过。

2011 年 4 月开幕的西安世界园艺博览会的沙雕展示区，沙雕组合《白鹿原》静静矗立在一隅，默默诉说着白鹿原 50 年来的沧桑变幻，演绎着雄奇壮美、色彩斑斓的关中农村的民俗画卷，遥望着正在发展着的白鹿生态园区，凝望着身边川流不息的游人……马贡多镇被风暴卷走，白鹿原依然背靠秦岭，俯瞰灞河，盘踞在中华大地的"原点"……

年逾古稀的陈忠实，身体依然硬朗，面部刀刻般的皱纹更加清晰，深邃的目光少了一些犀利，多了一些智慧和温暖，走路时步子依然很大、很快，他说白鹿原给了他太多太多，他希望上天垂怜给他清醒的大脑，以回报这片热土，文学这个魔鬼依然纠缠着他。他是一个恋家的人，他说他的气根扎在白鹿原，上原下原，无论多远，根脉都在原上。站在自己作品的雕像旁，在历史沧桑的记忆里，他显得那么单薄，拿着他钟爱的雪茄，凝望着熟悉而又陌生的古原，他的眼睛湿润了……

# 第二章

## 陈忠实"文化大革命"后期及八十年代的中短篇小说创作

1965 年，陈忠实发表处女作。"文化大革命"后期，文艺政策调整，他以农村业余作者的身份，于1971 年发表了散文《闪闪的红星》，受到读者欢迎。随后连续发表短篇小说 5 篇，其中影响较大的是《接班以后》和《无畏》。

1972 年以后，像陈忠实这样比较密集地发表文学作品的业余作者还有不少，如古华、刘心武（中篇《睁大你的秋水》、短篇《盖红印和章的考卷》等）、蒋子龙、韩少功、陈建功、李存葆、铁凝、路遥等，诗人叶文福、梅绍静、雷抒雁、纪宇、顾城等，他们的写作基本遵循"文化大革命"激进的思想艺术规范。这些创作实践使他们得到锻炼并成长为新时期文坛的代表作家。由于政治原因，他们对自己"文化大革命"期间的创作多采取回避的态度，文学史对此也避而不谈。有些作家还为自己"文化大革命"时期的创作感到惭愧，陈忠实就是一例。他的七卷本《陈忠实文集》只收入了1975 年创作的短篇小说《铁锁》，因为小说以写人为主，没有明显的时代特征和阶级斗争痕迹。

《无畏》等小说虽然带有明显的"文化大革命"烙印，但也反映了中国农村的社会现实，是特定时期历史的真实记录。这些作品曾经深刻地影响了 20 世纪 70 年代上半叶的读者，活跃了人们的文化生活，它们具有历史的真实性和文学史料的价值。德国汉学家顾彬曾说他不愿过度强调所谓的"抽屉文学"（他称陈思和的民间写作为抽屉文学），因为这类作品在当时没有产生任何反响[①]。

---

[①] 顾彬：《20 世纪中国文学史》，华东师范大学出版社 2008 年版，第 255 页。

谈到"文化大革命"文学，王尧说："在重新阅读'文革'部分文学期刊和作品时，我常常想起当年急切等待《朝霞》并如饥似渴地阅读它的情状，并且我再次意识到'文革'、'文革文学'曾经是我和我们成长的思想文化资源：历史的残酷在于它开了一个玩笑，一个曾经是'正面'的资源终于成了'负面'，但历史又不是简单地分为正与负的。"①"文化大革命"后期活跃在文坛上的那些老作家或业余作者，客观上满足了普通读者对文学的渴望，他们的作品事实上成为一代人精神成长的文化资源。王尧的话值得深省。对待那段历史，不能简单地用二元对立的战争文化思维模式。其实，对"文化大革命"文学的全盘否定就是这种思维模式直接作用的结果。

1987 年 5 月 12 日，邓小平会见荷兰首相吕贝尔斯时指出："历史上成功经验是宝贵财富，错误经验、失败经验也是宝贵财富。"②"文化大革命"是无法更改的历史存在，"文化大革命"期间的文学创作也是无法回避的历史事实，所以，要客观全面地把握陈忠实文学创作的发展历程和规律，科学公正地评价陈忠实及其作品，有必要对他"文化大革命"期间的创作进行梳理和评价。

## 第一节　真实性与陈忠实"文化大革命" 后期的短篇小说创作

"文化大革命"的爆发并不是偶然的，它是一系列政治、经济、社会、文化等问题和矛盾积聚的结果，是百年来民族屈辱、压抑与自尊的一次总爆发，是一次极端的精神文化诉求。从新中国成立以来的历史看，"文化大革命"是"反右"、"大跃进"、"庐山会议"、"四清运动"、"中苏关系破裂"等问题积聚的结果，从中国百年来的历史看，国富民强与实现现代化是中国人的政治诉求，中国近代史给中国人留下了屈辱的记

---

① 王尧：《"文革"对"五四"及"现代文艺"的叙述与阐释》，《当代作家评论》2002 年第 1 期。

② 《邓小平文选》第三卷，人民出版社 1993 年版，第 234—235 页。

忆，从洋务派、同盟会、国民党到共产党，都在探寻中国的出路问题。"中苏关系破裂"使我们失去了一个可供借鉴的社会主义模式，苏联撤走资金、技术和专家，并索要曾经无偿援助的资金和物资，这对中国人的民族自尊心是极大的伤害，最可怕的是我们党内的一些人产生了精神恐慌和信仰危机，"老大哥"要"变修"，我们该何去何从？苏联的解体说明毛泽东当年的判断和担忧是有道理的，当然，这并不能作为他发动无产阶级文化大革命的合理解释。毛泽东对国际形势的分析是有前瞻性的，但对国内形势的分析和把握却出现了阶级斗争扩大化的问题，他认为中国社会不但有"中国的赫鲁晓夫"和"修正主义"，而且有资本主义复辟的危险，20 世纪 60 年代的中国消灭了私有资本，没有资本的"资产阶级"如何复辟资本主义，在农村新中国成立后因各种原因富裕起来的农民在"四清运动"中被没收财产补划为地主或富农。那时，资产阶级思想是存在的，但资本主义复辟的危险显然是被夸大了。

陈忠实作为"文化大革命"的亲历者，写出了当时中国陕西农村的"现代化"进程及其特点。1973 年 7 月，发表于《陕西文艺》创刊号的散文《水库情深》，写农村兴修水利工程的过程及其给农民的生产生活带来的巨大变化，赞扬了农村基层干部带领农民兴修水利的大无畏的精神和农民为改变穷白面貌"抢镢头"、"推土"、"打夯"的劳动热情。作者从亲身经历出发，情感真挚，描写生动自然，语言朴实贴切，具有浓厚的生活气息，他笔下的水利工地上的劳动过程和场景，让人有身临其境之感。

短篇小说《接班以后》写返乡的高中毕业生刘东海接班后，为适应社会主义大农业机械化生产的需要，调整土地，打井修渠，力争将刘家桥的千亩河滩改造成渠井双保险的旱涝保收田，在生产劳动中，他与热心搞副业的天印产生矛盾，最终在老支书和贫协主席的帮助下，揪出了试图搞破坏的地主分子及其走狗，教育了天印和部分落后群众，统一了思想，以思想斗争和革命运动促进了水利工地的生产和工作进度，实践了党的"抓革命，促生产"的方针政策。

《公社书记》的基本结构是"两条路线斗争"，公社书记徐生勤与副书记张振亭之间的矛盾和冲突，小说以张寨大队修水库引发的矛盾和问题为核心，围绕这一中心事件展开叙述，展现农村存在的现实问题：干部工作作风问题，农副业的关系问题，干群矛盾，农村出现的分配不均、干多干少一个样、消极怠工等问题，以及农村基层干部如何处理运动与生产的关系等，这些问题都是中国农村 20 世纪 70 年代初的现实问题，虽然新时期也有不少作家关注过，但其反映现实生活的真实性和客观性却很难确定，这篇小说的叙事立场与"文化大革命"时期的其他创作有很大的不同。作者并没有将两人的矛盾处理成阶级矛盾。另一篇小说《铁锁》则完全是人民内部矛盾，写的是蔬菜专业生产队柳庄的小会计铁锁与队长柳大年之间的小摩擦，经过认真细致的思想工作，大家统一了思想，端正了工作作风，歌颂了铁锁这个坚持原则的集体的"铁锁子"。

《高家兄弟》是写 1973 年国家第二次招收大学生，农村该推荐、保送什么人上大学的事，兆丰、兆文兄弟俩就兆文是否该被保送上大学展开了家庭内部的斗私批修，最终，被曾经的物理老师祝久鲁认为有真才实学的兆文认识到自己想上大学是资产阶级思想、个人主义，接受了哥哥的批评，兄弟俩言归于好，最后，兆文立志在农村参加劳动，同意推荐一心一意为贫下中农服务的赤脚医生秀珍上大学。

《无畏》是陈忠实表现两条路线斗争最激烈最尖锐的一篇。小说以 1975—1976 年从全面整顿到"反击右倾翻案风"为故事背景，描写了丰川县在农业学大寨、农田平整工程中出现的"东杨经验"、"工分挂帅"、"物质刺激"等现实问题，到底是以落实经济政策促进工程，还是以革命大批判带动生产？由此展开了县、公社、大队各级领导层中的激烈斗争，塑造了一位在"造反"中起家、年轻无畏的公社党委书记杜乐的形象，有力地回击了以县委书记刘民中为代表的"右倾翻案风"。

上述小说都带有明显的时代烙印，都以两条路线斗争为小说的主线，但作者叙述的中心事件却是农村生产生活中的大事和实事，中心事件是农业生产中遇到的各种问题，这始终是农村的基本问题，也是群众关心的问题。

顾彬说："中华人民共和国从 1949 年 10 月 1 日建国开始就是一个现代国家，只是中国的现代概念有别于西方。中国要求一种集约性的现代，而不是一个暧昧含混的现代。"① 他对新中国国家性质的界定完全符合中国的国情，"文化大革命"10 年间，革命和工农业生产的关系一直在不断

---

① 顾彬：《20 世纪中国文学史》，华东师范大学出版社 2008 年版，第 253 页。

调节中。如 1966 年 8 月 8 日，八届十一中全会通过"文化大革命"16 条，其中第 14 条为"抓革命，促生产"，具体内容是："无产阶级文化大革命"，就是要使人的思想革命化，因而使各项工作做得更多、更快、更好、更省。只要充分发动群众，妥善安排，就能够保证"文化革命"和生产两不误，保证各项工作的高质量。无产阶级"文化大革命"是使我国社会生产力发展的一个强大的推动力。把"文化大革命"同发展生产对立起来，这种看法是不对的。1969 年，北京市革委会写作小组发表题为《中国社会主义工业化的道路》的文章，系统论述了中国的工业化问题，指出要以阶级斗争推动社会生产力，要坚持无产阶级政治挂帅，用革命化来领导机械化①。上述文件表明，首先，当时国内的确出现了因革命而耽误和影响工农业生产的事，而且相当普遍。其次，"文化革命"的发动者和领导者对发展生产的态度是明确的，中国走社会主义工业化道路的方针从未改变过，"文化大革命"中出现的问题是客观的历史存在，但后来某些文学作品对"文化大革命"的叙述可能有失公允。很多知识分子被迫停止工作，事实上的确影响或延缓了经济文化的发展，但并不是说"文化大革命"十年都在停产闹革命；工农业生产存在问题，并不意味着就没有发展，特别是 1974 年，邓小平协助主持国务院日常工作之后，狠抓经济建设，1975 年 4 月四届人大会议上，正式恢复了"建设社会主义的现代化强国"的提法，经济建设的局面有较大的改观②。蒋子龙的《机电局长的一天》就反映这一经济政策调整的现实。随后的"批邓、反击右倾翻案风"等运动，直接导致了"文化大革命"的结束。

陈忠实小说的矛盾冲突基本上都是围绕生产而产生的，《接班以后》中，天印是一个性格丰满的人物，踏实肯干，有经济头脑，有集体观念，从不多吃多占，威信高，群众基础好，性格耿直倔强，耳根子软，却勇于承认错误改正错误，是关中农村常见的"硬茬儿"，他"廉洁奉公"，他的人生哲学是"只要我不把集体的钱往自己兜里搂，谁把我也不能咋

---

① 载《红旗杂志》1969 年第 10 期。

② 1975 年上半年国民经济有了明显好转，工业、交通一个月比一个月好，全国工业总产值增长 15%，钢产量由 1974 年的 2100 万吨上升到 2500 万吨。全国农业总产值比 1974 年增长 4.6%，主要农产品的产量都有增长。

样!"他带领四队的壮劳力搞副业,增加了队里的收入,却影响了水利工程的进度,贫协组长刘建杰当面指出他搞资本主义,这样一个耿直的人为什么会受人挑唆,以为刚接班的大队书记东海要整治他,给他开批斗会呢?原因就在于他"干起活儿来像老虎,学习党的文件老想打盹",他给东海出难题、不合作,还有一个朴素的观念和担忧,担心东海挑不起这副重担,副支书建玉也有这样的担心。作者长期生活在农村,熟悉农村的基本情况,他没有把天印设计成一个"走资派",也没有像有些作品那样对农村的多种经营"一刀切",副业在那个时代的许多地方不是被彻底取缔,而是由集体负责,收入由集体统一支配,这种方式有一点像苏联集体农庄的模式,或者类似于新疆建设兵团的模式,当然,这种集体经营的模式未必适合中国农村的劳动生产力水平,广大农民的思想觉悟和水平也没有达到共产主义要求的高度,以至于在具体操作的过程中出现了干多干少一个样、生产积极性不高等问题。

阶级斗争扩大化的问题在不少地方都存在着,但在刘家桥村,斗争的矛头直指地主刘敬斋,在陈忠实看来,不仅东海和天印是党内同志间的矛盾,连刘敬斋的帮凶和狗腿子福娃也属于人民内部矛盾,以批评教育为主,并没有斗争他。东海认为天印虽有搞资本主义的倾向,但依然是"一个有毛病的党员同志","天印问题的根子还扎在那个私有观念上",是长远利益与眼前利益的关系、集体利益与小群体利益的关系、集体观念和私有观念的关系,而不是你死我活的阶级斗争。尽管小说没能摆脱"阶级斗争"的基本模式,但东海、天印、老书记刘建山、副书记刘建玉、贫协组长刘建杰等农村基层干部,但却形象生动,个性鲜明。在中国农村,的确出现过给落后群众设套(赵树理的《锻炼锻炼》)、用贴大字报、开批斗会、民兵绑、上法院等恐吓威胁方式对待群众的基层干部。但坚持社会主义道路、一心为群众办事的干部还是大多数,是主流。

小说还真实地反映了农村基层干部更新换代和知识化、年轻化等现实,新中国成立后第一批农村基层干部大多数是土改的积极分子,即贫雇农,他们中的很多人政治觉悟高,却不识字或仅上过扫盲班,随着合作化和人民公社化的不断深入和广泛开展,这些老同志已无法适应新的工作环境,至 20 世纪 70 年代,这批干部也已开始步入老年,培养接班人成为农村工作的当务之急,作者敏锐地发现并着力叙述和思考了这一重要的亟待解决的现实问题，这一探索在当时和现在看来都是具有现实意义的。

《公社书记》的故事很难用两条路线斗争来规范，小说把支持张宗禄搞副业的公社副书记张振亭的做法批为"资本主义倾向"，而不是资本主义道路或称张振亭为"走资派"，对张振亭和张宗禄有批评、有斗争，但不是采用你死我活的方式，而是批评与自我批评、说服教育等解决人民内部矛盾的方式，与其他反映"文化大革命"农村阶级斗争的作品相比温和了许多。在徐生勤看来，他的老伙计张振亭是受了资产阶级思想和作风的侵蚀，开始蜕化变质，工作上消极应付，以权谋私，走后门让自己的娃进工厂，脑袋里装的全是自己的红瓦房、大立柜，贪图享乐。小说中，徐生勤说："批判资本主义，心要硬，手要狠，坚决不能心慈手软！"但对张振亭，他还是主动到家里去交流思想，认真细致地做工作，张振亭指责徐生勤"爱出风头"，徐生勤批评张振亭右倾保守、个人主义、生活腐化、搞特殊化，深入交谈后，张振亭对自己的问题有所认识。他给江涌分析"以副养农"存在的问题时，用翔实的数据分析了二队的收入分配状况，指出二队是在"以农养副"，副业挣来的钱，大多数落到了个人的腰包，集体只拿到了小头，这在事实上不符合按劳分配的原则，而且这种搞副业的方式对农民具有极大的诱惑力，勾走了一部分社员的魂，所以要"掀起一场围剿资本主义倾向的斗争"。徐生勤的工作作风和工作方法，即使在今天也是值得发扬光大的。党委会上学习了《共产党宣言》、传达了毛主席教导后，徐生勤更加坚定了自己的信念，相信老张的思想问题可以解决。为使矛盾更加尖锐，小说还写了张宗禄与地主的儿子张宗义勾结"冒领私分了国家的资金"的事，大队与工厂配合分头给两人办了学习班，打退了城乡资本主义势力的勾结和进攻，这是小说中比较明显的"文化大革命"烙印。

《高家兄弟》中的兄弟情是感人的，矛盾也是真实的，作为烈士后代，兆丰要求家人涉及个人利益的事"坚决往后退"，不许弟弟兆文走后门，批评弟弟想上大学是"向刘少奇修正主义路线投降"，最后，兆丰的兄弟情、原则性和思想觉悟教育了弟弟，兄弟俩和好如初。如果不是文中出现了"文化革命"、阶级斗争、林彪、修正主义、刘少奇等具有明显时代特征的文字，单从故事本身看很难看出两条路线斗争的叙事模式。陈忠实在21世纪创作发表的短篇小说《作家和他的弟弟》，其中写了21世纪兄弟之间的关系和情感，耐人寻味。中国的民间传统兄弟相处，大体是兄长宽厚、吃苦耐劳、勇于承担，弟弟任性、自私、好吃懒做或好高骛远等，这两篇小说的叙事结构很相似，兆丰是队里的饲养员兼会计，为了合作社放弃学业做了一个小会计，在工作中成长为一个坚定的共产党员，热爱集体，疼爱弟弟，是一个堂堂正正的男子汉；作家"我"是从农村考出来的大学生，家里、村里大事小情，大家都去找他，他也尽心竭力、义不容辞地做着他能做的、该做或不该做的所有事，包括弟弟那个"货"好逸恶劳、痴心妄想一夜暴富的梦想，他也得好生应付，而且弟弟毫不在意他的感受，更不会把他的意见放在心上。兆文是在思想路线上为弟弟把关，帮助指导弟弟走正道；"我"是明知弟弟不可救药无计可施，还得防着弟弟给自己惹麻烦、给自己丢脸。两篇小说创作的时间相差20多年，但兄弟之间的关系模式并没有太大的改变，这只能用陈忠实的文化心理结构理论来解释了。在中国，兄弟关系也是一种稳定的社会关系结构，尽管"文化大革命"和21世纪社会关系发生了很大的变化，但兄弟之间的关系模式并没有发生根本的变化，中国人的家庭观念还是基本的社会观念。

那时的一些思想观念，在当时被作为反面典型批判的，今天看来倒是真实客观科学的，比如文教干部祝久鲁因不满学生动不动就造反，主动离开了心爱的教学岗位；为推荐有真才实学的青年上大学，他宁愿接受晚辈的数落，还以照顾烈士后代为借口。这种科学态度，在"文化大革命"的大环境中却显得滑稽可笑，他说："科学这东西，是硬的，要真才实学，卫星不是凭口号能喊上天的！"他不赞成把那些喂猪能手，只会扎扎针的"六八型"人物送到大学里去，这样的观点竟被兆丰当作修正主义黑线批判，而祝久鲁也只能懊丧地离去。

兆丰以长兄如父的权威决定了弟弟的命运，兆文指责他农业社的英雄容不下自己的弟弟，说喂牛马、当会计，任谁用用心都能学到、办到，原本真实的话却让兆丰和妻子玉兰感到莫大的侮辱。我们并不是说像兆丰和玉兰那样一心为公、忠诚党和社会主义是虚假的，他们是特定历史条件下中国农民的优秀代表，尽管他们的一些观念在今天看来有点荒诞不经、不合情理，但他们的确是客观存在，是生活中真实的存在，就像《创业史》中的梁生宝一样是历史的存在。换句话说，兆丰也是受"左"倾思潮毒害的人，他又影响着自己的妻子和弟弟，如果没有后来的打倒"四人帮"、拨乱反正，他还会影响更多的人，比如他的儿女。公社副书记张振亭希望书记徐生勤要有全局观念，做决定之前要跟公社党委统一思想，修水库要考虑下游工厂的安全，江涌所在的张寨大队跟工厂签了拉沙子的合同，就要履行合同等，这些看法，今天看来都有现实的合理性，在小说中，却被当做资本主义倾向批判。

陈忠实的小说还从侧面反映了当时的农村社会现实和人心向背，比如《公社书记》中张泰说自从江涌在公社给副书记张振亭贴了大字报后，"在公社说不成话了"，一方面是大字报讽刺张振亭"冬天一炉炭，夏天一把扇，一杯茶，一支烟，一张报纸看半天。试问红旗社，何时面貌变"的工作作风，引起了张振亭的反感，另一方面农村很多干部群众对"贴大字报"、"批斗会"等所谓民主和斗争方式早已厌倦。基层干部在"按劳分配"、"以副养农"等问题上存在分歧，采用开批斗会等方式统一思想的情况是有的，但小说中表现得远没有那样激烈。广大农民群众赞成修水库大多是为解决自个儿的肚子问题，还有些人纯粹是为了挣工分，也有人想出去搞副业，因为搞副业不光能挣工分还能挣钱，尽管出去拉石头拉沙子可能比在农村挣工分更辛苦，徐生勤认为这些人被资本主义倾向扰乱了心。这种分析是客观的，真实反映了当时农村群众的思想和精神面貌，但是，要求每个农民都坚定地走社会主义道路，都具有江涌那样高的觉悟也是不现实的，不符合中国农村的基本情况。在《无畏》中，县上的老干部对造反派成长起来的青年干部的工作方法和工作中出现的问题也颇有微词，而且主动协助解决问题，提醒他们注意农村工作的具体情况，要考虑社会稳定和长远规划，程华经过磨砺，"造反派的脾气"就有所改变，显得更加"稳诚持重"，说话办事更"慎重，有分寸"了，杜乐批评程华不能把革命干劲磨掉。刘民中作为老干部希望农村能安定下来搞生产，他说："今日批呀，明日斗呀，怎么搞生产？"他们早就盼着"整顿为纲"的政策能带来经济发展的新局面。

陈忠实是农村生活的"在场者"，他写关中的风土人情，写自己熟悉村人、邻居、同事等，那种近乎原生态的本真生活因其稀缺反而实现了一种艺术的真实——成为很多人心目中经过艺术加工的生活；而那些经过艺术加工的乡村生活，倒像是原生态的农村生活。这是"文化大革命"时期文学的一个悖谬，近乎原生态的描述反倒让人怀疑其真实性，而假大空的所谓"艺术"却让人觉得真实。

他写旱原土地干涸,伏天里,那一人高的玉米"叶梢蔫蔫地耷拉下来,紧紧地拧在一起,变成灰白色;摸着那小娃胳膊粗的秆茎,多壮实的禾苗呀,竟发着烫!""我"看到肖村的党委书记老肖"拔起一株,扬起一股干土的尘雾,不见一星点湿土。我的心也随着燃烧起来了!"① "我"是公社派来的下村干部,心情尚且如此,老肖和社员们此时的心境又该如何呢?这段描写是为兴修水库做铺垫的,第二年水库建成,肖村的旱地变成了水田。这篇散文带有明显的时代烙印,如社员们晚上批修整风,白天干劲更足地奋战在水利工地上,"革命促进了生产,水库坝基一层层升高"。大年初一队里放假,还有社员三三两两到水库工地上去。前面那段描写,描写旱原干旱的情状,若非亲历者很容易将之当做夸张变形,作为典型的"文革语言",其实这是白鹿原这座旱原上遭遇旱灾时的真实写照,在北方农村生活过的人看到这样的文字自然感到生动亲切,有一种久违了的新鲜感。

陈忠实曾说《接班以后》是他"第一次把自己对生活的观察和体验写进了小说,第一次完成了从生活到艺术的融化过程"。② 小说中的人物和细节都是在作者从生活中采撷来的,对他来说,这篇小说意义非常重大,他具有了"从生活中掘取素材"的能力,这种能力的获得是一个作家成熟的重要标志。小说中天印端着大老碗到村头吃饭的场景就是关中农村常见的生活场景,天印的倔强、刘建杰的直率都是典型的关中汉子的个性,这些也得到了读者的喜爱与共鸣。

其次,阶级斗争在他的每篇小说中都有所表现,但除了《无畏》外,阶级斗争都不是他"文化大革命"时期小说的主要内容,《铁锁》批判农村中存在的私有观念,有些农民耍小聪明想占集体的便宜,队长柳大年为给集体办事走关系、送人情、打白条、搞烟酒交易等,小说发表于1975年,但这种现象在改革开放之初在农村和城市中非常普遍。我们很难说"文化大革命"期间对那种工作方法和作风的批评是否影响了农村经济的发展,但是,对农民思想中的小生产意识的批判绝对是正确的,占别人的

---

① 陈忠实:《水库情深》,《陕西文艺》创刊号(1973年7月)。
② 《陈忠实文集》叁,广州出版社2004年版,第473页。

便宜是错误的，占集体和国家的便宜同样是错误的。《高家兄弟》着力表现的是兄弟间的亲情，而不是像《红灯记》等样板戏中所表现的阶级情。在《公社书记》中，"抓革命"的目的是"促生产"，小说中最精彩的内容一是基层干部和农民群众修水库的劳动场面，二是徐生勤为将老伙计张振亭从"资本主义倾向"的危险中拉出来所做的耐心细致的思想工作，以及他们之间的阶级情谊和革命历程，还有彼此有想说服对方的愿望和对战友的怀念等。《无畏》也有可读性。浓厚的生活气息、细致的环境描写与个性鲜明的人物形象，都给读者身临其境的亲切感，杜乐和程华的恋爱也很吸引人，增加了小说的生活底蕴，张大婶和社员们关心杜乐的个人问题，好心提醒他跟姑娘处对象"要顺着姑娘的性儿"，不要"净在那儿拌嘴"，这些文字冲淡了小说阶级斗争的火药味，多了一份温情和轻松，杜乐的话也很有趣，他说他和程华谈恋爱"主要靠斗"，斗争中他们的心更加靠近，形象地刻画出青年人的时代特色与行为方式，达到了"陌生化"的效果。

## 第二节　回乡知青：陈忠实中短篇小说的叙述核心

陈忠实是回乡知青，但他几乎没有铃响上工、铃响下工的经历，他先后做过民办教师、公社干部等，属于中国特色的"一头沉"，即他是干部，吃公家粮，妻儿是农村户口。这种状况一直延续到他成为专业作家之前。1961年，陈忠实所在的西安市34中，高考升学率是50%，第二年，高考升学人数是8人。也就是说20世纪60年代初开始，中国农村出现了一个庞大的社会人群——回乡知青，这群人中，有些充实到农村基层领导岗位，有些做了民办教师，有些当了兵，有些进城当了工人，但大多数都做了普通农民。这一群体的数量应该是知青人数的好几倍。在文学作品中，他们几乎是"缺席"的。知青叙事从新时期到21世纪都是文学的重要组成部分。回乡知青这种"缺席"状态的形成，一是由于与李顺大、陈奂生们相比，他们是另类，是小众；二是由于他们本身不具备文学叙事的能力，很难完成对自身命运的书写。他们中的一些不甘心接受命运摆布的人，赶上了1977年高考制度的恢复，成功地完成了社会身份的转变，成为"公家人"或城里人，而这些人或淡化自己回乡知青的经历，或在厌倦城市喧嚣后把农村想象为精神家园或田园牧歌。陈忠实"文化大革命"期间及新时期的一些中短篇小说恰好填补了"回乡知青叙事"的空白，尽管他所表现的只是其中一部人的生活和情感，今天看来依然是可贵的。

回乡知青中有一部分人确实走上了基层干部岗位，用他们的知识和青春为社会主义建设添砖加瓦，并发挥着越来越大的作用。他们成长的方式各不相同，但他们的个性、热情、对党和社会主义的忠诚，他们的工作方式、情感追求、对农村和社员的情感却有许多相似之处，代表着一代农村回乡知青中的优秀分子或精英。对于个体来说，高考落榜回到农村，无疑是人生的低谷，就像作者本人曾被当作读书无用的典型和样板，走出个人情感阴霾和自我的小圈子，投身到农村建设的浪潮中去，或曰接受现实、认同自我，如杜乐、东海、江涌、铁锁、曹润生（《十八岁的哥哥》）、马驹、彩彩（《初夏》）等，包括作家本人，他们发现农村也是大有作为的。兆文是回乡知青中不甘接受命运，总是期待着改变命运、出现奇迹的一个，当然，他在小说中是被批评的对象，但像他这样的回乡知青应该有一大批，有他这样思想和梦想的青年不在少数，比如《人生》中的高加林。

回乡知青中的优秀分子，还有一部分人做了民办教师，这批人或像陈忠实那样因为国家政策调整而落榜被迫回到农村，或是因为"文化大革命"前期高考制度取消只能回到农村。这部分回乡知青没有出现在文学创作者的创作视野中，那时学校正常的教学秩序都很难维持，像祝久鲁那样的老师都离开了讲台。民办教师未必是受人尊重的职业，更谈不上人生价值的实现，而干部，却是回乡知青实现人生价值和理想的最佳选择。新时期的《夭折》、《两个朋友》等作品中都写到回乡知青成为民办教师后的生活、工作和情感。

陈忠实"文化大革命"期间的小说，都有那么一点"自叙传"的味道。那时，他的创作技巧还很简单，就是写自己最熟悉的生活。写自己，对于文学新兵是最明智的选择。因为个人的真实生活经历和情感最能打动人。陈忠实笔下那些农村基层干部，有理想、有抱负，忠于党、坚决执行党的各项农村政策，关心集体经济，能与农民融为一体，他们可能受到了极左思潮的影响，在工作中也存在各种各样的问题，甚至错误，但他们无疑是农村基层干部的主流，特别是兆丰、铁锁这样的年轻人，把自己的青春、智慧、才能都献给了家乡建设和社会主义集体经济。成为专业作家后，陈忠实反复谈到他的创作较少个人色彩，或者说个人生活经验在他的创作中较少反映，一个作家有这样的艺术自觉是难能可贵的，即文学创作不仅仅是个人的"自叙传"，而应该具有丰富的社会历史文化内涵。他说兴修水利是利国利民的千秋大业，与抓粮食生产、养猪、种菜、计划生育、邻里纠纷等工作相比，他更喜欢水利工地，好几个短篇都跟水利工程有关。《纪要》第九条说："在创作方法上，要采取革命的现实主义和革命的浪漫主义相结合的方法，不要搞资产阶级的批判现实主义和资产阶级的浪漫主义。""文化大革命"后期，农业学大寨，大搞农田基本建设，几十万人上战场"革地球的命"，是中国农村的基本现实，不用作者瞎编乱造或虚构，那种宏大的场面和农民群众战天斗地的决心和斗志也适合用革命的浪漫主义来表现。陈忠实自觉选择这样的农村生活现实，诸如农田基本建设、兴修水利工程、农村副业、农村医疗、牲畜蓄养、年终分配、基层工作作风等，这些都是农村群众最关心的基本问题，关系到每个农民的切身利益，也关系到农村的稳定和繁荣，也可以说关系到国家民族的前途。作者在歌颂"文化大革命"和阶级斗争的同时，也曲折地表现了农村当时的社会现实，比如，《闪闪的红星》中为山区群众治病的军医；《高家兄弟》中的模范赤脚医生秀珍——办医疗站，上山采草药，学扎针，顶住别人的风凉话，一心一意为社员们看病。作者写秀珍是为了烘托兆丰的一片公心和高尚的道德情操，也反映了农村缺医少药，医疗水平落后的现状。徐生勤给江涌分析张寨大队群众"修水库"和搞副业的不同心态，符合农村的基本状况；为蔬菜高产和社员群众利益，柳大年坚持科学种菜，自己花钱给人送礼，虽然支部会上统一了思想，认识了错误，还没影响他的工作热情和同志关系，但是否影响农村生产和蔬菜产量却很难说；东海认为天印搞副业是走资本主义道路，要把这个有毛病的党员同志拉回到社会主义道路上。这些矛盾是农村的基本矛盾和现实存在，虽然叙事模式千篇一律，都是地主阶级搞复辟、捣乱，最终失败，但过程却各有不同。可见，生活的丰富性、复杂性与鲜活性不是僵化的条条框框能圈得住的，它总是横溢出来开出绚丽的花朵。

　　陈忠实"文化大革命"期间的这些作品细致入微地刻画了关中农村基层干部和回乡知青真实生动鲜活的形象，当时东北某省的一位地区专员读了陈忠实的《公社书记》等小说，觉得跟当地的农村现实非常贴近，就将小说印发，要求本地的基层干部认真学习；20世纪80年代，在河北召开的一次农村题材小说研讨会上，陈忠实遇到了那位领导同志，谈及此事，颇为惊异，感慨良多。

　　陈忠实这一时期的创作对"文化大革命"后期关中农村的历史、宗教、传统信仰、民俗文化等几乎没有涉及，这是他小说的一个局限，也是"文化大革命"小说的通病。事实上，在"文化大革命"后期上述内容还不可能成为文学叙述的中心，况且，那时农村经过"四清"运动、"破四旧"之后，农民的日常生活、行为方式、思维模式日趋简单化、一体化，宗教、民俗、家族文化或淡漠，或被遮蔽，很难在生活中显现，反映现实生活的文学就更不可能书写了。但陈忠实小说在塑造人物上注重对人物心理的刻画，尤其善于将笔触深入人物的私人生活空间，关注他们作为"人"的基本需求。在塑造人物时，小说有明显的"文化大革命"烙印，即几乎每篇小说都有一个主要英雄人物，其他人物都是为"突出"他的某种英雄品质或高尚情操而精心设置的，他常常用心理描写来丰富"主要英雄人物"的内心世界，突出其性格特征。《接班以后》中老支书刘建山、副支书刘建玉都是通过外在形象和外部动作（包括对话）来刻画的，天印的内心波澜多通过面部表情和身体动作来表现；塑造刘东海，作者用了大量的心理描写，比如东海对天印错误的认识过程，以及解决天印思想问题的思路和对策都用了大段的心理描写。兆丰被弟弟误解，他内心的痛苦就是通过他和玉兰的心理描写来表现的，兄弟俩的成长过程也是通过回忆完成的；铁锁看到"白条"时，"那焕发着青春活力的红脸膛，由刚才的兴奋，变成疑惑，继而又变得异常认真和严肃，终于转过身把那张白纸条据递到队长手上。"① 铁锁表情的变化表现了他内心的冲突，形象生动，真切感人；就是杜乐，作者也写出了他丰富的内心世界，跟程华有了思想上的分歧，还时刻关心程华的感受，程华送他一件白色的涤纶衫子，他以为是自己想要的书，"有点失望"，又怕程华觉察伤了她的面子，就嘻嘻

---

① 《陈忠实文集》壹，广州出版社2004年版，第394页。

哈哈地打趣自己以取悦她，程华走后却对大婶吹嘘他谈对象"靠斗"，年轻人纯真可爱的生活情趣跃然纸上。

陈忠实的小说没有将人物简单化、概念化，而是尽可能地将他们生活化，杜乐和程华虽是造反派起家，对路线问题坚持原则，对工作也毫不含糊，认真踏实吃苦肯干；江涌和兆丰兄弟是烈士后代，江涌有热情有干劲，工作上有点简单急躁，却勇于承担责任，兆丰的形象有点"梁生宝"的影子，他是党和集体的儿子，党的路线方针，集体的利益，他都无条件地拥护、捍卫，劳动是他的生活需要，当会计一丝不苟，当饲养员精心照料牲口，连割草这样的简单劳动也能做的像艺术表演一样优美，党的政策，他总能深刻领会，吃亏在前，享受在后，不仅自己做到了，还要求家人做到，他认为对弟弟最真挚的爱就是不能让资产阶级的烂脏思想毒害他，成为大学迷，弟弟负气出走，他拿着软蒸馍和清湛湛的开水送到河堤上；东海是贫农的后代，根正苗红有文化；铁锁的出身没有交待，但政治上绝对可靠。这些英雄人物身上都有明显的"文化大革命"的烙印，即"高大全"。作者注重在生活中表现人物的高尚品质，而不是刻意回避生活，有许多生活画面都是农村常见的风景，比如刘家桥村初冬时节社员在街道、墙根三五一堆蹲着吃早饭、谈论队里大事小情的情景，就是关中农村特有的风俗；兆丰农家小院立的葡萄架、灶房，跟玉兰之间小夫妻的生气拌嘴，兆文跟哥嫂吵架怄气，都充满浓郁的生活气息；徐生勤挤在张泰大叔的饲养室的土炕上，抽旱烟、聊天、给牲口添草、垫圈、担水，徐生勤和张振亭两个老伙计见面谈了工作也要唠唠家长里短，江涌和徐生勤在平整土地的工地上火热的劳动场面；杜乐和张大婶之间的亲密情感，与程华的革命友情和恋情，与杨大山的同志情，以及他与刘民中的两条路线斗争等都丰富了杜乐的形象。在人物塑造上的另一个特点是坏人不太坏，或许是现实如此，或许是作家的认识如此，阶级敌人都在暗处，站出来的捣乱、挑拨的都是一些有问题的人，以反面人物出现的主要有：《接班以后》中的地主狗腿子福娃，《高家兄弟》中的祝久鲁，《公社书记》中的张宗禄，《无畏》中的刘民中等，以中间人物或者叫有问题的同志或社员出现的主要有：天印、兆文、张振亭、柳合合等，就像柳青笔下的梁三老汉一样，这些人物形象的塑造更真实、更丰满、更鲜活、更有生活气息。福娃是一个典型的小人，猥琐、丑陋、好吃懒做；张宗禄则善于察言观色、见风使舵、挑拨离间；祝久鲁被塑造成一个"臭老九"的形象，为资产阶级思想开后门，本来是一个尊重科学尊重人才的好教师，被作家笔锋一转就成了一个负面典型，走后门、腐蚀烈士后代，这两点就将他划入"坏人"的行列。陈忠实也曾是一个有着大学梦的青年，不知他塑造这个人物时内心是怎样的，他真的以为兆丰是对的吗？还是认为招生政策是对的？或者他只是出于对文学的痴迷太想创作、太想发表作品而迎合和图解党的政策。而像柳合合那样贪图小利、爱耍小聪明的小农民在中国随便哪个村子都能抓出几个来；张振亭这样的干部熟悉得就像我们身边的某一位，不仅过去有，今天这样的可能更多。

关中方言与"文化大革命"话语的巧妙结合是这一时期陈忠实小说语言的基本特点。每一个时代都有属于这个时代的惯用语，比如今天的网络语言：囧、给力、杯具、纠结等，"文化大革命"的特色语言就是革命、阶级斗争、路线斗争、修正主义、资本主义、走资派、批林批孔等。"文化大革命"话语是任何一个在"文化大革命"期间进行文学创作的作家都无法回避的，陈忠实善于使用生活中的口语，而且能抓住人物语言的个性特征，他称天印为"踢腿骡子"、刘建玉为"撕不展"、张振亭为"张大人"、柳合合为"活络络、转泼泼"等。天印的语言总是干巴硬正、理直气壮，因为他觉得自己带领群众搞副业增加了社员收入，吃苦在前，没拿集体一分钱，他跟东海斗嘴也不是出于私欲，而是担心东海年轻挑不起大梁，所以他烧燥东海时，左一个"领导"、右一个"书记指示"，在老支书面前理屈词穷时却笑着说"老书记，你……今日捉弄我，天报应你……这个死老汉！"天印的性格和情感态度通过这几句话清楚地表现出来。关中普通农民常用的方言俯拾皆是，诸如怯火、试火、失塌、哼不动、直杠脾气、把心操扎咧、骚怪卖谎、胡日鬼、瞎瞎思想、搁事、瞎塌、愣发凶、万货、热火、碎货、没言、拾掇、哪达、搜事等，这些词语单独看，意思还真不好说，但放在具体语境之中，即便是南方人也能心领神会，而且形象生动贴切。这一时期，陈忠实塑造人物的方法和语言还有明显的柳青和赵树理的痕迹，并得了个"小柳青"的外号。新时期，他为摆脱柳青，进而形成自己的艺术个性吃了不少的苦头，总算在《康家小院》中开始让读者看到了"陈忠实"的本色。这种形象化的关中方言是作者的日常生活用语，他熟悉它们就像熟悉自己的神经一样，而"文化大革命"话语是时代的官方话语，已经被一次次大小会议强化、深入到普通农民的无意识中，没有人能够逃避，所以，普通农民满嘴政治词语，开口革命，闭口斗争，曾引起后代年轻人的质疑①，其实，就像今天的孩子对明星的星座、身高、体重、宠物等如数家珍一样，那是时代的记忆。

《无畏》的结构更加精致、干净、利落，格调明朗，更加符合二元对立的文化审美模式，阶级斗争和矛盾冲突也较他之前的小说要激烈，所以很多评论者将之作为陈忠实的代表作品，认为它更具有"文化大革命"小说的时代特征。《接班以后》、《高家兄弟》、《公社书记》、《铁锁》等作品结构上、故事情节的推进上则略微有点模糊、拖泥带水，被论者作为他不太成熟的练笔之作。有些论者甚至认为这几篇小说压根儿算不上文学作品，充其量是初学者的习作而已。这种评价显然是偏颇的，带有对"文化大革命"文学的偏见。

陈忠实对自己"文化大革命"期间的创作在很多场合和多篇文章中，都对那时的作品进行完全否定，对自己进行反思。有他这种思想的作家还有不少。胡万春也是"文化大革命"期间比较活跃的工人作者，"文化大革命"结束后，他也说过类似的话："十年内乱，我与所有文学工作者一样，被剥夺了创作的权利。这十年是我最好的年华，正值三十五岁到四十六岁，然而在创作上却是个空白。一九七五年写过几篇，也只能算是废品。直到一九七九年我出席了全国第四次文代会以后，才逐渐恢复创作的元气。"② 知青作家张抗抗 1976—1978 年近 3 年时间几乎没有写作，她说："……我不能写。不过这三年的生活非常丰富，以前我只知道那么多的教条，那么多的个人崇拜，现在，突然这些都垮啦。只要真的思考，就觉得非常难受。所以我不愿意写作，我要好好地想想这些问题：到底人怎样生活？过去我们社会的伦理道德、思维方式对不对？"③ 郑万隆是"文化大革命"前开始创作的，1976 年出版长篇小说《响水湾》，"文化大革

---

① 笔者是高校教师，当笔者在课堂上随口背出毛主席语录、批林批孔时的儿歌和老三篇时，学生说恍如隔世。

② 《胡万春短篇小说集》前言，宁夏人民出版社 1982 年版。

③ 梁丽芳：《从红卫兵到作家》，万象图书股份有限公司 1993 年版，第 176 页。

命"结束后有两年时间没有发表任何东西，他说他的思想转不过弯，很难从粉碎"四人帮"这么大的事情中醒悟过来。

这些作家"文化大革命"后的反思大多是以个人反思的形式开始的，他们对政治历史的反思与其说是个人反思，不如说是他们对新的国家意识形态的再次认同，"文化大革命"期间，他们自觉认同了国家意识形态或曰领袖意志（偶像崇拜），"文化大革命"结束后，偶像坍塌使他们感到无所适从。这些作家和陈忠实的情况略有不同，他们的反思和国家民族的反思基本上同步的；1978 年 12 月十届三中全会使整个国家走出了"两个凡是"的桎梏，许多作家也迎来了创作的春天：1979 年，蒋子龙的《乔厂长上任记》拉开改革文学的序幕，《小镇上的将军》（陈世旭）、《剪辑错了的故事》（茹志鹃）、《李顺大造屋》（高晓声）、《爱的权利》（张抗抗）等新时期的重要作品也陆续发表，陈忠实是在 1978 年年底开始发表作品的，在历史和文学的双重困惑与彷徨中痛苦着的作家们欣然认同了新的国家意识形态，完成了依托于民族反思的个人反思，投入到经济改革和思想解放的浪潮中。

哲学家冯友兰对自己"文化大革命"期间批孔经历的反思对我们分析当时的文学现象很有启发意义，他自我剖析道："1974 年我写文章，主要是出于对毛主席的信任，总觉得毛主席党中央一定比我对。实际上自解放以来，我的绝大部分工作就是否定自己，批判自己。每批判一次，总以为是前进一步。这就是立其诚，现在看来也有并不可取之处，就是没有把所有观点放在平等地位来考察。而在被改造的同时得到吹捧，也确有欣幸之心，于是更加努力'进步'。这一部分思想就不是立其诚。"① 上述作家思想体系、文化底蕴、哲学根基与冯友兰无法相提并论，他们中的大多数都是沐浴着党的阳光雨露成长起来的，有些还是曾经的造反派，偶像的忠实捍卫者，陈忠实是靠国家的助学金读完中学的，他们对党的信念是真诚的，他们的创作有图解政治的成分，但也可能是真心诚意地讴歌"文化大革命"，他们对国家意识形态的自觉认同是发自内心的，并非被蒙蔽或出于某种功利的目的，在"文化大革命"那个稍不留意就可能惹祸的时代，那么多老作家、专业作家都放弃了写作，这些业余作者，如蒋子龙、

① 冯友兰：《三松堂自序》，人民出版社 1998 年版，第 149 页。

陈忠实，他们要做好本职工作，利用业余时间点灯熬油，如履薄冰地写作，我更相信他们是热爱文学，他们"文化大革命"后的反思也许比人们期待得肤浅，对新的国家权威的认同也来得太快，甚至有人指责他们成为新的国家权威的赞颂者，但他们的痛苦和真诚不应该被历史忽略和否定。

关于政治与文学的关系，陈忠实说柳青的一句话影响了他后半生，1975 年前后，他参加当时"作协"组织的业余作者培训会，会上请柳青作报告，谈到对当时"反潮流"政治运动的看法时，柳青机智地说："能不能识别错误的潮流是觉悟的问题，识别了不反对那就是品质问题。"陈忠实从没有用这句话类比自己《无畏》的创作，但他始终铭记着柳青的谆谆教诲，作为自己解决政治与文学关系的准则。1975 年冬，陈忠实在《陕西文艺》召开的创作会议上介绍创作经验，谈到什么是重大题材？他一脸认真地说："无产阶级革命进行到一定历史阶段带普遍性的问题就是重大题材……"① 那时的文学青年对文学虔诚地崇信着，只怕把这些荒唐事写不好。那年月连巴金、汪曾祺这样的作家都无法摆脱时代的局限，何况那些工农兵身份的业余作者。

作家的创作总是不可避免地受到时代和社会的影响，当整个文学生态遍地荆棘的时候，我们要求某位作家的创作高出于他的时代很多是刻薄的，不切合创作实际的。陈忠实"文化大革命"期间的作品与新时期的很多作品相比是带有明显的"文化大革命"模式的，但是与同时代作品相比，其小说生活气息浓厚，人物个性鲜明，比较真实地反映了那一时代的人都精神面貌和追求。


陈忠实在反思自己"文化大革命"时期创作的时候，不仅从思想上、内容上彻底否定自己和自己"文化大革命"期间的创作，而且对自己的创作方法也彻底否定了。他躲在陕西西安郊区的一个破落小院里拼命阅读中外名著，试图彻底超越自己，从短篇小说的结构开始学习，他用心研读莫泊桑的短篇小说结构。新时期以来，陈忠实的短篇小说都具有传统现实主义的基本特征。1979 年，陈忠实的短篇小说《信任》获当年全国短篇

---

① 王蓬：《白鹿原下》，《青年作家》2010 年第 9 期。

小说奖，小说引起反响，受到关注的最根本的原因就在于内容的真实性。拨乱反正过程中，各地出现了许多新问题，诸如打击报复"四清"运动或"文化大革命"期间整治过自己的人，局部地区出现了新的不正之风，等等。《信任》恰恰表现了这种生活真实，引起了读者和评论界的关注。今天看来，小说在艺术表现上的确没有太多可圈可点之处，这也恰好表现出新时期初期文学评价的一个特点——思想内容决定论，这与当时的文学环境有很大的关系；"文化大革命"期间成长起来的工农兵作家不可能迅速超越"文化大革命"的文化审美模式和艺术表现手法，很多作家"文化大革命"后才开始接触欧美的现代主义，那时意识流、朦胧诗就算新潮了，先锋小说的形式实验要等到高考制度恢复后第一批大学生毕业前后才出现。意识流在20世纪20年代开始就有作家使用过，如鲁迅的《狂人日记》；但新中国成立后一直是空白；朦胧诗也受到过批评，徐敬亚还在《人民日报》发表过自我批评的文章①。1979年，王蒙、茹志鹃等作家已经开始了先锋实验，王蒙的《海之梦》、《布礼》，茹志鹃的《剪辑错了的故事》等小说已开始尝试意识流的创作手法，陈忠实还在苦苦探寻现实主义的真实性及其与政治的关系。

1978年秋，进入文化部门工作，他经历了一个"自虐式的阅读"阶段，他要用真正的文学驱逐他艺术感受中的非文学因素，他感慨地说："对于非文学因素的荡除和真正的纯文学因素的萌生，对写作者来说，用行政命令是不行的，只有用阅读真正的文学作品来荡除，假李逵只能靠真李逵来逼其消遁。"② 可见，他的羞愧、自责、反思是发自内心的、真诚的。谈到《人民文学》编辑部，陈忠实的感恩之情总是溢于言表，"文化大革命"后，陈忠实因《无畏》被审查，编辑部派人专程到西安向有关部门说明他在北京参加的是编辑部组织的创作笔会。编辑部还约他写稿，转载他的短篇小说《信任》，他都深表感激，说《人民文学》对他有知遇之恩。新时期拨乱反正、纠正冤假错案的大好形势，陈忠实却在接受审查，《人民文学》的负责态度和热情约稿给了他温暖与信任，他依然可以

<hr>

① 1984年3月5日，《人民日报》发表徐敬亚的自我批评文章《时刻牢记社会主义文艺方向——关于〈崛起的诗群〉的自我批评》，转载《诗刊》第4期。

② 陈忠实：《凭什么活着》，时代文艺出版社2007年版，第21页。

创作，组织上依然信任他，让他觉得文学的春天真的来到了。与"文化大革命"后期相比，新时期文学环境的确宽松了很多，但是从朦胧诗的论争中，我们不难看到"文化大革命"的遗风，可见，陈忠实心有余悸并非空穴来风。

## 第三节 走出类型化的窠臼

20 世纪 80 年代，陈忠实共发表中篇小说 8 部、短篇小说 43 篇、散文报告文学 15 篇、言论 12 篇，这些作品除了少数篇章是为《白鹿原》做准备的片断以外，处理的都是解放后主要是 50 年代末以后社会主义时期的现实题材。

陈忠实是以农村题材小说的创作引起读者和评论界关注的，"文化大革命"期间的几个短篇使他在文坛崭露头角，由于政治的原因，他新时期以来的作品数量不少，质量也不算低，却始终无法站在新时期文学思潮的潮头。

在 20 世纪七八十年代的短篇小说领域的确有一些思想艺术成就平平的作品，但也有精品，比如《南北寨》、《猪的喜剧》、《信任》、《田园》、《珍珠》、《打字机嗒嗒响》、《鬼秧子乐》、《兔老汉》、《舔碗》等短篇，在思想和艺术上都达到同时期短篇小说的较高水平。这些短篇虽然在思想意蕴和艺术表现上存在着这样或那样的不足，但却体现出作家陈忠实思想发展和艺术探索的轨迹，他称这一时期的作品为"练笔之作"，他完成了一个小说家精神剥离和蜕变的艰难过程，实现了他从一个业余作者到一个人文知识分子的角色转变。整个 20 世纪 80 年代，他的小说创作出现了两次大的转变，第一次是 1982 年中篇小说《康家小院》的发表，第二次是 1985 年 11 月《蓝袍先生》的创作。白烨认为陈忠实 20 世纪 80 年代的中篇小说比较成熟，新世纪之后创作的短篇小说数量不多，质量很高，几乎都是精品。这一评价十分中肯，切合陈忠实的创作实际。

1978 年年底，《南北寨》的发表标志着陈忠实新时期创作的开始，1979 年，《信任》的发表、转载和获奖标志着陈忠实的创作心态趋于正常，也标志着陈忠实的创作得到了主流意识形态的认可。《信任》之前的短篇写得非常谨慎，对农村时事和人物的描画紧跟国家拨乱反正和经济政策，作者独立的思考比较少。《南北寨》写红旗村北寨的村民向"黑斑头"南寨的村民借粮引发的两条路线斗争及群众对没粮吃的社会主义的强烈不满，作者用最基本的吃饭问题来解读和阐释他对"文化大革命"期间两条路线斗争的理解，让基层干部和农民用自身的言行来表现，叙述人则有意识地隐藏起来不做评价，表现了作者复杂的心态，有明显的二元对立思维模式的印记。《小河边》写人在不同境遇下不同的人生态度和生活态度；《徐家园三老汉》写了三个性格迥异的年龄相仿、职业相同的农村老汉，被认为是陈忠实创作的一个突破；《幸福》通过三个年轻人对人生道路的不同选择刻画出他们的性格。比较而言，三个老汉比三个年轻人的眉目更清晰，性格更鲜明，陈忠实分析原因时指出，这是对生活熟悉程度不同所造成的，他说："我在公社工作的十年里，分工做过宣传、蔬菜、养猪、文教、卫生、农田建设等方面的工作，唯独没有做过青年工作。接触最多的是中、老年干部，所以写起来对中、老年人物的脾性就熟悉一些。这一点简直做不得假。"① 随后，他又陆续创作了《猪的喜剧》、《立身篇》、《石头记》、《反省篇》（原名《苦恼》）、《乡村》、《正气篇》等短篇，正如陈忠实所说他塑造的最成功的人物形象就是中老年农村基层干部和农民。值得一提的是，他20世纪80年代的几十个短篇小说中塑造的女性形象中，给读者留下印象的大约只有田雅兰和珍珠等少数几个。

《信任》是陈忠实颇费心思的一个短篇，只有7000多字，语言朴实简洁，揭示了"文化大革命"和"四清"运动给农村两代人造成的精神创伤。四清运动是指1963—1966年间，党在全国城乡开展的社会主义教育运动。"四清"是"清理账目、清理仓库、清理财物、清理工分"的简称，由于阶级斗争扩大化的影响，当时错整了不少干部和群众，给农村干部群众留下了深重的内伤，加上"文化大革命"的民族灾难，使农村尚未完全建立起来的新秩序和新道德受到了极大的损害，许多农村热衷于阶级斗争和人与人之间的勾心斗角，大家彼此防备，人人自危，无心生产，不少地区温饱成为首要问题，农副产品加工业更是无从谈起。党的十一届

---

① 《陈忠实文集》壹，广州出版社2004年版，第534页。

三中全会使农村摆脱了"左"的桎梏，政治局势逐步稳定，农村政策逐渐放宽，农村的社会生产开始出现转机，历史遗留的问题和农村出现的新问题交织在一起；《信任》表现的就是这一时期的农村社会问题，罗村党支部书记罗坤的儿子罗虎打伤了贫协主任罗梦田的儿子大顺，围绕打架事件，罗村几十年的复杂矛盾和积怨被揭出，罗坤在"四清运动"中被误整，还被戴上"地主分子"的帽子，子女也备受歧视，他平反后不计个人恩怨得失，一门心思都在罗村的富足与团结上。他把打架这一突发事件当作解决两代人宿怨的契机，使村民们看到了"团结和富足的罗村"是大家共同的目标。他登门赔情—派人报案—服侍伤者—严惩儿子，从自己做起告诫人们，应该正确理解历史，宽容被"左"倾思潮影响而行为失范的人们，团结一致向前看。罗坤的高尚品格感染了大家，并最终赢得儿子的理解，将一个人心涣散、四分五裂的罗村引向了安定团结。在排解纠纷中获得了村民的"信任"，宽阔胸怀和对党的事业的忠诚使他成为社会主义新农村的带头人。小说发表后，有人质疑"实际生活中哪有罗坤这样好的人"！陈忠实承认他是在原有生活原型的基础上进行了艺术加工，罗坤身上寄托了他对生活原型的崇敬和钦佩之情，他担心自己对人物的艺术处理重蹈"三突出"的覆辙，幸运的是，不久他就在生活中遇到了真正的"罗坤"。陈忠实采访了他，并写下报告文学《忠诚》宣传他的事迹，他说："他比我所赖以创造罗坤的生活原型还要动人，而与罗坤的精神世界又是相通的。生活中原来有罗坤这样的好人啊，只是我们没有发现他！"① 这个人就是西安市郊区大明宫人民公社新房大队党支部书记陈万纪同志。这几个短篇都有明显的探路痕迹，作者对自己的艺术创作还没有足够的信心，总是心有余悸。《信任》同样使作者赢得了新时期读者和文坛的信任，他之后的短篇小说在主题、构思、人物、语言等方面自如了许多，而且勇于探索，为他的中篇小说创作打下了良好的基础。

作者敏感地触摸到新时期以来农村社会关系的微妙变化和从"文化大革命"阴影中走出的普通人的内心感受和精神悸动，以温暖的笔触、深刻的反思给读者奉献出自己的思索。在现实变革中，作者是"在场"的，所以，他并不总是站在时代的潮头，他更关心农村基层干部和普通农

① 《陈忠实文集》壹，广州出版社 2004 年版，第 535 页。

民心灵的挣扎和精神的裂变。《苦恼》就表现了河东公社书记黄建国在新形势下一时转不过弯来的思想矛盾，这是农村普遍存在、亟待解决而文学作品很少涉及的社会问题；《鬼秧子乐》刻画出一个担心政策变化又渴望勤劳致富的有点狡黠的农民的内心变化和隐忧。他不是站在高处俯视农民，他是身居其中切身感受他们的生活变化和精神需求，但他又比普通农民的思想境界和政策水平要高一些，以一个人文知识分子的情怀观察体验书写着农村生活，因而他的作品既有对农村现实生活的热切关注和客观书写，也有对未来农村新人的构想和期待。

对农村新人的刻画和塑造是新中国成立以来农村题材小说的首要任务，柳青《创业史》中的梁生宝就是社会主义农村新人的代表。陈忠实是在陕西关中生活工作的作家，他的小说受柳青、王汶石等作家的影响很大，这两位作家对他的创作非常关心，柳青还曾批改过他的小说，他非常信服柳青"三个学校"的主张，三个学校即生活的学校、艺术的学校、政治的学校，自觉在创作中实践着这一文学主张，他所处的时代与柳青、王汶石创作的时代不同，个人经历不同，创作风格也与柳青、王汶石也有很大的差异，特别是 20 世纪 80 年代之后，他努力摆脱柳青的影响，努力探索并逐渐形成了自己的艺术风格。白烨说："他撷取了柳青叙述故事的直率和抒发情感的热烈，但似乎缺少柳青作品中那种始终以豪迈贯之的主调；他借鉴了王汶石勾绘细节的真确和行文运笔的洗练，但似乎缺少王汶石作品中那种欢乐明丽的底蕴。他的作品劲爽，但劲爽中常常掩伏着隐忧；他的作品热情，但热情中时时透出谨伤。柳青、王汶石那种高亢的理想主义色彩在他的作品中依稀可见，而流贯在他的作品中的，则主要是既努力切中时利又勇于切中时弊的现实主义思考。"① 陈忠实笔下的农村新人形象除《信任》中的罗坤外，还有《徐家园三老汉》中的徐长林、《第一刀》中的豹子、《正气篇》中的南桓、《初夏时节》中的牛娃等。徐长林是一个脚踏实地又满怀理想的新式农民，他对苗圃的工作满腔热忱，兢兢业业，做出了创造性的贡献。还以耐心细致的思想工作和身体力行的言

---

① 白烨：《清新醇厚 简朴自然——评陈忠实的短篇小说》，《文学评论丛刊》第十二辑，中国社会科学出版社 1982 年版，第 329—330 页。

行影响身边的人，使"偷奸耍滑"的徐治安老汉奋起，让执拗倔强的黑山老汉变得开通宽容，最终将三人拧成一股绳，紧跟时代的步伐，他说："共产党员就是要团结人教育人哩。"他的身上没有旧式农民精神因袭的痕迹，也没有"左"倾思想的印记，是适合新时期农村发展的新人形象，但这个人物概念化和臆想的成分很大，可以看做作者对新时期"新人"的构想，在三个老汉中，徐长林的形象最苍白简单，因为任何人都是环境中的人，徐长林的性格中既没有发展也没有形成优秀品质的诱因和环境。南桓的形象要比徐长林丰满可信些，他坚持原则，一身正气，敢想敢干。豹子和牛娃是青年一代的代表，有思想、有理想、有干劲、有现代的经济管理观念，他们没有传统小农思想的羁绊，工作雷厉风行、有条不紊，是新时期社会主义的创业者和实干家。罗坤、徐长林、南桓是在"文化大革命"十年浩劫造成的物质与精神废墟上站立起来的新农民的形象，他们思想觉悟高，求真务实，是新时期农村稳定富足的希望和领头人，是农民中的优秀分子。这些形象填补了新时期文学农村题材小说中新人形象的空白，城市题材和军事题材的作品中不乏这样的英雄人物和新人形象，如大刀阔斧的改革英雄乔光朴，力挽狂澜的丁猛，披荆斩棘的车篷宽，舍己卫国的刘毛妹，献身高原的郑志桐等。

　　20 世纪 80 年代初，农村题材作品中对旧式农民和普通农民形象的塑造是比较成功的，如冯幺爸、李漏斗、陈奂生等。陈忠实也塑造了一些关心农业生产、渴望勤劳致富的农民形象，如《七爷》中的田学厚冒着被批斗的危险主动帮扶年轻没有经验的生产队长；《乡村》中的泰来老汉因 50 块钱的财务手续陷入道德困境，却意外获得村民的拥戴；《猪的喜剧》中勤劳忠厚的来福老汉想靠养猪赚取几个柴米油盐钱，却被"左"的、朝令夕改的土政策愚弄和坑害，经历了由喜而悲、由悲而绝望的复杂的情感历程；《霞光灿烂的早晨》中饲养员恒老八在包产到户的次日清晨看到的农村热闹繁忙的景象，情绪由失落担忧转为感慨欣喜，表现了包产到户给农村和农民带来的新气象、新面貌；《初夏时节》中联产承包责任制调动起了二老汉的劳动积极性，他由出名的懒人转变为勤人、能人，思想观念却没能紧跟劳动观念而转变，因嫌贫爱富，百般阻挠女儿和牛娃自由恋爱。《我自乡间来》是短篇系列，写农村落实联产承包责任制后，农村出现的新问题，护田人马罗大叔是乡村富有传奇经历的浪漫男人，为了爱情和心爱的女人，他一生未娶孤苦寂寞终老，却赢得了村民们的敬重。为集体，他六亲不认，抓住偷庄稼的就用他的皮带教训，然后放掉，土地分到户，他依然被推举为护田人；他的阿克西妮亚是一个痴呆地主的女人，善良的女人抛舍不下丈夫、孩子，两人相恋相望了一世，为养活她和她的孩子，他节衣缩食却不求回报。小说塑造了一个另类农民及其独特的人生和爱情传奇，他说："解放前我给老财东熬活，而今又养活起几个猪娃子！"他违背阶级观念却一生与女人"相好"，在"以阶级斗争为纲"的年代，这是多么可怕的思想和问题啊！作者通过这样他的爱情故事引导人们思考人性在乡村生活中的独特表现，葬礼上，他的"相好"来上香，村里人"没有讥诮和轻薄的意思"，她"倒有点扭捏了"，朴实善良宽厚的乡民啊！作者没有正面写这个女人的心理，但女人得到的尊重和理解，从侧面表现了乡村朴素的民间伦理和民风民俗。靠劳动致富的鬼秧子乐叔（《鬼秧子乐》），怕政策变、怕运动而藏富，以备"退赔"，为镇小学捐款 1 万元却要公社树碑，为自己留后路，私心是要人记他的好，运动来了，别"乱口纷纷咬我"。看似诡秘的小农心理和怪癖折射出新中国成立以来政策的"余光"，农民们不仅要抵御自然灾害，还要用这种近乎变态的心理来揣摩政策的变化预测谋划自己的命运，这是历史的悲哀。《田雅兰》的故事相对简单一些，写歪婆娘田雅兰勤劳致富后一心想登报的故事，她主动到公社退还困难时期在公社领取的救济款，以证明自己的价值，找回人的尊严。《拐子马》写土地承包过程中农村出现的干部以权谋私大捞油水、农田基建灌溉设施瘫痪、防护林被砍伐侵占而社员却告状无果等新问题，曾为集体利益牺牲了一条腿的"烈倔"汉子马长道，以私砍防护林触犯法律为代价捍卫社员和集体的利益，但上级并没有派人处理"侵吞群众血汗"的马成龙的事。这一结局发人深省，马成龙这种靠侵吞群众财富发家的人，竟没有相关的政策和法律约束和规范，这是农村经济改革和发展的新问题，严重破坏了党的形象。这些短篇艺术上还不尽完美，叙述人对叙事和情节的强制介入，表达了作者强烈的情绪和爱憎，增加了小说的真实性和问题的严峻性。有时"我"也被故事中的人物牵引着，或被他们反身叙述，如马罗大叔主动跟"我"讲起"相好"的故事，到公社去找"我"；田雅兰主动与我搭话唤起我的回忆，邀我到她的农庄去；鬼秧子乐叔把"我"当成打探政府政策的重要渠道；拐子马是在"我"

无法回答他乡镇一级整党的准确日期之后才决定以身试法的。陈忠实写作这一组短篇的时间是 1984 年，那时先锋实验起步不久，他已经意识到叙事本身的意义，以及叙述人的多重身份，并进行了叙事技巧的探索与尝试，但他的创作依然是现实主义的，故事、人物和读者始终是他叙事的要素。这些艺术探索为《白鹿原》的创作做了必要的准备。

李星曾说：陈忠实小说存在着"主题单一、人物类型化"的问题，这一点切中他的要害，他自己也在尝试着突破。1982 年之后，他对乡村民风民俗和田园诗意的发掘使他的小说题材得以拓展，短篇小说《蚕儿》将艺术的笔触伸向童年生活，《田园》、《送你一束山楂花》、《失重》等短篇小说和中篇小说《十八岁的哥哥》、《最后一次收获》等注重写乡村人与人之间的温情，使他之前作品中潜在的田园诗特质得以发展，他是一个对田园诗意生活充满依恋的作家，他对关中的乡风民俗有着独特的感悟和书写，尽管这些小说在艺术视角和思维模式上没有根本的转变，但作家的创作视野更加开阔了。《田园》写出了一个农村妇女对爱情的理解与坚守，那不是简单的从一而终或封建思想毒害所能解释的，那是对人性尊重和精神平等的呼唤。《失重》探讨不同境遇下人的关系与情感的变化。《十八岁的哥哥》写回乡知青曹润生满怀激情地进入社会，以纯洁的心灵和对生活的热情去实现自己的人生追求，一系列看似偶然实则充满必然性的事件让这个年轻人艰难而坎坷地成长着，凭借热情聪慧和强烈的责任感，他赢得了村民的尊重和姑娘的爱。当他沉醉于爱情的甜蜜并忙于为村民们谋福利时，爱情却像迷雾一样转瞬即逝，村民推举的"捞石头协会"会长未行使使命，就被村长不动声色地排斥掉。面对村民的怨愤，他"却毫无办法"！他觉得"心里有点冷，却不空虚"，最后"背着罗网"走了。作者没能给他出路，出走只是无奈中的希望。一个年轻人刚刚懂得责任和承担就被置于严酷的社会现实和人际关系网络之中，小说在与社会公共情感的交流与碰撞中让人物接受社会新思潮和新环境的洗礼，4 天的人生际遇使这个 18 岁的青年成熟起来，产生出"一股强大的心理力量"和强烈的历史责任感。有人认为曹润生内心的誓言虚浮和空洞，其实是忽略了作者内心的矛盾，作者希望社会能给予青年更好的成长环境，又清醒地认识到现实的严峻，所以他让曹润生出走时背着"罗网"，这预示着他成长道路的曲折和艰辛，结局是开放性的，曹润生前面不是平坦的光明大道，他能否背负得起"罗网"，作者也没有十足的信心。曹润生与高加林（路遥《人生》）是个鲜明对比，高加林一心要离开农村最终却被迫回归，曹润生一心要改变家乡的贫穷面貌造福乡民，却被村上强大的地方势力胁迫着以出走相抗争。两人的人生选择不同，境遇和挫折却惊人的相似。创造这两个人物的作家有着类似的生活经验，由于价值观念及其对乡村和土地的情感存在差异，导致人物性格和命运完全不同。曹润生让人敬佩，唤起读者的崇高感和忧患意识；高加林让人同情，启发读者对社会人生的思索。高加林成为时代精神情绪的代言人，曹润生却没有，不是因为他不真实，而是因为他身上带有理想主义的色彩。20 世纪 80 年代上半叶人们对世俗生活和现实人生的关注更多更热切。

　　陈忠实对土地有深厚的感情，他的作品带有强烈的主观情绪，他不时地把自己的情感投注或强加给小说中的人物。写了一批立志扎根农村建设新农村的青年，对利用农村暂时的贫穷落后挑唆妹妹跳出农门的市民姐姐的世俗偏见给予了辛辣的讽刺（《枣林曲》），也歌颂了热爱农村扎根农村与心爱的人一起共同建设新农村的娟娟（《丁字路口》）。但在《最后一次收获》中，作者的情感更加复杂深刻，透过赵鹏和淑琴的外在动作和内心的波澜来表达他们即将离开乡村时复杂矛盾的心理。乡村是人类共同的家园（包括精神），人类依恋乡村就像依恋自己的童年一样，人类渴望城市的现代文明和繁华就像人必然要长大一样，盲目的对乡村的眷念是身居城市的知识分子营造的美好幻境，经历过城市生活和农村生活的两重天的人，诸如淑琴和赵鹏，他们对乡村的情感是矛盾的，离开的愿望和决心是坚定、决绝的。当淑琴得知自己和孩子就要农转非进城时，跟赵鹏说话的语气"透出明显的感恩戴德"，而取得责任制之后第一次丰盛的夏收后，淑琴竟然犹豫了。除对土地和丰收的眷恋，更多的是对未来的担忧。三年自然灾害使她就读的技校解散，她主动承担了国家的困难、家庭的重担，从一个傲慢娇嫩的公主成为一个外表健壮粗糙、内心细腻火热的农村妇女。对农村干部的以权谋私、多吃多占、不干正事，她也抱怨，对土地、丈夫、儿女的爱撕扯着她、纠缠着她，她"饿怕了"，想要儿女们回城，自己在农村种地。她对世界充满爱与感恩，寄托了作者对女性的美好想象。感人的故事未必要跌宕起伏、千回百转，感人的情感有时就是那么平淡而缠绵，这个中篇写得很细致，作者曾说他对小说中的景物描写很得意，小说对渭河平原边沿地带原坡地区麦熟时节景象的描绘，"从景象到气氛，基本传达了我对这个特定地域的观察和感受"。① 这是陈忠实为家乡谱写的一曲心灵牧歌。

　　陈忠实说他的小说里很少有自己的影子，但这部小说中却有着浓厚的"自叙传"色彩，自叙传不仅是指对个人生活经历和人生阅历的记述，更是指对个人情感情绪的记述。一个作家能够有意识地避免在小说中渗入自己的生活经历，却很难掩饰自己的情感和审美价值取向。《最后一次收获》是陈忠实小说中不太受关注的作品，因为这部中篇情节简单，没有激烈的矛盾冲突，反映社会生活的宽度和广度明显不及他同期的其他作品，但艺术感染力很强，麦收时节如画的风景和紧张的劳动场面，以及夫妻之间、乡民之间浓郁而缠绵的温情互相交织着，表述了作者强烈的乡恋情怀和沉重的现实感，与城乡生活巨大的反差所形成的人物心理的波澜，使叙事产生了巨大的张力。作者热爱土地和家乡，却没有一味美化或诗化农民困苦的生活和原始的劳作方式，他通过工程师赵鹏的切身感受和情绪波动写出了农村生活的沉重和村民对城市生活的向往，单调艰辛的繁重劳

陈忠实走在乡间的土路上

① 《陈忠实文集》叁，广州出版社 2004 年版，第 488 页。

作使村里祖祖辈辈的男人双腿弯曲变形成为适宜在山坡上拉载重负的"罗圈腿"，赵鹏想起父亲"装进棺材的时候，却无法把那两条罗圈腿摆直"。在原坡上割了 4 天麦子，肩上搭着牛皮车袢拉了几天独轮小推车，超负荷的简单劳动使他顾不得诗情画意、讲究起码的卫生，浑身上下麻木酸痛，脑子一片空白，什么"曲轴淬火试验"、"学术论文"、"日语、英语或俄语"，"早已逃匿的无影无踪了，疲劳完全抑制了人的智慧，沉重的劳动使他的脑子顿然变得单纯而近于愚蠢了"。① 在这样的艰难中，还有一个把政策当"红苕"一样揉捏，整天盼着运动的村支书，而赵鹏对此却无能为力，只能将自己的妻子儿女迁进城，立志用自己的知识和技术改变农民的命运，减轻他们的劳动强度。赵鹏的心情是复杂而又沉重的，他要尽快把家搬到城市，集中全部精力投身他的科学事业，改变工业社会不能给农民提供充足农业机械设备的现状，而极左的农业政策造成的农民粮仓空虚的恶果又迫使他不得不搭上牛皮车袢为妻儿的糊口而奔波劳作。赵鹏离乡时对故土的眷恋没有丝毫的矫情，完全是发自内心的乡情，他"今后无论怎样都不会忘记莽莽苍苍的黄土高原之中的小河川道的天地；都不会忘记牛皮车袢和蜷卧在小推车上的滋味"！赵鹏的这些人生感受是陈忠实人生经历的投射，在《〈白鹿原〉创作手记》中，他写到自己在包产到户第一年和妻子一起拉犁耕地播种收割，收获到缸满锅满的艰辛与喜悦，以及作为一个农村基层干部对几十年来农村政策的深刻反思。小说中赵鹏童年生活的描述，特别是他报考初中时第一次出远门看到火车受到激励，忍着脚痛赶路的情景与陈忠实在散文《汽笛·布鞋·红腰带》中对往事的追述和回忆基本一致，作者把自己对城市文明的向往，对乡土的依恋投射在赵鹏的身上，将妻儿搬进作协大院意味着他彻底成为城里人，即使住在原上，也改变不了他城里人的身份，作者在精神与情感上经历了一个"断奶"的过程，他说他的根气在原上。他认为作家对生活的反映"要靠他的全身心感受生活；不仅是看别人在新的生活浪潮里的情绪和心理反应，还有自己对新的生活浪潮的心理情绪和反应；没有后者，就很难达到对今天的互相渗透着的各个生活领域的真切的感知，也就很难深刻地

---

① 《陈忠实文集》叁，广州出版社 2004 年版，第 25 页。

理解复杂纷繁的生活现象了。"① 这部小说无疑是他全身心感受生活的结果，那种复杂纠结的心理变化过程真切感人，写出了那个时代特殊的社会现象——农转非给个人生活和灵魂的深刻触动。落实党的知识分子政策给社会带来了不小的震荡，很多家庭因此解体，很多夫妻分道扬镳。

　　此外，他还有一些叙写普通人生活感受的作品，如《回首往事》、《枣林曲》、《丁字路口》、《旅伴》、《夜之随想曲》、《毛茸茸的酸杏儿》、《到老白杨树背后去》、《打字机嗒嗒响》等短篇，这些作品或撷取日常生活中的一朵浪花，或书写个人面对人生和爱情选择时的迷茫与困惑，通过普通人的生活感受开掘日常生活中所蕴含的人生哲理。《回首往事》、《枣林曲》、《丁字路口》写不同年代青年男女对爱情和婚姻的不同选择，表达了他们对爱情和人生的不同理解。《旅伴》写两个在火车上偶遇的中年人回忆中学时代暗恋的女同学，二十多年来两人都以为对方"抱得美人归"而彼此"妒恨"，此刻才知美人原来"俗不可耐"，既没有嫁给作家，也没有嫁给军事科学家，而是嫁给一个在困难时期能弄到进口物资的汽车司机——猥猥琐琐的侏儒"小赖子"，轻松的叙事中有调侃的意味，这是陈忠实小说中略带油滑腔调的叙事，表达了中年男子对人生的思考和对青春的怀恋，轻松中蕴含着沉重与苦涩。《夜之随想曲》写一个为升职下乡蹲点的老干部向一个农村水利技术员抱怨慨叹孙女呼吸不到新鲜的空气，喝不到新鲜的牛奶，吃不到新鲜的蔬菜，并对他进行讲奉献的革命传统教育，技术员却要为妻儿的肚子而发愁，为无钱孝敬父母而自责，他顿悟出一个人生的哲理："人永远都在不满足中叹息"。一个"虚伪得过于露骨"的城里人的面目跃然纸上，作者不动声色地讽刺了蜕化变质的所谓老革命，"我"不敢言的愤懑不平显示出小人物的辛酸和无奈。《广播体操乐曲算不算音乐》写田部长与老伴就广播体操乐曲算不算音乐的一段对话，表现了新旧思想的冲突，广播体操的音乐伴随着"杯盘在水里互相碰撞的枯燥而单调的响声"让田部长"疲倦极了"，他心里更向往部里的舞会，不知夫妻间的"静寂"还能维持多久？《毛茸茸的酸杏儿》、《到老白杨树背后去》、《打字机嗒嗒响》都写到初恋的甜蜜与酸涩，青年男女爱情选择与婚姻生活的细微波澜，情感细腻真切，人物心理刻画惟妙惟肖，

---

① 《陈忠实文集》叁，广州出版社2004年版，第477页。

比如用"酸杏儿"比喻初恋的滋味,对成熟的解读因人的身份地位年龄等的不同而不同;"我"总是无法消除自己对薇薇没跟"我"一起到老白杨树背后去所引发的阴暗心理——嫉恨;康君接到县委宣传部副部长任命书时,耳边和心里却响起了"嗒嗒嗒的打字机的响声"。

这几篇小说探讨的都是当下的生活和情感问题,作者对人性的矛盾与扭曲进行了独特而深刻的反思。自负顽皮、永远不成熟的"他"的那种火辣辣的进攻精神与"她"平淡温馨的家庭生活相比,实在是不好抉择;薇薇是幸福而又简单的女人,而作家"我"的烦恼难免有"为赋新词强说愁"的味道;《打字机嗒嗒响》是第一人称叙事,而副标题却是"写给康君",这是一个很有意味的修辞,李建军曾指出陈忠实早期的中短篇小说有相当一部分题目在修辞上都"未臻佳境",比如《幸福》这个题目就"了无余味";《信任》、《立身篇》、《反省篇》、《正气篇》、《征服》等近乎于直接点题;《土地诗篇》、《丁字路口》、《蚕儿》、《土地——母亲》、《霞光灿烂的早晨》、《初夏时节》、《灯笼》、《绿地》、《田园》、《珍珠》、《铁锁》等虽有象征意味,却不够"含蓄、醇厚、深永"。他认为:"《田园》的题目与小说的情节之间的联系,是游移而松散的,象喻形象与事象本体间缺乏密切联系和内在一致性。"① 他的确看出了小说题目与情节之间缺乏内在的一致性,"田园"的命名是作者内心矛盾的表露,更像作者刻意为之,虽然作者给了秀芬寡居婆家的合情合理的理由——"我……的心里……再装不进……别人咧……"宋涛为了爱情遗弃了她,她却为了爱情孤守一世,村人们的宽谅和羡慕让宋涛感到欣慰,他越发怀念乡村的田园生活和秀芬的温柔和善。读者和作者都清楚地知道无论田园多么诗情画意、秀芬多么情深意重,宋涛都不可能回归田园,他的自责内疚忏悔和秀芬20多年孤寂的寡居生活相比,算得了什么呢。秀芬是否有生活中的原型,作者没有说过,但秀芬这样的女人在中国是"一茬人",这是作者对女性生存境遇和命运最早的关注与思考。秀芬的心灵充满了田园般的诗意,但她却无法跟上"现代化"的步伐,如果宋涛对自由恋爱和年轻知识女性的爱慕算是对现代文明的追求的话。在中国农村有一大批被功成名就的丈夫遗弃的

---

① 李建军:《在通往〈白鹿原〉的路途中——陈忠实前期小说的修辞分析》,《延安大学学报》2008 年第 10 期。

女人，她们曾经拥有过美好幸福的爱情婚姻，或者她们至少拥有过一个优秀的男人，被遗弃的她们很难再去接受一个普通的农村男人，她们内心的苦楚，作者采取了"悬置"的策略，那时他发现并同情女性生存的痛苦却无力去书写她们。正是经过了《田雅兰》、《珍珠》、《康家小院》、《四妹子》、《梆子老太》、《地窖》、《窝囊》等作品中女性形象的塑造及其对女性命运的深切关注与探索，才有了《白鹿原》中那一系列鲜活的女性想象和田小娥这一艺术典型。

上述"写给康君"的副题是一个比较成功的小说修辞，如果文本是康君写给自己的，那康君的所谓叙述就显得格外虚伪，如果文本是作者写给康君的，那叙述本身就是对康君莫大的讽刺。题目具有反讽意味。同时，副题还起到了吸引读者阅读的作用，题目给人的暗示是文本是写给康君的，随着阅读的深入，我们看到叙述人就是康君，题目则另有深意，从而引发读者对康君行为的思索和人性的拷问。在叙述过程中，叙述人与角色也常常混淆不清，"我"是被人羡慕的成功人士，孟局长玩笑中提到小凤时，作者写道：

> 我知道他说的"城池县道的小市民"所指是谁，我和小凤的眉来眼去根本不可能逃过商业局干部的眼睛，但谁也说不准抓不住我俩相好的一件具体事实，在河滩钻窝棚的事更是无人知晓。这宗事已无任何影响，晓英从来也没有追问过我，更谈不上吃醋闹矛盾了。然而我总觉得缺了点什么，倒不是对小凤的负心，而是我自己心里的某种渴望。渴望什么呢？窝棚里的那种被熔化的完全忘我的原始式的疯狂，再也没有产生过。
>
> 我生逢其时……我擢升为县委宣传部副部长了……不管别人怎么说，我是觉得我的选择没有犯"方向性的错误"。倘若我和小凤而不是和晓英结婚，我现在很可能正在河滩上那窝棚前的石头上架锅煮包谷糁糊糊，充其量和小凤在县城的某个角落卖油条豆浆或是经营日杂品小店。那么，有谁会看到我具备做一个县委宣传部长的德和才呢？①

---

① 《陈忠实文集》叁，广州出版社 2004 年版，第 377—378 页。

这种叙事模式在《康家小院》中已显露出来，玉贤与杨教员偷情被抓，勤娃将她打得遍体鳞伤，还在娘家羞辱她和她的父母，父亲又把家族的耻辱发泄在她的身上，她也认为自己该打；玉贤在肉体与精神的双重折磨下反思懊悔回归家庭。在《打字机嗒嗒响》中，小凤美丽热情妩媚多情，偷食禁果之后被无情抛弃；小凤的形貌与痴情在小说中总是引导读者联想到古代的风尘女子，她是县城的一枝花，神态妖娆妩媚，手指细长灵巧，"像细嫩的水葱，柔如无骨"，她会"稚气"、"娇嗔"地说话，会眼神"似怨似嗔"地瞅着"我"，喜欢和同事们说笑，被抛弃后远嫁他乡，痛苦而不纠缠。小凤的故事沿袭了唐传奇《莺莺传》"始乱终弃"的模式，康君的选择在中国延续了 1000 多年，小凤和莺莺一样毁在"乱"上，在传统道德面前，她们处于道德劣势，当人性遭遇道德时，道德具有先验的正确性。

康君的得意炫耀、虚伪自私，在貌似反思的自炫中跃然纸上，他早已没有了当年决定抛弃小凤时将自己与莫泊桑《温泉》中人物比较的那一点点可怜的良知，被称为"痛苦而又艰难的抉择"只令我"苦恼"，而且苦恼的时间也只有大半个白天而已，而"我曾经痛恨而且鄙薄过那个骗取了遗产而抛弃了真诚的爱情的家伙"。这种事发生在法国社会就是需要痛恨和鄙薄的行为，发生在中国或者发生在自己身上时就是成功者的必然选择。这里，我们不由想到陈忠实在《康家小院》中对冬学教员杨老师的道德谴责，杨教员得知玉贤和勤娃父子都没有向调查人说出事件真相，真诚地说要给玉贤一点钱"去买件衣衫"，表示"我不会忘记你的好处"，杨教员自然不是一个品行端正的男人，但他的感激还是发自肺腑的。试想，假如杨教员跟离了婚的玉贤结婚，结局会怎样呢？他的生活轨迹会发生彻底的变化，而且是"向下走"，杨教员"向下走"就要受到道义的谴责，而康君为"向上爬"背弃爱情，却志得意满给世人讲述着人生的哲理，这简直是莫大的讽刺。在自身利益受到侵害和前途名利诱惑下，两人都选择了背叛。作者刻画康君这个人物时内心的复杂与矛盾使叙事产生了丰富性和多义性，他对待现实和人物的态度，不再是传统现实主义意义上的批判或认同，而是一种复杂的无可奈何的默认或超脱，这也暴露出作者思想观念的转变。在社会转型期，作者的道德观念也随之变化，《地窖》

中，关志雄见到"文化大革命"中曾保护过自己的造反派唐生法的妻子玉芹"脸红"，唐生法误以为妻子见了生人害羞，关志雄竟嘲笑唐生法是"大瓜熊"，为给曾经的对手戴了绿帽子而暗自得意，其阴暗心理通过一个小小的细节暴露出来。

宋涛和康君无疑是世俗社会公认的成功人士，他们的家庭是幸福的，但是成功男性的幸福就一定要以另一个无辜女性的牺牲为代价吗？秀芬和小凤都是普通女人，没有爱情至上的观念与伟大崇高的牺牲精神和奉献精神，她们是被"牺牲"的，或者说是"被损害的"，损害的直接施与者就是她们深爱的男人，她们甚至找不到对抗和怨恨的对象，这是怎样的悲哀呀！虽然作者在文中也对伤害她的男人进行了道德审判，但这种审判与宋涛和康君的无限风光和别人艳羡的眼神相比，显得那样苍白无力，道德力量被男人成功的自负消解殆尽，他们带给社会的困惑比高加林深刻得多，遗憾的是，这些作品没能引起足够的重视。秀芬与小凤们的悲苦被男性的光芒遮蔽得只剩下一缕炊烟和打字机嗒嗒的响声。陈忠实早期的作品，女性几乎是缺席的，仅有的几个女性形象也都是为塑造男性的光辉形象而设置的，作者对女性命运的关注与思考大约是在 20 世纪 80 年代以后开始的，其女性观也存在着一个发展的过程，从以男性为中心到同情女性、发现女性存在的价值和精神肉体的需求，再到创造出田小娥这样一个独特的艺术典型，这一转变也体现了作者精神裂变的艰难历程。

国民性批判是陈忠实小说的重要主题之一，他对国民性的批判主要集中在对农村基层干部和普通农民身上体现出的民族劣根性上，他很少抽象地去写一个"坏人"，他总是透过人物的言行剖析并发掘其身上折射出的思想意识、文化心理的落后与腐朽，表现出人物在历史和现实双重维度上的折光。对于生活和农民身上中存在的一些落后思想、不良习惯或灰暗心理，他给予了道德层面的善意的嘲讽和批评；"奸老汉"徐治安本质不坏又有育苗技术，就是懒，干活耍奸取巧，还爱干净，作者肯定了他劳动态度和观念的转变，也讽刺了他怕劳动、爱虚荣等缺点。《初夏时节》里的联产承包责任制的一纸合同使二老汉"熊管娃"的逍遥日月过不成了，老汉勤劳的本性被激发出来，成为管理鱼塘的一把好手，吃住都在鱼池边，但他看不惯刘红眼的"张狂"，他嫌贫爱富，蛮横干预女儿和牛娃的自由恋爱，横竖看不上牛娃。老汉本不是偷奸耍滑的人，只是那些年大锅饭干多干少都一样磨光了他的锐气，他想给女儿找个城郊蔬菜专业队的女婿也是盼着女儿的生活能够稳定，他欣赏侄儿改变村里贫穷面貌的雄心大志又担心政策变化。老汉的心理复杂而又矛盾，他从自己60多年的经验出发，对世事变幻充满了忧虑。鬼秧子乐叔无论如何都算得是农村里的"能人"，为人处世精明到"诡秘"的程度，他勤劳致富捐资助学（尽管目的不太纯），他的变态与诡秘心理是一种怪癖，不是中国农民所固有，它是农民几十年来在政策变化的风潮中揣摩政策小心翼翼为自己谋划保护切身利益的"智慧"写照。作者对他们更多的是理解、同情和宽容，他们也很难用传统"坏人"的标准来衡量。《绿地》里的秀绒泼辣能干，就是眼皮子浅，好占小便宜。二老汉有点《创业史》中梁三老汉的小农意识，秀绒刚结婚时也不是这样，鬼秧子乐叔的"诡秘"原本只是精明，是几十年的生活经验使他产生了这样的生存智慧。宋涛的转变是时代使然，康君也曾对爱情充满幻想，他们与二老汉等普通农民的区别是，他们有自我意识和自我反思能力，但反思的结果却可怕又可悲。宋涛以强者的姿态出现在秀芬和父母村人面前，康君无论怎么发达，恐怕也不会给予小凤任何关照和补偿，可悲的是康君坚信自己是有情人，并引以为傲。作者在塑造人物、揭示其人性弱点时，注重他们性格变化的过程，以及外界环境如国家农业政策、社会氛围等对他们的影响，即"时代在人的心灵中的折光"。

《梆子老太》是作者比较喜欢的一个中篇，他第一次有意识地通过一个较为复杂的人物形象来挖掘"国民性"。嫉妒是一种阴暗的文化心理，在关中农村被称为"盼人穷"，作者要挖掘的就是这种阴暗的文化心理在不正常的政治环境下被扭曲放大，再去扭曲他人和整个社会的过程。作者第一次尝试以人物结构小说，以前他习惯于用事件结构小说。《梆子老太》是"根据人物的性格和心的轨迹前进"的，通篇没有一个贯穿始终的事件。尽管在表现人性的深度上留下了些许遗憾，但艺术上的尝试基本是成功的，人物性格发展的逻辑清晰合理。1980年，短篇小说《尤代表轶事》中的尤喜明游手好闲、好吃懒做，"四清"运动时，他像阿Q一样发出了"我要革命"的呼声，他密切注视着村里的阶级斗争新动向，盼着"文化大革命"在农村搞，好能分别人的房子，吃别人的粮……这里作者敏锐地窥视到人物的内心，塑造了一个时势铸造的精神侏儒——精神紊乱的"左倾幼稚病"患者，意在揭示极左思潮和整人运动才是长期侵蚀人的内心和精神的总根源。陈忠实笔下的人物总是体现出一定的时代精神和一定的社会关系。

梆子老太这个人物可以看做尤喜明在思想意蕴和人物人性深度上的延伸和扩展。两人属于同一人物序列，他们本来都是可怜人，尤喜明有许多可恨之处，梆子老太除了丑陋——脸长得像一个长长的梆子之外，倒比男人都能干，她的不幸源于婚后不孕，这使她备受公婆和丈夫的歧视，她盼着村上能有个女人跟她一样不育，显得自己不那么孤单。她待人善良热心，本是出于自保，但在中国农村，盼望女人不生孩子，相当于诅咒人家断子绝孙，本来她多嘴多舌的性格就格外招人厌嫌，她内心的痛苦不平郁结更加深重，又无以发泄，心灵就逐渐扭曲变态，所有女人都成了她嫉妒的对象，或者说整个社会都站在了她的对立面，于是村人对她曾经的同情转化为憎恶和轻蔑，她陷入到阿Q在未庄时的生存怪圈——努力摆脱困境却不断使自己陷入更艰难的困境之中，直到有一天她被工作组发现并选中，她才真正堕入深渊而无力自拔。在工作组的操纵下，她成了村里的"积极分子"，被农村的"左"倾政治运动裹挟着做了许多坏事，有意无意地害了不少人，以致弄到"死后无人抬棺下葬"的地步。梆子老太不识字，也没有强烈的权力欲望和高度的政治觉悟，她只是不同时期各种工作组的傀儡或"政治小丑"，她本身也是一个被剥夺与被损害者，生理缺憾使她反抗无门，抗争无路，而这种"原罪"似的缺憾对一个生活在传统势力强大的农村女性来说是致命的，是自身和社会（包括组织）的力量都无法改变的。梆子老太所能想到的反抗方式就是寻找同类，以证明自己非异类，这种反抗方式是愚蠢的，反抗的力度是微弱的，但却触犯了国人的道德底线，使这个不幸的女人成为"万人嫌"。小说文本叙事节奏不流畅，语言有时也像人物的性情和面容一样生硬刻板，作者似乎有意将语言风格、叙事节奏与人物命运相互策应，共同完成人物形象的塑造，因为文本中没有贯穿始终的事件，很难在激烈的矛盾冲突中刻画人物，农村的人物关系又相对比较简单，于是作者借助于语言风格和叙事节奏，这种艺术自觉与尝试难能可贵，说明作者的创作视野和创作手法开始变得更加开阔多样。

但由于过于注重人物性格的发展和变化，却使人物之外广阔的社会背景和历史事件成了揭示梆子老太"精神病灶"的简单工具。公炎冰指出："梆子老太人物命运、性格在自身狭窄的境域中起伏徘徊，与广泛的社会联系松泛而散漫，最终使作品意旨滞留在题材的浅表层面上。"① 梆子老太在新时期文学画廊中并不孤单，刘恒《狗日的粮食》里的曹杏花、苏童《一九三四年的逃亡》里的蒋氏等，都与她同属一个人物序列，但梆子老太却远不如这两个人物在新时期文学艺术画廊中的影响那么大，原因之一就是历史、社会、文化、民族等因素成为揭示人物"盼人穷"妒忌心理的工具，作者没能挖掘出人物在特定生存环境中形成病状的病理根源与社会根源的内在联系，如果没有那个极左的年代和一系列的运动所造成的畸形社会，梆子老太的性格或人性中丑陋的因素就没有滋生的土壤，人物性格的发展就丧失了合理性。作者对梆子老太和尤喜明这两个政治上扭曲的风派人物给予了夸张的讽刺和鞭挞，他对这两个人物的主观情感判断明显受到时代流行价值标准的影响，特别是梆子老太的人生遭际也有令人同情的地方。比如祥林嫂，鲁迅对她精神追求的表现很有力度，临死时她还在思考和探寻人死后有没有灵魂，作者塑造梆子老太却没能触及人物的心理世界和精神世界，梆子老太为什么一次次成为各种工作组的工具，她心里有什么盘算或欲求，比如尤喜明盼"文化大革命"赶紧到农村，直接的目的和深层文化心理就是不劳而获，再分别人的房，吃别人的粮。作者对梆子老太显然缺乏同情和怜悯或者人文关怀，李建军认为在处理这个人物时他"缺乏一种更符合正常人性的复杂的情感态度"②。当然，一个人的情感态度及他对某一种人的心理病灶的极端憎恶本身没有一个绝对的评价标准。但作为作家，将自己的情感态度投射到文学作品中就会影响读者的情感态度和情感价值取向。

《珍珠》是一个短篇，曾被不少批评家忽略或批评，著名评论家陈涌十分看重这个作品中对小人物的塑造，给予了很高的评价，当然是从思想主题和对人性的拷问方面来说的。小说写一个出生在老实巴交农民家庭的、名叫珍珠的女学生，她喜欢唱歌，有美好的理想。在"文化大革命"

---

① 公炎冰：《踏过泥泞五十秋——陈忠实论》，陕西人民出版社 2002 年版，第 92—93 页。

② 李建军：《在通往〈白鹿原〉的路途中——陈忠实前期小说的修辞分析》，《延安大学学报》2008 年第 10 期。

中，她不愿意诬陷自己的老师，又拒绝和一个公社书记的二流子儿子结婚，后来为了生活，成了一个吹鼓手。服务于丧事行业在关中农村是被人瞧不起的，但珍珠坦然地、理直气壮地说："我才不管丢人不丢人，反正是凭出力唱戏挣钱"，"我不偷不逮，不贪污不受贿，我比那些人光荣"！珍珠年轻时也有美好的理想和高贵的品格，但"文化大革命"的恶劣环境和世俗生活的磨砺改变了她。陈涌感慨地说："悲剧就在于，这个本来有才能有理想有志气的青年，她的人生的理想和幻想，她的才能的真正意义在她心里已经消失，连她对自己的过去也不能理解，而且遗忘了。她似乎并不为此感到苦痛，占据着她的心的只是对人世的不平和对腐败现象的愤激。她已经变得很实际、平庸了。"① 陈涌有着老一代批评家的悲悯情怀和忧患意识，他说"小说不只用悲愤的心情控告了'文化大革命'，而且也提出了人的价值、人的尊严的问题"。作者没有对吹鼓手的人生做出价值判断，更没有去挖掘珍珠发生变化的深刻的社会经济原因，特别是珍珠的内心世界。陈涌和作者都是站在社会的角度、以男性的视角去评介这个人物的，而没有深究作为女人的珍珠从青春少女成长为一个自食其力、养家糊口的母亲的过程，作为吹鼓手的珍珠是实际、平庸了，不肯诬陷老师是她正直高贵品行的表现，拒绝和农村的"官二代"二流子结婚是她对美好生活的追求，但是嫁给一个要靠妻子做吹鼓手养家的农民就幸福吗？在作者看来或许是吧，那个年代，作家们还无暇探讨女性的内心感受和情感需求，女性命运还只是国家民族命运的表现途径或切入角度，直到1994年，林白在《一个人的战争》中写到"我"对扮演白毛女的女演员转业后归宿的担忧，才让我们看到女性内心的隐秘。"我"希望"白毛女"永远美丽，也盼望她能跟"大春"一起幸福地生活，但是，她嫁给"大春"就不可能坐在窗明几净的办公室，可能会成为一个在街上卖肉的售货员。很多年后，"我"回到故乡果然看到她挥着砍刀在街上卖肉，粗壮庸俗大声地吼着，"我"童年对"美"的幻象破灭了，这是女性的视角，男人是很难想象和揣摩得到的。男人笔下常常会有各式西施，如豆腐西施、风情万种的老板娘等，其实，女人的身体和容颜要比意志和精神脆弱得多，风吹日晒辛苦劳作对女人肉体和容颜的摧残是巨大的，而女人对

---

① 陈涌：《关于陈忠实的创作》，《文学评论》1998 年第 3 期。

于自身美貌的迷恋有时会超越男性，这或许是男性作家预料不到的，也是男女两性巨大的生理和心理差异。就像李建军所说的，陈忠实那时的作品"总是用特定时代的褊狭的公共化尺度，来评价所叙写的生活内容和人物形象，这就造成了对叙述对象的严重歪曲，给人一种空洞而虚假的印象。"① 珍珠、"我"、叙述人是同一的，都在代表作家说话，珍珠只是"作者言论的客体"，这是"独白体小说"的叙事模式，这种叙事模式适合表达一种强烈的、急切的思想和观念，我们很难一概地说它不好，但总让人觉得意犹未尽。

李星说："《康家小院》的发表标志着陈忠实的创作进入了一个新的阶段。它的主题不仅离开了外在的社会问题的窠臼，而且由说明性进入到暗示性，由一义转向多义，它虽然仍有明晰的事件作为结构的中心，但人物的精神获得了相应的独立品格，从而保留了生活本身的原生的丰富性，而不做理性观念的剪裁。作品对人物也不做表面的思想性格的描绘，而进入到对他们从外在行为到深层心理的多面把握。"② 陈忠实曾说路遥《人生》（1982）的发表及其在全国引起的巨大反响，给他带来了巨大的冲击。《人生》开辟了农村题材小说的新视角；那时很多农村题材的作家都没能完全摆脱从政策角度写农民的桎梏，包括高晓声的"陈奂生系列"，高晓声不是写乡村干部对农民的敲诈和盘剥，而是通过普通农民饥饿情状的描述来控诉极左路线，在当时引起了极大的反响和共鸣。陈忠实也写了不少这样的作品，在寻求艺术突破的关键时刻，《人生》给了他启示。《人生》的叙事视角是个人的，路遥从高加林作为生命个体的人生追求切入，写得很真实，生活中有很多高加林这样的青年，很多人的生活和情感经历比他更曲折坎坷，但高加林引起了读者的广泛共鸣，由此陈忠实觉悟到"小说更应该写人的心理、精神追求，即使写政策的伤害也要落脚到情感的伤害"。当时他正在写第一部中篇《初夏》，其中涉及体制改革的

---

① 李建军：《在通往〈白鹿原〉的路途中——陈忠实前期小说的修辞分析》，《延安大学学报》2008 年第 10 期。

② 李星：《新的崛起：在传统的长河中——陕西作家论之二》，《小说评论》1990 年第 3 期。

内容，由于作者"讲述话语的年代"与"话语讲述的年代"是一致的，所以在对现实的把握上就出现了客观现实、个体生命体验、主流话语三者间矛盾的处理问题，三者的纠结让作者很为难，他索性放下，转而将审视现实的触角伸展到历史的空间，对农村问题重新思考，创作了《康家小院》。这次探索是成功的，小说广受好评，并获得上海《小说界》第一届小说奖，成为他变成铅字的第一部中篇小说，也是作者第一次用小说的形式揭示中国某一特定地区的民族习俗中所隐含的民族心理意识的艺术尝试；通过对关中农村生活诗意的描绘，暴露出封建宗法制和封建伦理对人性的摧残和压抑，田园诗式的康家小院受到外来文明冲击时显得那样不堪一击，但封建陋习和落后的封建思想与软弱虚伪的现代文明启蒙者的丑恶行径的最终"和解"，预示着中国农村国民性的改造和妇女解放任重而道远，现代文明进入宗法农村还无比艰难。

《康家小院》写的是新中国成立初关中农村一个普通的农家小院里发生的故事，主人公吴玉贤是一个不识字的农家女，初为人妇，刚刚享受到农家小院田园生活的幸福和快乐，却意外受到来自于现代文明的巨大诱惑与挑战，她与村上的冬学老师发生了一场轰轰烈烈而又隐秘的恋爱，小说以冬学老师的欺骗和玉贤的回归来收尾，结束了这场类似于思想启蒙的"出轨"。玉贤是千百万中国农村妇女中的一个，她按照千百年来的习惯，遵照"父母之命媒妁之言"的婚姻原则混混沌沌地嫁到了康家，对于丈夫勤娃，她"不是十分满意，却也不伤心命苦"，得到丈夫的疼爱，成为康家的"当家人"，她曾觉得"畅快"，她自然顺从地接受了自己的婚姻和命运，从没想过反抗或者改变什么。但冬学教员杨老师的驻村，却改变了她的生命轨迹。她内心里对杨教员的好奇与好感，在杨教员的示爱引诱下被激发出来，加之她潜意识中对自主婚姻、文明意识的向往，使她的情感发生了位移。被丈夫和娘家人百般殴打折磨羞辱之后，她找到杨教员主动表达了想跟他结婚的想头，完成了她从精神出轨到自我意识和精神追求的升华，杨教员让她认识到异样的人和生活，她知道了新婚姻法，知道了政府能给包办婚姻的男女离婚，她有了构造人生和决定自己命运的冲动和行动。她回归的契机是杨教员"不过是玩玩"的态度伤害了她，她付出了爱、尊严、羞耻心换来的是满身的"青伤紫迹"和可耻的欺骗和玩弄，经过"绝望—自责—悔悟—赎罪"的情感波澜，她走上了回家的官路。

路上碰到了撒酒疯的勤娃，两人还能和好如初吗？小说的结局是开放的，有对传统道德力量牢固的赞誉和担忧，也有对"异质"情感的宽容与理解，作者的伦理情感是矛盾而内敛的，这一次他没有站出来代言什么，他让人物自己行动，让读者自己感受、思考。恬静闲适和谐的农家小院蕴藏着浓浓的诗意，维系了中国农村社会几千年的伦理秩序，就这样轻易地被现代文明的启蒙者打破，差点造成家破人亡的后果。玉贤的回归带有历史的必然性，鲁迅说："娜拉出走之后怎么办？"要么回去，要么堕落。20世纪50年代，玉贤选择了第三条道路——跟心爱的杨老师结婚。事实上，玉贤不明白她和杨老师的所谓爱情既违背传统道德，也不符合《新婚姻法》自由恋爱的精神，她和杨老师之间存在着很多的障碍，包括文化、体制、物质和精神等方面。新社会玉贤连"堕落"的机会和权利都丧失掉了，"回去"成为唯一的选择，她好像可以选择死亡，但她既没有死的必要和理由（为谁、为什么），更没有死的勇气，回归是必然结局。有论者认为小说结局的处理是作者人生信念和道德观的曲折表达：试图用传统道德（美德）来抵御新时期以来出现的现代文明的冲击。我总觉得玉贤的形象与高加林有着精神上的关联，两人都经历了"出走—回归"的生命历程，两人的"出走"都具有一定的偶然性，而"回归"则体现出偶然中的必然，即看似由偶然因素造成的，而这种偶然因素恰恰包含着历史的必然性，玉贤的回归是因为杨教员的背弃，高加林的回归是因为黄亚萍男友母亲的告发，两人的境遇也颇为类似，都必须承受道德与良心的谴责。《白鹿原》中，白孝文和黑娃也有类似的生命轨迹，他们表现为更加激烈的对传统文化的反叛与回归，可以概括为"反抗（叛逆）—回归"，黑娃的回归是真心皈依传统的儒家文化；白孝文的回归是对传统儒家文化精神的彻底背叛，尽管表现形式都是重新组成家庭、尊敬大儒朱先生、跪倒在祖宗的祠堂前。

《初夏》是陈忠实写得最艰难的一部中篇，从草稿到见诸刊物，用了三年时间，其间四易其稿。作者试图将自己在新时期农村生活和观念的巨变中的所感所思所悟充分地表达出来，写出自己对生活的独特发现，在艺术上取得了较大的成功，在文坛引起了关注。这部中篇创作的艰难历程折射出陈忠实对柳青式的现实主义法则的超越，陈忠实开始形成自己独特的创作视角和切入现实生活的方式。

作者用传统现实主义的手法处理农村生活题材，通篇洋溢着渭河平原农村浓郁的生活气息和流动的质感。故事围绕着冯家滩大队党支部书记冯景藩与儿子马驹（第三生产队队长）之间就人生道路选择而引起的一系列矛盾冲突展开。中心事件是马驹和德宽、牛娃等青年一起为村上办起了砖厂、种牛场，立志改变家乡的贫穷面貌，而马驹却有了到县城工作（开车）的机会，这也是马驹对象提出的结婚条件。在人生道路的选择上父子俩发生了激烈的冲突，马驹被赶出家门，决心留在冯家滩带领村民脱穷致富。父子俩的思想分歧竟发展到家庭破裂的程度。20多年前，冯景藩拒绝了外出当脱产干部的调令，将一切都奉献给了冯家滩大队，到头来村民却在饥饿与贫穷中苦苦挣扎，使他对自己为之奋斗的事业发生了怀疑。联产承包责任制使他感到幻灭，他的意志被消磨，只想为儿子谋份好工作，给自己在公社养牛场找个落脚之处，于情于理都真实可信。作者把父子间的冲突放置在新时期社会变革的历史背景中，敏锐地捕捉到农村现实生活中出现的新人及其精神素质，并给予极大的关注和细致的描绘，表现出中国农村恢复经济曲折发展的历程和农村两代人不同的精神走向。

冯景藩在新时期基层农村干部系列形象中，具有典型性。作者通过冯景藩的自述和马驹与村民们对他复杂的情感态度，用很少的笔墨对他的一生做了比较公允的评价。他说这些人曾"挡住我蹲在路旁叙述一两个钟头的衷肠"，他对他们太熟悉了，他发现影响冯景藩们满腔热情地和社员群众同德同心进行农村经济改革的心理阻力，既不是怕和社员们一起种责任田，也不是怕失去干部的特权，而是无法从过去的岁月中走出来，30多年来的艰难曲折的人生道路，使冯景藩们在新旧交替中很难轻松地跟上时代的步伐。他们曾经的历史功绩和辉煌，工作中出现过的有意无意的失误及个体所遭受的肉体和精神上的伤痛，都在他们心里留下了厚重的沉积，造成了他们失落、苦闷和彷徨的心理现状，他们的思想难以适应已经发生急剧变化的农村工作。

冯景藩是冯家滩三代干部中唯一经历过合作化、"大跃进"、"四清运动"、"文化大革命"，至今还担任着党支部书记的人。20世纪50年代初，冯景藩带领村民办起了小河川道里第一个农业生产合作社，"表现出一种令人尊服钦佩的大公无私的献身精神，热忙而又踏实的工作作风"。20世纪60年代初期，他和回乡知青冯志强一起决心改变冯家滩贫穷面貌，挽回"大跃进"造成的惨重损失，但极左路线要了冯志强的命，他也被整得"活脱了几层皮"，冯家滩乱成了一摊烂泥。新时期推行农业生产责任制，他带领村民走向富裕的机会终于来了，他却想不通了，以为这是搞单干，否定了合作化，产生了严重的抵触情绪。20多年来，社会历史新旧交替的复杂演变，个人经历中的种种酸甜苦辣，造就出这个"老土改"干部当前独有的思想和性格。作者以同情、理解和惋惜的心情叙述着冯景藩的人生，描绘出他复杂的感情和心理，分完冯家滩最后两槽牛马的那个不眠之夜，他感到失落而寂寞；参加当年一起创办合作社、取代他做了专职干部的公司经理冯安国儿子的婚礼时，喜庆热闹的场面让他觉得失败、懊丧；为儿子办理参加工作的手续时，他是那么欢快而急切；河西公社党委王书记安排他在公社奶牛场工作后，他又感到寒心、凄惶；讲起"三年困难"时期领着社员大战小河滩情景时的豪壮、悲愤，听到儿子坚决拒绝外出工作时的绝情、愤怒，为儿子进城的事对牛娃、德宽的冷漠、粗横，以及怕彩彩的出身影响儿子提干将他们的爱情扼杀在萌芽状态后的愧疚等，都是二三十年来农村生活的风雨在他精神上烙下的深刻印记，作者以客观公正的态度，叙述着冯景藩的过去和现在，描绘着他的心理、情绪和情感，真实地刻画出一个处在历史转折时期，面对农村变革潮流而落伍了的老支书特有的内心世界和精神面貌。他的身上，有共产党人的优秀品质，有普通劳动者的朴实善良，有极左路线的精神负累。但他是如何从一个公而忘私的老党员转变为一个自私狭隘的农民的，转变过程中他内心经历了什么样的复杂矛盾与动荡挣扎，没能充分展开，影响了人物开掘的深度。与陈忠实之前的一些短篇中简单地把某些基层干部不满和抵制包产到户的农业政策归结为"怕劳动、爱沾公家便宜"或别有居心等相比，冯景藩是新鲜而富有深度的典型，他是农村历史与现实变革中消极因素的累积与沉淀。

他怀恋合作社，不理解新的改革政策，担心儿子在农村多变的政策中受到挫折与伤害，不惜拉下脸来找熟人给儿子联系工作，作为一个父亲，他的行为是合情合理的，他在沉重的叹息声中痛苦地徘徊，他的身上镂刻着农村变革刚刚掀起的激流中一类人精神躁动和灵魂隐退的印记，作者对他同情、理解而惋惜。

马驹是一个新时期的新人形象，从父亲和冯志强等老一辈人身上继承了热爱家乡、奉献家乡的历史责任感和艰苦奋斗的精神品格。在城市化进程中，大批有为青年走进了城市或削尖了脑袋往外走，20 世纪 80 年代初，高考制度恢复不久，高考成为农村青年跳出农门的"终南捷径"，农村基层领导干部出现了一个断层，老一辈无法适应新形势新政策的要求，年轻一代尚未成长起来，马驹就是在这一特定环境和历史背景下脱颖而出的。这是作者用力用情很深的一个人物，他从三个层面揭示马驹的人生价值追求与道德情感，一是从他与父亲的矛盾冲突中，凸显他的新思想新境界；二是从他与事业伙伴德宽、牛娃等的关系中，凸显他性格形成和发展的外在环境和内在动力；三是从他同薛淑贤和冯彩彩两个女性的关系中，凸显他的情感变化与追求。作者没有让他像梁生宝一样生来就具备高尚的精神品格和道德情操，他由婚姻问题中带来的个人屈辱所产生的义愤而崛起，经过一系列的生活历练和矛盾才逐渐自觉地意识到自己的使命和责任。马驹一直深爱着彩彩，在他探亲回家准备表白时却得知彩彩已和冯文生订婚，复员回乡后与他有婚约的民办教师薛淑贤提出退婚，这让他痛苦、不平、愤慨，彩彩被成为县地段医院医生的冯文生抛弃，使他内心再次掀起波澜；在进城当司机和留下领导村民勤劳致富的矛盾中，他也动摇过、怀疑过、犹豫过。彩彩的痴情牵绊着他，事业伙伴德宽和牛娃在他人格魅力和理想的感召下，决心豁出去大干一场。小说中，这两个人物也映衬、补充和支撑着他的精神世界。德宽心地善良、老实厚道又不乏机敏灵活，做事有条有理，作者通过细腻传神的心理描写刻画出这个真实感人、个性鲜明的新农民的形象。牛娃性格简单直率，听说马驹要进城工作，一气之下外出给人当了帮工。身体残疾的来娃不肯接受队上的照顾，主动要求承担喂牛的重任，他的诚实、自尊、自信深深打动感染着大家。这些人以各自的命运和人格力量，以他们对马驹的满腔信赖、倚重和希望，激荡鼓舞着马驹的心灵，化解着他的精神重负，温暖着他的身心。马驹理想境界的提升也在对他周围这些人物的描写中得以强化，他们是马驹坚强的后盾和并肩战斗的战友。

陈忠实说马驹的原型是一个年轻的大队党支部书记，他辅导过的两名青年在全国统考中考中了高、中等院校，而他却为集体的事业放弃了高考。他说："我心里撂不下这一摊子。"这句话强烈地撞击着作者的心，这个心甘情愿带领那些进不了高等院校的青年男女改变家乡贫穷面貌的青年，在作者心中孕育成长为马驹这一艺术形象。在现实生活中高加林这样的青年固然很多，马驹这样死心塌地用自己的青春和智慧，以创造性的劳动改变乡村贫穷落后现状的青年也不是绝对没有，为了颠覆"文化大革命"式的英雄就质疑一切英雄人物，是违背生活真实和艺术规律的主观武断。高加林"想离开土地，不是厌恶劳动和艰苦，而是不能忍受闭塞、愚昧和屈辱，不能忍受明知贫困而又安于贫困的一潭死水。他向往城市，也不是向往舒适和奢华，而是向往文明、开放和尊严，向往那种时刻给人提供机遇的动态人生环境和允许选择、竞争、让青春和生命得以释放的积极人生观念"。① 可见，马驹留下与高加林离开的原因是一致的，马驹要把农村建设成富裕的、适合青年个性发展的新农村，马驹的人生观是积极向上的，他寄托了作者对农村新人的美好想象和主观愿望。

不仅是马驹，就连侏儒来娃，在改革浪潮中也对美好生活充满了憧憬，有着在劳动中获得幸福尊严生活的愿望，他"矮小得简直像个怪物，他过去只干一样活儿——在村边田地里吆赶啄食庄稼的猪羊和鸡鸭"，曾被认为是一个只能混工分的废物。他希望能做一份适合自己的工作，主动向队长马驹提出到新建的饲养场喂"秦川牛"，副队长牛娃鄙视他的身体和劳动能力说："我敢说——一头种牛，比他来娃值钱。"激怒了他，他怒道：

> "牛娃队长，你说话那么欺人！我是冯家滩三队队员，你值多少钱，我也值多少钱！"
>
> "好马驹兄弟！"来娃带着深重的感情说，"我种地有困难，俺老婆说叫他娘家人来帮收帮种，我心里难受，不想拖累亲戚。咋哩？咱是冯家滩三队社员呀！眼下虽说地分了，牛分了，各家自奔前程哩！可我想，共产党在冯家滩的支部没有撤消嘛！难道就闭眼不听咱这号困难户了吗？你说让队里给我帮工，还说对我家按'五保户'照顾，我给俺哑巴老婆说，看看，党对咱有安排哩！可我又想，我也是个人，为啥要旁人照顾呢？我不要别人可怜我，我能干喂牛这活儿嘛！只要集体给我安一个我能干的活儿，我凭自己的劳动过日月，谁也不

---

① 马一夫、厚夫：《路遥研究资料汇编》，中国文史出版社 2006 年版，第 148 页。

用斜眼瞅我！……"①

这段话让我们想起《简·爱》中简·爱对罗切斯特表白爱情时说的那段话，贫穷、矮小、不漂亮的简·爱是有尊严的女性。在 20 世纪 80 年代的中国关中农村，矮小丑陋的残疾人来娃也是一个有尊严的劳动者。天赋人权的资产阶级启蒙思想在来娃的身上以朴素的本土化语言表达出来，比简·爱的爱情和人格宣言更加可贵、更加震撼、更加感人。两相对照，薛淑贤和冯文生们的人格显得卑劣而渺小。

20 世纪 80 年代初，随着农村经济体制改革的开始，农村生活出现了剧烈的变化，呈现出纷繁复杂的态势，作者感到自己原有的理论在认识新生活上显得那样无能为力，他的小说创作有一个很有趣的现象，即大凡有争议的人物形象大多是有原型的，比如马驹、四妹子；有些是完成艺术形象的塑造之后，在生活中发现了与之对应的原型，比如罗坤（《信任》），作者也不辞劳苦地去采访印证自己的艺术创造是否忠实于生活。他说："摄于对于图解政策的农村题材的创作的教训，我一度曾经想到写过去了的已有历史定论的生活，或者写点童年的回忆，躲避现实生活的困扰。"但最终他还是无法"在生活巨大的变革声浪中保持沉默，也无法从嘈杂的实际生活中超脱出来"。② 当许多评论者为陈忠实小说向历史和童年记忆开掘而叫好时，作者却在为自己无法理解周围发生的巨变而苦恼，为自己之前作品中对农民的误解、偏见而深深自责。这是创作和批评难以化解的矛盾。

彩彩是《初夏》中很出彩的人物，是新时期文学女性画廊中很有光彩的典型。《康家小院》中的玉贤让人觉得"淡而远"，彩彩则真切可感，充满动感。她自幼饱经磨难，父亲自杀，母亲改嫁，她背着个"四不清"子女的帽子和奶奶生活，以致体态丰盈俊秀的少女眼睛里总是闪烁着忍耐、冷漠、理智和忧郁的复杂神色。为了心爱的马驹哥的政治前途，她理智地跟并不喜欢的原国民党军医的儿子冯文生订了婚，她顽强地成长为一个村医疗站的医生，正当她满腔热情地为村民服务时，冯文生提出解除婚

---

① 《陈忠实文集》贰，广州出版社 2004 年版，第 31 页。

② 同上书，第 491 页。

约，她失落愤恨之余觉得终于可以追求自己的爱情了，却意外听说马驹要进城工作……严酷的现实总是不停地跟她开着并无善意的玩笑，两人之间猜疑、试探、误会接踵而来，她明确告诉马驹不需要同情，但当马驹被父亲赶出家门时，她决定敞开心扉。生活的磨难使她性格更加坚强，心灵更加纯净。这个人物虽然完美，但丝毫没有概念化的痕迹，她从奶奶和乡亲们的口口相传中感受着父亲的爱与温暖，在马驹和牛娃的关爱照顾中成长，她为排解寂寞阅读一切能找到的书籍以对抗生活的寂寞与孤苦，她的理智总是让人心痛，她情感的爆发是热烈真挚感人的，作者以自己对生活的设想和想象创造了彩彩这个富有光彩的女性形象，为新时期文学女性画廊增添了亮丽的一笔。她决心留在农村做赤脚医生，为农民群众服务并非出于无奈，而是她自主的人生选择，她对人生的意义、人的价值和人的尊严有了更深刻的理解，这促使她做出了正确的决定。对马驹的爱情是炽烈的，也是理智的。她拒绝接受同情，她说："我不苦。我爸爸得到平反，我也跟任何青年一样平等了，这就够了。我说过，我给乡亲们看病打针，不是个无用的人，这也就满足了。我能看出来，你是同情我，过去遭遇不好，又丢了文生这样的婚姻。你错了。我不想让别人总是用同情的眼光盯我，用同情的眼光和我说话。我现在生活得很好，很自由，也很畅快。"①朴实的话语表达出一个具有主体意识的农村女性的自尊、自重、自爱和自谦。她和马驹青梅竹马两小无猜，她喜欢的是马驹这个人，而不是他的军官头衔或司机身份。在爱情上，两人都有为对方幸福而牺牲的高贵品质和精神，他们的爱情观既有传统的诗意，又有现代男女平等的观念，真实而可爱。难能可贵的是，作者将彩彩的情感生活放置在广阔的现实生活领域，使她爱情抉择的内心隐秘与灵魂深处的情感波澜蕴涵了深刻的社会内容。

《夭折》是陈忠实献给一个文学殉道者的牧歌，具有浓厚的自叙传色彩，文中不少人物和细节都是作者及其朋友真实的人生经历。作者深情的缅怀了一个文学追求者悲伤失落、不甘挣扎继而奋起的坎坷的心路历程。他的失败是个人的，却具有历史和文化的意义，他是极左思潮的"牺牲品"。惠畅热爱文学事业，高考落榜后就坚定了扎根农村体验生活为文学

---

① 《陈忠实文集》贰，广州出版社 2004 年版，第 101 页。

献身的人生道路，正当他发表了几个短篇的时候，"四清"运动来了：父亲被划为地主，他的书被烧毁，稿费作为非法收入退赔……惠畅被打倒了，成为一个乡村木匠为生计四处奔波，当文学的春天到来时，平反了的惠畅在艺术上怎么也赶不上时代的步伐，他的小说哪怕是照顾发表的水平都不够，惠畅苦闷极了，"我"也为他焦急。惠畅终于成为中国农村最早富裕起来的人，他盖起二层小楼，为自己准备了宽敞明亮的书房"潜心读书，立志创造"，一个文学青年的文学生命"夭折"了，但他对文学的信念却是神圣不可侵犯的。作者通过极左思潮对一个文学青年理想和人性的践踏声讨了那个时代的罪恶，抒发了自己内心的愤懑，表达了他对一个文学殉道者的敬意。熊召政在《张居正》获得茅盾文学奖之后，在媒体上谈及自己如何下海经商赚得第一桶金，衣食无忧地潜心创作取得成功的感人事迹。对照惠畅的经历，我们为时代文化价值的多元和文学生态环境的不断改善而庆幸。这个中篇写得感情饱满，真切感人，表达了作者的历史心境和文化反思。

陈忠实是一个具有英雄情结的人，塑造了一批农村领头人的形象，他特别强调好的领头人对农村工作和乡村民风的影响，他说"政策决定着农民碗里的稀稠"，但领头人对政策精神的领会、执行的力度和方式直接关系到农民的切身利益，一个好干部能带动一方百姓走上安定团结、勤劳致富的正确轨道。《南北寨》中，南寨大队支书常克俭消极应对公社的开会唱戏等"反击右倾翻案风"工作，带领农民踏实种地，深受群众拥戴；《反省篇》中黄建国由于对党的包产到户政策不理解而消极怠工，而河西公社书记梁志华也在"大跃进"和"文化大革命"期间干了许多蠢事、瞎活儿，在挨了群众最惨的批评后汲取教训，大胆推行新政策，带领群众走上了富裕之路，成为全县贯彻新政策的典型。黄建国觉得梁志华"随风倒"，转得太快，反感、鄙夷他的行为。当他看到群众对梁志华的信赖和爱戴时陷入了深思，在两人的思想交流与碰撞中，黄建国认识到这个"干瞎活干得厉害，之后挨挫也挨得更惨的"梁胆大对错误认识与反思的深刻程度远胜于自己，梁胆大严峻的自我审判和勇于改正错误的精神是他带领群众摆脱贫穷面貌的动力源泉，黄建国认识到自己的自私狭隘和对人民的不负责任，决心留在河东公社带领群众脱贫致富。

在农村，基层干部既要有政策素质、管理才能，又要担当起道德楷模和精神支柱的角色，陈忠实在塑造这类人物时非常谨慎。其他如《石头记》里的刘广生、《第一刀》里的冯豹子、《正气篇》和《征服》里的南恒、《绿地》里的侯志峰、《初夏》里的马驹等都是农村的领头人，他们或有胆有识、敢想敢干，或正直宽厚，具有高尚的政治素质、道德情操或管理才能，他们是新时期初期党的农村政策的践行者和推广者，作者对他们在农村社会稳定和经济发展中所起的作用给予了充分的肯定。1981 年，陈忠实创作了报告文学《崛起》，记述陕西省礼泉县烟霞人民公社袁家大队的领头人"郭裕录"十年奋斗，带领乡亲们把袁家村建设成了社会主义的乐园。郭裕录"临危受命"，他有坚持原则、不徇私情的好作风，他踏实肯干、任人唯贤，既是实干家，又是鼓动家，有廉洁奉公的克己精神和模范行为，在工作中他避免个人专断，充分体现集体领导。郭裕录的事迹在陈忠实的短篇小说中被不断演绎，他的性格及行为在他小说中好几位农村基层干部身上都有所表现，比如豹子（《第一刀》）、南恒（《正气篇》、《征服》）、泰来（《乡村》）等，他们的很多事迹都能在《崛起》中寻到踪迹，在这些作品中，作者表达了这样的意念和观点：一个好的领头人可以改变一方土地农民的命运，这个观点与鲁迅的思想启蒙观点相类似，或者说它延续了五四新文学思想文化启蒙的传统，只不过长期农村生活的经验使他清醒地意识到启蒙的承担者不是外来文化或文明的代表，而是接受了新思想新文化的富有责任感的新农民，换句话说就是立志奉献新农村的回乡知青。但作者也清楚地知道这样的人太少，从"文化大革命"后期开始，他就一直在思考农民的命运和农村未来的发展，他把农村的未来和农民的生存与发展的希望寄托在受到良好教育的回乡知青身上，期冀着他们能成为乡土中国发展的核心力量，面对新时期大批农村青年削尖脑袋往城里钻的社会现实，他理解之余也有深深的忧虑，城乡差别可能会越来越大，农村未来的命运堪忧。当时他或许预测不到 21 世纪中国农村出现的土地荒芜、村庄凋敝、万户空巢、老弱妇孺留守等现象，但他对当时农村出现的一些问题已有所察觉，他深深的隐忧及对农村建设者由衷的赞美和歌颂，今天看来，还是有现实意义的和历史必要的。如今，"大学生村官"的出现也是国家针对农村知识结构水平低下、大学生就业难等现实问题大力倡导的，但是，有多少"大学生村官"是立志扎根乡村，像马驹一样用自己的青春和知识建设新农村的呢？他们能否迅速适应农村基层工作等问题，又成为农村亟待解决的现实问题。

　　陈忠实对农民的态度决定了他小说的创作态度和创作视角，王仲生说他的创作是"从与农民共反思到与民族共反思"是有道理的，他在农村生活工作了 40 年，熟悉农村和农民，他写农民或许比写自己的还要容易。"文化大革命"后期的《公社书记》今天看来依然具有现实意义，因为他写出了那个时代农村基层干部的真实生存状态和复杂的心态，写出了广大农民对农村基层干部的期待，值得今天的乡镇干部认真阅读。

　　谈到农村题材小说的创作，论者大多强调陈忠实的农民身份，即农村基层干部的身份，而忽略或有意忽略他的知识分子身份，作为村里第一个高中毕业的回乡知青，他是农村新的"文化人"，而且以业余作者身份接待过日本文化访华团（1974 年）。他不仅能够与农民同呼吸共命运，还具有知识分子的社会责任感、普世情怀和自我反思能力。农村联产承包责任制在关中农村推行后，他有过牛一样拉犁耕种以养活妻儿的深切体验，所以他能体会到农民在土地上刨食的艰难和丰收的喜悦；作为一个人文知识分子，透过劳作与丰收，他反思了新中国成立以来国家的农村政策及其给农民带来的生活和心理上的巨变，并将切身感受和反思进行艺术再现，以表达自己对农村田园风情的依恋、对劳动艰辛的体悟和对现代工业文明的热爱等。因此，要正确评价他农村题材的小说，尤其要注意他的叙事立场，他的叙事不像 20 世纪 90 年代中后期出现的打工文学作家和打工诗人那样，直接抒写自己的生存困境和内心伤痛，他是站在知识分子立场上对自己的农村生活经验进行反思和书写的，他尤其关注农村知识分子的生存经验和情感困惑，如民办教师、大队会计、公社干部、回乡知青等。

　　农村基层干部和人文知识分子的双重身份决定了他小说的叙事立场，1982 年前，他生活在农村，在小说叙事中，他是"在场"的，有时他就是小说故事的亲历者、当事人或者就是小说情节的推进者，他更多是从农村基层干部的视角去切入生活，展开叙事的；1982 年后，他家迁到城里，即便住在白鹿原的祖屋里，其角色定位和文化心理都不可避免地转化为知识分子立场，专业作家的身份强化了他的知识分子立场，他观察社会人生和历史文化的角度发生了变化，开始站在更高的文化视野上审视自己的农村生活经验，他的小说开始进入历史文化的大语境之中。黄秋耘先生在谈到赵树理、孙犁和柳青这三位擅长写农民的作家时指出他们对农民的态度与他们小说的风格密切相关。他认为，赵树理把农民当作知心朋友，用小说同他们交流，作倾心之谈；孙犁把农民视为衣食父母，在自己的作品里诚挚地怀念他们，一往情深地讴歌他们；柳青则既像干部，又像教师，毫不谦让地在他的书中给农民以指点和教导。这一比较与三位作家的创作实际十分贴近。陈忠实对农民的态度，与上述三位大家有所不同，他更像一位邻家的后生或兄弟，可以一起喝酒下棋唠嗑，婚丧嫁娶时互相帮忙的亲戚邻里。

王汶石曾指出陈忠实的短篇小说，包括《信任》在内都有剪裁干净的特点，"这是长处，也是短处。剪裁得过分干净，有时就会给人一种刮得太光太薄的感觉。《初夏》则颇不相同，生活的诗情画意之味，浓郁得多了，读起来令人常常沉醉。"① 剪裁是小说结构的事，但与作家的叙事立场也有着直接而密切的关联。他不是剪裁的干净，而是他只看到了那些。类似于"久入芝兰之室而不闻其嗅"，因为亲近而忽略了农村生活中阴暗的或不光彩的那一面，或者是他已经察觉到农村文化中根深蒂固的某些弊病及人的劣根性，却尚未探寻到一个挖掘其根源、揭露其本质的切入点或叙事角度。《康家小院》之后，作者的叙事立场发生了较大的转变，他开始更多地从跳出农门的文人作家的视角观察农村生活，农村生活的诗情画意、田园景致、风土人情才进入到他的审美视界。也就是说跟农村有了"距离"之后，农村生活对他才产生了"陌生化"的效果，农村的"美"才得以凸显。


刚健硬朗是陈忠实早期小说的风格，这种风格的形成与作家的个人经历和性格有直接的关联，他是一个刚毅执拗、吃苦耐劳的人，他说，足球比赛"那种激烈的竞争、对抗，常常使我的神经处于一种亢奋的状态。"这种刚硬的性格气质投射到创作中就使他的作品总是有一种正面的精神力量。他说："我喜欢一种刚健而富于弹性的生动活泼的语言。一种对活泼的生活语言经过提炼的优美朴实的文学语言，成为我追求的目标。"② 他总是尽己所能努力采撷和运用农民的话语方式、农民的习惯用语，搜寻那

① 《陈忠实文集》贰，广州出版社 2004 年版，第 490 页。
② 同上书，第 483 页。

些清新明快、简洁洗练、粗犷爽朗、干净素朴、流畅自如的语言，使小说的艺术表现和思想内容互相映衬、相得益彰。

他善于捕捉生活中新颖独特的瞬间和画面，将其编织融入情节和人物的网络中，提炼锻造成富有个性化的生活细节。他熟悉农村人民公社时的劳动场景和生产程序。下面这段话是关于蔬菜苗圃的描写：

> 紧张而又细致的"倒圃"工作开始了，要一苗一苗把那些在温室里培育的既娇又纤的宝贝挖出来，再按不同的稀稠，移到只有玻璃和苫子而没有人工加温设备的冷床里去锻炼。[①]

没有在苗圃工作过的人很难如此细致地描绘出育苗工序，这段细节描写让我们认识到育苗工作的复杂繁琐细致，以及关中农村育苗技术和工序所达到的专业水平，展现出一幅关中农村集体经济下蔬菜生产的独特形态和生产场景。用生动的细节和白描式的语言表现人物性格是他小说的一大特色，短篇小说《石头记》中写到利用拉砂石的副业合同大揩农民油水的程科长，河湾西村队长刘广生和志科找到红星机械厂基建科。

> 刚一进门，志科把广生介绍给程科长。程科长眉毛轻轻一弹，勉强地伸出手来，用几个指头捏了捏广生粗硬的手掌，算是礼节完毕。广生这才初识这张扁平的白脸，冷得能凝固洋蜡。[②]

程科长对农民刘广生不屑一顾、冷漠自大的态度、傲慢烦躁的情绪惟妙惟肖地展现在读者面前。面对刘广生义正词严的斥责和诘问，程科长"那张扁平脸皮固然厚，终究招架不住广生结实辛辣的话语的进攻，开始变得臊红了，血涌在细嫩的脖颈上，鼻梁上沁出细密的油汗"[③]。这里，作者对人物外在形象的描写就将人物的身份、地位、性格等略带夸张讽刺地表现出来，从"冷得能凝固洋蜡"到"沁出细密的油汗"，程科长恼羞成怒

---

① 《陈忠实文集》壹，广州出版社2004年版，第59页。
② 同上书，第139页。
③ 同上书，第140页。

的嘴脸被刻画得淋漓尽致。"油汗"一词用得尤为准确生动,整日价啃包谷窝头的农民兄弟可能会"挥汗如雨",但却不会出"油汗",只有那些经常贪食油腻的人,鼻梁上才会渗出油汗。在我们的阅读经验中,"细密"的汗水通常出现娇嫩细腻的女性脸孔上,形容女子的娇羞柔嫩可爱。出现在贪婪无耻的男性脸上,反讽的意味就出现了,可见作者观察生活眼力的老辣,遣词造句的准确,以及在平淡中见新奇的艺术匠心。

喝玉米糁是关中农村常见的景象,作者在《第一刀》里写冯豹子和他父亲——大队支书面对面地端着两只大老碗喝黄玉米糁子,"两股像扯布一样的喝玉米糁糁的声音,在方桌的这边和那边,此起彼伏,交替进行。"让人如临其境,思绪万千。冯家父子一个支书,一个队长,又是两个好劳力,竟把玉米糁子喝得如此津津有味,其他村民的吃食可能更糟,农村改革的必要性和紧迫性凸显出来。农村生活穷困的表达方式很多,冯家方桌的两边响起的那扯布似的声音,震撼着读者的耳鼓和心灵,这种常见的农村生活场景所蕴含的意蕴深邃、凝重、发人深省。《猪的喜剧》中,这一细节还有创造性的使用,来福老汉在"穷光景实在难过"的境遇下,养了一头母猪,寄希望于它能换来些盐醋炭钱,于是"一天三顿饭,来福都是蹲在圈口的半截碌碡上吃的。猪在圈里吃食,他在圈口装着吃饭;当饭碗里的玉米糁的温度凉到可以伸进指头的时候,他就一揭碗底倒给亲爱的畜牲了。"① 这一细节对照冯家父子的细节描写,来福老汉的举动就有了一种悲壮感,这碗玉米糁激发起读者对老汉的深切同情,触发了读者对逼着老汉把猪娃7毛钱1斤分配出去的极左政策和做法的强烈愤慨和对村民们主动将猪娃的市价补齐送还老汉的行为的认同和赞许。用外在行为刻画人物的内心世界,把人物隐秘的内心活动幻化为随处可见、具体可感的生活细节,更能引起读者的情感共鸣。《猪的喜剧》实在是莫大的悲剧,因为来福老汉的遭遇恐怕没人笑得出来,极左思潮带给农民的戕害不仅是生存层面的,还是精神层面的。来福老汉再也不敢把猪娃担到市场上买了,他更不敢把猪娃担到公社韩主任的办公室,他已经彻底被驯化了。来福老汉的悲剧或许不会重演,但这种被吓怕的老汉还能恢复人的尊严吗?

① 《陈忠实文集》壹,广州出版社 2004 年版,第 107 页。

这一时期，陈忠实的作品比较受农村中知识青年的喜爱和欢迎。有人说他的小说像陕西的"羊肉泡馍"，过于"土气"，对他的创作路子提出质疑。胡采则说："不喜欢吃'羊肉泡馍'的人，尽可以选择别的。"①可见，陈忠实已形成了自己的艺术风格和创作个性，尽管他的小说还存在着这样那样的缺憾，他正在逐渐摆脱他的文学导师柳青的影响，成为他自己。他的创作从一开始就不是很讨巧，作品也不是"大众情人"，可归类于"小众文学"，他始终有着比较固定的读者群或"追随者"。这是他的性格和创作风格共同决定的，他不媚俗，有点犟，表现在创作上，就是按自己的方式写，为自己心中的读者写，不肯为某种因素而改变自己的艺术追求，这是他在新时期文学思潮更迭中总是站不到潮头的根本原因。

## 第四节　民族文化心理的探寻

1986 年，《蓝袍先生》②的发表是陈忠实创作转折的一个标志。是作者对传统文化自觉的反思，旨在剖析和揭露传统文化对人性的压抑和扭曲，是《康家小院》和《梆子老太》文化探索和艺术创新的延续，评论界以此作为其创作转折点。小说的文本明显受到寻根文学的影响，意在寻找民族文化之根，也是作者走向文坛前沿的探索与尝试。他将寻根的笔触伸向了传统文化的纵深处——儒家文化，与他对极左思潮的反思紧密结合。

创作《康家小院》时，他说小说是"对于生活的描绘，对于生活中蕴藏的诗意的描写，对于一个特定地区的民族习俗中所隐含的民族心理意识的揭示"③。文化探索的旨趣十分明确。《蓝袍先生》写了"蓝袍先生"徐慎行的一生。他出生在一个以"耕读传家"为祖训的家庭，为将他培养成合格的私塾先生，不惜扼杀他纯真无邪的稚气与天性；为避免他贪恋美色耽误了读书教学和人格修养，特意给他娶了位丑妻；他第一次对异性

---

① 胡采：《谈谈陈忠实的创作》，《文艺报》1981 年第 3 期。
② 创作于 1985 年 11 月，发表于《文学界》1986 年第 2 期
③ 《陈忠实文集》第三卷，太白文艺出版社 1996 年版，第 521 页。

产生好奇与好感，父亲就敏锐地觉察并将他可能产生的朦胧爱情扼杀在了萌芽状态。他在父亲的监督和"斧正"下成长，父亲的威压使他逐渐适应并认同了"给定"的命运，接受了那种压抑个性发展的精神模式。父亲的形象就是他人生的楷模，父亲总是"一副冷峻威严的神气"，"在学堂里，他不苟言笑，在四方抽屉桌前，正襟危坐，腰部挺直，从早到晚，也不见疲倦，咳嗽一声，足以使那些调皮捣蛋的学生吓一大跳。来去学堂的路上，走过半截村巷，抬头挺胸，目不斜视，从不主动与任何人打招呼，别人和他搭话，他只点一下头，脚不停步，就走过去了"，他一进院门，屋里院里"顿然变得鸦雀无声"。徐慎行接过了父亲交给他的富有象征意味的蓝袍，从此带上了一副"假面"，被蓝袍束缚和压抑着青年人的自然本性。

新制度与新文化给予他的冲击和痛苦丝毫不亚于当年蓝袍给予他的。在山门镇师范学校速成班里，他的蓝袍不再令人敬畏，反倒成为他落后思想文化习惯和言行的象征，被同学讥讽、贱视。蓝袍改成列宁装意味着他的自由灵性被新文化激活了，焕发出勃勃生机，他觉得自己"解放"了。他心悦诚服地向新文化和新规范缴械投降，他敢于在街上和女同学一起走路嬉笑唱歌了，他觉得自己从封建的神坛上走下人间"还俗"了，他感到从未有过的舒畅和欢愉。寒假，他和同学们在乡下的薛家村演出《白毛女》，度过了他60年里最幸福的20天，这个有几年婚龄的人，爱情苏醒了，他品尝到了自由恋爱的甜美。然而，旧的文化观念不会随新制度的确立而消亡，它依然显示出顽强的生命力，田芳的父亲已让他领教到传统文化的根深蒂固，父亲对他离婚诉状的以死抗争让他意识到斗争的艰难，父亲的权威与顽固再次将他拽回到"慎独"的人生状态中。随后的"反右"则使他遭遇了来自新文化、新秩序、新制度的猛烈打击和痛苦煎熬，客观地说，"反右"也是新文化的特殊表现形式。就因为"鸣放"是说了一句校长"好大喜功"就被打成右派，付出了20多年生命的代价，他一次又一次地以苦役来麻痹自己，向党表忠心，用自我作践的形式深刻批判自己，却始终无法得到广大人民群众的谅解。大家争先恐后、一个比一个激烈地发言，"没有一个人提及我做了许多不属于我做的事，没有一个人说我表现过哪怕是一分的改造的诚意，而是对我说过的那句反党言论——好大喜功的话，重新进行批判，甚至比'鸣放'会上定我'中右'

时的气氛还要严厉，火力还要猛烈。"① 自杀未遂后的徐慎行被父亲的两个耳光抽回了"慎独"的处世哲学，这一次他自觉地钻进了套子里。徐慎行的一生就是从一个套子走出来再钻进另一个套子，徐杨村的学堂—山门镇师范学校—牛王砭小学的小房子，经过新旧文化的冲击所带来的灵魂裂变，留在他灵魂深处的"创伤性体验"使他再也没能走出心灵的"套子"，尽管徐慎行的套子与契诃夫《装在套子里的人》中主人公的套子形式不同，但作用和给主体带来的精神创伤却惊人的相似，徐慎行终于回归到传统文化的桎梏中，形成了心灵蜷曲的状态，退休在家，他的心"似乎还在那个小库房里蜷曲着，无法舒展了。田芳能够把我的蓝袍揭掉，现在却无法把我蜷曲的脊背捋抚舒展……"② 他的生活也融不进另一个鲜活的生命了，最终放弃了再婚的念头。这个对新社会、新文化、新生活热切渴望着的青年在以父亲为代表和象征的儒家传统文化和新社会极左思潮新型暴力的合谋下，成为一个心灵萎缩的失败者。作品的深刻性就体现在蓝袍先生悲剧命运的历史性，作者不仅写出了儒家传统文化在西方现代文化冲击下那种巨大的惯性和强悍的自我修复能力，而且敏锐地觉察并揭示出新文化的某些因素对他人性的绞杀，二者具有同样的毁灭性和破坏力。

这是《白鹿原》创作思想的一次艺术演练。他在许多作品中揭露过"左"倾思潮的危害，但都没有《蓝袍先生》发人深省，令人震撼。《蓝袍先生》将"左"的政治势力与封建专制文化对普通群众的损害，交织起来进行描绘和揭示。峻里认为：

> 在陈忠实的观念里，在那个历史阶段，所谓的"继续革命"和所谓的"专政理论"等等，应当也还是封建主义文化的变种，不过是在所谓马克思主义与社会主义的旗号之下，充塞一些封建主义糟粕而已。仅以《蓝》文中的"反右"为例。徐慎行积极响应上级号召，谨慎地"鸣放"。他对于本校校长、自己的同学，曾经也追求过女同学田芳但追求失败的刘建国同志的工作，提出了几条建议性的意见。这几条意见后来竟然成为他被打成"右派"的全部缘由。在这里，

---

① 《陈忠实文集》叁，广州出版社 2004 年版，第 140 页。
② 同上书，第 171 页。

不言而喻，作为校长的刘建国同志，便是代表了组织、代表了党，你怎么能反对党呢？党在这里实际上已经成为某一位领导人物的个人权威。对这个人有意见就是反对党，就是对社会主义心怀不满，势必遭到某种严重惩戒。这不是我们数千年遗留下来的封建主义糟粕还会是什么呢？陈忠实在小说中所描述的这种历史事实，具有十分典型的社会现实意义。①

这一形象的塑造表明陈忠实的创作在人的本体生命和文化心理领域的开掘进入了自觉和自由的状态，在《康家小院》中作者的主观意念还不时流露出来，让读者看到更多属于作者的理念性的东西，比如小说结尾吴玉贤搀扶着喝得酩酊大醉的丈夫"走上了官路"。回归，或许是自主意识刚刚萌芽就被习惯势力和严酷现实所扼杀的吴玉贤能选择的"唯一的出路"，也是深入思考女性命运的作者能为她指出的"唯一的出路"，但"她"转变的痛苦过程却被忽略了。吴玉贤是被塑造，蓝袍先生是自我塑造。巴赫金说"作者的观点、思想，在作品中不应该承担全面阐发所描绘世界的功能，它应该化为一个人的形象进入作品，作为众多其它意向中的一个意向，众多他人议论中的一种议论。"② 陈忠实做得比较好。或许，在父亲看来，蓝袍先生所有的不幸就在于他背弃了父亲所代表的封建伦理意志和慎独的处世哲学；在田芳看来，他缺少那种义无反顾地冲决传统羁绊的勇气和力量；在刘建国看来，他就是一个十足的封建余孽和政治玩物。作者把他放在人物关系中透过他者的眼光塑造他，让他自己表现和倾诉，使人物的悲剧感更加强烈。

在文化寻根的浪潮中，陈忠实发现徐慎行的人生信条、道德意识与他生存的那块土地密不可分，千百年来封建文化与封建道德维系绵延这片土地的生态伦理系统，早已内化为生民们的"集体无意识"，从现实生存到精神理念严格地控制着人们的日常言行，从父亲到田芳的父亲田茂荣，并通过父亲传授、监控、驾驭着蓝袍先生。田芳的父亲是个一字不识的粗笨

① 峻里：《试论〈蓝袍先生〉创作思想在陈忠实创作中的地位》，《西安教育学院学报》2000年第4期

② 《巴赫金全集》第5卷，白春仁、顾亚铃译，河北教育出版社1998年版，第130页。

庄稼汉，"谈起话来，却要讲信义，夹杂些半通不通的古文词"，他坚持自己的"礼性"：不许女儿退婚是因为礼义，给财主退回土改分的桌椅是他"不能白受不义之财"。作者感慨地说：

> 眼前是渭河平原的壮丽的原野，坦坦荡荡，一望无际，一座座古代帝王、谋士、武将的大大小小的墓冢，散布在田地里，蒙着一层雪。他们长眠在地下宫殿里，少说也有千余年了，而他们创造的封建礼教却与他们宫廷里的污物一起排到宫墙外边来，渗进田地，渗进他的臣民的血液，一代一代传留下来，就造成了如我的父亲和田芳的父亲这样的礼仪之民吗？①

像蓝袍先生这样先天就受到封建礼教的严格教化，文化心理结构已经在压抑中被扭曲了，他的解放根本无法彻底，"反右"运动中又严重受挫造成后天失调，他心灵的封闭扭曲完全就形成并固定下来。畸形病态的文化人格仅靠外在形势的变化与影响是很难改变的，这是作者文化反思的结果。

凝望着眼前的渭河平原，陈忠实陷入沉思

———————————
① 《陈忠实文集》叁，广州出版社 2004 年版，第 117 页。

　　"慎独"是儒家的重要概念，《辞源》解释为："在独处时能谨慎不苟。"《中庸》首章云："天命之谓性，率性之谓道，修道之谓教。道也者，不可须臾离也，可离非道也。是故君子戒慎乎其所不睹，恐惧乎其所不闻。莫见乎隐，莫显乎微。故君子慎其独也。"也就是说君子要用自我道德修养的方法对不正当的行为意念加以节制。《大学》云："所谓诚其意者：毋自欺也，如恶恶臭，如好好色，此之谓自谦，故君子必慎其独也！小人闲居为不善，无所不至，见君子而后厌然，掩其不善，而著其善。人之视己，如见其肺肝然，则何益矣。此谓诚于中，形于外，故君子必慎其独也。"简言之，"慎独"就是指在独居时谨慎其所为，即不仅在独处时要坚持做好事，不做坏事，而且能将思想信念和言行举止浑然一体。经过历代经学家的解读与阐释，慎独成为儒家的道德观念和自我修养方法之一，而且是一种很高的境界。刘少奇在《论共产党员的修养》中也提到"慎独"对共产党员道德修养的重要性。

　　离家的前一天晚上，父亲送"慎独"条幅给徐慎行，要求他"用自我道德修养方法对不正当的行为意念加以节制"。这种阐释也是当今社会普遍认可的解释。他谨遵教诲，却被同学嘲讽为"孔家店的遗少"。新生活的浪潮冲垮了他的"防护堤"，他从封建桎梏下脱胎成为一个新人。在鸣放中被打成右派自杀未遂后，父亲以胜利者的姿态问他"慎独"嘱言何在，他以党要求每个党员要开展积极的思想斗争为政治武器论争，但结论却证明了父亲的正确，经历了丑妻淑娥的离婚风波后，他在家里的先生地位彻底颠覆，成为奴隶。"慎独"成为他的座右铭，他慎言慎行，卑微地活着，改造着，彻底将自己密封起来。在现实生活中，他再也走不出那个小库房，在精神世界里，他再也走不出心魔了。有论者认为"慎独"就像魔咒禁锢了徐慎行的灵魂，他多舛的人生境遇就是以"慎独"为代表的儒家道德伦理精神作用下的结果。其实不然，"慎独"在压抑禁锢徐慎行人性的同时，也给他形成了自我保护的铠甲，父亲一生"慎独"，遇事波澜不惊，处之泰然；徐慎行在张扬个性的同时，也因口舌之祸酿成终身悲剧。试想，若徐慎行能始终遵循父亲教诲，他的人生很可能平淡无趣，却不会遭受诸多磨难。若是"慎独"能成为人们普遍的道德修养方法，徐慎行的悲剧就有可能避免。倘使党内某些领导者能按照共产党员的修养严格要求自己，做到"慎独"，凡事多想想，想好了再说，想好了再做话，中国还会有反右扩大化和"文化大革命"的灾难吗？至少刘建国那样的人就不会那么春风得意。如果每一个"文化大革命"参与者都能做到"慎独"的话，就很难发动那样大规模的、频繁的运动。20 世纪80 年代，市场经济体制尚未完全确立，"浮躁"成为时代的主题词，社会上出现了许多新现象、新问题，作者觉察到"慎独"对当代人精神人格形成的重要性，而人们刚从"左"倾思潮毒害的阴影中走出来，"慎独"是儒家的道德伦理，是五四新文化运动以来一直被批判的腐朽文化的东西，二者都曾给国人带来深重的心理阴影和文化灾难，又都有其合理性，作者的困惑和迷茫也折射在文本叙事中，他躲在人物背后，让他们按照各自的性格逻辑行动，父亲的顽强自信，蓝袍先生的窘迫猥琐封闭，刘建国的小人嘴脸，田芳的单纯勇敢式，田芳父亲的落后迂腐等。这类文本广受好评，增强了陈忠实艺术创新的信心。他文化反思的结果催生了徐慎行这个文化怪胎，他是儒家文化和"左"倾思潮合谋的结果。这种文化思索的另一个维度催生了白孝文——革命投机者，他将儒家的实用工具理性与现代西方的工具理性有机结合，竟然轻易地窃取了新政权的革命果实。

"慎独"作为一种自我道德修养的方法和境界，本无可厚非。关键在于如何阐释和践行。在个人生活上，陈忠实算得上是"慎独"处世哲学的忠实践行者，他始终以传统儒家文化中君子的标准严格要求自己，生活中极其自律严谨，尤其是生活小节上更是如此。在他身上既有共产党员对党的忠诚，也深受儒家道德伦理规范的影响和制约。陈忠实可以看做徐慎行的反面，徐慎行是"慎独"不彻底，党性原则也没能坚持到底，陈忠实将二者较好地结合起来，使之成为他伦理修养的根基。《白鹿原》中，朱先生给触犯族规的白孝文也赠送过"慎独"，指导其人生之路。

《蓝袍先生》旨在探寻传统儒家文化中的"慎独"与新思想、新文化、新伦理和谐相处、有机融合的途径和方法。比如婚姻观念，符合人性的自由恋爱如何抗衡传统的包办婚姻、买卖婚姻等，田芳彻底背弃了封建婚姻，却没能得到真正的自主婚姻；徐慎行则是彻底的失败者，不仅没能实现婚姻自由，还丧失了封建婚姻平淡、宁静与起码的尊重。在当今社会，依然有人将"慎独"作为个人修养的最高境界。法律和社会规范是他律，"慎独"是自律。如果人人都能自律或"慎独"，酒驾、酗酒抽烟、闯红灯、横跨栏杆、随地吐痰等被人诟病的劣习就有可能根除。

陈忠实注重生活的观察与体验，体验越深的生活越能激发他的创作激情，他似乎不擅长虚构，他的小说总是写得太实，跟路遥一样，他若写灞河边有棵高大的柳树，读者按图索骥一定能找得到，他写关中农村有个老头，比如田芳的父亲，不识字却满口"礼性"，你不用踏破铁鞋就能轻松找到。这是他早期创作的特点，到《白鹿原》的创作时才打破了这个模式，小说中有原型的人物都不如虚构的人物丰满、有光彩，朱先生的原型是关中大儒牛兆濂，人物的许多事迹都有据可靠，而朱先生却被指有"概念化"嫌疑。陈忠实对生活进行艺术加工的能力曾经受到质疑，"质实"一向不是中国古典美学所崇尚的。新时期以来，西方的文化文学思潮纷至沓来，他"质实"的文风是很多写作者和批评者不屑一顾的。包括路遥，他的《平凡的世界》第一部就曾遭遇退稿。陈忠实对此也有过困惑、迷茫，试图突破。《四妹子》是他对"生活"进行艺术加工比较成功的艺术实践。《蓝袍先生》纵向解读了不同文化对同一个体命运遭际的影响，《四妹子》横向对比并揭示了区域文化心理结构对同一生命个体命运遭际的影响，以及由此引发的关于生活与亲情的冲突。

小说《四妹子》写的是陕北姑娘四妹子为了摆脱饥饿，不惜辞别父母到关中投奔姑姑，希望通过婚姻改变命运，过上能吃白馍的日子。她的婚姻是新旧婚姻制度妥协下的产物，她是幸运的，遇到了一个还算如意的丈夫，有过一段幸福甜蜜的夫妻生活。很快她发现公公的家长统治如阴云密布般笼罩在她的心头，使她备感压抑和烦恼。传统的宗法制大家庭的家长是公公，经济上的拮据使她在家里地位低下，姑姑在婆家受到冷遇，她觉得委屈不公，孤苦无助；她率真的性格与自由的天性被公公和家人视为"没家教"，她的尊严和人格受到质疑和挑战。她的"不自在"是关中文化与陕北文化的冲突造成的。关中文化来说，陕北文化是"异质文化"。由于生存环境严峻，远离政治文化核心，陕北文化尚未被正统儒家文化完全浸染，还保存了一些游牧文化自由浪漫、野蛮剽悍的成分，陕北人淳朴善良，正直豪爽，内心温和而浪漫，在干涸枯燥的黄土高原上奔波劳作，吃着糠饼子，吼一嗓子高亢的信天游，哼一哼忧伤哀怨的小曲，就觉得身心舒畅。面对粗粝的黄土和苦难的人生，他们坚韧、乐观、豁达。自由浪漫奔放是它与关中文化的根本差别，关中文化受正统儒家文化和皇城文化的长期浸润形成了耿直、倔强、凝重的性格特征及浓厚的家族意识与皇权意识。四妹子不明白"哼哼小曲儿会不合家法，甚至连说话走路都成了问题，是关中地方风俗不一样呢？还是老公公的家教太严厉了"。她无法忍受这样的日子："不准唱歌，不准嬉笑，不许在村里和人说话，也不许在自家屋里串大嫂和二嫂的门子。"① 公公引以为傲的是自己的家教保护了上中农的吕家在历次运动中平安度过，而且日子过得很富足。他与蓝袍先生的父亲的治家方略基本一致，而且更加严厉——徐家对"耕"者的束缚比对"读"者要宽松一些。公公对四妹子的不满和指责也并非完全出于因文化差异而引起的个人偏见，还有极"左"思潮对人性的挤压所造成的恐惧和谨小慎微。公公对四妹子的勤苦、节俭很满意，对她不会做针线、不会擀面等缺憾也能谅解，就是担心她不懂关中乡村严格的礼行招致村人的非议，给大家庭带来灾祸。

　　小说通过对女性命运的关注，批判了关中传统文化中压抑人性的一面。四妹子是敢于反抗公公家长权威的第一人，分家后，小夫妻获得了心灵自由，欣喜若狂地为新生活谋划。四妹子在姑姑指点下从偏僻山区收购鸡蛋卖到厂矿赚取差价，手头有了零花钱，被发现后没收鸡蛋、开批斗会，她也毫不在意。与饥饿相比，这些都算不得什么。改革开放后，聪明、勤苦、刚强、有主见和开拓精神的四妹子搞运输、办鸡场、承包果园，虽受尽磨难却从不退缩。四妹子终于以自己辛勤的劳动和汗水，成为县上第一个养鸡专业户，不仅改变了自己的经济状况，也改变了公公对她的看法，公公对她从鄙夷到刮目相看，再到暗暗佩服和真心爱护，这种思想意识和心态上的转变是对四妹子成功的最大认可。她的失败不是因为经营不善，而是因为兄嫂的妒忌和算计。

　　故事发生的背景是"文化大革命"后期到改革初期，改革和党的富民政策给这个被饿怕了的陕北女子带来了机遇，为她改变命运提供了良好的经济环境。作者的叙事视角却超越了政治话语，他从文化角度切入，探究改革开放给不同文化背景的人们带来的文化心理和行为方式的变化，进而把握人物的个性特征和命运走向。改革开放带来经济上的解放，但人的

---

① 《陈忠实文集》叁，广州出版社 2004 年版，第 217 页。

解放并不只是经济上的解放。四妹子嫁到关中如愿以偿地吃上了白面馍馍，为了这个卑微的愿望，她就得牺牲爱情、婚姻、家庭上的追求，就得放弃做人的起码权利和尊严。小说中前后 6 次写到四妹子"想起妈妈给她掏屎的痛苦情景"，坐在长途汽车上，看对象时，婚礼上，人生经历每一次挫折和磨难时，那痛苦的情景都会闪现在她的脑海，告诫她忍受为吃白面馍馍而受到的委屈和不公，激励她为改变贫穷面貌而奋斗。她挣钱就是为了不在别人面前低三下四，为了活得有尊严。对她来说，"只要不抓进监牢，批判一下算什么大事哩！脸皮算什么？"① 四妹子没有学过马斯洛的需要层次理论，也不懂什么"仓廪实而知礼节"的儒家经典，但她知道有钱就不用吃糠饼子，与饥饿相比，脸皮又算得了什么呢？儒家说：君子不食嗟来之食，四妹子没有接受过儒家正统文化的浸润，但她有朴素的道德情感和做人的基本准则，即她的"食"是劳动所得。不能忽略的是四妹子能吃苦、有眼光、有魄力、有连丈夫都自愧不如的开拓精神，她说她就是长在路中间的车前草，"任车碾马踏人踩，匍匐在地上，继续着自己顽强的生命"。她的生命是微贱的、顽强而又坚韧的，她是大地的精灵，她勇往直前的力量源自于对饥饿和"掏屎"痛苦的恐惧，也源自于陕北自由强悍的文化精神的熏陶和孕育。就像公公看不惯不懂礼行的四妹子一样，四妹子也不明白昌家堡的人为什么都那么胆小，各个循规蹈矩、安分守己，极少有人敢冒犯干部，公公一家胆小怕事、谨小慎微是因为上中农的成分压在头上，其他村民最怕的是被推到戏楼上批判，认为这是最伤脸皮的事。在陕北，若是遇到村上有人学大寨不出工，干部们早就动用绳索和棍子了。这种文化差异使四妹子无法预见兄嫂对她财富的妒忌、觊觎和算计，她的养鸡场在家族利益的争斗中破产了。但失败没能打倒她，家族恩怨也没能成为她开拓进取的羁绊，她成长为一个具有强烈主体意识的时代新女性，也在共同的生活和磨难中赢得了丈夫的尊重和爱情。四妹子的形象是丰满的，她爱憎分明，有过日子的小心计，又不睚眦必报。批斗过她的干部的家属找她借钱，她大方爽快地把钱塞到对方手里，却暗暗怀着报复的恶毒心理；县上记者采访，她把公公推到前面以报复公公的家长作风和他对姑姑的不礼貌，这个被丈夫称为女闯王的陕北女子心强气

① 《陈忠实文集》叁，广州出版社 2004 年版，第 245 页。

盛，在劳动的过程，在生活的磨难中变得更精明能干，更坚韧顽强。在她的身上寄寓了作者对新时代女性的真挚而美好的想象。作者没有把四妹子的开拓精神和坚韧性格当作天赋人权或天性使然，而是用心去挖掘她性格中的地域文化内涵，探索不同地域文化影响下人的文化心理的不同及其在改革初期社会变革中普通人身上的不同表现。

在叙述中，作者始终以四妹子为核心，以四妹子和公公、兄嫂的矛盾为线索展开叙事，这里有一个关键人物吕建峰总是在不经意间闪进读者眼中、心中，留下属于他的影子。作者在设计这个人物时，有意将他和四妹子的婚姻关系和婚姻模式与蓝袍先生和妻子淑娥的婚姻关系和婚姻模式进行比照。吕建峰也是一个在封建家长严格管制下成长起来的青年，而且还顶着一个上中农的成分，所以在生活中他循规蹈矩、谨小慎微，但他生性的聪明灵巧顽劣多情，内心对自由和爱情的向往常常在父亲"缺席"时张扬出来，比如在"回门"的路上，在自己的小厦屋以及分家后的新家里，他温存体贴活泼顽皮，很像四妹子心目中的"山哥哥"，他的自由天性和开拓精神只有在父亲视线之外才得以表现，所以他和蓝袍先生都有一个"出走"的情节，他到桑树镇上开了电器修理铺，蓝袍先生到镇师范学校进修，出走之后，他们才发现并实现了自己的人生价值。

吕建峰和四妹子的婚姻是新旧结合式的，婚前有过短暂的接触，比姑婆所说的"布袋买猫"式的婚姻文明进步多了。他们的婚姻是建立在相对自由的基础上的，而蓝袍先生的婚姻是完全包办的，而且集中体现了父亲的意志——以丑妻来避免儿子因耽迷女色而荒废学业，进而毁了徐家的家风和"读耕"精神。那个丑陋、胆怯、木讷（后来是泼辣）的女人丝毫无法唤起蓝袍先生的激情，更谈不上什么爱情了。在作者看来，婚姻的健康发展与美满婚姻的建构是夫妇双方共同的责任和义务，单靠一方的主观努力是很难成功的。四妹子对吕建峰也曾充满想象和憧憬，吕建峰却在父亲的威压下，一次次地伤害她，令她失望，甚至使她一度想念起陕北家乡的山哥哥。分家最终改变了他们的生活，摆脱父亲阴影的吕建峰恢复了自然纯真的本性，四妹子也在努力营造温暖的家庭氛围，两人终于过上了幸福美满的小日子，彼此有了属于自己的事业。蓝袍先生和妻子的关系从来都是不对等的，蓝袍先生在村上教私塾时，妻子称他为"先生"，他离婚不成又变成右派后则是妻子的奴隶、是妻子发泄怨懑的工具，他们之间从来就没有产生爱情的起码的基础，完全没有平等观念和意识的夫妻也很难成为患难夫妻或美满夫妻。在《四妹子》中，作者还在通过四妹子的婚姻模式探讨个体的文化心理在婚姻生活中的作用和影响，四妹子和吕建峰具备了情感交流的文化基础，两人有共同的志向，两人的结合在那个时代也算得是"门当户对"、各取所需，不同的只是地域文化背景，而这并没有最终影响到两人的婚姻关系。

20 世纪 80 年代中后期，正是中国社会掀起新的一轮"离婚潮"的时期。20 世纪，中国内地先后经历了 3 次大规模的"离婚潮"，第一次是五四时期，第二次是新中国建立，第三次就是 80 年代；前两次反抗的是封建婚姻制度，后一次反抗的是政治婚姻（唯成分论的婚姻）。作家们纷纷展开了对爱情婚姻的讨论，也有不少作家身体力行成为"离婚潮"的成员。陈忠实对爱情和婚姻的思考在这两部小说中也有所表现，他在思考哪些婚姻关系是可以建构的，哪些婚姻关系是可以修复的，哪些婚姻关系是需要重构的。王蒙在《海之梦》中写到一个老翻译家因为政治运动错过了恋爱的季节就再也找不到恋爱的感觉了，蓝袍先生在儿女同意后却放弃了再婚的想法，因为他的心再也"无法舒展"了。蓝袍先生无疑是最不幸的那一类，他已经彻底丧失了重新开始一段婚姻的勇气。而修复婚姻的裂痕仅靠一方的努力很难无法实现，陈忠实写过有裂隙的婚姻重新修复的故事（《地窖》），也写过将爱情作为利器疯狂报复负心者和社会的人性扭曲的悲剧（《两个朋友》），婚姻关系在不受道德与责任护佑时迅速瓦解。

20 世纪 80 年代中期，随着"美学热"、"文化热"、"心理学热"、"形式主义热"等新思潮的迭起，1985 年前后文坛出现了被评论界称为"85 新潮"的创作潮流，一批青年作家以具有鲜明现代主义文学特征的作品引起文坛的普遍关注，他们包括：马原、余华、莫言、残雪、苏童、格非、孙甘露等，其作品带有明显的学习和模仿西方现代主义的痕迹。陈忠实也不可避免地受到各种新思潮的影响，他广泛地涉猎了当时的热门理论，思考了许多热点话题，他的创作视野更加开阔。在众多的新观念新理论中，他觉得文化心理结构学说给他的启发最大，他一直苦恼着如何才能塑造出阿 Q 和梁三老汉那样的典型形象，文化心理结构理论使他找到了写人物的途径，并在中短篇创作中开始尝试。

"文化热"与"文化寻根"是在全球化的经济文化背景下产生的。20世纪80年代中期，"亚洲四小龙"的崛起使世界开始重新思考东方文化，四个具有儒家文化背景的经济区的崛起，使人们意识到儒家文化传统与现代经济体制不是必然的"敌人"，彻底颠覆儒家文化不是现代化的必经之路；海外新儒家在不断探索儒家文化"现代化"的道路，国内学者也开始大谈对儒家传统文化中仁学的"抽象继承"，李泽厚是代表人物之一，他的观点源自于海外华裔学者林毓生的著作《中国意识的危机——"五四"时期激烈的反传统主义》①，林毓生的研究注重对中国传统文化进行创造性的转化。李泽厚运用民族文化心理结构的概念，宗旨是儒家文化的"现代化"和国民性批判。在《美的历程》中，他说当代人之所以一再回顾那些古迹斑斑的艺术品，是因为积淀在体现这些艺术品中的情理结构，与今天中国人的心理结构有相呼应的同构关系和影响②。他认为"心理结构是浓缩了的人类历史文明"③。"所谓'文化心理结构'，归根究底，本就是指在文化传统长期塑造下的人们心理中情理结构的特定状态，它主要表现为自然情欲和社会理性的不同比例、配置和关系的组合。"④ 在他看来，文化心理主要由历史积淀而成，"是社会性的共同心理结构"⑤，李泽厚的观点忽略了文化个体在民族文化承传中的主体地位及作用。但他的观点在当时影响最大最广泛，从陈忠实的创作上看，他对文化心理结构的引述和使用也在这个范畴内。

白嘉轩是儒家仁义文化理想人格的象征，他身上集中体现出儒家的"群体文化心理"，这或许源自他对儒家文化理念的绝对认同，使他恰好成为能够代表儒家"群体文化心理"的"这一个"，成为一个独特的生命存在和文化个体。陈忠实之所以这样设计白嘉轩这个人物，与他对文化心理结构理论的理解有着莫大的关联。J. R. 坎托说："心理行为不可能孤立地同民族或国家群体相关，而是由个人组成的各种团体进行的活动。在任何单一的国家或民族的群体中，都有着数千种心理聚合，每个心理群都是

---

① 本书1986年在内地出版并产生较大影响。
② 李泽厚：《美的历程》，文物出版社1981年版，第213页。
③ 同上。
④ 李泽厚：《中日文化心理比较试说略稿》（二），《明报月刊》1998年第4期，第69页。
⑤ 李泽厚：《美的历程》，文物出版社1981版，第213页。

行为事件的复合系列之所在。"①《白鹿原》对儒家文化的不同表现形态都有所表现，作者尤其关注到家族文化传统对人文化心理结构的影响，比如白鹿两家不同的发家史和对子女家教的不同影响，白嘉轩对所有人都很严厉苛刻，自己也很自律；鹿子霖管教儿女则较感性，显得和蔼可亲，从而形成了白鹿两家不同的家风。

随着国内学者对文化心理结构学说的关注与研究，这一文化概念逐渐在国内流传并普及，成为大学讲堂传授的基本文化理论。一般来说，文化心理结构是指特定的国家、民族和主体在长期的历史发展过程中由各种文化环境交互作用而形成的，并内化于主体头脑中的认知心理结构、价值体系结构和思维方式的总和②。它是一个国家和民族传统的实践方式和生活方式深层结构的投射与反映，具有广泛性、普遍性、整体性和相对稳固性的特征。文化心理结构论是将积淀在群体心理中的文化现象及特征描述出来使之意识化，发现其优长和弱点，以提供新的视角来分析"国民性"，从而达到"治病救人"的目的。与弗洛伊德精神分析不同的是，它的分析对象是文化群体，而不是个体。由于当时西方文化哲学思潮是共时性涌入的，所以很多文化理论的意义和体系并没有得到很好的译介，今天看来，陈忠实在创作中反复谈到的文化心理结构，其意义和内涵更类似于雷蒙·威廉斯的"情感结构"，但他创作《白鹿原》时，威廉斯的著作在国内还很少见。威廉斯认为知识分子的使命就是介入社会，为社会选择正确的道路。情感结构（Structure of Feelings）这个术语最早出现在 1954 年版的《电影导言》中，威廉斯用它来描述某一特定时代人们对现实生活的整体和普遍感受。"情感结构"与文化一样处于不断形成的过程中，它集中反映了一代人在日常生活中所体验到的意义与价值。一个时期的情感结构，多体现于官方意识与民众实际体验发生冲突的领域。它不是对精神结构的静态分析，它分析的对象是作品中精神结构的历史形成与演变过程，即以一种动态眼光，在历史文化背景的生动参照下来看待它们内在的复杂构成和变化。他引入这个概念是要通过挖掘时人的价值观，来展示那个时代的历史风貌与社会矛盾。他认为文化研究是对整体生活方式中各种

---

① J. R. 坎托：《文化心理学》，王亚南、刘薇琳译，云南人民出版社 1991 年版，第 98 页。
② 袁银传：《文化心理结构之我见》，《哲学动态》1988 年第 10 期。

因素之间的关系的研究。受葛兰西的影响，威廉斯后来又在情感结构中增加了反抗文化霸权的内涵。他认为，"情感结构"表明的是"客观结构"与"主观感受"之间的张力，突出了个人的情感和经验对思想意识的塑造作用，以及体现在社会形式之中的文本与实践的特殊形式。

　　"文化大革命"期间的文学和20世纪80年代的文学，不论是限制还是自由繁荣，他们在精神本质上有一个共同的价值指向，即社会和文学总有一个终极的美好的乌托邦式的终点。《白鹿原》之前的小说从思想主题上说都是现实的、光明的，与主流意识形态基本同步的，研究陈忠实及其创作就在于探究一个农村基层干部每天面对为衣食奔波操劳的农民兄弟，内心却始终怀有一份济世情怀和文学梦想的青年，这二者如何在同一个生命体中有机结合，相融共生，陈忠实如何把这两种不同视阈下的生存方式和价值实现途径及情感表达模式构筑成一个自足的文学世界，"文化大革命"期间的关中农村成为陈忠实政治文学实践的场域，偌大的中国内地，有多少个公社副书记啊，最终以自己独特的生存体验思考中国农村问题并以文学形式表现出来，又得到主流意识形态、评论界（知识界）和广大读者认可的，陈忠实是"这一个"。他是怎样完成了他所谓的"精神剥离"的，他用近乎一生的精力苦苦探寻，并试图建构的中国人的文化心理结构到底是什么？在研究中，我们发现以文化心理结构理论无法充分阐释和解读他的创作，雷蒙·威廉斯的情感结构理论能更好阐释他的生活创作道路和文学文本，陈忠实从未提到情感结构是由于雷蒙·威廉斯的文化唯物主义被译介到中国的时间较晚。如果以情感结构理论阐释和批判《白鹿原》创作中创作主体的"精神剥离"，《白鹿原》的历史文化局限和艺术瑕疵就能得到相应的解读。当代文坛上，张承志是执拗的、特立独行的，他用宗教信仰建构自己的文学世界、人生理想，不管结果如何，其情可感可佩；李建军以"时代与文学的敌人"作为自己的书名，其道德理想主义的文化立场和人文情怀以不妥协的姿态表现出来。完成一个思想文化体系的建构是对人类巨大的贡献，对社会历史文化提供个体化生存和思考的样本，供后人研究参考，同样是功德无量的事。陈忠实在《白鹿原》之后对社会、人生及个人情感精神的感受、体验是深刻的，也是极其痛苦的，这在他后来的一些短篇小说中都有曲折隐晦的表达，特别是一些文艺性散文中也有作者压抑遮蔽不住的文化思考。一个作家，不愿把自己内心的焦躁、迷茫、困惑和痛苦传染给读者，是值得尊重的，我们应该尊重陈忠实的艺术选择。但在文坛越来越严重的"虚假繁荣"和精神贫瘠的情况下，是像张承志那样坚守、像李建军那样振臂高呼，还是保持自己智者的清高、"大儒的脱俗"或"大家的风范"，恐怕要留待后世来评价了。

对这一时期创作上的转变，陈忠实解释说：

> 80 年代中期，文学创作和理论都非常活跃，所有新鲜理论不论是中国的还是外国的都对我产生了很大的影响，尤其是关于创作的人物心理结构学说、文化心理结构学说。过去很长一段时间里，到接触到这个理论以前，接受并尊崇的是塑造人物典型理论，它一直是我所遵循和实践着的理论，我也很尊重这个理论。你怎么能写活人物、写透人物、塑造出典型来？文化心理结构学说给我一个重要的启示，就是要进入到你要塑造的人物的心理结构并解析，而解析的钥匙是文化。这以后，我比较自觉地思考中国人的文化心理，从几千年的民族历史上对这个民族产生最重要的影响的儒家文化，看当代中国人心理结构的内在形态和外在特征，以某种新奇而又神秘的感觉从这个角度探视我所要塑造和表现的人物。①

改革开放给人们日常生活带来了巨大的改变，从衣食住行、家庭关系、社会组织、人际关系、风俗习惯到人的思想观念和情感价值取向等，人的文化心理和情感结构当然也随之发生了动荡和改变。改革开放初期，在商品经济大潮的冲击下，人的各种欲望都被激发出来，传统的文化心理和行为方式受到了严峻的挑战，社会上出现了严重的道德危机和信仰危机，中国农村也在经历着前所未有的文化和精神变革。陈忠实说：

> 农民在当代中国依然构成一个庞大的世界。我是从这个世界里滚过来的。

---

① 陈忠实：《文学的信念与理想》，《文艺争鸣》2003 年第 1 期。

　　这样的生活阅历铸就了我的创作必然归属于农村题材。我自觉至今仍然从属于这个世界。我能把自己在这个世界里的感受诉诸文字，再回传给这个世界，自以为是十分荣幸的事。

　　农民世界是一个伟大的世界。尽管人们以现代的眼光看取这个世界时，发觉它存在着落后、愚昧、闭塞、保守、封建、迷信以及不讲卫生等等弊端，然而它依然不失其伟大。在几千年来的缓慢演进和痛苦折腾中而能保持独立的民族个性，仅此一点，就够伟大的了。①

　　正是出于这份对中国农民的深沉的爱，他始终将创作的激情投注到中国农村和农民身上，在发掘他们身上所体现的民族精神和优良文化传统的同时，也不遗余力地揭露、剖析、批判他们人性的弱点、丑陋及文化惰性。

　　在《失重》、《桥》、《害羞》、《两个朋友》、《舔碗》等小说中，他对传统道德的现代生存进行了深入的探讨和严峻的拷问。《失重》中的吴玉山和郑建国是担挑，姐妹俩一样的俊俏，一样的要强，两人出嫁时，两家都属小康，不想世事难料，姐妹俩的家境随国家时运的变换而变换，总是处在"失重"的状态。吴玉山勤谨、忠厚、平和，日子一直过得很安定很富足，妹妹一家时常得到他的周济，解放后，妹夫成了公家人当了官，他也不以为然，依然保持着小康的状态。"文化大革命"中他把妹夫藏在红苕窖里躲过一劫。改革开放后，吴玉山几十年平衡的心态再也无法维持平衡，局长妹夫给他的小儿子找了工作，大儿子盖房买楼板让他开了窍，长了见识，经不起致富诱惑的老好人利用妹夫的权势买来"廉价"的材料，盖起了两层楼房。郑建国因涉嫌受贿被捕，案件的定性最终取决于证人的证词，儿子和预制厂的厂长以"义气"为重，说服吴玉山在法庭上作伪证、装糊涂以搭救曾经帮过他们的妹夫。看到妹妹和那位厂长设法拯救妹夫，吴玉山觉得自己"无能无用"，对法院他心存畏惧，经过一夜的辗转反侧，他决定："不管怎样痛苦……装糊涂，这是唯一的办法。吴玉山没旁的本事，装起糊涂来，真像个粘粘糊糊的啥也不懂的糊涂佬儿。"②吴玉山觉得自己漂亮的楼房是妹夫手腕上冷冰冰的手铐换来的，羞愧得无

---

　　①　《陈忠实文集》伍，广州出版社2004年版，第335页。
　　②　《陈忠实文集》叁，广州出版社2004年版，第329页。

地自容，隐瞒事实（他亲眼看到水泥预制厂的厂长把大彩电抬进妹夫家的楼洞）就能拯救妹夫，就够"义气"。但他依然觉得痛苦、沉重，"提不起抖擞的精神来……"新旧道德在这个朴实农民的内心纠结着。面对商品社会的经济法则，传统的伦理规范和朴素的民族情感与现代法律制度的冲突使他痛苦、不安。虽然他知道妹夫被捕的真实原因，但他还是觉得自责。在中国，造成腐败的因素是多方面的，许多善良本分的人也成为滋生腐败的温床，传统的道德伦理和价值观念与现代商品社会的金钱意识互相妥协，有时甚至是合谋造成了社会价值观念的混乱。比如人情、义气、知恩图报等传统观念，在对抗法律时仍然冠冕堂皇、心安理得。作者没有将这个故事简单处理，他在思考传统道德伦理对现代文明和国家意志的制衡，这种现象在中国农村是普遍存在的，中国的法制化进程之所以艰难，恐怕不仅仅是执法部门的问题，传统的道德观念和文化心理的制约因素都是不容忽视的强大的逆向力量。四妹子的养鸡场被兄嫂以家族的名义瓜分，她也没有想到用行政或法律的力量捍卫自己的权利，甚至于不肯让人知道失败的真实原因，在四妹子和公公吕克俭的心目中，被亲人算计是很丢脸的事，虽然四妹子已经有了现代商品意识和价值观念，但家族观念依然深刻制约着她，她要承包百亩果园需要一个可靠的人看门，她想到的第一个人就是公公，一方面是公公的人品，另一方面是公公的身份——亲人。

《兔老汉》以略带悲悯与调侃的口气写出了养兔专业户善民老汉半辈子信神与人为善，被贼偷了还要以德报怨为贼着想，却被贼羞辱折磨得苦不堪言。善民老汉是个勤劳朴实的农民，崇信土地爷和灶君，贼夜里偷兔子仓皇逃走时落下了钱袋，里面装有 500 元钱，好心的老夫妇商量着贼一定是穷急了没钱办年货才偷兔子的，怕钱交到乡政府或派出所贼不敢去领，决定把钱袋放在家里等"主家"来取，说句好话、认个错，就把钱袋还给"贼"。"贼"果然来取钱袋了，逼两位老人赤身裸体学兔子蹦，绑着老人用刀逼着取回钱袋，还抢去千元的存折和 300 多元现金。多么愚昧善良的好人哪！等不到派出所消息的老人气愤不过砸了土地爷，摔死了两只长毛兔，发狠要"学狼呀！"令老汉意料不到的是，抓到的贼穿戴模样绝不像没钱花没饭吃，而且是善得跟菩萨一般样儿的邻村韩豆腐的儿子。几千年来"饥寒生盗贼，温饱修礼仪"的古语怎么就变了，吃得好穿得阔还要做贼抢人，社会发展世风变化得让善人不知该如何行善了？兔老汉与人为善给自己带来了屈辱和经济损失，还在事实上纵容了犯罪。对贼不该有好心，对恶人善良仁慈就是对自己和社会不公，就是助纣为虐。十几年后，陈忠实在《腊月的故事》里也写了一个贼，他偷了好朋友好兄弟家的牛，这个原本仗义的下岗工人在腊月里为了吃饭问题被做警察的朋友送进了派出所。而在公安局里局长和贼还在玩着猫与鼠的游戏，局长和蛀虫们的抽屉养得贼"膘肥体壮"、乐不思蜀（《猫与鼠也缠绵》）。而贼对局长毫无感恩愧疚之情，他们是同类。作者用 20 年的时间也没能解决"吃得好穿得阔还做贼"的问题，严酷的现实是硕鼠越大越贪婪，而有些人"勤劳致富"的机会也被无情剥夺。

　　《桥》写的是普通农民王林致富心切，以搭桥收取"买路钱"为生财之道所引发的一系列让人哭笑不得的故事。改革使农村中的一部分农民先富了起来，比如吴玉山这样老实巴交的人，致富的门道五花八门，靠勤劳和出蛮力（比如捞石头卖沙）是盖不起小楼的，在《十八岁的哥哥》里，作者就写到农民卖沙致富的艰难。王林看着别人漂亮的新楼，内心的平静和平衡被彻底打乱，冬天他"冒着刺骨的河水"搭起一座木板桥，挨冻受累地站在桥头收取过桥费。乡政府的小干事王文涛不明真相，写了一篇歌颂王林架"连心桥"服务群众的报道发表在市里的报纸上，将之归结为"富裕了的农民的精神追求"，收费的事被人举报到报社，他受乡长委派要王林停止收费，被王林断然拒绝。自古以来，修桥补路都是积德行善的事。受传统观念熏染的普通过桥人对王林的收费行为从情感上不满，甚至鄙夷，骂他"爱钱不要脸"，一个杀猪的小伙竟为一毛钱的过桥费拔出了杀猪刀，他也照收不误。在社会转型期，普通人在享受现代商品观念带来的市场活力和富裕生活的同时，却用传统的道德观念来约束和要求其他人遵循传统的道德观和价值观。按照现代商品运行法则和价值伦理，王林的行为具有现实合理性，他是具有商品经济意识的新型农民，面对岳父的责骂，他说："公家修条公路，还朝那些有汽车、拖拉机的主户收养路费哩！"他们"搭桥受了苦，挨了冻，贴赔了木板，旁人白过桥就要脸了吗？"① 王林夫妇的质疑也是对这种群体道德观念的拷问，王林的赚钱方式挑战了中国农村传统的价值观念和道德伦理，给普通过桥人带来了精神

----

　　① 《陈忠实文集》叁，广州出版社 2004 年版，第 340 页。

"创伤",连过桥都要收费了让他们觉得世风日下,人"变"了,小说从侧面表现出商品意识在改革初期还难以被普通人接受的现实。小说开头,作者用诗意的笔墨描摹冬季乡村的自然美景,如果没有后来因收费来引起的纷争的话,王林认真细致清扫桥上雪粒的情景就是一幅优美的田园风光。假如王林是在国家或他人修的桥头收费,乡长干预、群众愤慨,自然在情理之中,而王林付出了劳动,方便了群众,还被指责,就让他困惑了,"他忽然想哭,说不清为什么,却想放开喉咙,大声淋漓地号啕大哭几声……"① 乡长的爪子够长够残,三幢小楼的主人来钱的路数都有问题,大家都知道愤慨又无可奈何,而王林挨冻受累赚取过桥费却不被理解,小人物的悲哀被表现得淋漓尽致。新旧道德观念的交替,对每个亲历者来说都是一次灵魂的搏斗和精神的裂变。岳父的传统道德观念已不再能约束和说服王林夫妇,但王林的商品观念也给他自己带来了精神上的痛苦。

雷蒙·威廉斯在谈到社会变革时期,普通人情感结构的形成时说:"从经验中获取意义,并试图让这种意义活跃起来,事实上是我们成长的过程。一些意义,我们接受并重新创制;另一些则得由我们自身生产,并将其传播出去。"② 王林的商品意识和商品观念已经萌芽并成长起来,但他正在成长;四妹子在一系列创业经历和挫折下,其商品观念已经形成并开始影响到身边的人,虽然艰难,却已开始传播出去,公公由于担心四妹子雇工会造成"剥削"留下隐患而建议她让兄嫂帮助,结果造成养鸡场失败,给四妹子带来经济上的损失和精神肉体上的痛苦。生活经验使公公对现代商品观念产生新的理解,由鲜活的社会经验产生的对于现实世界的看法,也就是公公所体验到的意义与价值。

传统道德在现代生活中的各个领域都受到挑战,在全民经商的热潮下,镇小学的王老师为"创收"背着冰棍箱卖冰棍了(《害羞》)。学校为了改善教师待遇购买了一套冰棍生产机器,要求教师没课的时候轮流卖冰棍,王老师忐忑不安地守着冰棍箱,感觉很沉重,而旁人却没有讽刺讥

① 《陈忠实文集》叁,广州出版社 2004 年版,第 347 页。
② 转引自杨击、叶柳《情感结构:雷蒙·威廉斯文化研究的方法论遗产》,《新闻大学》2009 年第 1 期。

笑惊奇的意思。同事们鼓励他，班长何小毛动员同学买冰棍替老师解困，何小毛的父亲何社仓曾是王老师的学生，很"羞怯"的连年三好的学生，如今已成长为一个精明强悍的农民企业家——鞋厂厂长，他觉得王老师卖冰棍"有失体统"，派人带走了王老师的冰棍箱。他的同情与扶助使王老师"怅然"、惭愧而窘迫。但真正让王老师痛心的是何小毛，这个像父亲当年一样漂亮乖巧聪慧的孩子却没有父亲当年"害羞的神光"，他比同龄孩子多了一份精明和世故，王老师厌恶他的"庸俗"，为他失却的"羞感"而遗憾。舍勒认为，羞感即"爱的良知"，"羞本身就是高贵的生命的特殊表达，它只能诱使高贵的生命趋于爱"。① 何小毛对没有付钱就拿走冰棍的学生缺少"宽容"，但他的正义感、诚实感和同情心却被王老师误解，甚至扭曲了，他对王老师的不恰当的帮扶自然不乏世故讨好，但骨子里还是出于正义感和对王老师的敬重，他对杨老师逼迫同学买冰棍不满，他希望自己喜欢的老师多赚点钱，这种朴素的情感被忽略了。尽管作者在结尾发出了类似于"救救孩子"的呼声，但这呼声显得太过苍白和无力了。"含羞"固然是一种可爱的心理，但"羞怯"显然已不适应现代商品社会的运行法则，农民企业家何社仓在明白了王老师那些"对对的""做人的道理"行不通之后才获得成功，即当他有了一股咄咄逼人的直往人心里钻的力量时，他才有勇气去给人送钱。王老师原谅了"没付钱"的孩子就因为"他眼底透出一缕畏怯的羞色"，嫉恶如仇的何小毛指责王老师说谎，不诚实。在新旧秩序和新旧伦理交替时期，那些朴素的伦理观念该如何去守护，孩子们稚嫩纯真的心该如何去描画和滋养，王老师传统的价值观念还能继续作为下一代的伦理价值吗？作者在对何小毛的变化感到忧心、遗憾之余，也对新的和谐的人际关系及合理的生存秩序的建立充满了渴望和期待。

　　陈忠实似乎很看重"羞"的伦理价值，在他的散文和小说中多次提到人的精神人格与"羞感"的关系，丧失羞感是一个生命个体人性迷失的重要标志之一。在报告文学《腼腆》中，他写了一位农民企业家余长赓，与人交谈总是一副"羞怯的腼腆情态"，他领导的乡办企业"陕西高校木器厂"不做广告，没被宣传报道过，难道是因为厂长"过于腼腆"

---

　　① 《舍勒文集》上，三联书店 1998 年版，第 571 页。

吗？他们说是怕"加剧供不应求的紧张局面"。在作者笔下"腼腆"是余长赓最优秀的品质。儒家文化向来把"羞耻心"作为固有的道德情感之一，孔子认为"有耻"是"士"获得理想道德人格的基础，把百姓"有耻且格"作为国家德治所追求的目标。孟子曰："羞恶之心，义之端也"（《孟子·公孙丑上》），把"羞耻感"定位为人性的一端，将"羞恶之心"作为"亲善远恶"的内在根据。朱熹《集注》说："羞，耻己之不善也；恶，憎人之不善也。"孟子认为"羞耻心"是人潜在的心灵结构，只有通过"自省"，"君子"才能不断巩固、深化自己的羞耻心，确立独立、完整、理想的道德人格。作为"义之端"的"羞耻心"能激发主体的自觉，促使主体改过迁善、发愤图强，在中国古代的道德实践中发挥了积极的作用。《害羞》中王老师对"羞怯"这种道德文化心理的呼唤与守护，正是看中了"羞怯"的这种道德作用。

短篇小说《两个朋友》中王育才原是个羞羞怯怯的青年，生活的磨难与屈辱使他冷峻而老练，设计报复了初恋情人，也伤害了无辜的妻子儿女。王育才怕羞，20多岁了仍然羞怯怯的，"他从来不在任何人面前抢说一句话"。"被老师表扬被同学欣羡以至嫉妒时，仍然羞羞怯怯地抬不起头来。"大家都喜欢他爱戴他亲近他，"觉得王育才那根深蒂固的羞怯里蕴藏着迷人的色彩"。① 王育才的转变首先表现在他的外在性格上，王益民发现他"比过去坦率了。王育才眼里的那种羞怯已经褪净，一种冷漠，一种淡泊，一种成熟的冷峻，一种经见了大世面后的遇事不惊的老练，所有这些神色把原有的那种根深蒂固的羞怯之色覆盖了或者说排除了"。② 在陈忠实笔下，"羞怯"是一种正面的道德情感，当人内在的或潜在的心灵结构发生转变时，人的外在性格、言谈与行为方式就会随之转变。"文化大革命"毁了王育才的大学梦，吕红在父亲干预下背弃爱情抛弃了他。曾经抚慰过他心灵的爱情，因他的出身（伪保长的儿子）和身份（民办教师）被断送，他的心里留下了无法愈合的创伤，屈辱和愤懑隐匿在他平静谦卑的外表下。乘着改革的春风，他办起公司，诱使吕红与他重陷情网，为了争取"符合道德的婚姻"，他背负骂名起诉离婚，却在吕红离婚

---

① 《陈忠实文集》伍，广州出版社2004年版，第121页。
② 同上书，第126—127页。

后撤回诉状，抛弃吕红，完成了蓄谋已久的复仇，但他并没有获得报复的快感，他因为自己"那种羞怯丧失殆尽而惋惜"①。他坚信他曾经的羞怯是真实的，太多羞怯还曾使他"苦恼"，这里"羞怯"的含义相当于孟子的"羞恶之心"，是人性的表征。一个简单的复仇故事，情节却跌宕起伏，一场持续了四五年的离婚官司，隐喻的不仅仅是婚姻观念的转变，还有一个扭曲的灵魂痛苦绝望的挣扎，尽管作者有意"悬置"了王育才的内心波澜，如复仇动机、灵魂搏斗与挣扎等，但透过外在现象和事件过程，读者不难窥到作者叙事的核心——刻意回避的正是作者用力表现的，秋蝉和王益民的痛苦都是王育才内心痛苦的折射。作者巧妙地运用了国画"留白"的技巧，"以无衬有"。

　　陈忠实在对传统道德观念和伦理情感追忆、怀恋的同时，也对人性中隐秘复杂与丑陋的东西进行了深刻的揭露与批判。兔老汉刘善民的"善"让贼惊叹道："倒是没动！"却没能唤起贼的良知，反被贼欺凌。对贼"以德报怨"无异于养虎为患，老汉的善良成为愚昧、迂腐、糊涂，让人同情慨叹。但是，弱者和小人物也未必都是善的，在特定情境下，弱者一旦主宰了他者的命运，凶残的狼性就会暴露出来，变本加厉地对所谓的"强者"或"恶人"施暴，善民老汉气恼之下摔死了两只长毛兔，在派出所一个巴掌扇得贼一个趔趄，这是他"行善吃亏"后的极端表现，是传统道德和现实生存遭遇挑战的应激反应。在《山洪》中，小人物的凶残则让人恐惧和悲哀，以暴制暴的狼性表现在弱者身上比表现在贼的身上更加可怕，贼是少数的恶人，有法律的制裁和道德的遣责，而普通村民成为施恶者时，法律和道德指向就有可能偏离轨道，走向歧途。

　　供电局的老李在村民眼里是"电狼电老虎电霸王"，常常以电谋私，滥收农民的电费，村民们怕他、恨他、惹不起他。当村民们发现从洪水中救出的是老李时，救人者冷娃顿觉"暗淡无光"，救了个村民们讨厌甚至憎恨的人，见义勇为者的英雄行为也失去了光彩。村民们为发泄往日"说不顺溜就断电"的愤怒，把老李投入河中再救出，反复数次。村民们看着他在河水里挣扎，在牛背上颠簸呕吐，讥笑、奚落着他，开心地说着调皮话和风凉话，心里都很受活。村民们最终施救老李并不是因为良心发

---

① 《陈忠实文集》伍，广州出版社 2004 年版，第 135 页。

现或者天性的善良，而是因为"怕"，老李心里"十分冷寂"，在清凉河水沐浴的愉悦与惬意荡然无存。小人物的怯懦、悲哀就在于他们弱小，没有权力，受制于人，而老李的恶是社会和体制赋予他的，也是村民们懦弱顺从敢怒不敢言的结果。善恶、强弱是相对的，特定条件下可能互相转换，弱者的纵容有时会助长恶势力的壮大。当人性善恶与生存的根本利益发生冲突时，善没有战胜"恶"，生活中偶然出现的意外，让村民们宣泄了积攒多年的怨愤和仇恨，也让老李认识到农民们对他的真实态度。他们都是道德有缺陷的人，老李即使落在他们手里依然是"老虎"，村民们不是"贼"，他们的本性并不是很坏。

《山洪》让人不由想到鲁迅先生的《肥皂》，作者延续了鲁迅国民性批判的传统，揭露了弱者的残忍、怯懦及奴性，写出了小人物的悲哀和不幸。陈忠实没有一味同情弱者，而是对弱者的言行进行细致的描述，对他们的内心世界进行深刻的挖掘，对他们的灵魂进行严厉的拷问。村民们平日里就像那条小河一样妩媚柔情，他们热情招呼老李，送他当季的果蔬及土特产，但他们内心的怨气一旦暴发，就像山洪一样具有摧枯拉朽的毁灭性。这篇小说的写法类似于《桥》，先营造出一种和谐纯净的诗意氛围，再勾勒出宁静平和被打破后现实的混杂与丑陋。这两篇小说的景物描写都有丰厚的文化意蕴和象征意义，小河就是一个精心设计的审美意象，它象征着人心的善恶，它有妩媚柔情的一面，一旦山洪暴发，它就显出凶恶狰狞的一面，让人恐惧、战栗。村民们平日在公家人面前的谦恭、奴性、畏惧，在一瞬间荡然无存，他们潜意识中的凶残、恶毒暴露出来，就像喜怒无常的小河一样。这里还隐喻着小民不可欺的哲理，布衣之怒也可能如山洪般具有摧枯拉朽之能量。

如果说《山洪》是对群体人性的拷问，那么《轱辘子客》就是对个体人性的挖掘。轱辘子客是乡间对嗜赌成性的人的通称，也是主人公王甲六的绰号。他高中毕业遇上"文化大革命"就回龟渡王村参加了"农业学大寨"，因聪慧俊俏又有文化能写会画被老支书看中，准备培养成接班人。大队长刘耀明与支书几十年貌合神离，谁也不服谁，根本原因就在于他们分别代表了村里的两大姓氏，支书年纪大，迫切要在王姓后生中培养接班人。在农村，家族利益和矛盾与政治有着千丝万缕的联系。1981 年年初，陈忠实在短篇小说《乡村》中，写到"文化大革命"期间陕西一个普通的生产队小王村队长轮流坐庄的事，小王庄是大队、公社都很头疼的"小台湾"，关系复杂，人心松散，以至于"给小王村安排干部，就是既不属于党，也不属于政的那几位长老每年必尽的义务了。"①　在中国农村的许多地方，"文化大革命"期间依然存在着明显的民间村落祖先崇拜的痕迹，村中德高望重的长者在普通村民心目中还是具有权威性的，农村还在遵守着民间社会的规范和体系，这与《白鹿原》中的家族文化有直接的渊源。而村中政治权力的争夺与更迭常与家族权利的争夺纠缠在一起。王甲六就成为了政治斗争的牺牲品，他遭刘耀明陷害，在政治和爱情上都遭遇惨。在他最艰难的时候，刘耀明给他说了桩亲事，他娶回一个"失过身"的媳妇，他"除了平复仇恨更多地折服刘耀明的为人"②。随后两人的较量就超出了政治权力的需要，由外部的社会政治因素扩展和衍化到人性、人格、人生价值等内在方面。为报复刘耀明私通妻子，他以牙还牙强奸了刘耀明的老妻。他不计代价的报复迫使刘耀明与他坐在了对面，冷峻的目光逼着刘耀明缩回了拿着一厚沓票子的手。王甲六"解除了多年以来那有形无形的蝙蝠翅膀投射在心理的阴影。他报复了他想报复的一切而酣畅淋漓……他第一次觉得和刘耀明坐在对面没有畏怯之感了。"③　这次的斗争是在非理性的复仇情绪驱使下进行的，是人的理性、意志、智慧等内在因素所构成的人性的冲突，人的个性、气质等个人化心理因素起了根本性的作用，作者对人物的开掘也由社会政治层面深入到人的文化心理层面。而影响人的文化心理结构的因素是复杂的，涉及社会、经济、政治、文化、历史及个体的性格，甚至遗传基因等方面。

两人酒后的默契是各行其是、忘却前嫌。王甲六操起父亲的杀猪刀成为专业户，改革给了他机遇，成为富户的荣光没能抵御他来自自身的沉重的失落感，在母亲坟前对半生的回顾反思及随后对王小妮的寻访悼念，可以看做他对人生和自我的告别，他从中悟出的是虚无与绝望。他彻底放逐了自己，终日沉溺于赌场而不能自拔。王仲生认为"在王甲六的生命历程中，这场祭奠所带来的心理剧变，任何外在力量都难以促成，它的后果

---

①　《陈忠实文集》壹，广州出版社 2004 年版，第 246 页。

②　《陈忠实文集》伍，广州出版社 2004 年版，第 91 页。

③　同上书，第 92 页。

也不是刘耀明的任何手段所能达到的。王甲六的心理机制，远不是健全的。他可能承受外部的压力，却无力面对来自自身的软弱与虚无。"① 在"悔过自新"检讨会上，大会的主持者还是刘耀明，王甲六的抗议更像是"无理取闹"，连他自己都觉得颓丧无力。王甲六的感受大约与《白鹿原》中黑娃被枪毙时的感受类似吧，他与岳维山和田福贤并排站着，主持大会的是"兄弟"白孝文，那种痛苦、不甘和无奈恐怕比死更难受。王甲六与刘耀明争斗半生，各有胜负，谁也不是永远的胜利者。王甲六总是被刘耀明设计陷害，在反抗中他又不自觉地学习和吸纳了刘耀明的"斗争策略"，刘耀明总是在击垮王甲六之后再给点好处安抚他，接着又给他新的更沉重的打击，王甲六对刘的处世之道、玩弄权术的本领佩服得五体投地，刘耀明总是在他感情平复时给他重创。刘耀明城府更深，更有手腕，意志力更强，他的可怕就在于他隐藏得很深，成熟老到、道貌岸然，老支书和王甲六根本不是他的对手，从他的身上，我们似乎看到了白嘉轩的身影，那令人信赖的、永远帮人解决"最困难最琐屑的愁肠事"的刀条脸，那认真诚恳的态度，与白嘉轩挺直的腰杆、以德报怨的精神如出一辙。他是一个微缩版的白嘉轩。这篇小说把人放在历史的发展进程中和社会实践活动的整体上进行综合考察和思考，探索人的历史性存在与个性差异给人带来的不同命运悲剧，以及人在抗争中虚无绝望荒诞的人生境地。

1986 年 4 月，陈忠实开始了《白鹿原》的资料收集与田野调查工作，中短篇创作数量急剧减少，只有中篇小说《地窖》，短篇小说《兔老汉》、《山洪》、《窝囊》、《石狮子》、《轱辘子客》、《害羞》、《两个朋友》、《舔碗》等，这些作品在思想文化主题、叙事技巧、人物关系、美学追求等方面都与《白鹿原》的创作有着千丝万缕的关系。

中国文坛在 20 世纪 80 年代中后期正值先锋文学实验的高潮，先锋作家从主题、结构、人物、语言、意义等方面对传统文学的话语和意义系统进行了全面而彻底的颠覆，传统现实主义的合理性不断受到质疑和拷问，"新写实"小说对生活原生态的客观冷静的还原、零度叙事等曾使作家们应接不暇，批评界和媒体对先锋作家"宠爱有加"、关怀备至，传统现实

---

① 王仲生：《从与农民共反思到与民族共反思——评陈忠实 80 年代后期创作》，《小说评论》1991 年第 2 期。

主义作家则备受冷落，连路遥的《平凡的世界》都曾被编辑退稿。陈忠实虽笔耕不辍，却尚未写出一本"垫棺作枕"的书。纷繁热闹的文本实验，使他迷茫困惑过，拉美的魔幻现实主义使他产生了强烈的情感共鸣，特别是卡朋铁尔的创作道路给了他很大的启示和教益。卡朋铁尔的《国王》被认为是魔幻现实主义的开山之作，那时他虽读过《百年孤独》，对魔幻现实主义的渊源却并不十分清楚，《国王》让他迷惑不解。卡朋铁尔是在创作实践中领悟到在现代派不适合他的，他从欧洲回到祖国古巴，旋即到了海地——拉美地区唯一保存着纯粹黑人移民的国家，他寻找拉美移民历史之根的《国王》震惊了欧美和拉美文坛，令欧美评论界无法用现有的文学流派给它归类，小说被誉为拉美现代主义文学的开山之作。许多年后，当时被欧美文论界称为"神奇现实主义"的作家及其追随者，被命名为"魔幻现实主义"。卡朋铁尔的创作经历打碎了陈忠实以前对文学创作的那种自信，与他创作《康家小院》时的一些历史文化思考产生契合，使他产生了强烈的向那片熟悉的古原历史纵深处开掘的激情和动力。

　　《地窖》的基本框架是一个公社书记"文化大革命"期间在特定情境下的一段艳遇，在先锋作家们不屑于写故事的时代，他写了一个俗套的故事，小说套用了秦腔折子戏《柜中缘》[①]的故事模式，是公子落难小姐搭救故事模式的变形。为了逃命，关志雄用上了自己在战争年代学到的游击战术，躲到了敌人的心脏——造反派司令唐生法家的地窖里，还与其妻发生了一段"患难与共"的婚外情。"文化大革命"结束后，关志雄官复原职，唐生发撤职回家务农借改革的春风办工厂挣了大钱，为村小学捐教学楼、修自来水塔以讲"心理卫生"，看到唐生发夫妇和好后的甜蜜生活，关志雄"竟有点惆怅"。这是作者向民间文学汲取养分的一次大胆尝试，也是他小说中故事性和可读性较强的作品。主题依然是对"文化大革命"历史的反思，但结构却借鉴了中国传统戏曲的结构模式和故事模式。

　　艳遇在小说中只是故事的线索和支点，艳遇故事支撑起三个人的人生故事，关志雄为躲避造反派的抢权抓捕行动，冒险躲进政治对手的地窖里。在地窖里躲藏的十几天里，唐生法两次回家都没有发现。相处中，关

----

　　① 情节如下：南宋秦桧专权，冤案丛生，公子李映南因父亲被迫害入狱遭官兵追赶逃至许翠莲家，被许翠莲藏在柜中得以脱险，最终成就了一段美好姻缘。

志雄对唐生法的妻子玉芹由同情而生怜惜，后几天应邀与之同眠彼此温暖孤苦冷寂的身体和受伤的心。唐生法的父亲原是河西村的支书，"四清运动"时被以关志雄为首的工作组免职，"文化大革命"开始，唐生法以此为动力扯起了造反的旗帜，而玉芹的父兄却是"四清"运动的积极分子，参加了与唐生法对立的另一派群众组织，玉芹在矛盾中浑浑噩噩地守着儿子混日子。由于婚后连生了两个女儿，玉芹在婆家受到丈夫和公婆的漠视，丈夫又跟造反派女政委关系暧昧。玉芹想寻找着一份慰藉、寄托、尊重和呵护，令关志雄不解的是这个年纪尚轻挺好看的乡下女人的无所寄托的境遇竟然使他流泪了，而挂着十几公斤重的木牌铁丝勒进肉里时，他都没流一滴泪。他们彼此相依相偎感受着暂时而又切实可靠的情感寄托。"文化大革命"结束后，唐生法成为公社头号要"说清楚"的角色，关志雄则以胜利者宽容的姿态处理唐生法那些"文化大革命"作乱的人，撤职回乡的唐生法虽无力反抗新政策，但他内心里对"四清"运动到新时期这段历史的官方评价很不服气。两年后，他写给关志雄一封长信表达自己对历史的反思和控诉，以及他对一切被他迫害过的人的真诚忏悔。唐生法记述了自己参加文革的心路历程，说他造反是为了复仇、出恶气，并表示对"文化大革命"中的作为和结局"不会后悔"，但说不清楚。在自我忏悔的同时，他也拷问着关志雄的良知，关志雄在"四清"运动时，把唐生法的父亲和约90%的农村基层干部变成了"四不清"分子甚至"地富反坏"敌对分子，后来又为他们平反昭雪，退赔房屋钱款，重新安排工作。他说："你也做下了你根本说不清楚的错事，你我十几年来的仇视和互相伤害，究竟是为了什么？"[1]他觉得两人十几年来的经历是一场真正的悲剧，而"这场悲剧的痛切之处还在于它是以人民的名义发生和演化着。譬如我，是以反修防修'不吃二茬苦不受二遍罪'的堂皇的名义去造反的。譬如你，也是以同样堂皇的名义进行'四清'运动的。而这两场运动的共同的结局，恰恰都使人民包括我也包括你吃了二遍苦也受了二茬罪。"作者借唐生法之口表达了自己和整个社会厌恶极左政治的社会心理和社会情绪，从侧面表现了党的经济政策是顺应民心的，他说：

---

① 《陈忠实文集》伍，广州出版社2004年版，第40页。

政治在多年来变幻莫测的动乱中最终失去了它最基本最正常的含义，变得不是于人民有利而是有害了，令人听之闻之就顿生厌恶之情了。说句难听话，当人民最关心的最崇拜的政治最后使人民最终发觉它不过是一块抹布的时候，哪儿脏就朝哪儿抹而结果是越抹越脏的时候，自然就明白这块抹布本身原来就是肮脏污秽的一块布，那么它就只能使人失望以至厌恶了！①

从唐生法的信中，我们发现他对那段历史的反思比关志雄深刻真诚，他意识到两人都是政治运动的受害者，不是政治激发起了人性中残忍丑恶的东西，而是人内心的仇恨和邪恶利用政治运动得到了一个宣泄的渠道，内心纯洁无瑕的人是不会被政治运动利用的，比如玉芹那样自然单纯的女人。人性在政治运动中迷失了，人民是永远的受害者，不管动机如何，他和关志雄事实上都是政治运动和历史命运的制造者和参与者，他真诚忏悔了自己的罪恶和行为，而关志雄却以胜利者的宽容得意姿态遵循着"向前看"的政策说教来审视那段历史及其亲历者（包括作恶者、受害者与无辜者）。

作者试图探寻人性复杂的成因以及人与政治的复杂关系。"文化大革命"前后十几年发生的事是历史的必然，但它绝不是合乎人性和人类情感的必然，面对历史，个人是渺小的、无力的，个人无法逃避政治和历史给予的情感重负和道德拷问。关志雄听到唐生法请求不要追究他与造反派女政委的丑事时爽快地答应了，心头闪现出自己躲在地窖里的情景及玉芹的温存与柔情。在关志雄与唐生法一系列的政治较量中，双方互有胜负，关志雄占上风时，从没有因为玉芹的缘故对唐生法"法外开恩"，而是在政策范围内严厉打击绝不手软。此刻面对唐生法，作为胜利者的关志雄心头竟浮现出玉芹的温暖和他温柔而又苦涩的记忆。唐生法对政治运动和历史的深刻反思震撼了他，让他觉得羞愧，令他陷入深重的尴尬境地的是被他挫败的对手唐生法竟没有倒下。《地窖》是陈忠实所有作品中对极左政治这种历史性存在给人现实生活和精神世界带来

① 《陈忠实文集》伍，广州出版社2004年版，第40—41页。

的创伤和灾难的揭露与抨击最严厉的，但以个人反思的方式表现出来说明作者仍然心有余悸，用艳遇故事结构严肃的政治主题也是作者的叙事策略，有冲淡政治叙事火药味的意图。

两人的和解是唐生法主动忏悔促成的，从个人伦理角度看，唐生法无疑在道德的较量中占了上风，关志雄在政治上的胜利后来也被唐生法经济上的崛起和道德上的修复所消解。而关志雄被唐生法夫妇用汽车接到家中第一件事就是寻找当年躲藏过的地窖，看到"容光焕发"的玉芹，填平夯实的地窖，耸立的小洋楼，他感到惆怅。进门时三人的表情、语言、内心活动的变化，是借关志雄之口叙述出来的，神态各异，栩栩如生。关志雄说："进门时一见面，她的脸一下子红到脖颈，唐生法大瓜熊不知底细，还对我开她的玩笑，'都老毯了，见人还脸红哩！'……"①玉芹的表情说明她从没有忘记关志雄和与他共度的时光；唐生法对妻子亲昵善意的玩笑充满了真情和男性的自豪，关志雄的判断自然没错，地窖的艳遇，唐生法显然不知情，他把妻子的表现当成了女性的娇羞与妩媚；"大瓜熊"的戏谑暴露了关志雄内心的龌龊，揭露了他潜意识中对玉芹的情感态度——这个女人只是他人生的一个小小插曲、一朵情感浪花，他的情感已从怜爱、感激转化为玩味，对唐生法的轻蔑和侮辱使他又一次体味到报复的快感和心理上的平衡。玉芹的真情付出与救命之恩竟成为关志雄在精神上羞辱唐生法的利器。

玉芹在小说中不只是维系关志雄与唐生法的恩怨情仇，她是那个时代被政治边缘化或对政治没有太大激情的普通百姓的代表，他们更关心个人的家庭生活和情感生活，对政治不理解，也无意探究政治斗争中的是非问题，他们不是抗争者，也不随波逐流，他们以朴素的情感和传统的道德观念维系着自身的精神生态系统，他们让这个动荡的世界多了一份安静、祥和与舒坦。关志雄要求玉芹救他就抓住了玉芹的善良，他说唐生法抓住他就会杀了他，而杀人总是麻烦事，玉芹自然不会让丈夫惹祸上身，所以玉芹会真心实意救他。关志雄对"文化大革命"政治形势的分析很有见地，晚上看着玉芹"住在昏暗的厦屋里，就着昏暗的煤油灯昏暗的灯光纳扎

---

① 《陈忠实文集》伍，广州出版社 2004 年版，第 43 页。

鞋底"。① 他惊异于声名赫赫的县"造反司令部"副司令的妻子似乎与丈夫的革命没有任何关系，独自带着儿子过着寻常的日子。而经济生活或物质生活带给玉芹的改变却是巨大的，丈夫热衷于政治运动时，她受到冷落，觉得孤寂，情感无所寄托，渴望得到温情与关爱，才发生了那段艳情；丈夫被撤职回家办工厂，玉芹做了会计，生活质量的提高和家庭生活的和谐美满使她胖了，时尚了，"容光焕发"了。对于普通百姓来说，人生就是物质生活和情感家庭生活，政治斗争很难改变他们的日常生活方式和情感价值判断。

这部中篇最成功的地方就在于与这段艳情相关的人，包括小说的叙述人，都"说不清"，对"文化大革命"前后的历史和政治运动说不清，对地窖里发生的事也说不清，叙述人的"说不清"是无法对当事人作出合乎情理的道德和情感判断，这种价值判断的"模糊性"正是作者刻意营造的情感氛围，作者的审美追求是荒诞与反讽，唐生法这个坏事做得最多的人，对政治运动和社会历史的反思最深刻，他道德情感的自我修复能力也最强，相反，关志雄这个胜利者倒显出道德上的缺憾与不足。

《窝囊》是写延安肃反运动中蒙冤活埋的女红军战士的革命历史题材的短篇，这是作者以现代历史观念对历史事件的反思，此时作者应接触了新历史主义，这是他对当时政治局势和思想解放程度的一个小小的试探，是《白鹿原》创作的准备。《舔碗》写于《白鹿原》完成之后，原是黑娃的一段人生经历。作者在短篇中将这一故事充分展开，对"舔碗"这一"貌似美德实则陋习"的生活习惯进行分析与批判，揭示出"舔碗"在乡间被誉为"生财之道"和勤俭的"美德"的荒谬性，指出民间文化的二重性。其时正值许多作家在民间文化中寻求中国现代化出路和精神资源的热潮，这篇小说是作者对民间文化反思的结果，但没有引起评论界的足够重视。

作者之所以将长篇中的两个重要人物的故事作为短篇发表，一是由于专业作家的工作需要，二是这两个短篇所表现的历史事件和揭露的民间陋习依然是社会上争议的问题。《窝囊》中的张静雯就是《白鹿原》中的白灵，故事原型是革命烈士张景文的英雄事迹。她出生在老财东家，由于父亲的宽容与溺爱，她没有经历缠足之痛，还接受了新式教育，并在后来成

---

① 《陈忠实文集》伍，广州出版社 2004 年版，第 17 页。

为她丈夫的教员的帮助下信仰共产主义，参加学生运动，批驳国民党教育部长戴季陶的虚伪宣道，抡起一块砖头砸向戴季陶。暴露后随丈夫转移到根据地参加了红军，丈夫在战场上牺牲，她在肃反运动中被当做特务处理。怀疑她是特务的原因很荒诞，肃反干部对她参加革命的动机发生了怀疑，他们不相信进步书刊能把阔小姐影响成红军战士，她所在的阶级和社会能满足她享乐，能提供她受教育的种种机会，她为什么要对抗自己的阶级呢？活埋她的两个小战士也坚信她是狗特务，因为他们参加红军是"受压迫受不住了才来造反！"他们理解不了为了信仰和理想而参加红军的女战士。面对肃反干部的愚蠢狭隘和可笑的固执，面对那两个为了活下去参加红军的英俊的小战士，她竟然无法仇恨，她依然相信领导是受了国民党特务的蛊惑，她只觉得窝囊。他们坚信她是特务是从农民的立场、视角和淳朴的是非观念出发，做出的似乎合理实则荒诞的价值判断。

张景文出生于地主阶级家庭，但基督教会学校的教育和共产主义信仰的影响早已使她超越了自己的阶级存在，成为一个新型知识女性和共产主义战士，她为理想而献身的革命精神远远超越了贫苦农民的精神世界和想象空间，他们以农民式的朴素和狭隘审视她的革命行为，得出了荒诞而可笑的结论。而张景文的悲剧是党的极左路线的必然结果，也是党在历史上犯过的严重错误之一，造成这种错误的根本原因并不是某位领导者的一时疏忽，而是我们党的某些领导者身上的"左"倾思想路线。中国社会的现实是工人阶级尚未成为革命的主导力量（如苏联的十月革命），农民事实上成为新民主主义革命的主力军，反思新中国成立之后的一系列政治运动，农民意识和农民素朴的价值理念是那些悲剧产生的重要的思想文化根源之一。作者对党内某些历史问题的思考是深刻的，他试图从根源上去探寻产生这些历史问题的文化心理。马克思主义是人类社会最重要的政治理念和哲学思想，但它与半封建半殖民地中国残存的厚重的小农意识结合之后，就变得复杂、含混、矛盾了，更何况革命队伍中还有许多简单质朴的具有农民意识的战士，他们对革命的理解还停留在"造反"的层面，活不下去就造反，这种价值理念和行为方式从陈胜吴广起义到太平天国，再到那两个小战士，延续了两千多年，而马克思主义传入中国的时间及其传播的范围还很有限，中国人身上还带有浓厚的封建意识和小农意识，衡量一个人是否革命的标准不是家族和民族归属，而是阶级属性。

作者不是站在农民的立场或是党派的立场上思考"肃反运动"的历史成因，而是站在一个人文知识分子的立场上从历史文化的长河中对探寻历史悲剧的根源，让看似合理的推论暴露出荒诞的本质，历史的客观进程与革命者为实现政治理想而奋斗的过程发生错位，这是现代理念和革命信仰与朴素的农民意识的矛盾和冲突，这种矛盾和冲突在改革开放后的中国不仅继续存在，而且形态更加丰富复杂。家族政治维系中国社会几千年，家族政治也使四妹子的养鸡场破产，而阶级斗争扩大化给中国人民带来的灾难绝不亚于家族政治。对党内存在的历史问题，悲愤之余还能为我们提供什么借鉴。《窝囊》是在《白鹿原》文化史观的关照下创作的作品，带有"投石问路"的性质，作者试图通过这篇小说的命运来预测《白鹿原》的社会接受程度和范围，小说没有引起政治上的风波，无疑坚定了他对《白鹿原》文化接受的信心。

《舔碗》抽出了《白鹿原》中黑娃打短工的一段经历独立成篇，描绘了农民生活中的一个陋习——舔碗。黄掌柜是一个靠勤劳和节俭发家的朴实忠厚且算得上仁义的小地主，舔碗是他家祖传的传统，他坚信并时常向人炫耀正是舔碗这种习惯给他带来了今天的财富，他好心地想要把自己的经验推广，用心费力地劝说雇工黑娃学习并养成舔碗的习惯，黑娃死活学不会，一舔就吐，黄掌柜亲自表演并舔黑娃的碗以激励他，引起黑娃的生理和心理逆反，他看见黄掌柜的舌头就吐，最后只好舍弃工钱逃走。对于黄掌柜来说，舔碗不仅是"生财有道"的节俭方式，而且是一种仪式和价值理念，就像蓝袍先生的蓝袍一样具有象征意义，白嘉轩的祖上留下一个木匣子，这位祖宗成为财东，婚后依然破衣烂衫，为的是警戒自己不忘旧耻。对于黑娃来说，舔碗则不仅是一种陋习，而且与人的尊严密切相关，就像《白鹿原》中所表现的，黑娃对封建礼教和宗法制度的自发反抗并不是因为他反对这种文化制度和理念，而是因为他觉得这种理念是白嘉轩强加给他的，经过无数人生磨难，他皈依儒家文化成为白鹿两家下一代中儒家文化最好的传承者和践行者。舔碗如果只是黄掌柜的个体行为，那就是个人癖好，似乎无可厚非，但他将其作为一种文化理念和生财之道推而广之，强迫别人去做，性质就发生了根本改变。舔碗是一个具象性的动作或意象，它直观感性，唤起的是人的生理反应和心理反应，那么依靠强制、压迫和利诱等手段，迫使他人接受某种信仰、思想或理念，也可能会让人产生如黑娃般"恶心"的感觉，比如父亲给蓝袍先生娶丑妻的故事就与黄掌柜教黑娃舔碗有着异曲同工之妙。这种类似的行为方式在当今社会依然普遍存在着。黄掌柜家的其他家人和雇工最终都接受了他的舔碗习俗，这里存在着至少两种情形，一是他们接受了黄掌柜的价值理念，二是迫于威权放弃自己的人格尊严而盲目屈从，即物质的极度困乏导致了他们精神的萎靡和麻木。黑娃是一个具有自我意识的人，尽管是朦胧的、自发的，但他对个体尊严的维护和对黄掌柜舔碗行为的鄙夷无疑是作者赞赏和呼唤的。

作者站在现代性的高度对传统文化遗产进行甄别，勤俭是中华民族的美德，舔碗是节俭的一种极端表现形式，当舔碗作为一种发财致富之道被推广时，人们觉得它龌龊恶心；当舔碗成为生命存在和延续的方式时，它是智慧，人们纷纷效仿且不以为耻。张贤亮在《绿化树》中也设计了一个"舔碗"的细节，并对之进行了唯美化的描述。劳改犯们为了不浪费一点点粮食，每顿饭后都把自己的饭盆舔得干干净净，这是自发自觉自愿的行为，是人类生存智慧的体现，作者观察到"舔碗"的动作因人而异，有时显得很灵活，很能引发人们的想象，那动作"既像玻璃工人在吹制圆形的玻璃器皿，又像维吾尔族歌舞中的敲击手鼓。""舔碗"与人的尊严、人格无关，它只关乎生存本身。作者从生存层面写"舔碗"，这一动作行为表现的是人在饥饿状态下对食物的贪婪和人性的扭曲变形，以及人的人格尊严在生存受到威胁时所表现出的软弱。

陈忠实这一时期的中短篇小说在艺术上也有一些探索与突破。首先是情节结构，"文化大革命"和20世纪80年代初的短篇小说大多以事件和故事来结构，努力塑造典型环境下的典型人物，如《信任》、《徐家园三老汉》等。中篇小说《康家小院》是一个突破，关中农家小院的田园风光和民俗文化，成为叙事的主体，即故事和人物存活的氛围和土壤。《梆子老太》是他第一次以人物结构小说，从结构探索上说是一次成功的尝试。《康家小院》虽有比较清晰的婚恋故事线索，但打动读者的却是关中农家小院的人情人性，小说很有沈从文、孙犁、汪曾祺等作家诗化小说的情致和韵味，但作者没有继续走这条路。

他的小说具有厚重硬朗的风格，《康家小院》却写得柔软细腻缠绵温情，充满诗情画意，表现出作者全新的审美追求，这或许与作者脱离农村生活，进入繁华都市的现代生活的切身感受有关，距离产生美，站在都市反观乡村，才发现乡村田园牧歌式的古典美；或许小说寄予了作者对一份情感的痴情怀恋。《蓝袍先生》和《四妹子》等小说基本是以故事写人物，故事是为人物性格塑造服务的，作者较少考虑读者的因素，比如读者的阅读期待、审美倾向等。《地窖》的创作，表现出作者对小说故事性、趣味性和可读性的极大关注。他始终记得父亲说过的话："还是《三国》、《水浒》好看。"① 可读性一直是陈忠实关心的重要艺术问题。20 世纪 80 年代中期，文学逐渐失去轰动效应之后，读者成了创作需要考虑的首要问题，中篇小说集《四妹子》出版遇到的困难使他更加清醒地认识到这一点。

　　《地窖》的结构设计是一次有意识的艺术实践活动，以"艳遇"结构严肃的政治历史主题小说，无疑是冒险的，但结果还不错，"艳遇"故事并没有冲淡文本的政治历史主题，使读者在反思民族历史的同时，从道德与人性的层面对主人公的情感和精神世界进行了严峻的拷问和深刻的思索。同是写情感，关志雄多了份世故算计和对女人、情感的玩味，少了些《康家小院》中的纯真和温厚。《兔老汉》以两次盗窃案为叙述核心，反映市场经济带来的社会人心的深刻变化，善意地讽刺了愚昧善良的好人，批判了善人不知该如何行善的现实社会。小说结构完整，节奏紧凑，一气呵成。《两个朋友》以离婚案为线索，直到最后才揭出谜底，所谓离婚案从头至尾就是一个精心设计的圈套，所有人都成为王育才复仇的棋子，包括他的朋友王益民。抛开道德批判的社会主题不谈，单是故事本身就很具有吸引力。《轱辘子客》写一个被民警逮走的轱辘子客如何由一个英俊的接班人成为遭人嫌的赌棍的过程，以王甲六和刘耀明多年来从政治到人性的一次次斗争为线索，每次交锋手段策略都不同，王甲六每次失败都有"新感觉"，并在抗争中陷入更深的虚无绝望荒诞的人生境地。《山洪》故事非常简单，就是村民在山洪暴发后救起了一个他们认为不该救的人，产生了报复心理和行动，悬念迭起，结尾却出人预料，救人不是因为良心发现，而是因为恐惧，小人物的残忍与怯懦让人感到由衷的悲凉。《石狮子》最具有陕西地方特色，是关于一个历史文物的故事，王二灵虫和张

① 陈忠实：《寻找属于自己的句子》，上海文艺出版社 2009 年版，第 170 页。

三直杠是左右邻居，王二嫉妒张三比自己日子过得好，受神汉唆使将石狮子放在张三家墙头想祸害他，没想到文物部门说石狮子可能是文物，政府要收买。王二被神汉欺骗折财又丢人，又被神汉拿刀威逼，才知神汉是文物贩子。围绕着石狮子，王二使用了变色龙的伎俩，张三把政府奖励的500元钱塞给王二，王二羞愧难当。很简单的故事却被演绎的跌宕起伏，一波三折，人物的性格跃然纸上。

其次是语言上的变化。陈忠实早期创作追求语言的生动准确。从中篇小说创作开始根据写作对象的不同寻找相应的语言形态和色调，追求语言的个性化和独特性。由于《白鹿原》构思的缘故，作者对叙述语言的凝练精准及内在张力和弹性产生了浓厚的兴趣，决定以叙述语言为长篇创作的语言方式和形态。叙述语言比描写语言简省，可用最短的篇幅表情达意，他说"叙述语言的内在张力和弹性，又不仅是一个外在的语言形态，而是作家对他的人物的透彻理解和恣意纵横而不游离各个人物的气脉，也才能使作者的语言智慧得以展示，充分饱满而又不过不及，废话就不可能落到某个人物身上。"① 之前，作者虽然意识到叙述语言的诸多优点，也深切感知体会到运用叙述语言的难度，以及自己的语言功力的欠缺。陈忠实将叙述语言概括为"形象化叙述"，他的语言实验就是短篇小说《窝囊》和《轱辘子客》，他自认为选择了两个适宜于使用纯粹叙述语言的故事题材。他尝试将人物必不可少的对话纳入情节发展的过程中，通过人物行为叙述出来，将直接描写转换为叙述主体的客观叙述。张景文一生事迹都是通过客观叙述完成的，通篇只有5处对话，最短的两句，最长的9句，9句中有两句分别是一个字和两个字，其余均为叙述语言。《轱辘子客》近万字的小说只在结尾处有几句对话。这两篇小说的语言探索使他认识到用叙述语言创作决不能在行文中留下任何干巴巴的交代性文字的痕迹，"每一句都要实现具体生动的形象化，把纯属语言的趣味渗透其中，才能展示叙述语言独特的内在张力，也才能不断触发读者对文字的敏感性，引发他读下去直至读完的诱惑力。"②《轱辘子客》发表后，语言形态的变化得到大家的认可，使他备受鼓舞。

---

① 陈忠实：《寻找属于自己的句子》，上海文艺出版社 2009 年版，第 60 页。
② 同上书，第 61 页。

在《害羞》和《两个朋友》中，他尝试在纯粹的叙述语言里加入人物对话，使行文富于变化，产生灵动的质感。大段大段的叙述，无论多么精彩，都显得单调，读得多了难免会产生审美疲劳，让人厌倦，对话就显得新鲜活泼。在叙述语言中增加对话的原则是"增之一分则太长，减之一分则太短"，即对话内容具有必要性。其次，对话语言应是个性化、富有内涵的。对话语言和叙述语言一样需要具有表现力，需要进行反复斟酌与锤炼。《害羞》语言实验的痕迹更加明显，故事情节简单，思想主题和文化蕴藉也比较浅显，作者在语言节奏和遣词造句上用力更大些。《两个朋友》的容量更大，思想内涵更丰富，故事性也比较强，语言更加考究，对王育才前半生经历的追述基本是用叙述语言，对王子杰老汉和吕红形象的塑造则是用个性化的对话，王子杰老汉的老诚厚道和正义感、道德感通过他略显粗俗的话语表现出来，他对儿子行为的义愤化为尖利恶毒的诅咒像子弹一样喷射而出，很有乡村家长的气质风范；吕红得知上当后的恼羞成怒，以及她对王育才绝望与幻想交织的痛苦，使她的话生硬、简短，而且多用反复、排比等表达强烈情感的修辞以表达复杂的情绪，有时甚至语无伦次，不合逻辑和语法。她恳求王益民说："王老师，我唯一求你一件事，你去找找王育才，说我死了。他如果还记得我对他全是一片真心，如果还能原谅我当初的动摇，权当说的'势利眼'也行，我只有一丝希望了……"① 这几句话证明了吕红对王育才的爱已经到了甘愿放弃女性尊严的程度，即使被欺骗、愚弄，仍然不肯放弃这段感情。反衬出王育才的自私残忍、冷漠无情。王育才的痛苦和不幸就在于他是普通人，他没有足够的政治理论水平反思历史和时代的悲剧，而是将自己在"文化大革命"期间所受到的欺侮全部算在施与者个人身上，而且伤及到无辜者——父母妻子儿女和朋友。普通人或老百姓对党和政府有一种天然的敬畏，这是传统文化中"民不与官斗"的现代形态，"民怨"并没有随各级党报的社论而消失和化解，它总是在寻找渠道释放与宣泄。"文化大革命"结束后，党和政府对那些受到迫害和不公正待遇的人给予了相应的补偿，但却很难化解和弥合他们内心的伤痛，一些人陷入积怨无处发泄的痛苦境地，将仇恨的利刃刺向个人，酿成了许多害人害己的人间悲剧。王育才这种被痛苦

---

① 《陈忠实文集》伍，广州出版社 2004 年版，第 134 页。

扭曲变形的心态很具有代表性，而且普遍存在着。

作者对"文化大革命"中扭曲人性的修复与回归给予了持续而深切的关注，从《信任》、《反省篇》、《鬼秧子乐》到《地窖》、《轱辘子客》、《两个朋友》等作品，深刻剖析了"四清"运动及"文化大革命"带给普通人的精神灾难和心灵伤痛，以及伤痛产生的深刻的社会原因。不同政治文化背景的人以各自的方式舔舐抚摩着自己的伤口，以期超越历史伤痛走向新生，罗坤、关志雄、唐生法都迅速适应并走向了新生活；鬼秧子乐叔瞻前顾后，疑虑重重；轱辘子客王甲六彻底放逐了自我，借赌消愁；王育才精心策划实施疯狂的报复行为，害人害己，等等。任何存在过的东西，都会产生深远的影响。

他这一时期的小说语言还表现出幽默的特点，他的幽默是冷幽默，在看似平和的叙述中隐含着冷静、冷峻和冷漠的人生态度，有一种站在远处高处审视人物的客观公正和居高临下，《轱辘子客》、《兔老汉》、《山洪》、《石狮子》、《两个朋友》、《窝囊》、《舔碗》等短篇都有这样的特点，他的幽默让人欲哭无泪，欲笑不能，感觉就像困在地窖里阴冷潮湿，浑身"不自在"。他的幽默没有钱锺书的知性，也没有《鬼秧子乐》中农民的狡黠，他的幽默有一种淡淡的自嘲与无奈。首先，这种语言风格的形成与他的个性气质有关，陈忠实是一个外表冷峻内心火热的人，随着年龄的增长和创作经验的丰富，棱角渐趋圆润，语言也多了一份宁静与平和，偶尔露出的锋芒就成为幽默，读上去使人如芒刺在背。其次，作者确立了人文知识分子的文化立场，超越了农民代言人的身份，接过五四启蒙主义作家的接力棒，开始站在民族文化的高度对历史和现实进行反思，对国民性和民族民间文化展开了激烈而尖锐的揭露和批判；再次，作者的语言风格从明朗走向晦暗沉静，这种转变在思潮迭起的时代并没有引起评论界应有的重视，但这种语言实践对《白鹿原》和他后来的短篇小说创作产生了深远的影响。21 世纪以来，他的短篇小说语言闪烁着幽默的智慧，投射出智者与长者的宽厚与悲悯，比如《作家和他的弟弟》中对弟弟"那货"的描述，调侃讽刺中蕴藉着善意的温情；《猫与鼠也缠绵》中既有对小偷生存智慧的欣赏玩味，也有对小人物的同情怜悯和对"硕鼠"的强烈厌憎，作者的情感态度和价值判断通过机智幽默的对话表现出来；《腊月的故事》表现出"含泪的微笑"，在满目辛酸中给人以希望。

# 第 三 章

# 《白鹿原》:民族史诗的建构

　　《白鹿原》是陈忠实的为"垫棺作枕"之作,几乎调动了他所有的生活经验和思想文化资源,在创作中,他完成了自己和白鹿原的双重剥离,揭开了这座古原沉重悲怆的历史。他将自己在 20 世纪 80 年代社会转型期所经历的精神和心理剥离,类推到 20 世纪初辛亥革命后白鹿原上的乡民,以他独特的生命体验来揣摩、推测、理解他们精神裂变的艰难历程。他用现实主义的手法描绘出 20 世纪上半叶陕西关中农村的沧桑变化和隐秘的历史足迹,超越了新中国成立以来小说的阶级叙事模式和二元对立的文化审美模式,在思想主题、文化意蕴、叙事立场、创作手法等方面都有所突破,被誉为新时期乃至新中国成立以来不可多得的史诗性巨著。

　　冯牧认为"《白鹿原》达到了一个时期以来出现的长篇小说所未达到的高度和深度。"① 雷达说:"这是一部新时期最厚重、最值得研究的力作。"② 更有人将作者与巴尔扎克和司汤达比较。好评如潮的同时,小说也受到一些诟病,诸如:"美化地主阶级"、丑化共产党人、有意模糊政治斗争应有的界限,以及性描写和其他艺术上的不足等,却都不足以影响读者一如既往地追捧和喜爱《白鹿原》。

　　1998 年,《白鹿原》修订本获得第四届茅盾文学奖,标志着作品完成了艰难曲折的经典化过程。下面我们将叙事模式、文化蕴藉、人物形象、美学追求等方面展开分析与论述。

---

　　① 李星整理:《一部可以称之为史诗的大作品——北京〈白鹿原〉讨论会纪要》,《小说评论》1993 年第 5 期。

　　② 同上。

# 第一节 "家族—文化"历史叙事模式的建构

《白鹿原》的扉页上有"小说被认为是一个民族的秘史"的题词，表达了作者的创作意图和抱负：通过对陕西渭河平原白鹿村白、鹿两个家族从清末到新中国成立初期 50 年历史的讲述，还原中国农民本真的生存状态，展现中国封建宗法制社会和家族文化缓慢而艰难的历史变迁轨迹，探寻其因由，思考民族的历史文化命运，观照民族文化精神在现代变革中所经历的痛苦的分离与裂变。原生态的农村日常生活的描摹，浓郁的关中民风民俗，以传统关学为精神文化内核的宗族制度，以及祖训乡约、祠堂祭拜等为外在形态的家族文化，悬挂恪守着"耕读传家"古训的农家院落，传承儒家文化和乡约家族理念的白鹿书院与村办学堂等，构成了小说故事和人物活动的空间场所和基本内容，村庄、家族与个人的历史命运被放置在现代史的广阔背景之中，皇帝退位、军阀混战、北伐、第一次国共合作、农协、抗日战争、解放战争等重大历史事件，通过人物命运的讲述完整地再现出来，家族命运的沉浮与革命历史风云相互交错纠结，使小说具有了深厚的文化底蕴、厚重的历史感和雄奇的史诗品格。"秘史"是相对于正史而言的，它表明了作者的叙事立场，即在历史叙事中融入了政治、经济、党派、宗教、文化、欲望等错综复杂的因素，对中国现代乡村社会的历史变迁做了"全景式"的"史诗性"描述。

作者站在现代性的高度，以崭新的文化视野，对中国传统的宗法制社会和家族文化传统进行理性的审视与批判，在 20 世纪文学史上，第一次正面描述并肯定了家族文化在中国传统农耕社会存在的合理性，也没有刻意回避宗法制村落家族文化，在现代观念与制度的包围与冲击下逐渐衰败的必然命运。"叙述者采用了分身术来表现不同的历史和家族故事，一方面，叙述者通过白嘉轩、朱先生等人物的视点，承载着传统文化包括家族文化的话语体系和价值体系，即承载着秘史的叙述，另一方面，叙述者通过家族叛逆者白灵、鹿兆鹏等人的视点，承载着时代历史和社会革命的叙述，这是一种显性的历史叙述，在两种叙事相交融的过程中，家族与国家、族权与政权、宗法伦理和社会革命等关系结构设置得极富张力，叙述者也在一种紧张的关系中完成自身的分裂与整合。"①

小说被誉为中华民族的精神文化史,是当代文学史上最成功的家族小说之一。

## 一 20 世纪家族小说回溯

中国从西周时期就建立了完整的封建宗法制度,延续两千多年,具有极强的稳固性,家国同构是最基本的模式,以血缘关系为纽带的家族文化是儒家文化的起点和表现形态。儒家文化与家族伦理密切结合,构成了维持宗法制村落家族文明稳定而持久的意识形态,儒家"修身齐家治国平天下"的政治文化理念是以家为原点和核心建构起来的。在"家天下"的社会历史文化氛围中,儒家的文化理念和家族伦理规范早已成为中国人的集体无意识,人们自觉认同、恪守并传承着以民为本、忠孝仁义等民族文化精髓。马克斯·韦伯称中国为"家族结构式的社会"。②

家族小说是以家族社会兴衰为对象,以父子、夫妇等人伦关系及人情世态为核心来反映社会生活,揭示人类历史发展规律的小说。《金瓶梅》是明代出现的最成功的家庭小说,把小说叙事的空间由国家拓展到寻常百姓"家",鲁迅说作者"著此一家,即骂尽诸色"③。家即社会的缩影。《金瓶梅》注重写一个家庭的兴衰荣辱,没有特别关注家族历史的发展。此后陆续出现了历史跨度更大的家族小说,如《醒世姻缘传》、《林兰香》等,《红楼梦》达到了古代家族小说叙事的顶峰。鸦片战争和太平天国运动动摇了满清王朝的根基,社会动荡,官场腐败,民不聊生,社会谴责小说成为小说的主流,家族小说相对沉寂萧条。"五四"新文化运动前后,新文化的倡导者们开始重新审视维系中国几千年的封建家族制度,陈独秀指出:"西洋民族以个人为本位,东洋民族以家族为本位。"东方民族"欲转善因","是在以个人本位主义,易家族本位主义"④。傅斯年的

① 吴晖湘:《20 世纪家族小说叙述方式的转换》,《湖南大学学报》(社会科学版) 2003 年第 6 期。

② 苏国勋:《理性化及其限制——韦伯思想引论》,上海人民出版社 1988 年版,第 153 页。

③ 鲁迅:《中国小说史略》,载《鲁迅全集》第 9 卷,人民文学出版社 1981 年版,第 108 页。

④ 陈独秀:《东西民族根太思想之差异》,《新青年》第 1 卷第 4 期。

《万恶之源》、顾颉刚的《对旧家庭的感想》等文章分析了封建时代家国同构的观念模式。梁漱溟在《中国文化要义》中写道："中国人的家之特见重要，正是中国文化特强的性之一种表现。"① 鲁迅认为以血缘关系为基本，将伦理问题泛化和政治化，是中国传统社会的特点，忠君爱国只是孝悌观念的社会化延伸。百善孝为先是中国传统社会最基本的道德准则，历史上许多朝廷都倡导"以孝治天下"。他们因此断定："家庭制度为专制主义之根据。"② 鲁迅开现代家族小说叙事之先河，创作了《狂人日记》，对中国封建家族制度和封建礼教的"吃人"本质进行了无情的揭露和批判。随后，那些接受了现代思想、具有启蒙意识的现代作家开始以西方近现代价值观为参照，对包括家族文化在内的中国传统文化进行了全方位的、彻底的、形象化的颠覆与批判，反对封建族权、父权和夫权成为"反封建、反礼教"的代名词，也成为现代家族小说叙事的主题，即通过描写中国典型家族模式的解体与衰败，预示以家族为基本细胞的中国宗法制社会已走向没落，终将被现代民族民主国家所取代。现代家族小说最有代表性的作品有：张恨水的《金粉世家》、巴金的《激流三部曲》《憩园》、曹禺的《雷雨》、张爱玲的《金锁记》、林语堂的《京华烟云》、路翎的《财主的儿女们》及老舍的《四世同堂》等，它们通常以一姓的贵族官僚世家或几世同堂的城镇庶民家族为叙述对象，以代际间的矛盾及现代家庭观念和婚恋观与封建家族伦理冲突为叙事框架，反映社会历史的变迁；或以几个家族几代人之间的矛盾冲突或情感纠葛为叙事对象，反映家族制度的衰败。这些作家自觉地接受了西方个性解放、人本主义思想和现代婚恋观，对封建制度、封建礼教、封建文化进行了猛烈的抨击，揭露了封建家族吃人的本质，以及家族内部弱肉强食的生存法则和家族成员温情下的自私、贪婪和虚伪，揭示了封建家族制度专制、落后、残忍的本质。

在现代文学史上，巴金的《家》第一次立体真实地再现了封建大家庭的生活形态，塑造了高家三代人各具特色的人物群像，家族内部严格的等级秩序和规范，剥夺了家族成员自由发展的权利，出现了叛逆出走者、

---

① 《梁漱溟全集》第 3 卷，山东人民出版社 1990 年版，第 41 页。

② 吴虞：《家庭制度为专制主义之根据论》，载蔡尚思《孔子思想体系》，上海人民出版社 1982 年版，第 276 页。

忍辱偷生者和颓废堕落者几类不同的家族成员,暴露了家族制度戕害生命、压抑人性的罪恶。梁漱溟说:"中国的家族制度在其全部文化中所处地位之重要,极其根深蒂固,亦是世界闻名的……中国所以至今被人目之为宗法社会者,亦即在此。"①《雷雨》以一个资本家的家庭故事为叙事核心,家庭主要成员都接受了现代西方教育,而周公馆却是一个封建专制下的牢笼,周朴园是残暴专制的封建家长,妻子和儿子们正常的生活、情感和人性被摧残蹂躏,精神人格扭曲变形,在反抗中走向毁灭,真实记录了封建家族毁灭过程中痛苦挣扎的灵魂;《北京人》(曹禺)中曾家曾赖以生存延续的精神支柱——封建礼教,也阻挡不住曾家衰败的颓势与命运。老舍的《四世同堂》把祁家四代和他们生存的小羊圈胡同放置在全民抗战的背景下,将家族与民族命运结合起来,反思家族文化在民族文化和国民性塑造上的影响,寄希望于战火激发民族性,焚毁国民劣根性,重振民族精神,重塑国民性,表现出作者对家族文化批判的脉脉温情与丝丝眷恋。张爱玲对封建家族遗老遗少们的空虚堕落无能给予了深刻的揭露与嘲讽,《金锁记》剖析了封建礼教和拜金主义双重枷锁下人性扭曲的女暴君曹七巧病态的生活、心态及畸形的婚恋,通篇弥漫着末世的凄凉与衰败。《财主底儿女们》写民族危亡的历史背景下苏州巨富蒋捷三家迅速衰败解体过程中,蒋家儿女无法排解的精神苦闷与彷徨,以及永远也无法摆脱的家族情怀与家族阴影。20世纪40年代,巴金的《憩园》中,大家庭由吃人的恶魔变成了安抚漂泊者受伤心灵的避风港,有"归家寻梦的哀伤情调",表现出作者在决绝否定之后,对传统家族文化的怀恋与认同。

中国社会"家庭骨肉之关系乃格外显著、紧密、重要,并以家庭恩谊推准于其他各方面,如经济生活上之东伙关系、教学生活上之师生关系、政治生活上之官民关系,一律家庭化之——这就是中国社会的伦理。"② 这种社会伦理维持了中国社会几千年,成为农耕文明重要的文化形态之一。林语堂认为:"家族制度是中国社会的根底,中国的一切社会

---

① 梁漱溟:《中国文化要义》,上海人民出版社2003年版,第20页。
② 梁漱溟:《乡村建设理论》,载《梁漱溟全集》第2卷,山东人民出版社1990年版,第174—175页。

特性无不出自此家族制度。"① 1939 年年末,《京华烟云》(Moment in Pe-king) 英文版在美国出版,1940 年在上海 "孤岛" 和北平分别出版了中译本。小说描写了北平姚、雷、牛三大家族的浮沉兴衰和三代人的悲欢离合,展现了中国人民从废帝制、立共和到抗倭寇的悲壮的历史画卷,揭示了道家哲学思想与 20 世纪前半叶中国社会现实的深刻矛盾与激烈冲突,歌颂了儒家的入世担当精神和民族忧患意识,弘扬了道家 "达观" 的人生态度和自由洒脱的精神风骨,以家族小说的形态形象地向西方世界介绍了中国社会和中国文化,流露出中西互补的文化观,洋溢着激昂奋进的艺术精神。他说此书乃为 "纪念全国在前线为国牺牲的勇男儿,无非所为而作也"。还在扉页赋诗一首:"全书写罢泪涔涔,献予歼倭抗日人。不是英雄流热血,神州谁是自由民。"他正面描述中国传统文化的博大与深邃,一为激励民族抗日士气,二为向西方展示一个真实的、健康积极乐观的中国形象和国人风貌。林语堂的家族小说被西方文化界称为 "文化家庭小说",作为 "东方圣经" 向西方传扬中国的传统文化精神,以拯救陷入精神危机的西方人的灵魂。威斯康辛贝鲁艾特大学授予他荣誉博士学位,赞扬他是 "东方学者,世界文士",称赞他 "具有国际思想,为中华民族扬眉吐气","卓越不凡的写作" 已使他 "在世界上成为非官方的中国大使"②。林语堂把中国传统文化和民风民俗通俗化、艺术化地介绍给西方,改变了鸦片战争以来西方人眼里原始神秘、愚昧落后、扭曲变形的中国形象,真实健康的中国形象开始走向世界。其家族小说的文化传播意义远远超越了文学意义。

日本学者稻叶君山在《中国社会文化之特质》中写道:"保护中国民族的唯一障壁,是其家族制度。这制度支持力之坚固,恐怕万里长城也比不上。"③《京华烟云》在西方取得巨大成功,随后,林语堂又创作了《风声鹤唳》(Leaf in the Storm) (1940) 和《朱门》(The Vermilion Gate) (1953),构成文化家庭小说三部曲,分别以道家文化、佛理禅宗和儒教文化为精神内核展开叙述,前两部正面弘扬中国传统文化精神,

① 林语堂:《吾国与吾民》,宝文堂书店 1988 年版,第 161 页。
② 林太乙:《林语堂传》,北岳文艺出版社 1994 年版,第 157 页。
③ 转引自《梁漱溟全集》第 3 卷,山东人民出版社 2005 年版,第 41 页。

《朱门》则着力表现中国宗法家族腐朽的礼法与新文化的冲突,即家族文化中的劣质与带有民主与自由精神的婚恋观之间的冲突,而现代西方式的文化精神与传统儒家文化中的情理精神相融合,将形成中国式的现代家庭文化精神。文本宣扬的是经过作者改造的、与西方人道主义精神相融合的现代儒教思想。小说描写20世纪30年代发生在古城西安的一个爱情婚姻故事,豪门少女杜柔安爱上了青年记者李飞,他们以现代西方自由精神和爱情为动力,冲破腐败虚伪、悖逆情理的豪门宗法的束缚,历经磨难创造了浪漫温馨、浸润着传统儒家文化精神的新型家庭。作者将孔子的情理精神视为中国文化的瑰宝,坚决否定宋明理学脱离人生、违反人性的禁欲主义和伪饰玄虚、繁文缛节等形式主义。

林语堂一直致力于中国传统文化与西方现代文化的对话与融合,探寻中国现代家庭的新模式,即以爱情为纽带来维系的一夫一妻制的小家庭。现代家庭如何走出传统家族,继承家族文化精髓,与西方现代家庭理念结合,构建自由民主、和谐温暖的现代家庭。

林语堂在美国精心构筑中国现代家庭形态时,中国的政局已发生了根本改变,中华人民共和国成立,蒋介石的国民政府逃往台湾,家族文化和家族历史被政治因素人为地割裂了,台湾文学中的家族叙事从此成为"无根游子的绝唱";在内地,阶级关系以革命的名义迅速取代血缘维系的家族关系成为人与人之间的根本关系,在文学中家族叙事成为革命历史叙事的背景,以《红旗谱》和《三家巷》为代表的家族小说突破了现代家族小说的叙事模式,反封建、反礼教的启蒙主题被阶级话语模式所取代,现代家族小说中"父子冲突"和新旧文化矛盾冲突的情节模式被取代,矛盾由家庭内部转向贫富两极或两个阶级的对垒,揭露剥削阶级家庭在政治上的反动性及其对人民压榨的残酷性成为小说叙述的核心。"十七年"期间的家族叙事是被意识形态化了的家族叙事,革命诉求打破了五四以来现代家族叙事的文化启蒙诉求。《三家巷》中周炳作为"逆子"反叛的不是周家,而是造成有姻亲关系的几家人经济上不平等的社会。周、陈和巷子外的区家是姻亲关系,三家分别娶了杨家的三个女儿,宗法制社会以宗亲关系为经,姻亲关系为纬,姻亲关系远不如宗亲关系牢固和可靠,作者对三家姻亲关系的预设,为家族伦理关系的解体做了铺垫。

陈万利想纳外甥女区桃为妾，《红旗谱》中冯老兰想霸占春兰，春兰是他同族亲戚中的晚辈，小说为强化阶级对立，竟忽略了人类社会最原始的性禁忌——乱伦，传统家族伦理秩序被革命的政治伦理秩序轻易地置换了。《红旗谱》中家族关系构想的基础是《共产党宣言》中关于"解放全世界受苦的人"的阶级理念，朱家和严家是没有血缘关系的"非亲同族"，阶级情谊超越了血缘纽带。

阶级情维系和组建的家族或家庭的极致形态是"文化大革命"期间的革命样板戏《红灯记》中的家庭，听"奶奶讲革命"一段交代了这个革命家庭的基本构成，一家三代彼此都没有血缘关系，三个人三个姓，革命信仰和阶级感情是他们的精神纽带。《红灯记》可以看作"文化大革命"时期对家族血缘关系解构最彻底的文本，也是最革命、最具有现代意识的家庭关系和家庭模式，似乎也算是家族叙事的一个极端变形的形式，反映了"文化大革命"的发动者们对新型家庭关系建构的企图或"理想"。主流意识形态出于普及革命历史教育的现实需要，通过李玉和家庭关系的重构，尝试以家庭为叙述单元来宣传现代革命历史，强化阶级观念和阶级情感。文学研究者谈到家族叙事，总是将"文化大革命"作为空白或断裂而忽略，这是一种主观的误读，不符合文学创作的实际。汪曾祺先生执笔的样板戏《沙家浜》也颇有韵致，抗战的民族大义使国共两党的关系貌合神离，几股势力的较量仅用二元对立的文化审美模式很难解读，胡传魁身上有中国民间草莽英雄的气质，民族大义、江湖义气、个人恩怨在他那里的意义远远超过了所谓的党国利益或"三民主义"。传统的"家国同构"被民族和阶级关系所置换，在郭建光那里是民族与阶级的结合，在胡传魁那里是民族与个体或兄弟义气（民间）的结合，在阿庆嫂那里表现得就更加复杂了。文本的内在矛盾显示出汪曾祺在"文化大革命"阶级话语下重构"家国同构"形态的努力。《红灯记》是对小家形态的文化想象，《沙家浜》是对国家或大"家"形态的文化想象。"文化大革命"期间，世界尚处于两大阵营冷战僵持的时期，社会主义阵营开始出现分化，阶级对立是"全世界无产者联合起来"的政治基础，国内执行以阶级斗争为纲的政治路线，为政治服务的文学在处理家庭内部关系时，以阶级关系作为维系家庭情感和稳定的根基就具有了政治上的合目的性和理论上的合理性。

新中国成立后，土改、城市工商业改造和"四清"运动等社会政治运动，都将宗族作为封建标志进行清除，宗族的公地、房产被没收并重新分配，祠堂被砸毁，族谱被烧毁，宗族观念被严厉批判，族长权威被剥夺，至"文化大革命"前，家族组织形式已基本瓦解，遗留和残存的只是家族意识和家族观念，这种观念和意识在阶级意识压制下，成为隐性的存在，社会关系和人际关系简单而纯粹，即人民和阶级敌人两大阵营，非此即彼，你死我活。农村里的中农和城市知识分子成为夹缝中生存的尴尬存在，文学创作中关于"中间人物"的讨论就与此相关。农村题材叙事中中农成为封建落后保守的象征，如《三里湾》中的马多寿家、《山乡巨变》中的菊咬筋家、《创业史》中的郭世富家等，《白鹿原》中白嘉轩在合作社运动中也成为负面典型。这些艺术形象的出现也从侧面说明了传统乡村家庭的社会主义改造任务，仍然是艰巨而复杂的。

新时期以来，伤痕文学和反思文学对"文化大革命"伤痕的揭露与根源的反思，是老干部、知识分子、知青等特殊群体对社会历史的叙述与反思，虽然有些作品涉及农民和工人，但他们不再是叙事的主体。改革文学对现实的反映及时弥补了人们对现实生活的热情，市场经济逐渐取代计划经济的过程中，传统与现代的对立和冲突日益彰显，面对激烈的市场竞争和商品交换原则，人们感到前所未有的困惑与焦虑。寻根文学作家开始了对民族文化之根的追寻，家族作为民族延续的基本形态被发掘出来，张承志的《北方的河》写出一代人"失父"后的失落、迷茫和恐惧，信仰、领袖在"文化大革命"期间取代了血缘上的父亲成为一代人的精神之父，20世纪80年代的思想文化启蒙，与五四时期有着根本的区别，它没有"弑父"的阶段和环节，叙事主体或抒情主体的精神之父被主流意识形态"取消"了，于是产生出一大批精神孤儿，梁小斌说"中国，我的钥匙丢了"，"寻父"取代了父子冲突的结构模式，主体产生了强烈的被遗弃的痛苦与悲哀。韩少功的《爸爸爸》中丙崽就是被父亲遗弃的，因其畸形丑陋而被遗弃，隐喻着宗族被时代与历史抛弃的无归宿感，迁徙成为人类历史永恒的形态，稳定的农耕文化被具有扩张性和侵略性的工业文化侵蚀、消磨，无家的恐慌使人们下意识地怀恋起传统的家与家族来，在文学想象中重温传统家族文化的血缘亲情和伦理氛围，家族文化的绵长给人以生存价值的确认，使人找回了久违的历史感与厚重感，个体意识到自己不仅仅是国家机器上的一颗螺丝钉。先锋作家率先开始了对家族命运的反思，以及个体欲望在历史进程中所产生的作用和影响。

历史在很多时候就是由个体非理性的冲动改变的，比如余华《现实一种》中家族的毁灭就是非理性情绪作用的结果；苏童《一九三四年的逃亡》中陈氏家族在贪欲、肉欲和仇恨的交织中交替着盛衰的历史，生命无意义的毁灭暗喻着斗争史的无意义；《罂粟之家》中传统家族血缘的纯正被消解，血缘亲情被血亲仇杀所替换，乱伦、偷情、阳痿、同性恋等畸形变态的行为导致了家族的毁灭；余华的《许三观卖血记》，将个体生命的沉沦与人被历史和现实抛弃的状态呈现在读者面前，以卖血的方式延续血脉的传承，温情中透着无奈与悲凉；莫言的"红高粱家族"以暴力和原始激情创造的新鲜血脉竟是一个孱弱病态的躯壳，"种"的退化和"断子绝孙"的现实恐惧迫使人们不得不反思家族伦理秩序的意义。从先锋作家的家族叙事中，我们发现人才是世界真正的主宰，人性的退化和失落才是中国传统社会转化和家族文化衰落的根本原因，世界性的现代化进程只是外在的背景因素，起决定性作用的是人和家族文化本身。家族颓败是历史的必然，对原因的追溯却因人而异。

个体欲望和非理性具有强烈的破坏性，以暴力、革命、破坏的方式创造历史、延续种族血脉，是人类历史发展的重要形式，但绝不是唯一。莫言、余华、苏童等作家肯定了人的合理欲望，揭示出人类历史发展的复杂性、多元性和偶然性，在正统历史之外，发掘出鲜活的民间历史。20世纪80年代中期，以莫言的"红高粱家族"为标志，民间叙事立场的渗透，解构了庙堂叙事上的意识形态教化功能，颠覆性地重写了中国的近现代历史，权力、性、暴力等原始欲望成为情节发展的推动力，逐渐取代了意识形态教育（如革命宣传、政治学习等）作为情节推动力的叙事模式，生存欲望成为文本最核心的价值诉求。

张炜的《古船》发表于1986年，继承了中国现代家族小说以家族的历史变迁隐喻时代兴衰演变的叙事传统，客观真实地叙述了作为传统乡土中国象征的胶东芦青河畔洼狸镇上三个家族的兴衰史，揭示出洼狸镇的"浮华世家"在革命浪潮中走向衰败的必然命运。文本中的三个家族，隋家是当地的开明士绅，属资产阶级，隋家既没有专制的家长，也没有叛逆

者的反叛，更没有败家子的内耗，它的衰败与解体是由于新的社会制度的
建立，现代民族国家必然取代传统的家族统治，这是历史的必然，隋氏家
长隋恒德顺应时代要求，主动交出家族企业粉丝厂的经营权，也没能改变
家族没落的悲剧命运。赵家是由被压迫阶级转化为统治阶级的，契机是政
治革命，农民阶级不仅在政治经济上翻身做主人，还追求着身体的翻身和
欲望的满足，觊觎隋家的女人就成为这一所谓的精神诉求的外在表征。李
家是知识分子家庭，崇尚科学，在镇上人看来他们孤僻怪异，他们的科学
精神和革新意识拯救过 20 世纪 60 年代的生灵，推动了 20 世纪 80 年代经
济的发展，是一股正义、进步、超前的历史推动力。三个家族的恩怨情仇
演绎出中国社会几十年来的沧桑巨变，作者没有像现代家族小说那样把主
要的笔墨放在封建贵族家庭内部日常生活的摹写上，也摒弃了《红旗谱》
的阶级话语，它旨在揭示农民由家族复仇走向阶级解放的情感基础与历史
合理性。作者站在人道主义的立场上，把大量的笔墨放在外在社会政治的
变化对三个家族的冲击及人们思想性格的转变上，客观地叙述了三个家族
的悲欢离合，由洼狸镇的苦难折射出民族在特殊历史时期的灾难和悲剧，
表达了作者对人类苦难和历史命运的深切思考。他以悲悯的情怀关注人间
的苦难，重新审视农民革命，对贵族家庭的成员没有明显的主观偏见和歧
视，也不偏袒革命农民家庭出身的赵氏家族的历史过失，对知识分子家庭
出身的李家父子所遭受的歧视却有着隐隐的不平与忧患。作者敏锐地觉察
到以赵炳和赵多多为代表的农民以阶级斗争的名义，对隋家进行着残忍血
腥的家族复仇，家族意识早已成为民族的集体无意识，在政治运动中左右
着人们的行为，阶级意识与家族观念交织在一起共同酿成了历史与人性的
悲剧，切中了极左思潮与传统蒙昧小农意识的要害。

张炜塑造了一个农民阶级出身的革命集体大家庭中专制族长形
象——赵炳，他是洼狸镇赵氏家族的族长，是以革命者面目作掩护的专制
族长的文化怪胎，他具有政治家的阴险和狡诈，以貌似革命的形式实现宗
法斗争的复仇目的，圣洁的道德面孔掩饰着他男盗女娼的丑恶内心。家族
利益、个人私欲与政治荣誉成为他在洼狸镇推行专制统治的行为动机。其
对社会和革命事业的危害，对个体生命，特别是对女性的戕害甚至超过了
普通的封建家长，如高老太爷、七巧等，而这类专制家长在新时期文学中
并不是个案和特例，《桑树坪纪事》中的李金斗、《西望茅草地》中的张

种田等，都具有这种家族专制者的特点。作者不仅剥开了他们革命和道德的正义光环，还以现代性的眼光揭示出滋生赵炳家族专制幽灵的社会文化土壤——偶像崇拜与奴化心理，迷信、盲从、奴性意识是专制主义生长的文化土壤，人们从精神人格上臣服于他，对他的旨意无条件地服从，事实上助长了他的专制统治。他是特定时代的产物，是新时期文学画廊中"革命大家庭专制者"的典型。

陈忠实说构思《白鹿原》时，细读了《古船》和《活动变人形》（王蒙），从中得到了小说结构方面的某些启示。二者都根据人物和内容创造结构，前者结构精致得体，打磨痕迹明显；后者以人物情感节奏结构全篇，乍看结构受制于情绪，细品则别有韵味，叙述自然随意，叙述人自如地在人物的"现在"和"过去"中穿插，产生出强烈的"在场感"。

陈忠实善于将自己的个人经历和精神情感磨难嚼碎揉匀凝练，像撒花椒面一样撒进面粉里，揉成面蒸成馍，很多人物身上都有他自己的影子，但又很难说哪个人物最像他。贾平凹在创作中从不回避"我"的存在；路遥的《人生》感动了几代中国人，很多读者将高加林作为路遥的化身，从精神潜质上说，刘巧珍离路遥最近，恐怕路遥自己也不曾察觉。

为了使人类摆脱孤独的宿命，上帝创造了夏娃，于是西方人把爱情作为消除孤独的工具，却在夏娃的引诱下堕入罪恶和痛苦的深渊，而夏娃是受了蛇的诱感；周礼确立后，女性丧失了与男性平等对话的权利，"知己"、"知音"成为国人的精神寄托和典型的关系模式，如屈原的香草美人、桃园三结义及琴妻鹤友等，陈忠实就是将文学作为他人生的寄托。解读这类作家，最好的方法是读他的文字，文字中的矛盾悖谬可能正是其内心世界的真实写照。

中国人喜欢将思想情感寄寓在意象之中，"活动变人形"是倪吾诚为倪藻买的一本日本画书中的玩偶，头、身子和脚三部分有无数变化的可能，玩偶就是贯穿始终的意象，倪吾诚就是一个玩偶——聪明的脑袋和高大的身躯下面，长着两条不健全的腿，作者以此隐喻中国现代知识分子精神人格的内在分裂；《白鹿原》中，白鹿是美好幸福的象征，白鹿精神体现在朱先生、白灵、鹿兆海等人物身上。王蒙摒弃了现代家族小说"父子"冲突的关系模式，采用"夫妻"冲突的关系模式解读文化差异带来的社会家庭问题，尽管仍带有"文化大革命"的印记，也算是思维方式的一种解放。

因为作者超越了进化论思想,把人物放在多元文化交会的关系网络中,让他按自己的性格逻辑去表现、挣扎、寻觅并实现自我拯救。王蒙饱经沧桑,对人的现实处境和悲剧命运有深刻的体验和思考,他任由倪吾诚在孤独、无助、绝望中挣扎,却拒绝为他设置救命稻草,使文本的思想力度得以彰显。而张炜为隋抱朴设置了《天问》和《共产党宣言》,他的精神成长和独善其身是以隋家两代女性的血泪为代价的。以女性的善良美丽和牺牲精神救赎男性,进而救赎社会和人类的设想是幼稚的空想。涉及哲学、宗教等形而上命题时,作者的思想力度明显不足,显得简单而草率①。

先锋小说作家的家族叙事旨在重构历史,张炜从人道主义出发考察家族历史和人性,王蒙站在人文知识分子的立场上反思新文化确立的艰难,主旨不是家族历史的演绎,而是各种文化冲突带给主体的精神裂变和痛苦。陈忠实对中外家族叙事的文本进行了细致的研读,抱着开创新的家族叙事模式的野心,站在传统儒家文化的立场上审视并反观中国近现代史和家族史,陈思和说他"从传统理学来整合一种新的价值观念,我以为这正是陈忠实的民间叙事观念的表达"。② 并将之概括为"历史·家族"民间叙事模式,得到了学界的普遍认同。这里"历史"是指民间视野下的历史,通过对农村家族形象的重塑,来表达和叙述民间对历史的记忆,以家族的兴衰演绎历史的演变,体现了民间社会不以成败论英雄的朴素、温厚的历史观念,稀释了阶级斗争理论观照下家族叙事的历史血腥和暴力,神话原型与民间传说成为历史构成和民间历史叙事的主要标记。

## 二 《白鹿原》:民族秘史的讲述与家族制度的瓦解

《白鹿原》对民族秘史的讲述是相对正史而言的,正史中从清末到新中国成立半个多世纪的重大历史事件,文本中都有叙述,作者在家族矛盾的演绎中,勾勒出了一幅乡村形态的民主革命史。叙事以秘史为主,正史为辅。

---

① 笔者认为这是《古船》与茅盾文学奖失之交臂的重要原因,不是茅奖的"遗珠"之憾,而是文本本身的力度不够。

② 陈思和:《"历史·家族"民间叙事模式的创新尝试》,《当代作家评论》2008 年第 6 期。

### （一）现代民族国家政体对家族制度的消解

中国近现代社会文化转型中，具有标志性的事件就是家族制度的瓦解。在这一过程中，国家、民族、个人都经历了心灵的阵痛和"离家"的悲凉，这是历史发展的必然结果。五四新文化运动以"狂飙突进"的革命取代了康梁的社会改良，"中学为体、西学为用"的观念成为保守落后的象征，现代性与传统成为不可并存的价值观念。昆德拉说："当上帝慢慢离开它的那个领导宇宙及其价值秩序，分离善恶并赋予万物以意义的地位时，唐吉诃德走出他的家，他再也认不出世界了。世界没有了最高法官，突然显示出一种可怕的模糊；唯一的神的真理解体了，变成数百个被人们共同分享的相对真理。就这样，诞生了现代的世界和小说，以及与它同时的它的形象和模式。"① 这段话也是当时中国社会和文学的真实写照，现代家族叙事表现了这一转型期的社会和人心变化。作为当代历史的见证者和当事人，陈忠实发现并感受到民族文化传统在现代化进程中，对现代性的反抗与反消解，以及二者在消解与反消解过程中的激烈搏斗，给民族、家族和个人带来的灾难和痛苦，二者的制衡又促进或牵制了历史车轮前进的脚步。这是《白鹿原》家族文化叙事的切入点。

《白鹿原》超越了以往的革命历史叙事，具有史诗性特质。作者站在现代性的高度，时而与叙述人合一，时而分离，造成文本的内在矛盾与叙事张力。文本通过白鹿两家族史的叙述，从革命历史、道德伦理和民族文化心理三个层面探寻中华民族的历史文化命运，观照中华民族的精神文化人格。主旨不是讲述历史或重构历史，而是关注当下与未来。他说："这个多灾多难的民族又站在了世纪末的十字路口，这个民族又面临着一场大的变革的时候，回顾一下我们走过的足迹，审视一下是极其必要的，封建社会解体是个非常复杂的过程。我们主要分析这个民族的精神负担，要延续它优秀的一面，分离掉它不好的一面，而这个分离的过程是十分痛苦的，缓慢的。审视过去，了解将来，会有益于我们走好明天的路程。"②

① 昆德拉：《小说的艺术》，孟湄泽，三联书店 1995 年版，第 5 页。
② 陈忠实、张英：《白鹿原上看风景——关于当前长篇小说创作和〈白鹿原〉》，《作家》1997 年第 3 期。

文本被誉为中华民族的秘史,即隐蔽在民族解放和民主主义革命的历史事件下的中华民族的精神史,其中包括旧民主主义革命和新民主主义革命的革命史,传统儒家文化与现代西方文化较量下的民族心灵史,白鹿两家几代人恩怨情仇所书写的家族文化史,以及原上儿女们或纯真、或畸形、或暴虐的变态的性史等。家族斗争是文本叙事的核心和线索,文本对中国传统儒家文化及其在民间的特殊形态进行了深刻细致的剖析与阐释,反映出新旧文化激烈冲突下人的精神裂变和内心挣扎。丰厚的历史文化蕴藉遮蔽了文本的政治叙事及作者的革命历史观,以致产生了"作者和文本歪曲了新民主主义革命"的批评和指责。

谭桂林认为,《白鹿原》的意义在于,一方面它以错综复杂的人物命运的描写承续了"五四"以来家族母题小说的叛逆与救赎的深度模式,另一方面它又以其密集的历史信息与潜隐的文化符码,揭示了中国家族制度在崩溃过程中的一种必然而独特的现象:家族权力与国家权力的分流与抗衡①。白鹿原是中国内地的一个小村落,与中国大地原点泾阳县相邻,历史上曾是京畿重地,是中国封建宗法制家族文化形态最完善、最典型的区域,文化底蕴深厚,取样具有典型性。清末,白鹿原保持着皇权制度下宗族村落家族自治的社会形态,呈现出安宁和谐的乡村社会图景。宗族是村落里基本的社会组织,祠堂是宗族的象征和族人主要的活动场所;族长是宗族功能的人格化体现,承担着原始氏族公社时期长老的职能,是权力、义务的结合体,在干旱时求雨仪式中,族长白嘉轩还充当着"巫师"的角色。祖先崇拜和族长权威维系着宗族村落的运行,历任族长都经历过由人到神的角色转换,"仁"是中国社会的根本价值,以德报怨是白嘉轩成长为"人格神"的基本素质。在村落中,村民之间发生纠纷,依照惯例,都由宗祠内部解决,族长负责协调,解决不了时,才诉诸官府。文中族长白嘉轩和村中首富鹿子霖为李寡妇的六分地而引发了白鹿两个家族的殴斗,一度想打官司。朱先生立刻劝阻双方,晓以大义,两人握手言和,并资助李寡妇一家渡过难关。此事得到了滋水县令的褒奖,颁发"仁义白鹿村"的牌匾以资鼓励。官府认可并支持宗族村落的自治。

白鹿原是中国传统乡土社会的一个缩影,清朝政府行政机构的设置和

---

① 谭桂林:《论〈白鹿原〉的家族母题叙事》,《河北学刊》2001年第2期。

管理尚未渗透到乡村一级，县府是最小的行政执法机构，县下设仓，每仓设仓正一名。仓是粮库，丰年储粮，灾年放粮赈济百姓，没有行政执法权。乡村的日常社会秩序和安定由宗族负责维持，县府没有委派专人，如"里正"、"保长"或警察之类管理村落事务，而是承认宗族地方自治的合法性。

历朝历代都有宗族与朝廷分庭抗礼的事，曾国藩的湘军对晚清政治军事格局的形成就曾产生过很大的影响。国民政府只是形式上的现代国家，国民党的覆灭，本质上是蒋宋孔陈四大家族的家族式集权统治的失败。文本以白鹿家族的衰败隐喻蒋家王朝覆灭的必然，从侧面论证了新民主主义革命的进步性和现实合理性。朱寨说："作品人物的社会阶级属性并不模糊，但都不是某种社会阶级属性的简单化身，而是多种社会因素的复合。"[1] 阶级关系是由经济地位决定的，在现实社会关系中也是最薄弱的，白鹿两家都曾出现过败家子，但从未影响白氏一族的族长地位。白家出了白孝文那样的逆子，鹿家培育出鹿兆海那样的民族英雄，族长由白家继承。"三民主义"的政治理想在朱寨先生看来与共产主义没有本质性的差别，其自由民主的理念，只在四大家族及其派系中发挥有效性。回顾历史，共产党内部多次的政治运动、整风运动，虽然存在着"左倾"和"扩大化"的问题，也因此给中国革命造成了一些不必要的损失，但还是有效遏制了宗派主义势力的蔓延，新中国成立以来，国内党内都没有出现过"蒋宋孔陈"式的家族势力。这在事实上推进了中国的民主化进程。

中国是有几千年宗法制历史的国家，家族观念根深蒂固，在民间根基尤其深厚，枝蔓盘根错节，建立现代家庭观念是中国现代化的迫切任务。从社会学和人口学角度分析，真正瓦解和动摇中国家族制度体系的不是革命和运动，而是国家的计划生育政策，独生子女这一代人的家族观念明显淡薄，中国传统的姻亲关系正在逐步消亡，家族文化和理念丧失了赖以生存的社会环境和文化土壤。

皇帝退位后，封建皇权统治彻底瓦解，建立现代民族国家成为国人的共同理想，各党派都试图按照自己的社会理想和历史逻辑来改造乡土中国，并在与传统宗族制度争夺乡村社会统治权，将乡土社会纳入现代化发

---

[1]　朱寨：《评〈白鹿原〉》，《文艺争鸣》1994 年第 3 期。

展轨道等方面达成了共识,致使乡村成为争夺的焦点或"鳌子"。乡民们像烙饼一样,被军阀、国共两党与土匪翻来覆去地炙烤。农协运动前后,"鳌子"指国共两家;白鹿村被土匪洗劫,"鳌子"指国、共和土匪三家,这里,朱寨先生从儒家的民本思想出发,认为三种势力给村民们带来了同样的心理恐慌和现实灾难,而不是对三家的政治性质和革命宗旨进行评价。笔者认为以此为据批评作者的历史观也有失公允。

作者对各种政治力量解构乡土社会的方式和作用进行分析整合,以家族秘史的形式再现出来。他意识到人们恐慌的根源来自生存与精神两个层面:白狼侵扰直接威胁人畜安全,精神恐慌关乎生存的根本。前者由族长白嘉轩有效遏制;后者由"乡约"化解。"乡约"是大儒朱先生制定的乡民基本行为准则,负责实践的是族长白嘉轩,辅助者是私塾先生徐先生(前清秀才)和鹿氏一脉的实权人物鹿子霖,祠堂承担乡村日常事务的管理与监督,违者由宗祠处罚,"乡约"强化了家族的权威。在新兴国家政权无暇、无力建构基层行政管理体系的空当,家族权威维护了地方的社会秩序和安定团结,使白鹿村成为礼仪之邦。白鹿原就是一个微缩的集权制宗族社会,族长成为宗族村落的精神领袖和权力核心,负责管理地方治安、人伦教化、礼仪风俗等日常事务。

白鹿村保障所的建立,打破了白鹿村家族自治的格局。国民政府建立了基层政权网络,县下设仓,仓下设保障所;仓里的官员称总乡约,保障所的称乡约。保障所是最低一级行政机构,管辖10个左右大小村庄。回顾新中国成立以来的中国农村基层政权设置,我们发现,县乡村三级管理模式基本没变。民国时期是"县—仓—保障所";新中国成立初是"县—乡—村";"人民公社"时期是"县—公社—大队(下设生产小队)";改革开放后是"县—乡—村(下设村民小组)",这一形态已延续近百年。以田福贤和鹿子霖为代表的民国基层政权,开始蚕食宗法家族村落的族长权力,国家意识形态也试图取代宗祠对族人和村民的精神控制。在中国传统乡土社会,宗祠还行使着欧洲中世纪乡村教堂的宗教职能,宗祠崇拜的是祖先而不是上帝,但具有仪式和精神上的同一性,比如白家立家之本或家族精神是勤劳节俭,象征物是一个木匣子;鹿家的家族精神是卧薪尝胆、忍辱负重、恩怨分明,象征物是祖先的发家故事。

在中国"家国同构"观念和宗法制度影响下,家族在乡村社会集政权、族权、神权于一身，具有极高的权威，敢于抗衡和挑战现行政权，白嘉轩策划领导的交农事件，就是家族制度对民族国家政权的公然对抗。新政权对家族权力采取了收买与打压相结合的策略，任命被宗族权力边缘化的鹿子霖为白鹿村保障所所长，与家族势力构成制衡的格局。这是文本中很有意味的一个细节，即鹿子霖的世俗权力是现代民主国家施予他的，并不是他主动争取的，他的权力欲、贪欲、物欲、性欲等被激发出来，并得到了释放和发泄的"正当"渠道。因鹿兆鹏闹农协被闲置的鹿子霖，重新起用他是因为"只有他可以对付白嘉轩"①，至此，白鹿两家的争斗超越了单纯的家族权力斗争，转化或上升为家族权力与国家权力（世俗权力）的斗争，家族斗争中逐渐演变为政治斗争。在文化上，体现为家族形式遮蔽下的传统与现代的斗争。贺耀祖是原上贺家坊的乡绅，也没有进入新政权，却以乡绅的名义参与了白鹿仓镇压农协、赈济灾民等活动，表明基层政权对归附者是拉拢联合的，他代表着部分乡绅的政治立场。白嘉轩则经历了对抗—不合作—认同等阶段，关闭祠堂标志着家族政治在白鹿村的终结。

基层政权对家族权力的瓦解是渐进的，军阀混战祸及白鹿原，家族权威遭到亵渎和挑衅，田福贤在危机解除后对灾难户予以经济补偿，重修白鹿仓树立起基层管理者"宽厚仁德"的形象，官家（国民政府）代表着中国现代化进程的方向。与砸祠堂、毁乡约等革命行动相比，这些举动是温和的，但对家族制度的冲击是巨大的，而且是致命的。

给白鹿原带来现代文明信息的是鹿家的两个儿子：鹿兆鹏让村民们见识了穿新式制服的校长；鹿兆海"戎装整洁举止干练，脸色红润牙齿洁白，尤其是神态谦和彬彬有礼"②，展现了国民革命军人的崭新形象，瘟疫蔓延时他以现代科学的方法保全了家人，抗战中为国捐躯，成为白鹿精魂的象征。鹿氏兄弟是新文化运动的产儿，代表着现代中国的先进方向，乡民们从他们身上感受到现代文明的气息。鹿子霖当初送儿子进新学堂读书，热衷村保障所的事，目的并不是现代化，而是取代白嘉轩成为家族的统治者，历史也跟他开了个玩笑。

---

① 陈忠实：《白鹿原》，人民文学出版社 1993 年版，第 242 页。

② 同上书，第 282 页。

政权和族权间的争斗形态体现出拉锯战的特征,双方交替占据上风。自然灾害是人类无法抗拒的,白鹿原遭遇旱灾,白嘉轩带领族人"伐神取水",神秘庄严的仪式从远古流传至今,他化身"西海黑乌梢","口咬嚼钎"(火红的钢钎穿越两腮,钢钎两端各套一只小环,恰似骡马口中的嚼铁),威武悲壮地长途跋涉,进入秦岭深处的黑龙潭,从潭边"一步一拜一个长揖一个响头",磕进铁庙祭奠跪拜载歌载舞抛洒供品。此时的白嘉轩俨然有"普罗米修斯"为民请命的牺牲精神和悲剧精神,完成了他民间人格神的形象铸造。"伐神取水"仪式是原始宗教在民间的遗存,体现出"族权天授"的现实合理性,表现出古典的崇高和壮美,唤起人的崇高感,实现了白嘉轩从人到神的转变。

田福贤在戏楼上整治农协会员时,白嘉轩依据"子不教,父之过"的古训,要求代本族中的农协成员受刑,公然向田福贤为首的世俗政权挑战,承担起庇佑保护族人的责任,印证了鹿兆鹏关于白鹿村是最顽固的封建堡垒的话,共产党领导的农协和国民党的基层政权在与家族势力较量时,都感到家族制度的稳固和强大。

原始的宗教仪式只能给族人以心灵的慰藉和生存的信心与希望,却无法带来甘霖和粮食以拯救饥民;县政府成立赈灾机构赈济灾民①,还特聘朱先生督导赈灾,严防贪腐,他带领赈济会同仁抢舍饭,深得百姓爱戴。

灾难过后,宗祠为有资格上族谱的人超度亡灵,以激励活人的生活勇气和希望。对于天灾,民间社会通常有自己的解释系统,家族共同的灾难族人共同承担,没有人指责家族的头领。但民族国家以赈灾举措赢得了民心,树立了威信。牟宗三说:"革命者,变更其所受天之命也。在以前,统治者之取政权,与现实方面是凭其德与力,乃其德足以服众,力足以驭众,在现实上无足与竞,其自身便成一实际上之无限,顿觉其生命遥与无接,因而便谓其统治是受命于天。"② 赈济灾民,是家族势力无法做到的,白嘉轩之德足以服众,但其家族的经济实力却不足以应对天灾,保护族人的生命财产安全。匪患猖獗,白嘉轩被打断腰杆,鹿恒泰被杀,县保安团围剿、收编了土匪武装,彻底消除了匪患。家族势力难以与国家政权相抗

---

① 郝县长为中国共产党地下党员。

② 牟宗三:《正道与治道》,台北学生书局1980年版,第13页。

衡。家族由"地方自治"退守到祠堂之中，即家族内部事务，对田小娥的严惩表现出家族统治的色厉内荏。宗祠虽有一定的经济自主权，有官地和一定的积蓄，由族长支配以救急解困，但充其量只能救急，比如鹿兆海葬礼的花销是宗祠负责的，而其遗孤的抚养还得依靠鹿子霖和军队的抚恤金。家族制度在革命冲击下遭受了沉重的打击，民国政府的基层政权却从根本上彻底动摇了家族制度的根基。

### （二）革命和运动对家族制度的冲击

在中国现代化过程中，家族的叛逆者以"以暴制暴"的革命形式向封建家族制度发起猛烈进攻，给家族制度以毁灭性的打击，这在现代家族叙事中得到充分的演绎，文本也进行了独特而又细致的描述。作者超越了革命与家族冲突的叙事模式，把叙事的重心放在家族文化对革命冲击的自我修复，以及家族对革命者（叛逆者）的包容与庇护上，表现了家族制度与家族文化强烈的修复功能。

鹿兆鹏领导下的农协运动矛头直指白鹿家族权力的象征——祠堂，黑娃带领36弟兄砸碎了"仁义白鹿村"的石碑，砸毁了乡约族规的石刻，烧毁了祖宗神轴儿，镇压了为害乡里的和尚和碗客，游斗了总乡约田福贤和各村的乡约、地主等，鹿子霖、白嘉轩都被游斗。鹿兆鹏在白鹿村的革命并不顺利，他抗拒家族制度的精神资源是自由民主的价值理念和共产主义信仰，在父亲和祖父的权威下，他使冷大小姐成为封建婚姻和礼教的牺牲品，父亲也因他遭受牢狱之灾。他很难从感情上割断与家族的联系，岳父和父亲用金钱挽救他，他却无法报答岳父，对家族的愧疚折磨着他，锻造了他顽强的革命意志，使他深刻认识到个人解放和思想解放的艰难曲折。

黑娃在原上刮起了"风搅雪"，"在白鹿村里连一根鸡毛也煽不起来。"[1] 这是黑娃砸祠堂的心理动力。鹿兆鹏和白灵的"出走"及对封建包办婚姻的反叛从思想观念层面对家族制度进行消解，鹿兆鹏游斗父亲、黑娃砸祠堂及打断白嘉轩腰杆则是典型的暴力消解，用革命暴力强行打破家族的神圣性和权威性，割裂家族文化和家族历史，使之破碎、断裂，以

---

[1] 陈忠实：《白鹿原》，人民文学出版社1993年版，第213页。

便建立新秩序。这里,"父亲"是立体、丰满的群体形象,不再是单纯的封建专制和独裁的象征,他们时而高大,时而弱小,时而蛮横霸道,时而慈爱温情,让革命或叛逆的一代爱恨交织,难舍难离。尽管他们最终都以各自的方式退出了历史舞台,但他们的精神人格却深深影响着后人及历史。

农协失败,鹿兆鹏转入地下,黑娃逃走,贺老大被墩死。农协36弟兄,一部分被田福贤收服,一部分被家族"父亲"拯救、护佑。轰轰烈烈的农民革命运动像夏日暴雨过后,被国民党和家族势力清洗,祠堂按原样修复,白鹿村恢复往日的秩序,只有徐先生慨叹:"人心还能补缀浑全么?"① 为稳定人心,祠堂举行了祭祖仪式,由新任族长白孝文主持,他仪态端庄,声音洪亮持重,与黑娃等形成鲜明对照。新族长权威的确立,使鹿子霖感到挫败,激起了他极为强烈的报复欲。

在民间,踢寡妇门、扒绝户坟是十恶不赦为人不齿的行为,光棍狗蛋常常骚扰独居的田小娥,鹿子霖带团丁惩戒痛打了他。白嘉轩闻讯在祠堂里按乡约和族规惩治白狗蛋和田小娥,狗蛋受刑后没几天就死了。文本中先后三次写到祠堂里惩戒违规者:第一次是惩戒烟鬼和赌棍,使之戒除恶习,并助其家人渡过难关;第二次是狗蛋和田小娥;第三次是白孝文。后两次都是犯了"淫"戒,惩戒的对象、方式和目的却不尽相同。第一次是立德(兼立威),第二次是立威,家族权威刚刚遭受了挫伤和打击,急需重新确立家族和族长的威信,田福贤为首的国民党基层政权恩威并施地瓦解了黑娃的36弟兄,稳定了原上的社会局面。惩戒田小娥是针对鹿子霖的,是与世俗权威保障所争夺统治权、管理权和司法权,本质上是家族制度与现代国家政权的斗争。田小娥触犯族规在先,参加农协在后,宗祠惩戒她也是对农协的变相报复,还有震慑家族叛逆者的作用。田小娥处在多重社会关系的夹缝中,宗祠利用她警示叛逆者,鹿子霖利用她对付白嘉轩,即基层政权对族权的斗争,田福贤想利用她抓捕共产党人黑娃,还有各种各样的男人觊觎她的美色,她(以性对抗家族制度的叛逆者)成为矛盾和斗争中的焦点。第三次是立家,孝文触犯族规,白家的根基动摇,惩戒孝文是重拾白家的威严,以白家的刚正无私反衬鹿家的教子无方,白

---

① 陈忠实:《白鹿原》,人民文学出版社1993年版,第236页。

孝文成为家族斗争中的替罪羔羊。田小娥免于处罚是因为在白嘉轩看来，她没资格与白家的长子并肩受罚。

国共两党、土匪、家族等社会势力唯一的正面交锋是黑娃被捉事件，保安团一营长白孝文活捉了土匪头子黑娃，此景颇类夏瑜与华小栓的故事。白嘉轩以德报怨想探监搭救黑娃；鹿兆鹏派韩裁缝送信"求告"白孝文设法留下黑娃性命；土匪"大拇指"郑芒绑架了白孝文的太太，扬言要灭了白家。事成后郑芒送白孝文一皮筒硬洋，黑娃化解了"杀他以祭小娥"的怨结，成为最大的获利者。年馑期间，鹿兆鹏被抓，冷先生和鹿子霖用 10 麻袋银元委托田福贤用掉包计救了他。亲情和金钱在与党性原则的较量时，明显占了上风。"以暴制暴"和等价交换已成为社会运行的基本法则。家族基本丧失了话语权，不仅如此，党派斗争已开始危及家族和亲戚的日常生活秩序，军统特务搜查了共党分子白灵所有亲属的家，二姑家的皮货铺被砸，二姑夫被严刑拷打。国民党为剿灭共产党在全国范围征丁征捐，原上竟出现了各村"挨家挨户轮流担当甲长和总甲长的现象"[1]，白家和兔娃依赖白孝文和黑娃的权势成为"免征户"，白嘉轩尴尬之余深感自己对兵荒马乱的世事无力回天，宣布关闭祠堂，"除了大年初一敬奉祖宗之外"（破四旧时，祭祖职能也被取缔），放弃了祠堂管理乡村日常事务的职能。维系中国社会几千年的家族制度，以最后的仪式宣告终结。

社会变革时期，旧的社会秩序和文化价值观尚未解体，新的社会秩序和规范正在建立中，新的文化理念尚未完全确立。青年一代被蜂拥而至的西方思想文化吸引、激荡着，充满幻想、激情，热切地想要建设一个繁荣富强的新中国，鹿兆鹏、鹿兆海、白灵等率先接受新文化的青年们积极投身革命，鹿兆鹏参加革命的原因之一就是反抗封建的包办婚姻；鹿兆海和白灵对国共两党的政治理想和革命信仰并不完全理解，竟采用掷铜板的方式选择加入哪个党派，最后两人因信仰不同而分道扬镳；黑娃的婚姻不被家族认可，却得到共产党人鹿兆鹏的赞赏，他的革命带有江湖义气的特点。无论动机和方式如何，他们的"革命"都具有典型的盲目性。鹿兆鹏、白灵和鹿兆海在革命斗争中逐步坚定了革命信念，成为各自党组织的

---

[1]　陈忠实：《白鹿原》，人民文学出版社 1993 年版，第 236 页。

优秀分子，黑娃则在动荡的生活斗争中游移，最终皈依了传统儒家文化，演绎了一个浪子回头的传统故事。黑娃对白鹿原家族制度的冲击和破坏是巨大的，不是以革命信念，而是以他混沌荒蛮的原始生命力和非理性的行动，他被原欲和说不清的神秘力量（命运）牵引着走上叛逆的道路。

这些革命者或叛逆者为了摆脱现有的尴尬的处境，对外面的世界充满向往，出于本能对抗现行社会秩序、反叛传统文化。离开家乡，他们又感到孤独无助，在恐惧与迷惘中怀恋故乡。没有人能彻底割断与白鹿原和家族的联系，鹿兆鹏一直活动在白鹿原上，组织革命武装、打游击或做地下工作；白灵临死向奶奶、父亲、姑姑告别，魂魄回到了原上；鹿兆海牺牲后魂归故里；黑娃和白孝文跪倒在祠堂里。

白孝文是最彻底的叛逆者，他的回归是为了从根本上颠覆家族统治，但颠覆之后怎么办？他又迷茫了，最终成为一个极端利己主义者和机会主义者，窃取了革命的胜利成果。建设新中国不是他的理想，捍卫自己的既得利益才是他的最终目的。所以，"《白鹿原》的家族叙事一方面写到了在现代社会变革中家族权力与国家权力的分流及其起伏消长，另一方面也写到了在特定的历史文化条件下家族权力对国家权力的渗透、制约，以及两者之间的直接的转化。这既是一种文化隐喻，也是一种历史反思，是《白鹿原》的家族叙事中最为深刻也最有启示性的一种意蕴"。①

### （三）生命原欲和民间意识对家族制度的侵蚀

人有天赋的人性，孔子说："性相近也，习相远也。"人性中有本性和习性，二者不可分离，缺一不可。近代科学表述为人的自然性和人文性、先天性和后天性、本能性和本质性或动物性和文化性等。在人类的动物性中，包含着"原欲"和"原恶"两个部分②。人类的原欲是食欲、性欲和知欲。食是为自己的生存，性是为后代的繁衍，知是为保护、强化和改进人的生存和繁衍。这三种欲望是人类生生不息的原动力。缺其一，人类都会绝种。可见，人的原欲和人类共生、共存、共进、共殁③。人类

① 谭桂林：《论〈白鹿原〉的家族母题叙事》，《河北学刊》2001 年第 2 期。
② 韩民青：《哲学人类学》，当代世界出版社 2000 年版。
③ 孔宪铎：《基因与人性——生命科学与社会学理论的分析》，《文史哲》2004 年第 4 期。

只有满足了食色欲望，才能生存繁衍；但过度贪婪，也可能触犯道德和法律。"原恶"也是人的动物性，类似于荀子的性恶论，不同于基督教的"原罪"，"原恶"是任性、懒惰和嫉妒。任性是无视既存的法则；懒惰是追求不劳而获；嫉妒是对别人的优越怀有恶意（比如鹿家不满并觊觎白家的族长地位）。原恶是与生俱来的潜力。在未构成行为之前，都不能称为罪恶，如女子通常会嫉妒她人的美貌，只要没有伤害对方的行为就不算罪恶，假使因嫉妒而毁人容貌（如泼硫酸），就触犯了法律。在"原欲"和"原罪"面前，人人平等。

求知欲，使人朝向文化性。文化是人类为争取生存、适应环境、追求快乐所作的一切努力的总成果。创造是文化的本质属性，求生本能是人类文化创造的根本动力，文化创造的根本目的是保障和继续发展人类的动物性，人类又以文化性来制约动物性的过度发展。人类文化精神中有三种元精神：信仰精神、求知精神和爱的精神，它们通过后天的教化习得。

人类社会是在人的动物性与文化性此消彼长的冲突中不断发展进化的，爱自己孩子的是人，属动物性；爱别人孩子的是神，属文化性。自大自私是动物性，谦虚礼让是文化性。"学为好人"是朱先生的名言，白嘉轩和黑娃也说过。《白鹿原》中的朱先生对先秦儒学、程朱理学都有研究，三民主义、共产主义的书也涉猎过，但"学为好人"的出发点却是荀子的性恶论，即预设人类动物性的现实合理性和合法性，进而限制人性中的原欲，比如对女色的贪慕等。黑娃和白孝文都犯了色戒，并因之受到惩戒。

弗洛伊德将"原欲"（libido）即"里比多"作为无意识层面里的性的原始驱动力，泛指人的性本能、性冲动。原欲无法直接获得满足时，可能转移或升华为生命能量，成为文明与文化创造的源泉和动力；也可能导致主体生命能量的畸形发展或倒错，成为毁灭性或恶魔性的力量；或造成个体性心理发育的停滞或退化，危害个体或社会。晚年他对原欲概念进行了补充，说原欲还包括"爱的本能"。巴赫金强调："在指责弗洛伊德主义是'泛性论'的同时，不应该忘却弗洛伊德的'性欲'一词有着这种新的、特别的宽泛的含义。"① 但现代学者在使用"原欲"概念时，往往

---

① 转引自张杰《论文艺学中精神分析》，《南京师范大学学报》（社会科学版）1989 年第1 期。

将之等同于"性欲",忽略了"爱的本能"。陈思和以"恶魔性"来辨析原欲,他说:"今天的社会发展中,原欲当然起到重要的作用,但在中国古代文化传统里,性压抑并不能构成人的生命原欲的全部内涵,所以当我们借助恶魔性因素来解释'原欲'这个汉语单词,我想,这个词不应该解释成'原始的欲望'(仅仅指'里比多'),而应该解释为'原形的欲望',即人们在长期的社会实践中构成的几种基本的欲望目标和形态。"①并以之分析阐释张炜、莫言等的家族叙事。

"恶魔性"并非贬义,歌德认为浮士德最具恶魔性,而不是靡非斯特,因为浮士德的行为是积极性的,"凡是不断努力的人,我们能将他搭救"。②歌德的"恶魔性"是一种积极进步的、推动历史前进的力量,它具有毁灭性,但它毁灭的价值具有正反两方面,所以,他能得救。靡非斯特的恶是人的动物性中的原欲与原恶的极端释放和宣泄,是理性和正义无法搭救的。恩格斯认为:"恶是历史发展的动力借以表现出来的形式……每一种新的进步都必须表现为对某一神圣事物的亵渎,表现为对陈旧的、日渐衰亡的、但为习惯所崇奉的秩序的叛逆。"③ 这是对"恶魔性"最好的注解。田小娥以"恶之花"的形象出现在白鹿原,以女性的自然方式(原欲)向封建礼教和封建伦理秩序发出挑战,亵渎了儒家文化的价值理念和乡约、族规。

在白鹿原上,田小娥是第一个以生命原欲的力量动摇封建礼教和家族制度的女性,以她为核心,黑娃、鹿子霖、白孝文等男性以各种方式形成了一股强大的破坏力,瓦解了白嘉轩在白鹿原上的家族统治。《白鹿原》演绎的民族秘史以白嘉轩七娶六丧的豪壮拉开帷幕,一个具有顽强意志和旺盛生命力的男人为了繁衍生息在与命运搏斗,白嘉轩像俄狄浦斯一样逃不脱"丧妻"的厄运,白家三代单传,男人都难活过 50 岁大关,传宗接代成为白家所面临的严峻考验。文本对白嘉轩死去的六位妻子的出身、形貌、性格都有描述,而且写出了这几位女子不同的性行为习惯和性心理,

---

① 陈思和:《欲望:时代和人性的中一面——试论张炜小说里的恶魔性因素》,《文学评论》2002 年第 6 期。

② 歌德:《浮士德》,钱春绮译,上海译文出版社 1989 年版,第 657 页。

③ 恩格斯:《马克思恩格斯选集》第四卷,人民文学出版社 1972 年版,第 283 页。

以此隐喻两性关系和种族延续的责任主要靠男人，男人负责种族的延续和
血统的纯正，女人是种族延续的物质载体或工具。白赵氏说："女人不过
是糊窗子的纸，破了烂了揭掉了再糊一层新的。"① 这段话历来被作为宗
法制社会戕害女性的罪证，白赵氏成为宗法制家长的象征，也被称为被封
建礼教"异化"的女性，其实，白赵氏只是揭示并认同了中国的封建宗
法制观念的实质。白家祖上出过举人、为族人请命的英雄，祖德没有问
题，白家遭"丧妻"劫难的深层根源是什么？这成为白嘉轩和冷先生的
困惑，于是才有了巧换风水宝地的故事。

　　仙草在白家的地位很独特，她是白家的功臣，但却不是白家心仪的媳
妇，是不得已的选择，娶她的目的就是传宗接代。她是山里上流家庭出
身，父亲原是白家中药材收购店的伙计，白家遭难后，他代为打理中药店
发家成为盘龙镇四大富户之一，与白家依然有主仆之份。白鹿原地处关中
平原与秦岭的缓冲地带，地形地貌复杂，在农业社会，人社会地位的高低
贵贱与土地质量的优劣成正比，川道—旱原—山地，依此类推。白家的头
房媳妇是西原巩家的头生女，其他几位都是山外人，茶饭手艺、纺织技艺
无可挑剔，而仙草不会织布。仙草婚后一年顺利生下头生儿子，奠定了她
在白家的地位，白嘉轩作为族长祭祖时"那种两头发慌发松的病症"也
不治自愈。仙草带来的罂粟种子也使白家的财富迅速累积，成为白鹿村
首富。

　　白嘉轩与"仙草"的结合，完成了他从自然人向社会人的角色转变，
"仙草"指代白嘉轩雪夜里在鹿家漫坡地挖出的形似白鹿的植物，指代具
有旺盛生育力的女人，指代与黄金等价的罂粟。白家把人财两旺归结于迁
坟。在原欲得到充分满足之后，白嘉轩开始以各种方式实现自己的社会价
值，想让自己的名字"与祠堂和学堂一样不朽"。与鹿子霖一起救助李寡
妇，赢得"仁义白鹿村"的美名；与鹿子霖联手修祠堂、办学堂；带领
村民修补围墙抵御白狼的侵扰；在村里实践乡约理念，使白鹿村成为
"世外桃源"，家族承担着维护中国乡村社会秩序的责任。"乡约"是儒家
文化的民间化、通俗化形态，以教化为主，辅以严格的违约处罚条例，具
有极强的现实操作性。乡约的推行，使偷鸡摸狗、推牌九搓麻将抹花花掷

---

① 陈忠实：《白鹿原》，人民文学出版社 1993 年版，第 14 页。

骰子、打架斗殴扯街骂巷等事,彻底绝迹,连女人奶孩子都自觉地囚在屋里,人人和颜可掬,文质彬彬,说话声都柔和纤细了,颇有传说中"大同世界"的景观。交农事件中,家族势力与新型民族国家政权打成平手,但白嘉轩却接受了县长专程拜访,并受邀参加了县第一届参议会。

田小娥,这个罕见的漂亮女人打破了白鹿原的宁静平和,她原是举人老爷的小妾,因不满自己性工具的悲惨境遇和家庭冷暴力,与黑娃由性而爱,黑娃在她被休回娘家后将她带回到家乡。两人的婚姻违背了封建礼教和族规乡约,白嘉轩不许他们进祠堂拜祭祖先。白鹿两家的下一代都到了婚配的年龄,鹿兆鹏被父亲三个巴掌扇进了洞房后便失去行踪;白孝文婚后纵欲遭到父亲严辞训诫;白灵在西安与鹿兆海自由恋爱,一纸退婚信退掉了媒妁之言的婚约,白嘉轩退赔彩礼,受人羞辱。黑娃不顾父亲和白嘉轩的百般劝说和威逼利诱,带小娥住进了村外的破窑洞,靠打土坯买了九分六厘缓坡地。窑洞外树苗绽出新叶,鸡叫猪哼生机勃勃,田小娥养鸡、赶集、纳鞋底,过着甜蜜幸福的农家生活。看到她袅娜的身姿、提着装了绿菜的竹条笼儿、迈着轻快的脚步走过街巷,兆鹏媳妇不由忌妒、眼红。鹿兆鹏对顶住宗族族法压迫、实现婚姻自主的黑娃由衷赞赏、佩服。黑娃火烧粮台、闹农协、当土匪等后事都因婚事而起,鹿三后来杀死小娥是因为她祸害了黑娃和白孝文。因婚姻问题导致的抗争,都不同程度地动摇了家族制度的根基,鹿家兄弟与白灵以现代自由民主的婚恋观相对抗,白孝文婚内纵欲的危害比较小;黑娃和田小娥出自生命原欲的反抗,以及他们婚后甜美的小日子具有示范性,对家族制度的冲击最猛烈。

黑娃与田小娥偷情是原始生命力激发的非理性行为,是人类原欲中性欲的爆发,属原罪中的"任性"和"嫉妒"。郭举人年近七旬,有大小两个女人,大女人陪他说话儿睡觉,小女人负责全家每天三顿饭及其性需要和养生(泡枣)。三个长工每晚都在对小女人的想象与玩笑中进入梦乡,黑娃陪举人老爷骑马遛鸟、被小女人使唤,也招致了另外两个长工的嫉妒和取笑,这是动物性的表征,三个青壮年男子每天守着一个青春美貌、饥渴寂寞的女人,面对这种违背自然规律和法则的社会不公,人的"原恶"被激发出来,就像《红高粱》中"我爷爷"和"我奶奶"听命于人的自然生命力的张扬一样,黑娃将这种恶的潜力变成了行动,触犯了现行社会的道德规范,造成了对现行婚姻制度的破坏。结果田小娥被休,黑娃也险些送了性命。患难中两人的情感得到升华，经田小娥父亲同意，两人结为夫妻，也算"半个"父母之命媒妁之言。小娥的名声显然有悖于仁义白鹿村的称号，他们不被宗祠和父亲接纳。黑娃被当成无辜者，小娥成为当然的诱惑者（夏娃或蛇），黑娃背负起丈夫的责任，就站在了家族文化的对立面。对个体来说，动物性和文化性存在着先天的矛盾，似乎不可调和。家族以礼教的名义赋予男性"始乱终弃"的道德优先权，男性拥有"学为好人"的权利，"乱"则注定了女性的悲惨命运。自唐代元稹的《莺莺传》开始，这一文化传统延续了一千多年，女性的反抗之所以坚决激烈，就在于社会没给她们"改正"的机会和希望。白嘉轩连娶七房女人，是大孝；田小娥遭人唾弃，是因为"乱"。

弗洛伊德将人的意识活动分为意识、前意识和无意识三个层次；将人格系统分为本我、自我和超我。本我受"快乐原则"支配，自我受"现实原则"支配，超我控制本我的非理性冲动。人类文明以压抑本我和欲望而进步。

告子曰："食、色、性也。仁，内也，非外也。义，外也，非内也。"① 孟子曰："人之初、性本善"。食、色本无所谓善恶，但实现方式要"仁义"。康德说："人身上的这些禀赋都不仅仅（消极地）是善的（即它们与道德法则之间都没有冲突），而且还都是向善的禀赋（即它们促使人遵从道德法则）。它们都是原初的，因为它们都属于人的本性的可能性。"② 儒家伦理的思想基础是"天人合一"。"天"是宇宙万物的本体，其运行规律即"天道"、"天理"。"天理"是人类社会生活的道德伦理规范和准则，是人类意志的体现，人类所有的活动都以此为准则。这些准则"将人的生命安置在一种具有终极意义的秩序中"③，"道之大原出于天。天不变，道亦不变"④。天人合一就是外在的道德权威与内在的道德禀赋合一。

"存天理、灭人欲"在近现代不断受到批判，以至于有些新儒家言必

---

① 《孟子·告子上》

② 康德：《单纯理性限度内的宗教》，李秋零译，中国人民大学出版社 2003 年版，第 12 页。

③ 贝格尔：《神圣的帷幕》，高师宁译，上海人民出版社 2001 年版，第 34 页。

④ 《汉书·董仲舒传》。

称先秦，对程朱理学和陆王心学大加挞伐，认为其压抑人性，是民族积贫积弱的文化元凶。朱熹认为"理"超越时空，无处不在，对宇宙和人间秩序具有绝对的权威。"圣人千言万语，只是教人存天理、灭人欲。"① 程氏兄弟将天理与人欲对立起来。行之而为圣人（尧舜），不行则为禽兽。朱子认为"人欲中自有天理"。二者和谐共生。理学家们否定的不是人欲本身而是泛滥、为恶的"人欲"，是对先秦儒家人性观念的发展。

朱熹说："饱食者，天理也。要求美味，人欲也。"② 理学不是要熄灭人欲，而是要克制人欲（如美食、美色等），将之纳入"天理"的运行轨道，即克己复礼，防范私和贪。要靠主体的自我修养和道德教化，用"内圣之道"和"成德之学"约束心性，即《白鹿原》中朱先生的"学为好人"和"慎独"。克己复礼，才能"为天地立心，为生民立命，为往圣继绝学，为万世开太平"③，朱先生以其生命实践之。

"克己复礼"、"存天理、灭人欲"等观念最初并不压抑人的自然本性，后世的儒学思想家们在"礼崩乐坏"、战乱频仍、民不聊生、贫富悬殊的时代，为构建理想和谐社会秩序，表达广大人民的理想和心声，将之发展为社会共同的道德价值标准和人的日常行为准则。然而，人类社会是在不断突破和超越现有秩序的过程中发展进步的，"天理"是由人来解释的，为谋求人们共同的幸福，建设一个和谐有序的社会，必然会牺牲一部分个体的利益，当个体的"人欲"与整个社会共同的道德价值标准——天理相抗衡时，个体的生命是渺小而微弱的，并注定被牺牲，但抗争却愈演愈烈，直至五四新文化运动发出"打倒孔家店"的怒吼。李贽、戴震等思想家从学术、政治等意识形态领域批判了程朱理学"以理杀人"的伪善性，戴震指出"以理杀人"实际上是以"势"杀人。宋代开始，统治阶层在民间以教化方式宣扬理学精神，具有极强的隐蔽性，能杀人于无形。戴震感叹道：人死于法，或许有人可怜他；可是，人死于理，谁会可怜他呢？比如田小娥死后，就没有人同情她。即便如此，民间依然不乏以生命争取原欲满足者和现行秩序的抗争者。

---

① 《朱子语类·卷十二》。

② 《朱子语类》第 1 册，中华书局 1994 年版，第 224 页。

③ 张载：《张子语录·中》

　　二程认为"饿死事极小，失节事极大"①。朱熹也说："衣食，至末微事，不得未必死，亦何必犯义犯分，役心役志，营营以求之耶！"②。田小娥不堪性奴役，渴望爱欲，是因小失大。冷大小姐苦守婆家是道，被诱惑产生邪念就失了节；冷先生毒杀她是"天理"，也是人情，他解脱了女儿的痛苦。所以，朱熹说："天理人欲，无硬定底界。"③ 白嘉轩六丧七娶是"天理"和孝道；鹿子霖的婚外与人通奸是贪念和色欲，为礼法所不容。

　　在欧洲，罗马帝国在骄奢淫逸中走向衰败，基督教"以唯灵主义的理想对抗罗马的物质主义，禁欲主义的生活态度来抵制罗马的纵欲主义"④，以崭新而神圣的信仰世界，给人们以生命存在的希望与意义，使人的心灵有了寄托。但其禁欲主义、蒙昧主义也造成了人性的扭曲，束缚了人的精神和创造力，造成了中世纪晚期西方社会的衰落。文艺复兴是对感性的"人"的发现与解放，是对人的原欲的肯定。

　　现代生命科学认为，基因有自我复制与自私行为的本性。白嘉轩多次谈到白家在基因上的优胜，这是道德优先论。朱先生当年相亲就看重了朱白氏眼中那份刚强，白灵为读书小小年纪就敢把刀架在脖子上；鹿家曾因自虐受辱而发达，致使其精神道德处于劣势，形成了自卑、隐忍、受虐等文化心理和精神特征，但鹿家在外貌上既有特征和自信：高鼻梁、深眼窝是其标志，鹿家子孙凭样貌就可认定。

　　讨伐贞节伦理，是五四新文学运动以来的重要主题。《红高粱》中"我奶奶"是一个具有自觉反抗意识的女性，她的生命力量在反抗中得以呈现。"土匪"代表反抗封建伦理和礼教的力量，这种生命精神是黑土地赖以繁衍发展的精神力量。"我奶奶"临终质问苍天没告诉她什么是贞洁、正道、善良、邪恶，她只能按自己的办法办，即只能从原始本能出发。她说："我的身体是我的，我自己作主。"这不像农村妇女的话，更像女性主义的宣言。人在困境中向天发问，从屈原到窦娥一直存在。"幸福、力量、美"是五四新女性的精神追求，"罪"与"罚"是基督教的基

----

① 《河南程氏遗书》卷二十二。

② 《朱子语类》卷十三。

③ 同上。

④ 赵林：《西方宗教文化》，长江文艺出版社 1997 年版，第 148 页。

本教义,"十八层地狱"是基督教、佛教、道教及中国民间传说共有的文化意象。作者把这些观念都赋予了"我奶奶",使人物成为作者观念的代言人和玩偶,"我奶奶"的语言逻辑远远超越了她所处的时代和文化背景,人物带有观念性特征和"文化大革命"烙印,却得到热捧。而苏童笔下的女性形象却更加人性化、个性化。作者以红高粱为"我奶奶"命名,增加其地域色彩。把"我奶奶"设置在西北大漠或西南大山,那就是"沙漠红"、"辣妹子",同样合情合理。而颂莲和祖母蒋氏、凤子姑姑却无法置换。红高粱的生命野性作为一种毁灭性和创造性的力量,促进或阻碍了历史的发展,但要"我奶奶"对之进行理性的概括,显然超出了人物的精神能量。暴力在毁灭中创造的能量是毋庸置疑的,但其对世界和人类的毁灭也是巨大的,所以,"红高粱家族"对暴力美学的迷恋、对暴力力量的高估,曾遭致批评家和读者的批评。

田小娥所遭受的压迫是冷暴力,她的反抗与"我奶奶"一样出自本能。但她的反抗对象是抽象的(封建婚姻和封建伦理制度)。她是一个被侮辱被损害的女性,损害她的人是社会秩序的维护者。举人老爷宽厚仁慈,对雇工仁义温和(追杀黑娃暴露了他的本性);白鹿村是仁义村,白嘉轩是人格神,白孝文是新任族长,他们在道德上优胜于她。她触犯的是族规,而不是白嘉轩,他惩戒、镇压她,是为家族利益和社会风化。以个体对抗体制,失败是必然的。与鹿子霖结盟、色诱白孝文都是为生存而自保的行为。

她是一个善良朴实的女人,与黑娃由性而爱,宁愿过着清贫平淡的日子;与鹿子霖共患难后竟产生了默契;对白孝文,由报复始,却由怜生爱,在他被家族抛弃时接纳、温暖他的身心。她唯一能用的武器就是性,以致白嘉轩和鹿三认定她是祸水。性是她反抗家族制度的武器,却不是她谋生或牟利的工具,这是评论界一直忽略的问题。白鹿原上一直存在着婚外性关系,鹿子霖的干娃就能坐几桌。正是有了这样的文化背景,小娥才会成为性象征,对她的打压有示范作用。从世界文化史看,社会规范越严格越细致,制定规范之前的社会越混乱,当然反抗与叛逆也越激烈。

田小娥的叛逆主要表现在"女德"上。从"女红"和"女言"看,她几乎无可挑剔:她善做家务;她曾负责举人老爷全家人的伙食,包括长工;她养鸡赶集,操持着简朴温馨的农家小院;她尊老爱幼、性情温顺,从未拿别人一针一线，也不曾与人有口角之争；农协失败，她成为国民党报复的对象，成为白鹿村唯一在公众面前承受墩刑的人，她一生进过一次祠堂是被族人刺刷，这是她性格发展的重要契机，她说自己彻底没脸了。这也是她甘愿被利用的深层原因。她"任性"的天性被激发出来，开始成为恶之花。

她想有一个正常的家，如此微薄的人生理想竟不断受挫，最终变成厉鬼向家族政治发出控诉。她参加农协的目的简单而纯粹，黑娃革命受挫，她站出来支持他，她从未理解过革命，也没有接受任何新思想。革命失败，她成为国民党、家族政治和地痞无赖报复欺凌的对象。从未得到家族的承认与保护，却在家族需要警戒族人时，成为替罪羊。谈到国民族性的缺点，鲁迅说："'中华'民族最缺乏的东西是诚和爱——换句话说，便是深中了诈伪无耻和猜疑相贼的毛病。"① 族长白嘉轩利用小娥对付鹿子霖，惩戒小娥为儿子立威。断绝了田小娥"学为好人"的希望，摧毁了她生存的意志，使复仇成为她证明其生命存在的依据。

田小娥的恶通过男性及男性社会对她性别特征的拒斥体现出来，冷大小姐的不幸通过新青年对她的拒斥表现出来，家族制度、传统的贞操节烈观念和新的婚恋观等，取消了她们的基本的人权——性满足和生殖的权利。当女性的动物性或类的本质被剥夺时，其社会性就被取消了。中国古代的宫怨诗曾触及问题的实质，但被经学家们阐释后，其革命性和本源性被消解殆尽。《诗经》中"窈窕淑女，君子好逑"等诗句，《西厢记》中关于婚姻"门当户对"的观念，以及民间社会的婚姻习俗等，如"金花配银花，西葫芦配南瓜"等，都揭示了两性关系的某些实质，体现出原始的生态平衡理念，具有现实的进步性。比如田小娥想跟年貌相当的黑娃过日月，是人的自然需求，而且符合优生优育等理念，具有生物学、遗传学上的合理性。由于历史上对这些观念的过度阐释，使之成为封建遗毒，遭人唾弃。

从生物学上讲，人类也具有基因自我复制的功能，自私是自然选择和生物进化的原动力。家族制度对两性关系的严格控制，是为了保证基因的纯正。在家族内部，基因序列较近的生命体或个体会更加亲近，如白鹿两

---

① 许寿裳：《鲁迅回忆录》上册，北京出版社 1999 年版，第 487 页。

家的祖先本是亲兄弟,两家争斗时,白姓自然帮助白嘉轩。文本中,白嘉轩与鹿三名为主仆、实为兄弟的关系是作者精心设计的,以突出儒家文化理念的超阶级性和超种族性。在自然界中,凡是经过选择进化产生的生命体,都因"利己"而成功。人总是把基因传给子女,并将对基因的爱转嫁给子女。白家不惜倾家荡产也要延续白家的血脉,其原动力就是基因复制的利己性与自私性;鹿子霖与原上许多"俏丽女人"相好,以"认干娃"的名义保护私生子,也是人的贪欲在作祟。从生物学上说,鹿子霖未必是失败者,他的基因得到延续;弗洛伊德认为人现实生存中的焦虑源自于原欲与文明的冲突所产生的原罪感,鹿子霖、田小娥、黑娃、白孝文、冷大小姐、狗蛋等就是这样,他们是焦虑的破坏者,在与族规乡约的冲突中痛苦地毁灭。

田秀才曾许诺女儿"生儿育女过好了日子"可回娘家,这是小娥努力生活的希望。封建社会对男性和女性的评价标准不同,男人有机会"学为好人",如黑娃和白孝文。女性则没有。男人是"不孝有三无后为大",女人是"万恶淫为首",这是为了保证父系血统的纯正,符合基因遗传原则。田小娥没有完成,而在于她没有完成传宗接代的神圣使命,意味着她尚未社会化;冷大小姐更悲惨,不仅没机会生儿育女,连性欢愉都不曾有过,她的淫疯病是对封建礼教最尖锐的控诉。

白孝文的堕落与纵欲给家族制度以沉重的打击,从根本上动摇了封建宗法制度和儒家伦理教化的功能。他是从家族政治的核心突围出来的,给了白嘉轩致命的打击,几乎摧毁了他的生存意志,他像狗一样倒在窑洞外,再也直不起自己的腰杆。

受到惩戒后,白孝文以自暴自弃报复父亲。他成为白鹿原上"败家子"的活的"教科书",成为继黑娃之后人生起伏最大的年轻人,人生轨迹呈正 V 字形,舍勒说:"这里只有两条道路:越出自身,奔向更为强力的生命,或者实在地于自我毁灭中倒下而死;就是说:只会'上升'或'没落'——永远不可能是一种要'自我维持'的倾向。"①

他淫乱、卖房卖地、抽大烟,沦为乞丐而不自省。鹿三的羞辱激发他去抢舍饭,经鹿子霖和田福贤举荐到县保安大队,走向取代家族在基层民

---

① 舍勒:《资本主义的未来》,三联书店 1999 年版,第 129 页。

间社会统治权的现代国家机器，成为现代国家政权的捍卫者。与黑娃几番较量之后，二人合成一股瓦解家族政治的力量，不断蚕食家族的势力范围。在旱灾、饥馑和瘟疫面前，家族逐渐丧失了乡土中国的统治权。

白孝文和黑娃先后回乡祭祖，并带回了明媒正娶的、优雅的城里媳妇，他们的婚姻事实上与田小娥当年的情形类似，两人娶妻时男方家长并未参与。黑娃祭祖是皈依；白孝文祭祖是向父亲和族人示威、挑战，他要证明背叛"父亲"是成功的必要前提；族人们看到的是"成王败寇"传统的现代演绎；白嘉轩将之作为家族精神凝聚力的表现，家族被迫认可了世俗权力与金钱价值标准。当两家被迫接受二人庇护时，家族只剩下祭祖一项职能。白嘉轩关闭祠堂，意味着家族乡村社会管理的职能彻底瓦解。

鹿三因白孝文的堕落怒杀田小娥，黑娃和白孝文痛感报仇无门。她死去的冤魂化为厉鬼，以"鬼魂附体"的方式向家族和社会讨公道，她扬言瘟疫系其冤魂招致，并提出要在她的窑畔上为她修庙塑身，要求把她尸骨装殓入棺，并要族长白嘉轩和鹿子霖抬棺坠灵，否则将使原上的生灵死光灭绝。她借鹿三之口诉说冤屈，表白心迹，令原上人"大为感叹"①。对瘟疫的恐惧使人们怨恨杀死小娥的鹿三和族长白嘉轩，联合向白嘉轩请愿，要他"执头儿"联合修庙葬尸祛灾免祸。白嘉轩建六棱塔镇压她的冤魂，鹿三也不再鬼妖附身，人却失了灵性。

在那个时代，女人只有拿身体和性跟现行社会相抗衡。肉身消亡的田小娥，利用神秘力量发出控诉，造成恐慌的原因，一是人们觉得她死得冤、活得委屈，二是因果报应、祥瑞灾异等民间意识在乡村社会流传久远。对瘟疫的恐惧消解了白嘉轩的权威，以致他巡视给小娥烧香磕头作揖的村民时，"没有谁和他招呼说话"②；瘟疫断绝后，村民们沉浸在痛楚之中，白孝武"敬填族谱"的活动也很难聚拢涣散的人心。白鹿村再也没有村民在村巷中聚伙晒暖暖谝闲传的情景了，家族的凝聚力彻底消失了。

冷先生是白嘉轩的至交，在鬼魂附体这件事上，他说人不与鬼斗；孝义不育，他建议让媳妇去一趟棒槌山。他们的观念开始发生分歧。孝义媳妇借了鹿家的种（兔娃），女儿白灵留下儿子鹿鸣，鹿子霖有一群不属于

① 陈忠实：《白鹿原》，人民文学出版社1993年版，第464页。
② 同上书，第467页。

他姓氏的干儿,血统的纯正受到挑战。这些都以潜在的力量动摇着宗法制家族社会的根基。

田小娥对白鹿村家族政治的瓦解是持续渐进的;白孝文则从根基上动摇了家族统治,他是家族制度最猛烈的破坏者。当白嘉轩成为善居乡里的白县长父亲时,家族统治宣告终结。客观地说,因为生命原欲而反抗的群体,对家族政治破坏的程度远大于革命者,鹿兆鹏和白灵也是包办婚姻的反抗者。家族制度是由多重力量共同颠覆的,其中生命原欲的内驱力最大。

### (四) 对家族中姻亲关系历史作用的探讨

文本的剪裁方式隐晦地表达了作者的历史观,抗战通过鹿兆海和朱先生的师生交往来交代。白鹿原免遭日寇践踏,是三秦子弟在中条山的血战。团长鹿兆海手刃日寇43人,他的牺牲激发了朱先生等儒生通电全国"投笔从戎"的壮举。作者对抗战和鹿兆海的描述可谓"惜墨如金",以致鹿兆海给原上人留下了"牙齿洁白"、"神态谦和彬彬有礼"的少年军人形象。对西安事变也没有直接描述。

作者设置了多个兄弟之争、公婆之争的关系模式。白鹿两家是同宗同族的兄弟,朱先生说国共之争是公婆之争,鹿家兄弟与白灵的婚恋关系则是兄弟党派情爱纠结的关系。真正推动历史前进的是内部的矛盾关系,外来的环境压力,无论是战争的、政治的、文化的、经济的或自然的,都是偶然的、不为人的意志转移的力量,它们必然会影响社会历史的发展,但都不起根本作用。手足相残、公婆争斗,必然导致家族的衰败,进而瓦解家国同构的国家的根基。回顾历史,外族侵略固然给中华民族造成了深重的灾难,但内耗也给广大民众带来了无尽的磨难,鸦片战争以来国家内忧外患、积贫积弱无不与此相关。

陈忠实对寻根文学曾表达过看法,他说:"应该到钟楼下人群最稠密的地方去寻民族的'根'。"① 先锋作家的历史叙事关注偶然性事件和欲望对历史的影响,《白鹿原》也刻画了田小娥这样一个出于本能反抗的女性形象。尽管原始力量具有诱惑性和毁灭性,但只是历史的一种类型的推动

---

① 陈忠实:《借助巨人的肩膀——翻译小说阅读记忆》,《长江文艺》2005 年第 1 期。

力，大多数人都是社会文化环境规范下的理性存在，如家族文化的捍卫者和革命者，只是他们赖以支撑的文化价值体系不同。白嘉轩、鹿三等是家族文化忠实的捍卫者；鹿子霖是其对立面，他只是想取代白家成为家族的统治者；白鹿两家子孙中革命者的宗旨是颠覆封建宗法制度，叛逆者是要寻求出路。他们都是家族制度的产物。

白嘉轩有三儿一女，对儿子严苛，对女儿却娇纵疼爱，鹿三看不惯，更不理解。这里有必要谈及中国宗法制社会的基本关系，宗法制商朝后期已确立，西周时期《周礼》使之完善，并成为等级社会的政治准则、道德规范和各项制度的总称。宗法制在中国延续两千多年，核心是嫡长子继承制。战国时期严格的宗法制度逐渐瓦解，但宗法观念影响深远，民间亦有沿袭，白鹿两姓是同宗共祖的宗亲，白姓为长，执掌宗祠。通常亲戚关系包括血亲关系和姻亲关系，孔颖达注曰：亲指族内，戚言族外。冷家是原上外来的小姓，冷先生将自己的两个女儿分别嫁给了鹿子霖和白嘉轩的儿子，以巩固冷家的地位，成为原上最富有和最有权势的两家的姻亲。宗亲关系与姻亲关系是宗法制社会最牢固、最可靠的关系，二者纵横交错形成牢固的社会关系网络。中国古代的和亲政策就是利用姻亲关系结成政治军事同盟的范例。白灵的降生意味着白家比鹿家多了一层社会关系，所以白灵满月宴，隆重喜庆的气氛堪比头生儿子。这里对乡间习俗的铺叙，有结构作用，也是对家族关系网络的展开做铺垫。

朱先生是白嘉轩的姐夫，两家是姻亲关系。他不仅是白嘉轩的精神导师和家族政治的指南，还是他强大的政治靠山，交农事件后，白嘉轩就是拿着他的书信到总督府要回了鹿三等人。白嘉轩深知姻亲关系对家族的重要性，扯去了女儿的裹脚布、送女儿读书，使之个性才华得以发展。女儿的聪慧才性让他想起了"白鹿"的传说，为进城读书以死相逼的性格让他看到了强悍的家族精神和他自己的影子；白灵一封书信退了媒妁之言的包办婚姻，他拉着粮食、棉花去退了亲；在他口中已死的白灵，堂而皇之地在西安城读书，落脚地就是白嘉轩的二姐家——皮匠姐夫家境并不宽裕，依白嘉轩的个性怎能让姐夫担负女儿的读书生活费用呢？从某种程度上说，白灵就是他的试验品，女儿美貌灵异有才情，在外面成功能光耀门楣，一旦失败，家里还有三个儿子顶门立户。唐代长安城曾有"生女勿悲酸，生男勿喜欢"的民谣，说的是"万千宠爱于一身"的杨贵妃的故事。陕西民间不少地方都有"娇养女儿"的习俗，皮匠姐夫送两个女儿进新学堂读书，为她们未嫁入豪门而惋惜。白灵所在的女子学校几乎成为达官贵人的"夫人"基地。小娥被休回娘家，羞愧难当的田秀才只是倒贴银元将女儿另嫁，还许给她回家的希望。在民间社会，亲情与礼法并存。不论出于何种考量，对女子来说，总是多了一条出路。当然也有酿成悲剧的，如冷大小姐。民间是文化价值多元的社会，陈忠实在翻阅蓝田县志时，看到"贞妇烈女"卷时，就想到了民间流传的荡妇淫女的故事和酸黄菜式的笑话，前者之所以成为女性的榜样，就是因为后者的存在与比照。

在现代家族叙事中，作家们对宗亲关系进行了全方位的探索与批判，却忽略了姻亲关系在政治、文化、历史上的作用。与宗亲关系相比，姻亲关系的稳定性相对薄弱。蒋家王朝就是靠姻亲关系维系的政权，它与中国封建历史上的外戚专权有根本区别，外戚专权后往往培植宗亲势力，以取而代之，东汉王莽、隋文帝杨坚就是外戚篡权的范例，外戚专权是宗亲制的变形。蒋家王朝是五大家族的联合统治，即：蒋宋孔陈孙（教科书上没有孙家），五家是相互利用相互制约的关系，与封建专制比较，具有明显的进步性，是中国社会从封建专制向现代民主国家发展的过渡期。《白鹿原》叙述的正是这段历史，白鹿两家隐喻着民族发展的秘史。毛泽东在《中国社会各阶级分析》中对中国的社会阶层进行了透彻的分析，阶级关系被解释为人与人之间的根本关系，鹿兆鹏领导的农协运动矛头直指家族制度和宗亲关系，鹿子霖和白嘉轩作为地主阶级被游斗。新民主主义革命和社会主义革命的实践证明，姻亲关系建构的政权被彻底摧毁，阶级斗争扩大化也给民族带来了深重的灾难。建构健康和谐的人际关系，成为亟待解决的社会问题。经历了十七年阶级话语模式下的家族叙事后，新时期作家们开始重新探索家族的历史和现代意义。

1974 年，阿·汤因比提出了探索在现代社会中维持"三代同堂家庭"的研究课题，指出中国家族文化的复兴对 21 世纪人类社会结构的变革具有深远意义①。陈忠实有近 50 年的乡村生活经验，对乡村中家族文化的

① ［英］阿·汤因比：《展望 21 世纪》，荀春生等译，国际文化出版公司 1985 年版，第 133 页。

遗存有丰富的感性知识，并在中短篇小说中对家族文化的现代性进行探索。《乡村》（1981）中有这样的描述：小王村人事关系复杂像"小台湾"，村干部每年挨家挨户轮流坐庄，安排村干部是村中几位"长老"的义务，他们"既不属于党，也不属于政"①。小王村成为党的基层政权管理的空白，泰来老汉赢得社员的信任与爱戴，是靠他"正气、公道、不粘派性"的人格魅力。《正气篇》中基层政权与家族势力展开了较量，《康家小院》、《蓝袍先生》、《四妹子》等中篇也从经济、文化、人性等方面对家族文化进行了有益的探索。这些探索为《白鹿原》的创作打下了坚实的基础。

陈忠实对乡村社会家族文化形态的遗存进行了深入细致的调查研究，对中国近现代史与世界文化发展史进行了比较研究，对地方史和民间风俗（以陕西蓝田县和长安县为样本）进行了实地考察。在此基础上，他对中国家族制度的形态进行分析综合，认识到家族制度中宗亲关系与姻亲关系交互作用，形成了历史发展的合力，以及两种关系模式对政治体制的不同影响，试图探寻家族文化的现代生存之路。这是《白鹿原》的重要贡献。

设置人物关系时，作者充分考虑了姻亲关系及其政治作用。白鹿两家都是几代单传，白嘉轩、鹿子霖都是独子。文本中多次提及鹿家人丁单薄，鹿兆海的葬礼由宗祠主办。作者慨叹："鹿子霖家里除了一个长工刘谋儿再没人咧呀！"② 遇到烦心事，鹿子霖总是去找亲家冷先生叙谈、倾诉，尽管冷先生不齿其为人，但两人一直保持微妙的和谐，以制衡白家的势力。冷先生救鹿兆鹏更多是家族利益的考量，而不是纯粹的亲情。鹿家家族斗争中的失败，很大程度上是输在了在姻亲关系上；白家的兴旺则很大程度上仰仗朱先生。鹿子霖推荐白孝文去县保安大队，就是碍于朱先生的面子。

姻亲关系总是不以人的意志为转移，鹿子霖与白嘉轩争斗一生，却戏剧性地成为亲家；白家孝字辈的婚姻都算得上门当户对。白嘉轩曾夸孝义媳妇家世模样性情都无可挑剔，授意其借种，也没有轻易破坏两家的关系。可见，白嘉轩对姻亲关系如何看重。

---

① 陈忠实：《陈忠实文集》壹，广州出版社 2004 年版，第 246 页。

② 陈忠实：《白鹿原》，人民文学出版社 1993 年版，第 552 页。

独生子女这一代,宗亲关系更加淡薄,"四二一"家庭模式的出现意味着宗亲关系正在消亡。《周礼》载,宗亲关系上数 5 代,民间称五服(宗亲五代之内需服丧),同姓出了五服才可通婚。当今社会,姻亲关系越来越受到重视,在人际交往中也正在发挥越来越大的作用。

## 三 《白鹿原》的文化史观

德勒兹说:"过去比未来拥有更多的未来。"叙述过去是为了拥有更多更好的未来。文本还原了本民族未经意识形态解释、加工和处理的历史文化形态,是作者的文化思考与乡村生活经验和个体生命体验结合的产物,带有极强的个人化和地域化特色。童年记忆、独特的生命体验与西方存在主义、生命美学、人类学等思想,以及钱穆的民族文化生命史观融会激荡,形成了他的民族文化史观。伽尔莫说:"客观主义的历史观是不存在的,一个人不可能摆脱自身时代的限定性而进入另一个时代。"[1] 他说:"应该到钟楼下人群最稠密的地方去寻民族的'根'。"[2]

陈寅恪用"地域—家族"的方法进行中古史研究,并提出"关陇集团"、"关中本位"等理论,他的学术观念及研究方法被学界广泛接受,并运用到政治、军事、文化、文学研究等领域。陈忠实在关中腹地生活工作几十年,熟悉这片古原的一草一木,他立志用家族故事探索它的历史和未来。陈寅恪的历史研究方法坚定了他创作的信心和勇气,给他以方法论的启示。但陈忠实从未放弃马克思主义的唯物史观,并将二者有机结合。

文本在发掘儒家文化的人文精神资源时,也揭示了儒家文化在现代文化冲击下走向末路的必然规律和悲剧命运。钱穆是新儒家的重要代表。他以中国儒家文化为本位,借鉴和吸收了近现代西方文化生命哲学思想,通过对中国传统儒家思想的现代阐释,建立起民族文化生命史观,以期在理论上回答中国历史文化的复兴问题,并提出中国文化不会衰亡,还可能发扬光大,成为救治西方文化带给人类文化危机的精神资源。他说:"民族

①　转引自林舟《生命的摆渡——中国当代作家访谈录》,海天出版社 1998 年版,第 162 页。

②　陈忠实:《借助巨人的肩膀——翻译小说阅读记忆》,《长江文艺》2005 年第 1 期。

与国家者，皆人类文化之产物也。"① 而 "文化必有一体，此主体即民族"②。人的生命是有限的，历史文化生命则可以在变化中无限持久。但历史 "兴衰必以渐"③。历史发展渐变和文化在渐变中延续的观点得到了史学家的普遍认可。陕西青年学者王大华在讨论关中文明的崛起与衰落时吸收了他的历史观，认为西部将成为未来经济文化发展的中心，中国历史文化中心经历了从西向东的转移之后，将会发生由东向西的战略转移，这一历史观对《白鹿原》的创作颇有启发。20 世纪 80 年代，亚洲 "四小龙" 崛起，使走出 "文化大革命" "左" 倾思潮阴影的知识分子开始思考儒家文化现代化的可能性和必要性。

进入 21 世纪，短短十年，"中国威胁论" 已成为西方媒体热议的焦点。中国已成为世界经济大国，成为美国最大的债权国，在世界舞台上扮演着越来越重要的角色。今天，再审视《白鹿原》的历史文化史观，我们发现作者对历史文化的深切思考是具有前瞻性的，理应引起重视。

歌颂自然生命和原始精神以对抗现代工业文明是西方文学的重要主题，新时期以来也出现了许多歌颂大自然和原始生命强力的作家，如张承志、韩少功、张炜、莫言等，他们比西方作家艺术家走得更远，把一切人类文明都理解为损失，召唤祖先和过去，渴望用原始的生命力和反抗精神强健现代人日益孱弱的文化精神。陈忠实对人类文明是肯定的，他怀恋农耕文明辉煌时期那种田园牧歌式的文化形态，对农耕文明的衰亡感到遗憾、惋惜又无可奈何，但他并不彻底拒斥现代西方工业文明，他对文明的态度比较客观公允。

文本叙述家族秘史的同时，也勾勒出旧民主主义和新民主主义的革命史，传统儒家文化与现代西方文化较量下的民族心灵史看，以及原上儿女们或纯真、或畸形、或暴虐的变态的性史等。家族斗争是叙事的核心和线索，文本对中国传统儒家文化及其在民间的特殊形态进行了深刻细致的剖析与阐释，反映出新旧文化激烈冲突下人的精神裂变和内心挣扎。丰厚的历史文化蕴藉遮蔽了文本的政治叙事及作者的革命历史观，招致了 "歪

① 钱穆：《国史大纲》，商务印书馆 1996 年修订版，第 31—32 页。
② 钱穆：《民族与文化》，香港新亚书院 1962 年版，第 43 页。
③ 钱穆：《中国史学发微》，台北东大图书公司 1989 年版，第 60 页。

曲新民主主义革命"的批评和指责。

从解放区文学开始,阶级话语就成为文学创作和文学批评的基本话语体系,在革命历史题材叙事中,阶级就像标签一样贴在了人物的身上,从政治立场、思想意识、文化精神、语言方式、人物的外貌服饰等方面严格区分,周立波的《暴风骤雨》、梁斌的《红旗谱》以及赵树理的小说都带有鲜明的阶级烙印,连柳青《创业史》这样反映农村合作化的作品也受到阶级话语的影响,打上了深深的时代印记。《白鹿原》将叙述重心放在了现代民族国家对农村基层社会和家族权力的不断蚕食与改造,新民主主义者在与各种敌对势力的斗争中如何赢得民心,建立新中国的伟大壮举,以及宗法制社会形态和文化价值理念如何解体等方面。陈忠实摆脱了党派史观和阶级史观的影响,从民族文化史的立场出发,考察并反思 20 世纪上半叶中国社会的历史文化命运,他深刻认识到生存与繁衍才是老百姓面临的根本问题,农村最根本的矛盾是家族矛盾,是地主阶级阵营内部的矛盾,具体表现为白鹿两家的矛盾,包括阶级矛盾。文本真实而客观地反映了中国近现代社会的阶级状况和阶级矛盾。

谈及现代史,我们总是先验地以中国共产党史和近现代中国革命史为参照系,解读文学作品也不例外。《白鹿原》虽然以中国共产党史中的重大事件串联人物和事件,但民国政府从建立到覆灭的历史也得到了完整的呈现。民国政府成立之初,致力于建立基层政权,尽管军阀混战给政权稳固造成了较大的困扰,但民国政府还是以新的民主理念和基层管理者的"宽厚仁德"逐渐取得了农村社会的基层管理权,成为农村社会秩序的维护者和统治者。民国政府走向覆灭的根本原因是"内耗"和"贪腐",内战和苛捐杂税使百姓的基本生存受到威胁,连最老实本分的农民都参加了游击队,朱先生竟然靠抗捐维持温饱,而族长白嘉轩被迫接受县保安团营长的庇护,贪腐之风盛行,政权已腐烂到了骨子里。国民政府从建立政权到赢得民心,再到失去民心走向覆灭,作者将这个完整的过程以家族故事的模式呈现在读者面前。

新民主主义革命的历史是文本的主线,文本通过白鹿两家子女们的革命斗争经历,朱先生、白嘉轩、鹿子霖、冷先生等对国共关系的评说及其在革命时期的处世态度表现革命史。皇帝退位、交农事件、白狗军围困西安城等都是故事的铺垫。白鹿两家的年轻一代分别参加了国共两党,鹿兆海是国民党军人，是副线，常常出现在革命和文本结构的关键处。共产党的武装斗争和地下斗争则是以鹿兆鹏和白灵为核心正面描写。白灵是一个坚定的女共产党人，在革命最艰难的时期入党，参加过学生运动、做过党的地下工作、部队宣传与文化工作等，却在"肃反运动"中被当做国民党特务杀害。她的悲剧是党史上的污点，是极左路线横行的结果，她与鹿兆海的死因都是国共两党试图掩饰与逃避的历史问题。

黑娃是文本中唯一具有朦胧的阶级意识和反抗意识的青年，在鹿兆鹏引导下，他的反抗由自发走向了自觉，他参加过农协和武装斗争，当过土匪、保安团营长，后皈依儒教"学为好人"，新中国成立前夕策划实施和平起义解放了滋水，却被窃取革命胜利果实的白孝文残忍杀害。尽管他的人生经历和革命斗争史复杂曲折，用阶级观念仍可评价。《白鹿原》对新民主主义革命的直接叙述主要是通过鹿兆鹏、黑娃和白灵的故事来表现，他们在原上掀起一次次革命浪潮，从反抗封建婚姻制度开始，以各自的方式动摇了封建宗法制度和家族权威，推动白鹿原走向现代化。但这些革命行动呈现出"片断"或"碎片"的形态，新民主主义革命的逻辑关系很难被清晰地还原，而家族制度的瓦解和民国政府从建立到覆灭的过程，却清晰地呈现出来。这里隐藏着一个历史事实，即清王朝的灭亡、封建宗法制社会被取代都是人类历史发展的必然，而历史发展的合法性，却是由根基厚重的儒家文化来解释的，因为乡村社会尚未形成新的现代文化解释系统。在白鹿原的乡民们看来，国民政府解放战争期间腐败凶残的程度，早已超过了清朝政府，按照儒家的政治理念，二者均属"暴政"，理应被推翻。至于共产党建立的新政权，朱先生说："还得看。"[1]

朱先生解释"天下注定是朱毛的"[2] 时，理由看似很荒诞，实则揭示出历史发展的客观规律。他以两党的国旗为喻，国民党在空中（青天白日），共产党满地红。在他看来，共产党取得天下是其代表了广大人民的根本利益，而国民党代表的是"上层社会"的利益；一个脚踏实地，一个浮在空中。征丁征粮和官场贪腐，使土地荒芜、村舍凋敝，赋税竟超过晚清十倍，宗族无力保护族人，只有共产党能与之抗衡，而且延安"清

---

[1] 陈忠实：《白鹿原》，人民文学出版社1993年版，第624页。

[2] 同上。

正廉洁",他据此断定共产党将得天下。现代科学证明卜卦也有一定的科学依据,借东风、种瓜种豆等预言是当事人对天文学知识的运用。

交农事件是宗法家族势力对现代民族国家政权县政府的一次对抗,几乎是"平手",没有胜利者。这是典型的非暴力不抵抗(不合作)运动,含有现代法治社会的民主意味,类似于游行示威、请愿抗议、学生罢课、工人罢工等的性质。反抗形式是传统的,而且在历史上取得过成效,或许,工业社会早期的自发性工人罢工曾从"交农"获得灵感。乌鸦兵的射击表演标志着暴力革命法则的强制推行,从砸祠堂、武装暴动、国共内战等,都以暴力的形式展开。新中国成立,白孝文镇压反革命与铲除异己同时进行,方式还是以暴制暴,暴力法则成为社会的基本法则。在进化论支持下,人类动物性中的暴力倾向,获得了合法的社会解释权和话语权。20 世纪 80 年代中后期,暴力美学成为先锋与前卫的招牌。诚然,人类经历过唯暴力的历史阶段,但是文学中充斥着暴力与血腥未必是对历史的最佳解读。随着一系列剿匪电视剧的热播,大家难免疑惑,湘西是土匪横行的所在,还是沈从文笔下的世界呢?米兰·昆德拉说:"小说跟回忆录、传记等有一种本质上的区别。传记的价值在于,它提示事实的新颖与准确。小说的价值则在于某种存在着但被掩盖着的可能性的提示上;换句话说,小说发现的是在我们每个人身上隐藏着的东西。"[1] 沈从文是真正的小说家。新历史小说试图发现历史事件背后隐藏着的东西。交农事件预示着一种社会理想、一种和平的抗争方式的终结,这种终结是打着现代化的幌子进行的。印度人拉·甘地领导的非暴力不抵抗运动赢得了民族独立和人民拥护,冷战结束后,局部战争和恐怖袭击愈演愈烈,"物竞天择,适者生存"的进化论法则已成为世界性法则。作者试图既呈现儒家的温柔敦厚、以德报怨等文化伦理的世相,又展示被暴力充斥的现实世界,即历史演进过程中的真实。但文本还是表现出血腥和暴力,有读者说这些描写令人发指,如贺老大被墩死,咬断的舌头被踩,田小娥被鹿三戳死,祠堂中名目繁多的刺刷、开水烫、吃大粪等酷刑。

儒家修齐治平的社会道德理想,在国共两党的信仰之争和政权之争中,并未完全丧失话语权和解释权。鹿兆海在国共之争中恪守党性原则,

---

① 米兰·昆德拉:《被背叛的遗嘱》,余中先译,上海译文出版社 2003 年版,第 19 页。

在对待兄长和恋人时，尊奉儒家的温厚仁义；冷先生和鹿子霖力救鹿兆鹏更多是对家族利益的考量和"舐犊之情"。赵慧文（王蒙《组织部新来的年轻人》）面对组织部中存在的不正之风，也只能独善其身。

《白鹿原》的历史背景是清末民初到新中国成立，叙事通过人物命运的交代将历史延伸至"文化大革命"和新时期。1903 年，严复在译著《社会通诠》自序中说："中国社会，犹然一宗法之民而已。"① 白鹿原就是一个具有鲜明宗法制村落文明的乡村社会，村庄的日常秩序由族长和当地有名望的乡绅共同维持，只有宗族无法解决的问题，才会诉诸官府，而官府也默认并鼓励宗族村落的自治性管理和乡绅权威。在白鹿村，族长白嘉轩和鹿子霖、冷先生等维持村庄的日常秩序，朱先生负责规划和指导他们，形成了典型而稳固的封建宗法制乡村社会形态。白鹿原是中国社会的缩影。朱先生是身兼"天道"与"仁义"的乡贤，终生恪守以民为本的儒家政治理念，完美地体现了儒家"达则兼济天下，穷则独善其身"的人文精神和道德理想。他是民族文化精神的象征，曾只身劝退 20 万清兵；公开发表"白鹿原八君子抗战宣言"，断然拒绝发表"拥蒋剿共"声明的要求。他不介入任何党派之争，对政治保持超然的态度和史家客观公正的立场。

文本没有详尽描述三民主义及其现代民族国家的理念，只在交农事件后借白嘉轩的经历交代了现代民族国家的民主和法制建设，用他的茫然无措衬托出现代国家理念不被普通百姓理解的现实。国民政府成立之初，国家理念被歪曲或利用的情形时有发生，蒋家王朝的覆灭就是因为政治腐败，导致民心尽失；富有讽刺意味的是，以鹿兆鹏、白灵为代表的共产党人浴血奋战取得的胜利成果，竟被白孝文这样的革命投机者窃取，其行径较之岳维山、田福贤之流更加残忍冷酷，为以后的政治斗争和阶级斗争扩大化埋下了伏笔。

朱先生和白嘉轩都是站在儒家文化的立场上审视社会历史变迁的，他们见证了宗法制度和儒家文化在白鹿原衰亡的过程，见证了国民政府由一个新兴政权因政治腐败、赋税沉重而覆灭的过程，以及共产党艰难的成长

---

① 见蔡元培《中国伦理学史》，人民出版社 2008 年版，第 133 页。

与壮大，进而取得全国胜利的过程。他们以自己的文化人格和伦理精神殚精竭虑地捍卫儒家文化，却依然无法阻挡历史潮流。文本在对儒家文化的礼赞中无奈地谱写出一曲凄凉的挽歌，既流露出作者对传统儒家文化深深的眷恋，又表现出对以白鹿精神为象征的传统文化的衰亡无力挽回的怅惘与哀伤。揭示了国民党的现代民族国家理念在中国由盛而衰的历史必然。

朱先生对新民主主义革命的态度随着社会历史的发展而逐渐转变。第一次国共合作期间，他对两党的革命宗旨"抹码"不清，却赞同他们"扶助工农"的主张；农协潮起潮落，他始终保持缄默；国民党疯狂镇压农协会员，他态度超然，在白嘉轩追问下说出"鳌子"的比喻；白嘉轩腰杆被土匪打折，他说"这下是三家子争着一个鳌子啦!"[1] 他将土匪看作与国共并列且仍与其抗衡的力量，因为三家都在争夺原上的资源。鹿兆鹏要他预卜国共两党的结局，他说国共之争是"公婆之争"，两家都以救国扶民为宗旨，自相残杀无非为"独占集市"，因此他不大注重结局。白孝文欲在白鹿书院抓捕偶遇的鹿兆鹏，他劝阻未果，便说双方"都不是君子!"[2]

他站在儒者的角度审视时局，不介入党派之争，却赞同并支持双方所做的有益于人民的事。他踊跃参加国民党的赈灾活动，救助共产党人鹿兆鹏，收黑娃为弟子。鹿兆海死亡真相的揭露，使他看清了国民党打内战的真面目，政治立场开始改变，在县志编纂中，称徐海东部为"共军"而不是"共匪"。

白嘉轩在日常生活和家族管理上，总是以朱先生为楷模和指南，每遇大事，必求教于他。朱先生的职能颇类中世纪乡村的神父或牧师。犁掉罂粟种庄稼、义助李寡妇、践行"乡约"镇压小娥冤魂等，都由其指导。他鸡毛传贴发动农民"交农"以抵制县府坑农的印章税；他远离政治，无论时局如何变化，坚持以乡约和族规约束和惩戒族人，他为人刚正强硬，惩治了违反族规的长子白孝文，建六棱塔镇住了田小娥的冤魂，尽心竭力地维护着宗法制乡村的社会秩序；他拒绝任何世俗权力，也让孝武设法躲避，却不得不接受白孝文的庇护，退出了白鹿村的权力之争，宣告宗族文化在乡村彻底衰败。连老成的农民都随了游击队，使他意识到共产党

---

① 陈忠实:《白鹿原》，人民文学出版社 1993 年版，第 275 页。
② 同上书，第 398 页。

早已深入民心。他以宗法制家族文化的价值理念对抗新兴的政治力量，最终无奈而感伤地退出了乡村政治舞台，而新民主主义革命是在普通农民的广泛支持下取得胜利的。

从阶级分析的观点看，鹿三是贫雇农，理应最革命，但他却是白鹿原上最好的长工。他是乡约族规最忠实的践行者，家族权威和封建伦理最忠实的捍卫者。他以诚实的劳动换取粮食、棉花和尊重。在交农事件和戮杀田小娥事件中，他几乎成为白嘉轩意志的执行者和代言人。白嘉轩说："三哥，你是人！"两人名为主仆实为兄弟，他们的关系建立在共同的伦理基础之上，超越了阶级和血缘的界限。他心里只有宗祠及其代表白嘉轩，完全没有现代民族国家和阶级斗争的概念和意识，小家的概念也比较淡薄。对他来说，家附属于家族。文本中，白鹿两家命运的起伏，虽与20世纪上半叶社会风云变化的大背景紧密结合，但真正左右家族命运发展走向的，却是儒家的伦理道德和民间朴素的善恶观及因果报应的观念。

文本从儒家伦理规范出发，讲述家族历史的同时，照应了皇帝退位、军阀混战、第一次国共合作、清党、肃反、抗日、解放战争、土改等历史事件，半个多世纪的革命风云通过白鹿两家的家族命运折射出来。这种以乡村士绅为叙述主体的历史叙事，突破了传统革命历史叙事的革命英雄主体模式，以田小娥为核心的性爱故事成为情节发展的原动力，张扬了人的原始生命力和民间生殖崇拜，揭示了中国农村社会普通人在社会转型期隐秘的心灵史和精神裂变史，开创了全新的"历史·家族"叙事模式。雷达说："我始终认为，陈忠实《白鹿原》中的文化立场和价值观念是充满矛盾的：他既在批判，又在赞赏；既在鞭挞，又在挽悼；他既看到传统文化是现代文明的路障，又对传统文化人格的魅力依恋不舍。"①

## 四 性描写的"社会文化化"

《白鹿原》的性描写一直是小说备受争议的问题，也是影视改编的瓶颈之一。性，是文学创作无法回避的问题，文本的性描写曾引发过不小的争议，也给作者带来过一些困扰，但并没有影响其传播。而同年出版的

---

① 雷达：《废墟上的精魂——〈白鹿原〉论》，《文学评论》1993年第6期。

《废都》不到一年就因性描写等原因被禁,2009 年解禁,随即以百万的天价售出影视改编权。文本接受上的差异,与作者的性叙事策略和当时读者的心理承受能力和道德底线有很大关系。

《废都》写性是抓住一点写深写透,整部小说就围绕庄之蝶和与他有性关系的女人们展开,性描写太多、太密、太滥,冲淡了小说社会文化批判的主题;《白鹿原》写性相对节制,采用散点透视的方式,性描写涉及人物较多,与故事情节关联密切。陈忠实善于通过人物的性行为方式刻画人物性格,比如,白灵与鹿兆鹏、鹿兆海兄弟之间的性爱描写就表现出他们不同的性格特征,白灵热情奔放,鹿兆海缠绵多情,鹿兆鹏瞻前顾后。让人觉得性是人生命中不可缺少、更无法回避的基本属性,有区别的只是生命个体对待"性"的态度,以及由此透露出的人物不同的文化心理定式、道德观、审美观等,甚至政治立场也会影响人物的性趋向,白灵就将其对国民党的痛恨毫不隐讳地转嫁到了鹿兆海身上,进而发现了两人恋爱时忽略的或容忍了的性格缺陷。而在革命斗争中,却与鹿兆鹏由革命情谊发展为革命爱情并结婚生子。在情感纠葛中,政治立场起了至关重要的作用,白灵与鹿兆海的初恋也曾建立在共同的理想和志趣上。这里隐含了一个"革命+爱情"的故事模式。

文本中的性描写,几乎牵涉了白鹿两家两代的主要人物,性是他们生命中不可或缺的,但绝不是他们生命的全部价值和追求。对于白嘉轩、鹿子霖、白孝文、黑娃、鹿家兄弟来说,性是其生命中重要的组成部分,却不是全部,作者允许他们为之焦虑,甚至迷惑沉溺,但最终"性"成为他们成长的契机或人生的经历,这是作者精心策划的一个叙事陷阱,让读者被性吸引,又逼迫诱使读者跳出性的藩篱,进入广阔的社会历史层面进行历史文化思考,这是文本得到主流意识形态和读者一致认可的重要原因之一。

性,不是不能写,而是该怎样写。当性成为一个人生命或生活的全部时,人就成了生物的人、欲望的人,他的社会属性和文化属性就会被遮蔽,文本的社会文化批判的主题就会被屏蔽,文本将成为肉欲泛滥的所在。因此,作家在确定将性作为文本叙事中心时,一定要考虑文本中性的叙事策略,特别是当时读者普遍的心理承受能力,以及中国人传统的道德规范和审美定势。作家应该平等地与读者或自己的目标受众展开对话，而不是一味责怪读者没有读懂自己，或误解了自己；引起误读，读者、评论家和媒体的确有责任，但最根本的责任还在作者所创造的文本。一位先锋作家说他现在不写小说了，原因是没有人读了，似乎责任都在读者；不知这位作家是否反省过为什么没人读小说了？（这里存在一个误区，小说还是有人读的，只是读者群在不断细化）哪些作家的小说没人读了？路遥现象又该如何解释？

李洁非认为："文学从来不以描写某一生活现象为目的。文学作出的任何描写，目的都在于探究，深刻的描写必基于深刻的探究。"① 《白鹿原》就是要探究那 50 年中国社会历史的变迁和思想文化的裂变，性不是小说的叙述中心，也不是目的。通常太密太过集中的性描写会使小说甜得发腻，难逃色情的嫌疑；没有性描写的小说又似乎缺了点胡椒粉，不够味，这就需要作者巧妙地安排性叙事节奏，而叙事节奏的安排不仅需要艺术匠心，更需要作者的社会责任心和善心。

文本中相对集中的几处性描写在结构和笔墨的分配上很有意味，其节奏暗合了读者注意力集中的生理与心理规律。文本的题记明确提示读者这是一部史诗性的巨著，开头写白嘉轩婚娶以"性"抓人，旋即荡开笔墨，将读者引入家族争斗和白嘉轩毕生追求的儒家伦理人格的完善上，用"仁义村"的乌托邦理想净化了读者猎奇的心理，从而提升了文本的思想和情感基调。黑娃与田小娥的偷情、白灵的叛逆、白孝文的婚后纵欲、兆鹏媳妇的性饥渴等，共同搅扰着白鹿两家的安宁与和谐，并直接关系到随后的"风搅雪"。军阀混战和第一次国共合作的失败使白鹿原成了"鏊子"，人们的神经绷得紧紧的，不敢有丝毫的差池，这时叙事转而回到家族斗争上，两家矛盾激化的导火索是田小娥被族规惩罚，鹿子霖挑唆她勾引白孝文以报复白嘉轩。性成了家族斗争的工具。白孝文的堕落使白鹿两家的矛盾斗争公开化，也使田小娥彻底堕入罪恶的深渊并直接导致了她的横死。文本后半部分，性描写有理性规范下的婚内性行为，有非理性的性行为，诸如"借种"、性妄想症、同性恋及性虐待等，所有这些都与情节发展、民俗风情、人物性格发展和人格铸造有机融合，虽然直露，却没有

---

① 李洁非：《躯体的欲望》，《当代作家评论》1998 年第 5 期。

影响到文本的整体风格和基调。

陈忠实为长篇创作确立的性描写原则是"不回避,撕开写,不做诱饵",目前,该原则已得到学界和读者的广泛认可。他生活创作在一个从禁欲到纵欲(20 世纪 80 年代中期和 20 世纪 90 年代)的时代。新中国成立之后到 20 世纪 80 年代的文学中,性几乎是缺席的;20 世纪 80 年代上半叶的文学中,性是唯美的、节制的,而且大多与主人公的精神成长密切相关,比如张贤亮的《绿化树》、《男人的一半是女人》等;先锋作家将性作为一种革命的力量,以颠覆文明与秩序;新写实作家笔下的性是自然本能,写法有自然主义倾向,如刘恒的《伏羲伏羲》等;20 世纪 90 年代中后期以后,性成为文学最重要的主题。现实生活使作者意识到性对个体的重要,"不回避"成为首要原则,为什么要"撕开写",度如何把握?他所谓"撕开"就是客观地写出性行为、性心理的本质,不有意遮掩或"犹抱琵琶半遮面",这决定了他的性描写总是写得很实,具有可操作性,也成为他遭诟病的原因。"不做诱饵"是他的原则。读者是否将之作为诱饵,作者显然难以控制;但被读者作为诱饵,却一定是作者的问题。他说:"在写作过程中我发现,对于性的描写最重要是第三个原则——'不作诱饵'。就《白鹿原》而言,性的概念、性的理念、女性应该如何生活,是一个时代中国人精神历程中绕不过去的严峻问题,关键就在于对性描写的必要性的再三审视,和描写分寸的恰当把握。"[①] 作者在追述鹿家发家史时写到了男性的同性恋行为,当事人将之作为奇耻大辱并最终以其人之道雪耻,但这一隐痛却世世代代困扰着鹿家的子孙。对同性恋自然化的细致描述确乎让很多读者震惊,因为这样露骨的描写在新时期以来有影响力的文本中并不多见。由于这段叙述直接关乎鹿家精神文化人格(即勾践精神)的构成,复仇与因果轮回的性质又赋予了故事丰厚的文化内涵,从而遮蔽缓解了读者的惊异和尴尬,转而激发起读者对同性性行为的厌恶,唤起读者的羞耻感和正义感。这种叙事策略使单纯的发家故事具有了"励志故事"和复仇故事的性质,也为鹿子霖性格的形成和发展提供了依据,同时对白嘉轩从骨子里鄙视鹿家有所交代。对某些人来说,性就像鱼饵一样吊着人的胃口,当阅读即将进入疲劳状态

①　陈忠实:《性描写的最重要原则是"不做诱饵"》,《解放日报》2009 年 8 月 31 日。

时，以性为中心的故事就会荡出一个小小的涟漪，勾起某些人的"馋虫"，吸引他们读下去，而文本丰厚的思想文化蕴藉又时刻约束规范着人的感性世界，唯恐人堕入感官的迷狂。尽管作者的努力显得刻意而吃力，但这动机却难能可贵。

性在叙事中一开始就是工具，在白嘉轩和鹿子霖那里是家族斗争的工具；在田小娥那里是反抗女性被侮辱被损害的不公正命运的工具；在举人老爷那里是有钱人养生的工具；在鹿兆鹏那里是反抗封建婚姻制度的工具；在白灵那里是追求自由平等、爱情婚姻自主的工具；在其他人那里是传宗接代的工具。在白鹿原上，性很少被当作生命的原欲，少有人看重它给人带来的生理上的快感和精神上的愉悦，鹿子霖的性快感更多是占有欲与权力欲满足的外在形态和表现形式，而黑娃与田小娥的性关系则隐含了伊甸园的故事（田小娥就是夏娃，性就是蛇），白孝文与新婚妻子的故事，以及随后被田小娥勾引成为败家子，也隐含着失乐园的故事原型。黑娃和白孝文的政治选择、人生选择、生命历程的每一次重大转折都与各自的性选择有关，有时甚至起了决定性的作用。激情的、非理性的性行为似乎注定了主人公的毁灭，而"浪子回头"、"学为好人"的重要标志之一就是主人公性取向的转变，黑娃和白孝文回归之后（尽管性质不同）的重要行动除了回乡祭祖，还有娶妻——娶一个知书达理、温柔敦厚的女子为妻，用作者的话说就是温柔庄重的女人才能让男人在享受性的美好的同时也感到可靠和安全①。女人（性）不仅能毁灭男人，也能成就男人。文本中理想的两性关系，一是朱先生夫妇，二是黑娃与高玉凤夫妇，两者有相近的模式，即婚前相看与明媒正娶相结合，也可看作感性与理性相结合，最有意味的是，朱先生和黑娃都曾动情地说想叫妻子"妈"。这或许与恋母情结无关，但文本似乎在告诫人们：理智规范下的性行为才是人类理想的性行为模式，才有利于人的理想人格的建立。至此，性的生物学意义被淡化甚至消解，社会文化意义在无限地膨胀。这是文本性描写的重要策略，将性欲望"社会文化化"，暗合了中国人传统的文化心理和审美定势，在写法上较之《废都》更平实、节制，与文本整体结构的融合也比较紧密。

---

① 陈忠实:《白鹿原》，人民文学出版社 1993 年版，第 583 页。

文本善于通过主人公对性的不同态度和行为方式刻画人物的性格，表现人物的思想文化内涵和伦理价值取向。在描写不同人物的性行为时，作者所用的词汇、语气、语调、表述方式等都是客观的、冷静的，没有明显或刻意的褒贬或主观价值判断，完全是一种自然化的表述。在写到白嘉轩和鹿子霖的性行为时，描写本身并没有美丑善恶之分，也没有两军对垒式的一套语词系统，他们性行为的性质完全在于性活动的社会意义。白嘉轩的性行为描写主要集中在小说的开头，当他完成了传宗接代的神圣使命之后，文本便不再写他的性行为，只写他对性的态度，以表现他的伦理价值观念，其中包括他对白孝文的训诫，对黑娃的苦劝，对女儿的痛心和狠心，以及他对白孝文与田小娥，鹿子霖与田小娥之间关系的极端厌恶与鄙夷，这一切都彰显了他性观念的伦理价值。性观念是白嘉轩儒家思想体系的一个组成部分，而在家族利益和"孝义"的招牌下，他授意默许孝义媳妇的"借种"行为，施仁义安顿兔娃，公然答谢冷先生，以绝后患。但心底里却觉得孝义媳妇"恶心"。对田小娥的镇压，其意义远远超越了"性"本身，意在敲山震虎，显示族长的神圣威严，本质上是一种政治行为。故事本身隐含了"法海与白素贞"的故事模式，不知道作者在塑造田小娥时脑海里有没有闪过白素贞的身影，但细心的读者可能会发现，除去"性越位"，田小娥算得上好媳妇。白嘉轩和法海维护的是秩序本身。用 21 世纪的伦理价值观衡量或阐释，她追求爱情、反抗强权、甘于贫困等品质，正是当代人所呼唤的。但在仁义白鹿村，她注定与白素贞同样被压在塔下。白素贞感天动地，被儿子救出；没有生育就丧失了救赎的希望，她"不贞"又"不孝"，因此罪不容赦。小娥具有丰富的社会文化内涵和无限的可解读性，她身上有"戏"，话剧、舞剧和电影都将她作为女一号。

鹿子霖是原上性行为极不检点的人，白嘉轩在心底里把他当做畜生。他诱骗利用田小娥，与儿媳不清不楚，在原上有几十个干娃。然而，这个败德的人终于没有跨越最后一道藩篱——乱伦，且忍受着别人的误解与谩骂而无从辩白，个中原因，作者却有意避而不谈，这种回避丰富了人物的文化内涵和心理空间。毕竟那代人深受儒家文化的浸染，尚未烂到骨子里，还残存着羞耻心和道德底线。

白嘉轩的性行为停留在婚姻内部，性对象都是明媒正娶回来的妻子，目的是传宗接代，而不是感官享乐，至少主观上不是。小说发表时，人们大多从伦理层面看待性，对此没有太多异议；鹿子霖却是婚外性行为，或有乱伦的嫌疑或仗势欺人或以权谋私，且不说他与那些女人们之间是否是"两性相悦"，他曾自负地说："凡是和他相好过的女人，都可以证明他不是负义之人。"① 单是他获取性的手段就与白嘉轩形成了对照。文本将性观念的二元对立（男女）转化为社会伦理和人格的二元对立，性的社会文化意义得到进一步彰显。弗洛伊德认为所谓文化，就是有条不紊地牺牲原欲（里比多），并把它强行转移到对社会有用的活动和表现上去②。文本的性描写就是对弗洛伊德这一论断的有力阐释。白嘉轩与鹿子霖都想通过性能力来表现旺盛的生命力，显示家族生生不息的顽强生命力和创造力，因为只要白嘉轩没有子嗣，族长的位子就无人继承，族权就有可能旁落。在白鹿原上，性具有极强的"社会有用性"。

文本中有几处性描写也体现出人物性格发展的内在矛盾和痛苦，比如：黑娃和白孝文的第二位妻子各方面都照应着田小娥。两人婚姻对象"形象"的转变，从某种程度上消解了鹿三杀死小娥后的"罪恶感"，"论证"了其行为的"现实合理性"。对兆鹏媳妇淫疯病客观冷静的叙述，讲述了一个女人为欲望所煎熬、所驱使从而战胜羞耻感与乱伦的恐惧不惜奋力一搏并最终失败癫狂死于非命的故事，这是对人类原欲的尊重，是人性与儒家伦理道德冲突的外在显现。20 世纪上半叶，这样的女人不是一个，而是一群，她们是封建礼教和五四新文化合谋扼杀的鲜活的生命群体，她们甚至没有明确的对手，她们的对手是本能，是原欲，生命模式是"压抑—反抗—毁灭"或"压抑—再压抑—毁灭"。她们是一群尚未觉醒的、缺乏自主意识和反抗精神的无辜者。透过两性关系反思这段历史，并不能从根本上解决问题。对此，作者采取的叙事策略是：悬置。

## 第二节 《白鹿原》的人物结构

人物是小说叙事的核心，《白鹿原》家族秘史的构建是由一系列栩栩

---

① 陈忠实：《白鹿原》，人民文学出版社 1993 年版，第 657 页。

② 马尔库塞：《爱欲与文明》，黄勇、薛民译，上海译文出版社 1987 年版，第 18 页。

如生的人物形象完成的。人物设置围绕白鹿两家来展开，由白鹿这一神秘的审美意象来统领，白鹿是虚幻的，又是实在的。文本是一个网状的结构模式，作者设置了无数个"二元"人物关系和多个"三角"人物关系，两种关系模式相互交错，形成了结构明晰又错综复杂的网状人物关系结构。人物之间的关系基本按照宗亲为经，姻亲为纬的模式构成关系网络。大体可分列两班，白家一脉，鹿家一脉，在第二代中有交叉，鹿姓的鹿三在白嘉轩家做长工，第三代中姻亲关系将两家连结起来，冷先生的两个女儿嫁到白鹿两家；白灵与鹿兆鹏结婚，使白嘉轩和鹿子霖成为亲家；兔娃为白孝义延续血脉等。白鹿两姓之外，朱先生是白嘉轩的姐夫，田小娥是黑娃的媳妇，又与鹿子霖、白孝文等发生性关系。其他次要人物则分别与白嘉轩或鹿子霖这两个中心人物发生关系。

三角关系是中国古典小说中最常见的人物关系，以刘关张桃园结义为典型模式。在白鹿村，白嘉轩、鹿子霖与冷先生，田小娥与黑娃、白孝文，田小娥与鹿子霖、白嘉轩，白灵与鹿兆海、鹿兆鹏，鹿兆鹏与白灵、冷大小姐等构成三角关系，这些三角关系偶有变化交错，使白鹿两姓构成的二元关系体系更加错综复杂，行文也更有变化。

白嘉轩是文本人物结构的核心，所有人物都与他发生着直接或间接的关系。类似于《家》中的高公馆或《雷雨》中周公馆的模式，作者将舞台扩大到宗族村落，矛盾冲突的层面更多、更激烈、更持久，但比《子夜》的人物结构简单。茅盾喜欢规模宏大、文笔恣肆绚烂的作品，具有福楼拜式复现历史的严谨求实精神，受巴尔扎克《人间喜剧》、托尔斯泰《战争与和平》及欧洲自然主义影响和启发，热衷于探寻事件、人物与环境之间的因果关系。《子夜》时间跨度只有三个月，采用多线条交错展开故事情节，然后两条主线有序推进的结构方式；《白鹿原》时间跨度大，历时半个世纪，白鹿两家的家族矛盾是贯穿始终的主线，其他社会矛盾都围绕白嘉轩与鹿子霖的矛盾来展开，与两人没有密切关联的人物和事件虚写或仅作必要的交代，比如鹿兆海是文本中唯一一参加过抗战的人物，作者没有正面写其战斗经历，只写他恋爱、葬礼及家人的凄凉悲苦。这是文本剪裁的基本原则：围绕中心人物剪裁，避免喧宾夺主。

雷达说："我发现，只要作者坚持从民族文化性格入手，就写得深入；一旦回到传统的为政治写史的路子或求全、印证、追求外在化的全景效果，就笔墨阻塞，不能深入。鹿兆鹏的地位本是极重要的，他是中共省委委员，多次大斗争的策划者，但作者吃不准他的文化性格，又怕不写他不足以概括全景，于是，这个人物似乎经常露面，又一触即走，入不了'戏'。他甚至斗不过田福贤，他的作为好像只是秘密地开过一次省委扩大会，搞掉过一个叛徒；而这，也还是通过作者交代出来的。"① 这是《白鹿原》人物形象塑造的一个重要特征。

在白鹿村，不是每个自然人都能上族谱，田小娥、白兴等就遭到宗祠的拒斥，黑娃也一度被拒。族谱上的人是自然人、社会人、文化人和历史人的合体。作者写人的首要策略就是以宗祠为参照系。上了族谱就成为家族历史的组成部分，被家族遗弃就意味着无根，没有"来"也没有"去"。比如田小娥的鬼魂无处依傍寄托遂化为厉鬼报复。第二个特点是特别注重刻画生物人或自然人生命形态的本真状态，透析自然人在社会属性与阶级属性共同作用下教化成长的规律，以探寻其独特的文化心理结构和家族文化精神，最终着落于民族精神的重铸，并将之具象化为白鹿精魂。文本中与白鹿直接关联的有白嘉轩、朱先生、白灵、鹿兆海，在他们身上寄托了作者对未来人或新人的美好想象。第三个特点是有原型的人物形象不如虚构的人物形象光彩照人，存在着虚构与原型的形象悖谬。朱先生和白灵生平故事和性格与原型基本相符，争议却很大。与他们相关的历史事件与历史观念敏感而复杂，具有言说的多义性，产生歧义的可能更大，所以两人的主要人生经历都有历史依据，而不像鲁迅那样塑造历史人物"只有一点因缘"或是"随意点染"而成。

将历史人物及其生平事迹以小说的形态进行艺术再现，通过作者的艺术选择和艺术创造，将其"个人化"生存上升到"民族性"、"人类性"和"普世性"的高度，这是作者对艺术真实的独具个性的解读。21世纪的"三秦人物摹写"短篇系列是其艺术探索的继续，受到了评论界和读者的普遍好评。不仅如此，鹿兆鹏的生平事迹取自于中国共产党渭华起义的多位革命者，黑娃的土匪生涯也有县志为据，白嘉轩挺直的腰杆则源自于作者幼年记忆中的曾祖父，等等。通常情况下，生活原型的事迹越丰厚，作家艺术创造的空间就越小，有时还会引来关于真实性的质疑。陈忠

---

① 雷达：《废墟上的精魂——〈白鹿原〉论》，《文学评论》1993年第6期。

实却认为塑造有生活原型的人物形象,更能体现作家的艺术功力,更能发挥作者的艺术想象力,人物形象也会更加生动鲜活,比如四妹子、朱先生、白灵、柳青、李十三等。完全虚构的人物在文学创作中是不存在的,文学形象一定与现实生活存在着某种渊源。文本中虚构成分较大的田小娥,得到了读者和评论者的一致认可,被誉为当代文学史上最成功的女性形象之一。下面我们将逐一解剖上述人物。

## 一 白嘉轩:中国最后一个族长

著名评论家雷达说:"《白鹿原》写了'最后一个地主'白嘉轩,这个人与传统文化有千丝万缕联系,甚至他本身就是传统文化的象征";"他本身就是一部浓缩了的民族精神进化史,他的身上,凝聚着传统文化的负荷,他在村社的民间性活动,相当完整地保留了宗法农民文化的全部要义,他的顽健的存在本身,即无可置疑地证明,封建社会得以维系两千多年的秘密就在于有他这样的栋梁和柱石们支撑着不绝如缕。作为活人,他有血有肉,作为文化精神的代表,他简直近乎人格神。"① 白嘉轩是贯穿始终的人物,是传统文化正统人格的象征,是中国最仁义的地主,是最后一个族长,是儒家文化伦理的践行者和家族制度的维护者。他身上凝聚了作者对中国农业社会和传统文化的全部认识和思考。张志忠说他是"中国社会所倚重的、儒家文化所渗透到旧乡村的生活秩序、伦理原则的化身。他像他的祖先一样,笃守农耕为本的传统,修身,齐家,治村,率民众抗税交农,正民风痛责孽子,为祈雨忍痛自残,在残酷的政治斗争中以德报怨,宽宥仇家,被称为白鹿原上'头一个仁义忠厚之人'"。② 50年沧桑巨变,白嘉轩就像一尊雕塑般庄严"静穆"地伫立在白鹿原上,任皇帝退位、军阀混战、党派争斗、土匪横行、抗日战争、解放战争等历史政治事件轮番上演,他自岿然不动,最终却被儿子孝文主持的枪毙黑娃的那声枪响击倒在地,并在瞎了一只眼后认同了他"白县长父亲"的社会角色。他一生维护的家族制度从他与鹿子霖的明争暗斗始,以白孝文对

① 雷达:《废墟上的精魂——〈白鹿原〉论》,《文学评论》1993 年第 6 期。
② 张志忠:《怎样走出〈白鹿原〉——关于陈忠实的断想》,《当代作家评论》1998 年第 4 期。

黑娃的残杀终。一个隐性的"弑父"故事原型完整地呈现出来,作者巧妙地解决了文本可读性的问题,超越了先锋小说和新写实小说对传统叙事故事性的解构。"弑父"原型不仅体现在白氏父子之间,还体现在新旧制度和文化的更替上。

话剧《白鹿原》中的白嘉轩(濮存昕饰)

白嘉轩"身处于封建社会政权形式已经解体,但他的社会心态仍然在延续那个时代的社会结构意识。他的精神上延续着封建文明和封建糟粕,他身上具有几千年延续下来的封建人格力量,他的硬汉精神就是这个民族的封建文明制造出的民族精神。如果封建社会没有一些文明的一面就不可能延续几千年不变,它铸成了几千年绵延的民族精神。白嘉轩身上负载了这个民族最优秀的精神,也负载了封建文明的全部糟粕和必须打破、消失的东西。否则这个民族就会毁灭。这些东西部分集中在他身上有时就变成非常残忍的一面,吃人的一面。如白嘉轩对田小娥的全部残害就是他精神世界的封建观在起作用。"① 有人说 "白嘉轩无疑是陈忠实的理想人格",是 "肯定的、正义力量的化身",对他, "作家可以说是倾其所爱"。② 这一观点显然有失偏颇。

白嘉轩这个角色由多种历史和现实社会因素凝聚而成。他秉公无私,为人宽厚,与长工同吃同住同耕作,生活俭朴勤苦。黑娃两次入狱,他多方搭救;他鄙视 "官瘾比烟瘾还大" 的鹿子霖,却在其陷狱时为之求情。为了维护族规和顽固的封建男女观念,他制造黑娃和小娥的爱情悲剧;并将女儿和长子逐出家门,瞒哄妻子使之死不瞑目。他自己也承受着身心的巨大磨难:被土匪打折腰杆,黑娃的惨死使他 "气蒙眼";经历了6次丧妻之痛和沉重的精神负担,第7位妻子为他生下儿女,免除了他 "无后为大" 的不孝罪名,稳固了他的族长地位,但他始终昧于性爱和情爱。在他的严格管束下,黑娃、白孝文、孝义、兔娃等(包括他本人)的性成长都在女性引导下完成。他一手酿造了别人和他自身的悲剧,他也是封建性观念的牺牲品。作者对他身上的阴暗面和 "吃人" 本质,也进行了严苛的批判。

休斯顿·史密斯在《人的宗教》中将儒教作为世界七大宗教之一。儒学是一种现实哲学,在日常事务中实现人的教化。在宗法制乡村社会,祠堂行使着中世纪欧洲教堂的神圣职责,族长与神父的功能相似,负责家族文化的传承和发扬,充当族人的现世保护者和精神导师,维护礼教的权威和宗法制家族村落的日常生活秩序。白嘉轩在白鹿村就以祠堂为依托,以宗教般的虔诚,在生产生活中具体实践着儒家 "仁义" 的道德文化理念,坚守耕读传家的祖训,以乡约族规为做人处事的基本准则,他修祠堂办学堂,周济贫弱,带领村民族人修补围墙抵御白狼,发动交农运动抵抗苛捐杂税,代参加农协的族人求情受过,对黑娃以德报怨,等等,以实际行动和人格魅力,把儒家的仁义精神落实到日常行为之中。

马克斯·韦伯认为儒家是 "实践理性主义"(practical rationalism:实

① 陈忠实、张英:《白鹿原上看风景——关于当前长篇小说创作和〈白鹿原〉》,《作家》1997年第3期。

② 畅广元、屈雅军、李凌泽:《负重的民族秘史——〈白鹿原〉对话》,《当代作家评论》1993年第4期。

用理性主义)①。李泽厚说："血缘宗法是中国传统的文化心理结构的现实历史基础，而'实用理性'则是这一文化心理结构的主要特征。所谓'实用理性'就是它关注于现实社会生活，不作纯粹抽象的思辨，也不让非理性的情欲横行，事事强调'实用'、'实际'和'实行'，满足于解决问题的经验论的思维水平，主张以理节情的行为模式，对人生世事采取一种既乐观进取又清醒冷静的生活态度。它由来久远，而以理论形态呈现在先秦儒、道、法、墨诸主要学派中。"② 张载强调"经世致用"。在中国，实用理性是一种以理节情的行为模式，它有以天道和人道为基本构成因素的世界观模式和行为规范，而且具有"为维护民族生存而适应环境、吸取外物的开放特征。实用理性是中国民族维护自己生存的一种精神和方法。"③ 白嘉轩集是一个丰富而又矛盾的个体，他坚守儒家的道德规范从不动摇，性格坚毅沉稳、处事不惊、内敛而豪狠，具有顽强的生命力。他经历过炼狱般的肉体与精神的折磨，却从未屈服颓丧脆弱过，他具有强悍的生命意志和坚固的自我防护与修复能力。在精神谱系上，他与桑迪亚哥（《老人与海》）同属硬汉系列。只是他们捍卫的价值体系和精神力量源泉不同。桑迪亚哥说："一个人可以消灭他，就是打不败他"；白嘉轩说，在原上生活，"心上要能插把刀"。

他深受儒家实用理性的影响，凡是有利于血脉延续和家族壮大的事，都义无反顾地去做，如巧换风水宝地、种罂粟、"交农"事件、"求雨"仪式、惩戒田小娥、白孝文等；有时甚至显得严苛、"狠心"，以致伤害到身边的人，如年馑时，他拒绝借粮间接导致孝文媳妇饿死，他的固执使仙草死不瞑目等。白家自称"耕读传家"，实则亦读亦农亦商。爷爷辈上就开了药铺，白嘉轩种罂粟暴富，还参加了本县第一届参议会，剪了辫子，解除了女儿的缠脚布，第一个送女儿到村学堂念书，第一个购买并使用轧花机等。对现代文明和现代科技，他并不排斥；他只反对危及宗法文化的思想行为。对家族叛逆者毫不容情，或逐出宗祠，或严加惩戒等。他对政治有种天然的疏远，他内省自励，慎独仁爱，却严密监视道德秩序的

① 马克斯·韦伯：《儒教与道教》，江苏人民出版社 1995 年版，第 177 页。
② 李泽厚：《中国现代思想史论》，东方出版社 1987 年版，第 320 页。
③ 李泽厚：《漫说"中体西用"》，《孔子研究》1987 年第 1 期。

破坏者和违背礼俗规范的行为。

儒家讲"经"与"权"，"经"是原则性，即遵守基本原则；"权"是灵活性，即善于变通。白嘉轩懂得"权"，鹿三固守"经"。他和冷先生成为"弑子"的恶人，是命运的捉弄，也是人世间最大的悲剧和惨剧。使人联想到沈从文的话："百年前或百年后皆仿佛同目前一样。他们那么忠实于庄严的生活，担负了自己那份命运，为自己，为儿女，继续在这世界中活下去。不问所过的是如何贫贱艰难的日子，却从不逃避为了求生而应有的一切努力。在他们的生活、爱憎、得失里，也依然摊派了哭、笑、吃、喝。对于寒暑的来临，他们比其他世界上人感到四时交替的严肃。历史对于他们俨然毫无意义，然而提到他们这点千年不变无可记载的历史，却使人引起无言的哀戚。"① 鹿三这样安分守己的、有尊严的劳动者，我们很难判断他所处的时代。当下中国，鹿三这样的人很多，虽然他们赖以生存的信仰不同，但其对生活的热爱、努力，对信仰或道德的坚守却惊人的相似。无数个鹿三的存在，才催生出白嘉轩这样仁义的地主。

作者从《康家小院》就开始了对"耕读传家"传统的质疑和批判，在《四妹子》、《蓝袍先生》等作品中依然延续着这种批判。在批判家族文化和"耕读传家"传统对人性禁锢压抑的过程中，意外发现了家族文化传统的价值，就像在歌颂改革开放的过程中，他意外地发现了集体经济和计划经济的现实合理性一样。于是，他开始在《白鹿原》中探寻中华民族文化发展的根源和儒家文化现代化的可能性，在塑造白嘉轩时，作者又发现了封建礼教"吃人"的本质，这是白嘉轩文化人格分裂的根本原因，这是文本文化悖谬产生的心理根源。恩格斯这样评价巴尔扎克创作上的矛盾，他说："巴尔扎克在政治上是一个正统派；他的伟大作品是对上流社会无可阻挡的崩溃的一曲无尽的挽歌；他对注定要灭亡的阶级寄予了全部同情。但是，尽管如此，当他让他所深切同情的那些贵族男女行动的时候，恰恰是这个时候，他的嘲笑空前尖刻，他的讽刺空前辛辣。"② 这段话用来解读《白鹿原》也很合适，尽管陈忠实对儒家文化深切眷念和

---

① 沈从文：《沈从文文集》第 1 卷，花城出版社、（香港）三联书店 1984 年版，第 162 页。

② 《马克思恩格斯选集》第 4 卷，人民出版社 1995 年版，第 684 页。

怀恋，却丝毫没有影响到他对封建礼教"吃人"本质的揭露和儒家道德残害人性的虚伪性的批判。

白家门楼上镌刻着"耕读传家"，两边明柱上的对联是"耕读传家久，经书济世长"。传家是基本要求，济世是最高境界，传家是济世的基础，这是修身齐家治国平天下的通俗化解释。为延续白家的香火，他巧换风水宝地、六娶七婆；为培养家族继承人，他言传身教、严词苛责；为维护家族权威，他备受磨难、殚精竭虑，不惜伤害自己和身边的人。他用"以德报怨"的人格力量消除了黑娃对白家的仇恨，却残忍地将田小娥的冤魂压在六棱塔下，表现出鲜明的道德取向。他既是封建礼教的维护者，又是封建礼教的牺牲品。

白嘉轩是原上"最仁义的地主"，是中国"最后一位族长"，他以独特的人格魅力构建了"仁义白鹿村"；修祠堂、建学堂、践行乡约、领导交农、惩戒田小娥等，保护族人，维护封建宗法制度；养育了白孝文、白灵等儿女。桩桩件件，可圈可点，而"白嘉轩后来引以为豪壮的是一生里娶过七房女人"。文本产生了反讽的效果。结尾，白嘉轩对鹿子霖忏悔巧换风水宝地之事，回忆七房女人当在这之后。白嘉轩从道德人回归自然人。作者以如此"形而下"的话统领全篇，颇有意味。故事是第三人称叙事，首尾贯通之后成为白嘉轩的叙述，颇类《百年孤独》。作者以这种近乎恶毒的方式解构了家族文化和儒家道德，建构了一个巨大的文化寓言。鹿三是白家的长工，与白嘉轩名为主仆实为兄弟，他一生的两大壮举都与白嘉轩关联。他领导交农时觉得自己就是白嘉轩。解读白嘉轩，绝不能忽略鹿三。最后，白嘉轩压抑镇压田小娥，也是在变相压抑自己的生命原欲。

## 二　朱先生：儒家文化人格的象征

朱先生的原型关中大儒牛兆濂，是程朱理学关中学派的最后一位传人。民间传说他是北宋大儒周敦颐（周濂溪）转世，故父亲为其取名兆濂，字梦周，他自号蓝川。传说他能观天象预测农事和天气变化，百姓称之为"牛神仙"。他主持芸阁书院，曾因不堪问卜人之扰，将大殿上的四座神像推倒。还作《神仙辩》辟谣辩解，他说："我非神、非仙，就是我；我是谁？即蓝田牛兆濂也。不料现在还有前知之传，实属自己不智。"① 陈忠实幼年听到不少关于牛才子的传闻。"文化大革命"初破四旧时，牛才子墓被掘，红卫兵发现墓道暗室用未经烧制的砖坯箍砌，使生产队指望用挖出的墓砖砌井的打算落空。传闻说牛才子料到有人掘墓，故意不用砖箍墓。此事被传得神乎其神。

在文本中，作者试图还原朱先生儒者、智者的真面目，却因白鹿升腾、墓葬悬疑等，增加了他的神秘性。毛崇杰曾著文称关中大儒"非儒"。洪治纲认为此论有失偏颇，认为儒学不是简单恪守先贤遗训，儒学具有包容性，是东方生存智慧的结晶，不能仅靠自己对儒学的理解来否定朱先生的文化意义②。朱先生的某些生平事迹虽取自文字记载或民间传闻，但他毕竟是作家创作的艺术形象。文本中，朱先生对近现代历史的评价，是他站在儒家文化的立场上审视新民主主义革命的结果，而不是"牛兆濂"的政治观点。

朱先生是作者构思时产生最早的，也是最受争议的，争议核心人物的政治态度和文化精神。文本中，他的"老师姓杨，名朴，字乙曲，是关中学派的最后一位传人"③。有论者将他定位为"深受儒家文化熏陶和浸染的乡村知识分子"，该论与人物生平事迹不符。朱先生只身劝退 20 万清兵，使百姓免受战乱之苦；他通电全国呼吁团结抗战，仅此二举就堪称大儒。

关学是宋明理学的重要分支。理学以儒家思想为主，融合佛学和道学思想而形成。狭义的关学是指北宋张载创立的儒学体系；广义的关学是指张载之后一直到明清之际的关中儒学体系，即文本所用之意。张载（1020—1077）曾在陕西眉县横渠镇讲学。开创关学乃"为天地立心，为生民立命，为往圣继绝学，为万世开太平"。重视修身养性，慎独克己。

张载主张"学贵于有用"④，关学注重解决现实社会问题，具有实学特色和功利色彩。其高足蓝田吕氏兄弟崇尚气节，躬行礼仪，注重实践，

① 卞寿堂：《走进白鹿原——考证与揭秘》，太白文艺出版社 2005 年版，第 266 页。
② 洪治纲：《民族精魂的现代思考——重读〈白鹿原〉》，《南方文坛》2007 年第 2 期。
③ 陈忠实：《白鹿原》，人民文学出版社 1993 年版，第 91 页。
④ 《二程集》第 4 册，中华书局 1996 年点校本。

吕大钧还将那些礼仪规范推及日常生活和婚礼、聚会、庆典、吊丧等活动，并与兄弟共同努力，撰写了《吕氏乡约》、《乡议》等。《吕氏乡约》按照"德业相励，过失相规，礼俗相交，患难相恤"四大内容，详尽地论述了德业、过失、礼仪、处世的基本含义和相互关系，并在乡村社会推行，以教化乡民，移风易俗，对关中民风民俗和关中文化精神的形成产生了深远的影响。《吕氏乡约》、《乡议》是我国最早的一部村规民约，第一次从理性的角度系统完整地规范了关中农村的民俗、礼仪，增强了普通百姓的伦理意识。由于代代相传，这些村规民约的价值理念早已成为关中乡民的集体无意识，《康家小院》、《四妹子》、《蓝袍先生》等曾有所表现。目前关中农村婚丧嫁娶、小孩满月、老人过寿及节日庆典等民间活动中仍沿用着其中的礼仪规范。从本质上说，那些行为规范是儒家经典或关学精髓的民间形态，具体细致，操作性强，是对普通百姓的日常伦理要求。文本中朱先生交给白嘉轩的《乡约》，原文就是他从《蓝田县志》中的《吕氏乡约》中抄录的。作者创作《白鹿原》和朱先生、白嘉轩、鹿三等人物，就是探索儒家文化在中华大地的存在形态及其对普通民众文化精神与日常行为规范养成的深刻意义，即儒家文化不仅仅是一批经典文本，还是中国乡土社会生活的日常哲学。

关中文化是中华民族重要的精神文化资源，起于西周礼乐制度，继秦汉、隋唐，至北宋张载创立关学，完成了关中文化精神的哲学化、理性化过程。钱穆认为，秦汉时期的关中士人（儒者）比较倾向于上行性，即热衷政治活动；宋明以来的士人（或儒者）比较倾向于下行性，即热衷社会活动①，逐渐由开拓进取的外向型文化转化为慎独躬行的内省型文化。张载弃武从文开创关学颇具象征意义，预示着秦人由崇尚事功转变为致知穷理，耕读传家成为关中文化的主旋律。

朱先生重实践，反对空谈，深得关学真传。这段话是他一生事迹和品德的概括："人们在一遍一遍咀嚼朱先生禁烟毁罂粟的故事，咀嚼朱先生只身赴乾州劝退清兵总督的冒险经历，咀嚼朱先生在门口拴狗咬走乌鸦兵司令的笑话，咀嚼放粮赈灾时朱先生为自己背着干粮的那只褡裢，咀嚼朱先生为丢牛遗猪的乡人掐时问卜的趣事，咀嚼朱先生只穿土布不着洋线的

---

① 钱穆：《国史大纲》，商务印书馆1996年修订版，第807页。

怪癖脾性……这个人一生留下了数不清的奇事逸闻,全都是与人为善的事,竟而找不出一件害人利己的事来。"① 在他的影响下,白嘉轩、鹿子霖、冷先生、鹿三等身上也有"尚实"的特征,白嘉轩自觉践行"乡约"的伦理规范;鹿子霖培育儿子,累积财富,争权夺利,贪恋美色,桩桩件件印迹清晰;冷先生行医处世为人,无不脚踏实地;鹿三一生忠诚于土地和宗祠。

朱先生的原型:关中大儒牛兆濂遗像

---

① 陈忠实:《白鹿原》,人民文学出版社 1993 年版,第 636—637 页。

他胸怀坦荡，安贫乐道，用生命实践了圣人"立德、立功、立言"的处世格言。在杭州的烟花楼，他怒斥朋友："君子慎独。此乃学人修身之基本。表里不一，岂能正人正世？"① 杭州讲学归来，胸中郁闷，他登华山作《游华山诗》："踏破白云千万重，仰天池上水溶溶。横空大气排山去，砥柱人间是此峰！"气势磅礴，豪迈自负之气喷涌而出，与他一贯的谨言慎行的风格判若两人。据考证，此诗确系牛兆濂中年所作，作于他与诗文同道拜祭孔庙归来游华山之时。车宝仁曾用张载"气化万物"的思想解释这一现象，他说：

> "砥柱人间是此峰"实际上是对理学的关中学派的自信和肯定。"横空大气"表现的是"太虚即气"，"气化万物"，表现的是"太虚者，气之体"（《正蒙·乾称》）。"横空大气"，是说他认为太虚宇宙是散开的气的本来形态。而"白云"、"水"、"山"、"峰"都是气的凝聚的不同形态，不同的表现形式②。

儒家主张"达则兼济天下"，儒生都以"入世"为自己的使命；朱先生数次辞官，且终身不仕。对此，他曾有过解释，他对巡抚方升说：你害的是浑身麻痹的病症，只我这只手或脚会摆、会走也是枉然，若我为你求仙拜神乞求灵丹妙药，使你浑身自如、手脚灵活，你肯定选后者③。这是朱先生对清末政局的分析，他认为一个好官远不如一个好"先生"的贡献大，这是教育救国的形象化比喻。他 20 多岁开始教书立说，晚年编纂县志。在乱世中，他选择了"素王"孔子的救世方式。新文化运动前后，鲁迅的弃医从文、叶绍钧的教育救国等，与朱先生（牛兆濂）如出一辙。只是他们选择人生道路的思想基础有新旧之别。可见朱先生从未"出世"，毕生都在以自己的方式"济世"，凡是于民有利之事，他都扛在肩上。白嘉轩永远猜不透朱先生，他认为姐夫不会为张总督作说客，奇怪姐夫会赞同新政，还参加了县参议会。他认为姐夫是圣人，自己是凡人、俗

---

① 陈忠实：《白鹿原》，人民文学出版社 1993 年版，第 21 页。
② 车宝仁：《〈白鹿原〉与张载"关学"》，《唐都学刊》2008 年第 1 期。
③ 陈忠实：《白鹿原》，人民文学出版社 1993 年版，第 22 页。

人。这是作者对朱先生人生理想和处事方式的理性把握。当然朱先生的原型牛兆濂的确有辞官的史实，为忠于历史人物，作者给出了现代的解释。关学开创者张载曾两度辞官，后代关学传人有不少淡泊名利、不留恋科举者，他们热衷实务，关注民生，注重解决实际问题，重视教育，明清吕楠、马理、韩邦奇、冯从吾、李颙、李柏、李天生、牛兆濂等关学大家都曾在书院讲学。

他终生粗衣布鞋，粗茶淡饭，不以物喜，不以己悲。劝告百姓"房是招牌地是累，攒下银钱是催命鬼。房要小，地要少，养个黄牛慢慢搞。"① 表现了他不为物役的思想，似乎暗合了道家的人生境界。但原上没人能真实实践之。鹿子霖从监狱出来得知自己早已倾家荡产，那一刻似乎领悟了人生的玄机。房、地、银钱和儿子都成了"催命鬼"，均因"贪念"而致。可惜，这种顿悟尽在一线间，孙子的到来重新点燃了他生命之火，让他看到了生存的希望。对这一情节的处理上，作者比余华更加"冷漠"和"残忍"，余华让富贵没有希望地活着；作者让鹿子霖燃起希望后却活不下去。朱先生临终前，劝告白嘉轩辞去长工，把多余的地摞给无地的农民，并推测天下是朱毛的……这些看似神秘的预测，其实是他对社会历史考察与研究的结果，朱毛的土地政策与张载关学的社会理想颇为类似，其本质都是"耕者有其田"。张载十分推崇周人的井田制，精心写就《井田议》，上呈皇帝建议施行未得应允。辞官归里后，他带领弟子们在今陕西长安区的子午镇、扶风县的午井镇等地按照《周礼》的模式，以子午正方位试办井田制，深得当地百姓拥戴，子午、午井等地名即由此而来。文本中对土地政策的描述和思考表现了作者对土地和农民问题的深刻关注和深层探索。

### 三 白孝文：从家族样板到革命投机者

白孝文在父亲精心培养下成长起来，曾是白鹿两家青年一代的样板，"他比老族长文墨深奥，看人看事更加尖锐，在族人中的威信威望如同刚刚出山的太阳。""他说话不多却总是一句两句击中要害，把那些企图在

---

① 陈忠实：《白鹿原》，人民文学出版社 1993 年版，第 301 页。

弟兄伙里捞便宜的奸诡之徒或者在隔壁邻居之间耍弄心术的不义之人戳得翻肠倒肚无言以对。""他不摸牌九不掷骰子，连十分普及的纠方狼吃娃媳妇跳井下棋等类乡村游戏也不染指，唯一的娱乐形式就是看戏。"① 而他翻船就翻在了"看戏"上。继任族长后，他修缮祠堂，重绘族谱，重新聚拢人心，消除了"风搅雪"和"还乡团"的影响，恢复了白鹿仁义村的井然秩序；继而对田小娥和狗蛋施族法，羞辱了鹿子霖，树立了新族长的威信。

严格的家教铸就了白孝文青年楷模的形象，也为他构筑了内在生命中人性封闭的牢笼，自然原欲像猛虎般被禁闭着，在田小娥激发下竟如洪水般爆发，直捣家族政治的根基。田小娥色诱白孝文是鹿子霖报复白嘉轩的阴谋。面对性诱惑，白孝文陷入精神与肉体双重的困惑与痛苦中，出现了非器质性阳痿的症状，被父亲撞破后曾想以自杀赎罪。直到被废去族长、施以刺刷族法、被分了家，剥去了封建礼教的道德外衣，他才"像个男人样子了"，家族礼法禁锢的不仅是人的精神，还有人的自然本能。冲破规范禁忌之后的原始生命力的爆发与释放，使他顿然醒悟，看清了礼教族法压抑人性的丑恶本质。他的堕落宣告了白嘉轩封建伦理教化的失败。

向父亲借粮遭拒，割断了白孝文与家族和父亲最后的情感纽带，他吸毒、卖房子卖地、沦为乞丐，以报复父亲。步入"仕途"后，他剿匪，搜捕共产党，迅速成为国民党地方政府的得力干将。抓获黑娃并与土匪勾结放走黑娃完成了他工具人格的建构，白孝文成了一个政治投机者和革命阴谋家。

回乡祭祖是他向封建礼教和族规的公开挑战，他以民团营长的辉煌彻底扫荡了残存在白鹿原上的与他相关的不光彩的记忆。他对太太说："谁走不出这原谁就一辈子没有出息"，"这原"不是一个单纯的地理区划，还是一种特定的生态圈，一种特定的民族传统文化规范，也是一个心灵与肉体的牢笼。他成为妹妹白灵眼中的职业杀手，打死、抓捕共产党，威逼利诱姑父朱先生发表反共声明，这些都为他后来打死张团长埋下伏笔。

白孝文是《白鹿原》中人生起伏最大的人物。他曾像蓝袍先生徐慎行一样信奉父亲，从未想过要违逆，直到被女人或性触动诱惑而觉醒，他

---

① 陈忠实：《白鹿原》，人民文学出版社 1993 年版，第 266—267 页。

的婚内纵欲与徐慎行朦胧地对美和爱情的渴望与追求，都被父亲扼杀。之后，两人却走上了截然相反的两条道路：白孝文彻底背弃了之前奉为圭臬的儒家伦理和乡约族规，成为白鹿原上最彻底的家族叛逆者；徐慎行将自己重新封闭起来，恪守"慎行"的格言，孤单寂寞猥琐地度过了没有自我和尊严的一生。其反抗模式是：白孝文"反抗—失败（被压抑）—再反抗—再失败（被遗弃，即堕落）—彻底反抗"；徐慎行"反抗—失败（被压抑）—再反抗—胜利—彻底失败（自我封闭）—放弃反抗"。他们是一个生命主体分裂的两个自我，在人生关键处分道扬镳。只有把他们的人生轨迹和命运遭际结合起来，才能看到这个叛逆者的心灵轨迹和精神裂变。

对白孝文的描写大多是外部描写，较少涉及其内心世界的痛苦和波澜。作者熟悉海明威的"冰山理论"。有人将《白鹿原》与《百年孤独》进行比较，认为孤独是布恩蒂亚家族的群体意识，仁义是白鹿家族的群体意识。孤独和仁义成为束缚这两个遥远家族走向现代文明的精神枷锁。还有人认为白鹿原的千年孤独表现为儒家文化传统的古老与沉重。作者对孤独有着深刻的感受和体验，他塑造了曲高和寡的朱先生，包括鹿子霖、冷先生、鹿兆鹏、田小娥、冷大小姐和白灵等人物，他们内心的孤寂都让人震惊。但原上最孤独的人是白孝文，他没有朋友，也几乎没有敌人，他永远的敌人就是他自己，就像林白在《一个人的战争》中对女性命运的揭示一样，白孝文一生都在跟自己作战，他将自己封闭在一个狭小幽闭的内心世界的牢笼中，从未向任何人敞开过心扉，包括他的两位妻子。白嘉轩有一个永远的对手鹿子霖，有精神导师朱先生，以及鹿三和冷先生做朋友，白孝文却没有，他在本我与自我的殊死交战中备受折磨，他的自我是社会和父亲强加给他的。他一度以肉体的交融与田小娥结成了短暂的同盟，但这丝毫无法摆脱他精神的孤独，纵欲、吸毒、自我放逐只是他排遣内心痛苦和孤独的手段。那时，他曾想以父亲为对手，但父亲遗弃了他。做了县长的白孝文在实现"弑父"这一生物本能之后，他的生命将陷入永恒的宿命般的孤独，而杀死黑娃的罪恶与恐惧也将像毒蛇一样缠绕着他，因为历史毕竟不是永远由投机者来书写的，更何况鹿兆鹏等当事人尚未消失，正义还像一把利剑一样悬在天空。

鹿子霖堕入无意识之前说"鹿家还是弄不过白家"，从生命质量来看，与混沌中吃着"羊奶奶"的鹿子霖相比，不知白孝文怎么想？白孝文堕入孤独与罪恶的深渊，在心理上，他距离人性越来越远。正如马尔克斯所说："最大的挑战是缺乏能使生活变得令人可信而必需的常规财富。朋友们，这就是我们孤独的症结所在。"① 白家的命运是民族命运的缩影，作者交待说"文化大革命"结束后成为作家的鹿鸣在寻找民族文化的根源和人类自我救赎的途径。鹿鸣是鹿兆鹏与白灵的儿子，很多年前，为占尽白鹿祥瑞的兄弟分成白鹿两家，争斗许多个世纪后，又彼此交融成为一体，暗喻着家族生命力的绵延强大。

白孝文和白灵是白嘉轩最疼爱的两个孩子，他们继承了白嘉轩最看重的家族品质——豪狠，如白灵在一次根据地的清党肃反中被怀疑是潜伏的特务被捕入狱，她在狱中"像母狼一样嚎叫了三天三夜"；白孝文对抗家族，在白鹿书院企图抓捕鹿兆鹏，击毙张团长，诛杀黑娃等。他处事的机敏练达，深受儒家伦理教化的影响，父亲的惩戒使他彻底背弃了儒家文化，转而将现代社会的弱肉强食、优胜劣汰和金钱法则等奉为圭臬，他具有高度的政治敏感，起义后窃取了革命胜利果实，并残忍地排除、杀害异己。谭桂林说："从白孝文的成功与黑娃的屈死中不难看出，现代农民革命建立起来的国家权力不是也不可能是一种现代意义上的民主与法治的权力形态，它不过是中国传统的家族权力人治形态的一种现代翻版。""白孝文由族长继承人变成国家权力的象征，这种权力的置换可以看作是国家话语取代家族话语的文化隐喻"②。

## 四 鹿氏家族精神人格的形成及其现实意义

白、鹿两家同根同种，白姓为兄继承族长之位，鹿姓为弟不得僭越。这一格局经过世代的心理积淀，形成了白鹿两家截然不同的文化心理定式和治家传统，也决定了他们的人生定位及性格特征。白家重守，即维护白家的家族统治权；鹿家重攻，即开辟新的领域，如世俗权力或财富等。历史上，两家都有过盛衰，并形成了不同的家风。但无论穷富，白家都是当

① 黄卓越、叶廷芳：《二十世纪艺术精神》，河南人民出版社1992年版，第497页。
② 谭桂林：《论〈白鹿原〉的家族母题叙事》，《河北学刊》2001年第2期。

然的族长;鹿家永远处于边缘地位。白家奉行"耕读传家"的古训,崇尚勤劳节俭,传家宝是一个只进不出的木匣子;鹿家祖上出了个名厨鹿马勺,使鹿家成为村上的首富,因靠做勺勺客发家,还有过忍辱纳垢的屈辱经历而自卑,他叮嘱后人:一要供孩子读书,做人上人;二要继承卧薪尝胆、忍辱负重的勾践精神。他将自己具象化为白鹿原上的勾践,使勾践精神代代传承,成为鹿家撑门立户的精神财富。鹿家的家族文化具有鲜明的吴越文化特征。

中国是人类历史上农耕文明发展最完善的国度,游牧文明在历史上也曾多次入主中原,但海洋文明的发展相对滞缓和薄弱,历史上曾出现过偏安一隅的小朝廷。三大文明在历史发展中有矛盾冲突,也有交会融合,共同形成了当今人类文明的格局,其中,农耕文明最具稳定性,海洋文明最具开拓性,草原文明最具攻击性。白鹿两家家族文化特征的设置隐喻了中国文化发展的格局。由于始终处于边缘,宋以后,吴越一带不断在经济文化上拓展,并在明清产生了资本主义的萌芽,在清末民初及改革开放之后成为经济发展的桥头堡。文本中,白家固守家族文化传统,鹿家由最初只想取代白家,发展到鹿兆鹏兄弟要建立现代民族国家。两家的情形类似于儒家文化与吴越文化在中国文化史上的情形。

吴越文化的边缘地位形成了吴越人独特的精神气质:勇于开拓、辛苦勤劳、刚建豪放、坚韧不拔、忍辱负重等。吴越文化没有系统的理论体系,其精神实质具象化为"大禹治水"和"越王勾践卧薪尝胆"的故事。白家的家族传统具象化为历代族长的形象;鹿家的家族传统就是鹿马勺概括的勾践精神。他是一个清醒的现实主义者,他对鹿家的现实生存状况有理性的认识,鹿家的家族地位无法僭越,发家方式不被正统社会认可。鹿家要出人头地,只有科举。鹿子霖送两个儿子读书的决心就源自此。鹿马勺把忍受屈辱作为生命强力,要后代"达"不忘苦,"穷"能隐忍。这种忍辱图存的精神内化到鹿家后代的血液中,在潜意识中表现为自虐意识和自卑感,这在鹿子霖父子身上都有所表现,他们具有不自觉的平等意识和强烈的功利心。黑娃是长工的儿子,鹿家父子对他亲切而友好。鹿子霖的官瘾也在不断膨胀。

从心理学上讲,受虐者大都相信自己处于被迫害或某种痛苦的地位,需要寻找痛苦和压抑宣泄、转移的出口,从而可能产生报复行为,甚至出现自杀行为。受虐有时是主体的一种客观存在，具体表现为肉体受到摧残压抑或自身处于一种痛苦而尴尬的境地，如鹿马勺的生存处境；有时是主体的一种心理暗示，即主体自以为自己处于受虐的地位，时刻被一种受迫害的感觉所控制或被一种紧张情绪所操纵，比如日本人，就有强烈的危机意识，担心随时可能失去生存空间，所以他们拼命工作、享受、扩张，以维持种族的延续。受虐，有时是被动的，有时是主动的。勾践沦为夫差的阶下囚，是被动的；回国后卧薪尝胆，则是自觉主动、有目的的。卧薪尝胆是一种自虐行为，通过自虐使自己不忘国耻，发愤图强，寻机复国。鹿马勺的受虐也是自愿的，为了生存和发展，甘愿忍受非人的虐待。如果自虐者的目标明确合理，自虐可能转化为一种生存的动力，表现出正面的情感价值，这与阿 Q 的自轻自贱、自欺欺人不同。

通常情况下，自虐者都处于弱势，他们要么在政治经济上弱于对方，要么在身体或能力上弱于对方。如果自身强于对方，就无需受虐；如果势均力敌，就可以战斗；只有主体明显地弱于客体，才可能产生自虐的心理和行为。自虐者往往会在受虐时通过想象将痛苦消解或转换，甚至以苦为乐，因为他在积蓄能量，为反击做准备。自虐是受虐者（弱者）在面对强大生命力或生存压力时无奈的表现，它使弱者巨大的痛苦得以缓解与释放（即与其让他人残害自己还不如自虐），从而获得心理上的平衡和安慰。自虐是弱者或弱势群体的心理或行为，有些人只有自虐心理，而没有自虐行为；有些人二者兼而有之。自虐者在自虐的过程中使自己的痛苦、怨恨得以缓解，得到心灵的慰藉。如果自虐者在"卧薪尝胆"的过程中积蓄了足够反击的力量，那他可能复仇，成为施虐者。如果自虐者的对手过于强大，自虐者自知无力抗衡，就有可能自轻自贱、自甘堕落，进而形成一种奴性心理，有些人可能会走向宗教。基督教教人如何忍受痛苦，佛教教人如何化解仇恨。忍受痛苦，化解仇恨，都是对自身情感和生命的虐待。在自虐中发奋图强，实现生命的价值，是自虐作为一种情感现象的价值所在。对于生命力强悍的人来说，自虐是其在自身力量与对手相比处于绝对劣势时，其生命力或力量无处释放，反射到自己身上的结果；是自虐者将怨恨、痛苦、不平内化之后发泄在自己身上的结果。通过自虐，自虐者麻痹了施虐者，使自己得到了发展壮大的时间和机会，最终战胜施虐者。这样一来，自虐成为自虐者自身生命的放纵与狂欢。在这种放纵与狂欢中，自虐者的生命得以延续，生命意志得到磨炼，生命力更加旺盛，性格更加坚韧、顽强，更能经得起痛苦和挫折。对于真正的弱者，自虐最终导致的只有自轻自贱和毁灭。关于这一点，鲁迅先生在揭露中国国民劣根性时已有精辟的论述。对于自虐可能产生的正面价值，却很少有人提及。文本中，作者通过对鹿氏父子精神实质的挖掘，使我们看到自虐作为一种正面情感价值可能体现出的巨大的生命能量。儒家文化作为正统文化正在走向衰落，而作为边缘文化的吴越文化的精神内质的持有者们——鹿氏父子，却在事实上代表着历史发展的方向，推动着时代向前发展。虽然鹿氏父子最终的结局几乎都是悲剧性的，但他们的人生态度和文化精神，却让现实生活中处于劣势与弱势的群体受到启发和鼓舞。

在历次的文化融合之中，吴越文化受到中原儒家文化的强烈冲击，经历了从"尚武"到"崇文"的转变，吴越人逐渐具有了温文尔雅、精美细腻的一面，明清以来江浙涌现出大批文人才子。而"卧薪尝胆"、励精图治的勾践精神作为文化积淀早已深深印刻在吴越人的潜意识中，并得到中原百姓的认可，成为弱势群体重要的文化资源。鹿氏一脉的家族处境使鹿马勺对"勾践精神"产生了强烈的认同。白鹿两家连外貌都有区别：白家人眼睛鼓出，鹿家人眼睛凹陷。通常眼窝深者富于智慧。鹿氏一脉存在人格心理缺陷，如热衷功利（祖训"崇文"）、睚眦必报、善于玩弄阴谋诡计等。如果用开放现代的观点来审视，他们也有积极的一面，如不满足于现状，勇于开拓，励精图治，坚韧顽强等。这些文化品格与儒家文化的精髓和西方现代文明相结合，或许会产生比较完善的"人"，如鹿兆海。

鹿兆海是一个文化寓言。作者对其着墨不多，或许是由于对"新人"形象的塑造信心不够。他身上有家族遗存，有儒家精髓（朱先生一直看重他），有现代文明的熏染。他是文化融合的产物，寄托了作者多元文化和谐共生的文化理想。他对中国政治、历史、文化、未来都有深刻的思考，是"白鹿精魂"的象征。朱先生临死时成了一只白毛鹿；白灵幻化为白鹿。三人分别是关中大儒、共产党员、国民党员（抗日英雄），他们是其文化精髓的代表。无论站在何种政治文化立场上，这三个人都令人赞叹。鹿兆海和白灵最终因政治分歧分道扬镳，他对共产党的理想和斗争策略怀疑、担忧，他曾对朱先生说：列宁打倒了富人，却使穷人更穷。而这

与他们当年的奋斗理想不符。他愤恨黑娃墩死祖父；也不满国民党排除异
己、破坏统一战线。抗日战场上，他英勇杀敌；身为军人，他无力改变国
民党的政治路线，最终死于内战。作者对近现代史有深入的研究与思考，
试图通过鹿兆海和白灵的悲剧引导读者进行反思。关于这一点，以后还会
有新的发现和解读。他们是新旧文化精髓联合打造的新人，也经受着文化
交锋对其灵魂的撕扯与折磨，他们也有痛苦、抑郁与孤独。朱先生更多
"神性"，鹿兆海更多"人性"，他身上充满了人的痛苦和缺陷。

　　面对国共之争，他无奈地"独善其身"；民族大义当前，他当仁不
让；两难抉择（国民党对延安的围攻）时，他选择了军人式的"服从"，
内心却痛苦矛盾①。对待亲情，他遵循"孝悌"原则，即使父亲有错，他
也维护；即使与兄长政见不同，成为情敌，他也毫无怨言地帮助他。对待
爱情婚姻，他敢于追求，勇于坚守；为了恋人，他也不改变自己的政治态
度和人生理想，更不肯放弃爱情，而是采取自虐的态度，用孤寂来表达爱
的执著。与兄长和恋人成为政敌使他痛苦，对现实的不满、对国家民族未
来的忧虑使他更痛苦。他在迷茫中孤独地思考，按自己所能接受的价值观
念、行为准则为人处世，这一点上，他似乎深得朱先生真传，而不像黑娃
那样"发乎性情"。鹿兆海处事是"发乎情，止乎礼"，宁可自己忍受痛
苦、煎熬，也不愿伤害他人。失恋后，独自咀嚼痛苦，护送成为嫂子的白
灵出城投奔解放区。他嘴上说恨哥哥，却从未有过复仇行为，或许他心里
恨过，但善良的本性、良好的教养约束了他。爱不能爱，恨不能恨，命运
残忍地折磨着他，这时，家族传统中忍辱负重、卧薪尝胆的文化个性表现
出来，他用儒家文化的伦理规范约束自己，以自虐来缓解内心痛苦，而且
遵祖训为鹿家留下了根苗。如果一个人连自己都可以虐待的话，还有什么
困难不能克服呢？一个能够克服一切困难、甘愿把一切痛苦不幸扛起的
人，就有希望走向完善。鹿兆海在文本中被公认为"白鹿精魂"，他身上
具有多种文化品格，他是多种文化融合的结晶。这个人物启示我们，儒家
文化、吴越文化、西方文化、三民主义，都含有中国现代化可资借鉴的文
化资源。

---

　　① 他的死，直接导致了十七师茹师长与"北边"谈好"谁也不打谁"。（见《白鹿原》
1993 年版，第 563 页。）

反思历史,换一个角度思考,也许会有意外的收获。一个民族仅仰赖一种外来文化资源,即便这种文化资源是先进的,代表了大多数人利益的,却未必是现实的。作者在家族叙事的基础上对文化保守主义进行了严肃的批判,却被某些读者称为文化保守主义者。当然,这跟文本对儒家文化的过分渲染有关。究其原因,也许是文本对其他文化资源的表现不够充分;也许是作者潜意识中对儒家文化还有深深的眷恋;也许这只是作者的一种叙事策略。

鹿兆海近乎自虐的修身养性、克己宽人,成为他对原始生命唯一的放纵。他有人的欲望和情感,却不受现实原则操纵,用自虐的方式使生命开出绚烂的花,死后备受礼遇。自虐是他走向人格完善的"桥梁"。其实,宗教和儒家的禁欲又何尝不是自虐呢?把怨恨投注到自己身上,使自己忍受难言的痛苦,从而化解对别人的怨恨,把痛苦作为磨练意志的工具,以获得心灵的宁静,进而感化施虐者,使其从善。自虐是一柄双刃剑,有时也会伤及无辜。

鹿兆鹏不满包办婚姻,又没有足够的勇气去冲破封建枷锁,使妻子独守空房最终精神失常;而他也因妻子的存在不能恋爱结婚。在白灵表白之前,他一直像清教徒般生活,他们都是受害者。悲剧的根源是封建礼教和封建家长,但性格的犹疑软弱使他不能像白灵那样用一纸休书解决一切。他是受虐者,又是施虐者,他是冷小姐无性婚姻的直接施予者。他将个人痛苦转化为革命动力,成为坚定的共产主义战士。

他在原上革命几十年,数次死里逃生。为了理想和信念,他呕心沥血、鞠躬尽瘁,甚至接受了岳父和父亲及田福贤的搭救。朱先生曾说他和白孝文都不是君子。他的坚韧顽强,除了共产党人的革命意志之外,也有家族文化精神的传承。梅洛 - 庞蒂认为,文化世界(科学、艺术、哲学等)实为意义世界,而意义"隐约地显露在我的各种经验的交汇处,显露在我的经验与别人的经验的交汇处"。人是其文化无意识的传承者,我们周围的每一物体都"散发出一种人性的气息"①。他身上有许多矛盾,为了革命,他没能为父母尽孝,没有实现岳父"给屋里人留

① 杨大春:《意识哲学解体的身体间性之维——梅洛 - 庞蒂对胡塞尔他人意识问题的创造性解读与展开》,《哲学研究》2003 年第 11 期。

个娃"的愿望,没能完成革命成功后设法保全田福贤性命的承诺。这些
行为与中国人传统的价值观念很难相容。在他身上,家族文化品格的精
华和糟粕并存。生死关头,他接受了"现实原则"的支配——活着。他
生存意志顽强,人格却有待完善;他是一个坚定的革命者,也是一个有
人格缺陷的人。

他受党委派发动农民运动,被黑娃误解辱骂,却笑着说:"使劲骂!
把你小时候骂过的那些脏话丑话全骂出来,我多年没听太想听你骂人
了!"① 在人生得意时,以自虐的方式去感受和体验黑娃的艰难处境,赢
得了黑娃的信任,在原上掀起了"风搅雪"。

鹿子霖在"坟园"路上逼着小长工三娃骂他、打他、尿他,他品味、
忍受、记住"辱践",以激励自己,并将"辱践"还给敌人。他有太多的
困惑屈辱,大儿子从校长成为通缉犯,二儿子为国捐躯却被世人遗忘,自
己为国民党卖命却受牢狱之灾,身败名裂;白嘉轩固守祖训,却儿孙满
堂。而他热衷功利,善耍阴谋,报复心强,贪恋女色,卑鄙龌龊,却令人
同情。他的人生目标(出人头地,让别人伺候自己)也许渺小,人生道
路也许错误,但那股精神气、那份执著却让人叹服。他用自虐唤起生存的
勇气和卷土重来的决心,虽然败得更惨,但那是奋斗者的失败,是生命强
力的毁灭,能唤起人悲剧的崇高感。

文本中,有自虐倾向的还有白嘉轩。为了家族权威和人格尊严,他一
生克己,从不向人展示内心的感受,这是怎样的虐待?他自觉自愿地压抑
情感。以自虐的方式树立起卫道者和人格神的形象,压抑着自己和他人,
使原上少了些人情味。朱先生体恤百姓,依恋妻子,关爱子弟表现出更多
的人情人性。对比之下,引人思考。白嘉轩的痛苦和不幸是儒家文化本身
的缺陷,还是儒家伦理世俗化过程中极端化、庸俗化的表现?作者曾说:
"我崇尚一种义无反顾的进取精神,一种为事业、为理想而奋斗的坚韧不
拔和无所畏惧的品质。"② 白鹿两家的子孙们人生目标与人生道路大相径
庭,他们身上共同拥有的进取精神、坚忍顽强、无所畏惧等文化品格,
这是中华民族赖以生存和发展的重要精神文化资源。

---

① 陈忠实:《白鹿原》,人民文学出版社 1993 年版,第 171 页。
② 陈忠实:《我的文学生涯——陈忠实自述》,《小说评论》2003 年第 5 期。

## 五 田小娥:秩序与观念的"他者"

五四新文学运动中,文学作品对两性关系的书写都带有强烈的解放性和成长性意义,特别是庐隐等女性作家在摆脱对"身体"的"羞耻不洁"认识方面和追求"对等"的两性关系的自觉上都表现得极为突出。新中国成立后,法律赋予的男女平等,是一种取消了"性别差异"的绝对的男女平等,这种绝对平等剥夺了女性的性别意识。西方现代主义的重要表征是女性解放,西方女性主义憎恨男性,以身体和性对抗男性社会,最终走向女性孤独自恋的狭小的叙事空间;中国的先锋小说则以敌视女性或"妖魔化"女性为创作基调,苏童最具有代表性,有人指责先锋小说的现代主义是伪现代主义,原因之一就是作家和文本对女性的仇视与暴力。顾彬批评高行健的《一个人的圣经》"总是把女人当做肉体来谈论"[1]。从这一点看,《白鹿原》的女性叙事尽管有内在的矛盾与纠结,但它对女性身体欲望的文化认同接续了五四新文化运动对"对等"的两性关系的自觉认知的传统。当代作家的女性叙事如果没有很好地考虑或处理这种"对等的两性关系"的话,其精神高度就不如五四文学的作家了。

关中地处内陆,水深土厚,民间伦理道德观念比较严肃正统,新中国成立以来,柳青、王汶石、路遥、贾平凹、陈忠实等陕西作家都产生过道德焦虑。《创业史》中,从两性关系模式就可以看出好人还是坏人,两性关系成为不同阶级政治立场和道德伦理的象征,具有先验性和阶级性;路遥的《人生》充满了社会现实焦虑和伦理道德的思想冲突,作者尤其关注男性的伦理道德,朱小如认为"这对女性来说是不平等的。"没有考虑到女性的精神成长,这一点没有超过《红与黑》;贾平凹的《废都》是典型的男性视角叙述,且有文人"亵玩"的成分,削弱了文本社会批判的锋芒。

田小娥是《白鹿原》中最有光彩、也最富争议的人物,也是中国文学女性画廊中独特的"这一个"。人物成功的关键就在于作者对女性身体欲望的文化认同,他将女性放在"对等"的位置展开叙事,超越了才子

---

[1] 顾彬:《20 世纪中国文学史》,华东师范大学出版社 2008 年版,第 337 页。

佳人小说"公子落难小姐搭救"的模式，也超越了《青春之歌》"政治性"的救赎模式，即男性从身体到灵魂逐层拯救女性的叙事模式。即便有救赎关系，那也是两性相互救赎，黑娃和白孝文都是通过女性的身体（性）发现自我的。

文本中的女性书写，很少男性的悲悯意识和人道情怀，女人从精神到肉体都与男人同样强大，同样具有顽强的生命意志和秦人"冷硬"的性情。女人的"身体"（性）既能拯救男性，又能毁灭男性的生命意志。白嘉轩深刻地体验到女性原欲所爆发的强大生命力和巨大的毁灭力量，连续六个女人各不相同的死亡方式几乎摧毁了他生存的勇气，是母亲的干练、专注、果断给了他力量；黑娃的暴力只能打折白嘉轩的腰杆，田小娥的"身体"却动摇了他对儒家伦理教化的信心。朱小如说："从《白鹿原》中田小娥的身上我隐约看到了是把身体看作是一个有正气的、有解放和成长意义的这样一种文化内涵，可以纠正我们原有的观点和不对等的两性关系。"这正是田小娥形象的文化价值所在。

谈到田小娥的"跃现"，作者说是蓝田县志中那些用一生的凄苦换来无人观赏的几个字符的"贞妇烈女"唤起了他近乎"恶毒的意念"。"在彰显封建道德的无以计数的女性榜样的名册里，我首先感到的是最基本的作为女人本性所受到的摧残，便产生了一个纯粹出于人性本能的抗争者叛逆者的人物。这个人物的故事尚无影踪，田小娥的名字也没有设定，但她就在这一瞬跃现在我的心里。我随之想到我在民间听到的不少泼妇淫女的故事和笑话，虽然上不了县志，却以民间传播的形式跟县志上列排的榜样对抗着……这个后来被我取名田小娥的人物，竟然是这样完全始料不及地萌生了。"① 或许作者清醒地意识到田小娥到来的过程确系如此，但他对女性本能和自然欲望的描述却始自《康家小院》，吴玉贤自幼接受封建传统文化的训育，她的"出走"是生命本能的支配，是对新社会"婚姻自由"新观念的体认，是追求理想的爱情和婚姻的尝试。她的回归"坚定诉说着传统道德力量的牢固和不可战胜，隐喻着作家人生信念的启示：面

---

① 陈忠实：《寻找属于自己的句子——〈白鹿原〉创作手记》，上海文艺出版社 2009 年 8 月版，第 14 页。

对新潮流的冲击，不能轻易丢弃抵御现代'文明'的传统美德。"① 这是外在结构，作者的突破在于对玉贤出轨主动性的捕捉上，"上冬学"是她的主观意愿，对杨老师的喜爱也颇类"一见钟情"，她被他的年轻、白净、文明、柔声细气吸引，产生了初恋的感觉，课堂上目光"对视的一瞬，她忽地一下心跳，迅即避开了。她承受不了那双眼光里令人说不出的感觉……教的什么字啊，她连一个也记不住！"② 知晓新政策后，她有了"一种懊悔心情"，心想要是自己一定选择一个比勤娃更灵醒的人。她的女性意识在国家男女平等婚姻自由政策的感化下悄然觉醒。故事的收场又回到五四的叙事模式，带有历史的痕迹。

随后，在《打字机嗒嗒响》、《蓝袍先生》、《四妹子》、《窝囊》、《地窖》等作品中，作者依然在探索女性解放的社会主题。四妹子为吃白面馍远嫁他乡，但她同样有对男性的想象和期待，玉芹（《地窖》）短暂的婚外情并未改变她的生活，她将之雪藏并淡忘。俗世中这类情事时有发生，若不是躲避征丁，鹿子霖那些相好们未必会找他；农协铡刀下的老和尚和碗客及乌鸦兵祸害过的女人，也得活人。田小娥只是她们中悲惨的那一个。没有吴玉贤、四妹子、玉芹等女性艺术创作的积累，就不可能产生田小娥这样的艺术典型。

艺术典型在作家尚未察觉或意识到的时候，已悄然潜伏，等待作家灵感的到来。作者用"恶毒"来形容田小娥跃现那一刻的心境，表达了作者两性观念的瞬间转变。从吴玉贤、四妹子、田芳、玉芹等女性身上，我们看到女性自我意识的觉醒，她们的追求与反抗带有强烈的主动性。包括田小娥和白灵等，她们在两性关系中，都有对性的渴望、享受，甚至贪婪，田小娥更是以"性"彰显其生命价值。

作者笔下的性交往女性主动的相对较多。现代心理学认为，两性交往过程中，处于强势的一方往往比较主动。热衷于书写"女性主动"型婚恋故事，是男性作家弱势心理在创作中的曲折表现，是主体自卑自恋心理的表现。新时期模式很多，如章永璘与马缨花和黄香久、高加林与刘巧珍和黄雅萍、孙少平与田晓霞、庄之蝶与唐宛儿、黑娃与田小娥等，都有

---

① 公炎冰：《踏过泥泞五十秋——陈忠实论》，陕西人民出版社 2002 年 7 月版，第 87 页。
② 陈忠实：《康家小院》，《小说界》1983 年第 2 期。

"才子佳人"小说的痕迹。

对女性解放问题，作者有深入的思考，他认为女性解放不全是"施与的"，女性自身的觉醒和需要才是女性解放的根本，强调女性自发的反抗意识，尽管其反抗动机、方式和结果不尽相同，如白灵与田小娥和冷大小姐，却都具有自发性和内在性特征。他充分肯定了女性的身体价值和性欲求，将自我救赎作为女性解放的唯一道路。

他似乎很厌倦才子佳人的故事模式，20世纪80年代初，他写了一个为爱情而不是礼教苦守的女人（《田园》）；在他笔下，工程师丈夫与农民妻子过着平等的家庭和爱情生活。女性总是以各自的方式争取婚姻和爱情的自由与权利，有时甚至不计后果。他尊重女性"我要"的权利，而不是一味地对她们施与同情和怜悯。在他看来，为"我要"而牺牲是惨烈的，比如冷大小姐苦守名节，曾为原欲而自责，鹿子霖酒后失德，她斥之为"吃草的畜生"，却在情欲操纵下冒着乱伦的恐惧主动勾引公爹，情欲的力量彻底战胜了封建伦理教化。她是特定社会的产物，是被封建道德、生命原欲和五四精神合谋绞杀的，她具有莎士比亚式性格悲剧的特征。这个人物的设置现代而前卫。她性格发展的逻辑关系清晰而合理，是文本的一大贡献。苏童笔下的颂莲、祖母蒋氏等都有强烈的自我意识，但她们的性格没有发展，是由作者给定的。张炜的女性观似乎还在母系时代，含章、美蒂等都具有强大的生命力，其意志力源自于母性或丛林（野地）。男性总是心安理得地躲在女性的羽翼下，成长或思考着，然后在女性油尽灯枯时拯救世界。而叶兆言的《后羿》竟采用了同样的叙事模式。

田小娥是一个封建礼教和宗法制度的反抗者。她反抗社会强加给她的非人的婚姻，想拥有男耕女织的小家庭和年貌相当的丈夫。但她并不反对儒家的伦理道德，还主动按照乡约族规要求自己。其性质类似于梁山好汉"只反贪官不反朝廷"，她只要做人的基本权利。

死前，她从未想过对抗社会；死后，她先后给婆婆、仙草、白孝文等托梦或显灵，为自己申冤未果，才化为厉鬼报复社会。她被当做"白鹿村乃至整个白鹿原最淫荡的一个女人"，锉骨扬灰镇压在六棱塔下，灵魂永不超生。

她不甘做郭举人的性工具，与黑娃由性而爱，最终组成家庭。后与鹿子霖、狗蛋、白孝文发生过性爱纠葛，黑娃因她被家族抛弃，白孝文因她由家族样板堕落为乞丐，鹿三杀她消除祸患。人们对她进行道德审判时，潜意识中还有嫉妒和怨毒，她罕见的漂亮和妖娆的体态使男人们充满性幻想，郭举人家的长工几乎每晚都伴着性幻想入眠，她成为女人们最危险的假想敌，她的身体像罂粟一样让原上人迷醉，不安。她与黑娃的日月，与白孝文的婚内纵欲和兆鹏媳妇的独守空房形成对照。白孝文被她诱惑，兆鹏媳妇对她嫉妒羡慕鄙夷。她成为家族的公敌，以致死后没人说她好。

她借鹿三之口申诉，质问白嘉轩。初到白鹿村，她恪尽妇道，热切地想要"学为好人"，白嘉轩从族规出发拒绝了他们，她被打入另册。他从封建礼教出发，认定田小娥是祸水、烂女人。她后来参加农会、与鹿子霖淫乱、勾引白孝文等行为，更坚定了白嘉轩的决心。在封建社会，有过"性越位"经历的女人，将被永远钉在历史的耻辱柱上。萨特说："他者即地狱"，对白嘉轩和白鹿村来说，田小娥是他者，她是现存秩序和家族观念的他者；对田小娥来说，郭举人、白嘉轩所维护的社会是他者。他们互为地狱，但小娥注定失败。

文本中，田小娥"毫无抵抗地顺从了鹿子霖的淫欲"曾引发争议。鹿子霖趁火打劫是她预料中的事，在随后的交往中，两人竟产生了患难与共的感情，并结成了短暂的利益联盟，共同对付白嘉轩，成为家族斗争的工具。白孝文被族规惩处唤起了她的良知，她以身体和性温暖他。在性的欢愉中，他们成为相依为命的一对苦人。两个家族弃儿结成同盟以对抗家族统治，性和鸦片成为斗争工具，以放纵堕落抗拒封建礼法注定失败。白孝文出走，田小娥被杀。为了生存，田小娥先后与鹿子霖和白孝文结盟，都是情势使然。在白鹿村，白嘉轩是家族的保护神，但小娥被排除在外。鹿子霖是唯一肯跟她合作的人。女人也不是上帝，她需要有人承认、关心、支持，甚至利用。从生物学上说，被异性追求爱慕需要是生物体生命价值最直接的体现。鹿子霖和白孝文对她身体和性的痴迷，给了她生存的勇气和力量，使她能屈辱（文本中是"不要脸"）地活着。

进祠堂接受惩戒前，田小娥从未将白嘉轩当做"对手"，她的反抗意识产生于鹿三用梭镖刺穿她胸膛的瞬间。或者说变成厉鬼后，她才具有了反封建的战斗性和清醒的斗争意识。靠对手活着，在田小娥这里解释不通。她只是用男人对她的性需要来印证自己的存在。她的生命轨迹大致如此。她的生命或许微贱，但这一形象的典型意义就在于其现实性。小娥遭到质疑的另一原因是她和黑娃、鹿子霖和白孝文都曾产生过性的欢愉，有人以此认定她是"性欲狂"，这是一种典型的假道学和男性中心思维。如果女性和丈夫之外的男性产生性快感就是罪恶的话，那么《廊桥遗梦》、《花样年华》等都有不道德的嫌疑。而五四时期追求婚姻自由、个性解放的许多女性都有"婊子"之嫌。

李吟咏说作者塑造田小娥时，"始终是一个忠实于历史生活而缺乏自由理想的'黑暗的写作者'"，尽管他"知道一个受侮辱受损害又有着热烈性欲的女人有可爱之处，但他宁可忠实于历史再现乡村中国的'女人形象'，而不愿展开自由的翅膀为受伤的女人找到一种生存的安慰"。① 作者没有拔高人物，也没有为她找出一条出路，那是因为那时的中国宗法制农村确实没有出路。田小娥就是一个真实纯粹的历史存在。

在白鹿原上，田小娥最合乎逻辑的生命轨迹就是那样。在郭家和白鹿村遭遇"冷暴力"，她死后才意识到悲剧的根源。白嘉轩跟她没有任何个人恩怨，对她所做的一切都是出于公心，而且光明磊落。他恩威并施要黑娃舍弃小娥，却从未面对过她。吴玉贤犯错，婆家长辈也未当面训斥，而是由娘家惩戒。郭举人悄悄休掉小娥而未公开责罚，让她面对父母愧疚自责，使她预想中的反抗失去对象，这处世之道依然关中农村延续着，实质是伪善。田秀才倒贴银元嫁出女儿，就"像用锨铲除拉在院庭里的一泡狗屎一样急切"②。可见其家庭承受着怎样的压力，但他毕竟给女儿留下了生存的希望。小娥的声讨使村人们一片歃歃，怨恨白嘉轩主仆者大有人在。小娥从未想过对抗社会，她只想要一个家，一个丈夫。爱情，她或许从未奢求过。作者似乎也无意让田小娥承担新人建构的使命，他只想写出在中国历史上女性"正常的性欲的剥夺"达到了何种程度。

鹿三冤魂附体是他内心痛苦与恐惧的外在表现。公公杀死儿媳是违背伦常和禁忌的"弑亲"行为，鹿惠氏临终的责问使他精神崩溃，产生幻觉。而仙草临终时见到田小娥，或许是兔死狐悲式的"移情"，由小娥的悲惨命运联想到"忤逆"的女儿。两人对小娥惨死景象的描述不是鬼神

---

① 李咏吟：《公民生命自由教育的沉沦——小娥形象的创造与陈忠实的思想局限》，《当代作家评论》2004 年第 1 期。

② 陈忠实：《白鹿原》，人民文学出版社 1993 年版，第 145 页。

灵魂相通,而是合理想象。或许鹿惠氏曾尾随鹿三并成为小娥之死的目击证人,她在瘟疫折磨中死去,潜意识中也许是为丈夫赎罪;仙草知道小娥的死状并不稀奇,因为小娥的尸骨和窑洞是白孝武带人掩埋,而白孝文曾扒开黄土钻进窑洞,从她手腕上撸下一只石手镯珍藏。原上罕见的漂亮女人竟然带着一只石质的手镯,这个细节很有深意,它证明小娥从没有将身体和性作为换取钱财的手段。人类历史上,性经历了从神性、人性到工具性的转变,但在田小娥这里,性只是人性的,发乎性情,"不"止乎礼义。

冷大小姐是五四新文化的牺牲品,她是白鹿原上最凄惨的女人,她是生命价值倒置的典型,除了没有得到丈夫之外,她物质生活优越,拥有体面的社会身份,她所受压抑也最深重,反抗也最艰难最惨烈最畸形最变态。20世纪上半叶,她们是个不小的群体,属于标准的传统女性。她的生存境遇比田小娥更加艰难,从小受到严格的规训,又处在族权和双重父权的压制下,加之她自身对封建礼教的认同,使她的性压抑没有宣泄与释放的渠道,转而向内施诸自身,压抑越久越强烈越变态,最终以困兽之斗的方式爆发。鹿子霖酒后失德诱惑了她,原欲冲破了乱伦的禁忌,使她疯狂。鹿子霖终究没能冲破乱伦的禁忌。她在村里四处撒疯,渲染她和鹿子霖的丑事,被冷先生毒杀,挽回了鹿冷两家的体面。白嘉轩对此事态度暧昧,只建议给冷大小姐"治病",而不探究病因。冷先生只得"挥泪斩马谡"。后来他建议白嘉轩让孝义媳妇去一趟棒槌山,借种成功孝义给他送礼,他为救白嘉轩摘去其左眼等,似乎都在隐喻着什么。

饶有意味的是,她的性痴狂和孝义媳妇的借种都发生在田小娥被镇压之后,严厉的族规显然无法压抑人的原欲,她们飞蛾扑火般的反抗焚毁了自身,也控诉了封建礼教的罪恶,撕毁了封建道德伪善的外衣,暴露了封建礼教的本质。

孝义媳妇"借种"是白嘉轩授意或默许的,维护了家族的体面,她的"性越位"是"大孝"。白嘉轩"闲时研究过白鹿村同辈和晚辈的所有家庭,结论是所有男人成不成景戏的关键在女人"。[①] 他曾夸孝义媳妇为完美媳妇,"既有教养,而且要稍微活泛一点",却没能挽回孝义一脉绝后的厄运。孝义是文本中最后一个农民,这一情节的设置预示着传统的农

---

① 陈忠实:《白鹿原》,人民文学出版社1993年版,第492页。

民和农耕方式已走向末路。

朱先生好女人的标准是"刚柔相济","即使自己走到人生的半路上猝然死亡,这个女人完全能够持节守志,撑立门户,抚养儿女……"他和朱白氏的婚姻是媒妁之言与一见钟情的结合。他说:"男人眼里难得一缕柔美,而女子难得一丝刚强。"① 白灵和黑娃的第二任妻子高玉凤也是这样。他说田小娥"媚气太重"。但黑娃却在婚礼过程中先后 5 次想起田小娥,眼前还闪现出"小娥那张眉目活泛生动多情的模样"② ……

## 六　黑娃与冷先生:功能性人物的文本意义

人物是叙事作品的基本要素,叙述学将人物分为"心理性人物"和"功能性人物"两种,罗杰·福勒认为前者"是亚里士多德意义上的人物,即具有他们自己的动机,能独立行动,说话有特色,且被详细描写出来的人";后者"则仅起推动故事情节发展的作用,仅为次要人物或类型化的人物"③。"功能性人物"的种类很多:有引发叙述、导引读者进入作品情境,帮助读者了解整部叙事作品主旨的导介型人物,有帮助作者直接充当故事讲述者的叙述型人物,有在关键时刻拯救主人公的救难人物,及各种预示人物,纽带人物,惹祸人物,代言人物等。《白鹿原》中朱先生、白嘉轩、鹿子霖、田小娥等是典型的心理性人物,黑娃和冷先生属于功能性人物,他们是小说情节建构和发展的纽带,主要起推动文本故事情节发展的作用,黑娃还具有明显的心理性人物的特征,冷先生则具有类型化人物的特点,他冷峻、冷漠、冷酷,以旁观者的姿态见证了 50 多年来白鹿两家三代人的争斗,以及封建宗法制村落家族文化在现代文明冲击下逐渐衰亡的过程。

"功能性人物"在叙事作品中一般由次要人物担当,推动故事情节发展的同时,人物也依靠自己的性格逻辑独立行动。黑娃是文本中比较重要的人物。用重要人物担当"功能性人物"是大胆的尝试,一旦有失,人

---

① 陈忠实:《白鹿原》,人民文学出版社 1993 年版,第 404 页。

② 同上书,第 582 页。

③ 申丹:《叙述学与小说文体学研究》,北京大学出版社 1998 年版,第 56—57 页。

物就可能被概念化或简单化。文本中围绕田小娥展开的情欲故事线索及矛盾是借助黑娃来展开的，他们遭宗族唾弃的婚姻引出后来一系列的故事……黑娃不仅参与情节建构，还依靠自己的性格逻辑独立行动。他是农村社会雇农阶层的代表，也是文本中唯一具有阶级意识的农民。

他反抗意识的萌发具有个体的独特性，从基本生存的不平等中，他意识到封建等级制度的不公。鹿兆鹏的冰糖、水晶饼和田小娥分别从"食色"两个最基本的欲望层面激发起他的反抗意识，他反封建的革命道路与鹿家兄弟和白灵不同。他与小娥的结合是原始生命力激发下的非理性行为，婚后性爱和家庭生活的满足使他回归了传统农民朴素的人生理想：挣钱、买地、生孩子、过安稳日子。

黑娃性格倔强，从小好动，不安分。与田小娥的性爱具有鲜明的反封建和追求个性解放的性质，但他并没有清醒地意识到，他的反抗是情欲支配下自发的行动，具有盲动性和无目的性。当小娥意识到自己的悲剧命运提出私奔建议时，黑娃还没想过将来。田小娥使他成长并确了人生目标。鹿兆鹏引导他走上革命道路，他砸祠堂、斗地主、铡碗客，坚定、果敢、义无反顾，却未能从根本上明白革命的最终目的，也没有足够的思想能量去思索造成这世界不平的历史文化根源。农协失败后的一系列行动，如加入习旅、落草为匪、受降招安、皈依儒学、起义反正、被枪毙等，都是在各种政治势力的纠缠裹挟下，受生存意志支配的无目的行动。黑娃是行动迅速敏捷的人，思想总是比行动慢半拍。在现实生活中，他困惑纠结于找不到反抗的对象，白嘉轩是封建礼教和家族政治的代表，又是他的东家和恩人，他很难认识到两人之间的阶级对立关系。他反抗白嘉轩的动机模糊，行动却很迅捷。白嘉轩对他以德报怨，回乡祭祖使两人彻底和解。被家族和世俗社会共同接纳的黑娃，竟然迷失了方向，陷入生命无意义的循环与挣扎中。临死前，他叮嘱妻子寻找鹿兆鹏为他的革命历史证明，却没能洞察白孝文陷害他的阴谋。

王沪宁认为："阶级意识的形成意味着家族意识的削弱。"① 以此解释《红旗谱》、《旧址》（李锐）等家族叙事，以及《白鹿原》中鹿兆鹏和白灵的革命道路都很贴切，但历史不是线性发展的过程，阶级意识的形成并

---

① 王沪宁：《当代中国村落家族文化》，上海人民出版社 1991 年版，第 52 页。

不是由经济地位直接决定的，黑娃是白鹿原上最早萌发阶级意识的生命个体，家族制度下的艰难生存和坎坷的人生经历，反而使他的家族意识越来越鲜明，从自发的家族叛逆者回归了传统家族。白灵的死也从侧面证明了阶级意识形成的艰难，负责活埋她的小战士和审查人员对她的革命动机发生怀疑。阶级意识和阶级出身之间的关系问题，在很长的历史时期内，都没有得到解决。

黑娃大概是原上活得"最糊涂的人"，一生都被原始生命力和政治风暴裹挟着无目的地前行，他就像魂没长全的孩子，漫无目的地在原上飘荡，田小娥、鹿兆鹏（共产党）、土匪芒儿、高玉凤、朱先生都曾做过他灵魂的寄托者和精神的"栖息地"，他在成长中夭折了。他是原上最不可捉摸的、最具有毁灭性的非理性力量，"风搅雪"也是他的性格特征。他与白鹿飘忽不定的美好意象形成鲜明对照。文本中的许多情节都是他非理性力量和原始激情作用下的结果，打断白嘉轩腰杆源于他童年的恐惧，引出朱先生"鏊子说"的新解读，揭示了20世纪上半叶陕西关中地区匪患猖獗到与国共两党争夺势力范围的程度，以及国共两党争取土匪的历史事实。黑娃在文本中属于"乔装打扮的叙述者"，布斯认为"有许多戏剧化的叙述者根本未被明确地称作叙述者"，但"在某种意义上说，他们的每一次说话，每一个姿态都是在讲述。大多数作品都具有乔装打扮的叙述者，他们用来告诉读者那些需要知道的东西，但他们似乎只在表演自己的角色"①。黑娃代表着雇农阶级，站在非理性的文化立场上讲述，"嘉轩叔的腰挺得太直"是他出走的直接原因，也是一系列情节发展的根本动因；冰糖给他造成的味觉与心灵的震撼是他反抗意识萌发的原初契机，他朦胧地意识到社会的不公和人与人之间的不平等，透过这些讲述，读者很容易发现黑娃悲剧命运形成的深刻的社会根源和深层的文化心理。

冷先生是贯穿文本叙事始终的人物，是文本中次要而不可或缺的人物，名医的特殊身份使他成为白鹿原与外部世界联系的纽带，城里"反正"的消息由他传达，白嘉轩巧换风水宝地受他启发等。他是作者精心设计出来的功能性人物，冷家处于家族政治边缘，且与白鹿两家都是姻亲

---

① W.C.布斯：《小说修辞学》，北京大学出版社1989年版，第203页。

关系，这样安排，一来显示冷家的地位名望，二来暴露出杂姓在白鹿原生
存的艰难与尴尬，三来方便他接近和了解白鹿两家的秘史。冷先生在文本
中身兼数职，有效地简化了文本的人物设置。医生在封建社会属于"士
农工商"社会阶层中的"工"，冷先生的设置，使文本对中国封建宗族村
落社会结构的描述更加完整。在文本中，他主要起结构作用，故事意义逊
于白嘉轩、鹿子霖等。他直接参与文本悬念的设置、释放和控制，协助文
本中场景的转换和人物的穿插，其叙述功能主要体现在"突转"和"发
现"上，黑娃无法涉足的许多隐秘领域，如白嘉轩的性生活、性苦闷等
内容，他就站出来讲述。他不仅作为叙述者承担着故事讲述的重任，还是
联系白鹿两家的桥梁和纽带，具有媒介作用。

　　由小说中担任部分角色的观察者来讲述故事的手法，在中外叙事作品
中很常见。这种人物也被称为戏剧化叙述性人物，有时由次要人物用第一
人称讲述，如阿城《棋王》中的"我"，有时由配角人物在扮演自己的行
动中讲述，如《红楼梦》中的贾雨村，黑娃和冷先生就属于这类人物。
叙述人在行动时，活动范围受限导致了"限知"的叙述视角，他知觉范
围以外的事情形成了空白，具有不确定性，需要读者发挥想象力去猜测、
揣摩，比如白孝文从家族楷模变成乞丐，期间经历了怎样的灵魂搏斗和精
神折磨，文本中是空白，只能靠读者的想象来完成。作者以心灵的空白来
突出白孝文内心的孤独与落寞，使文本产生了不受固定范式拘束的审美效
应。英国作家亨利·詹姆斯善用这种手法，一位小说家赞道:"这是一个
绝妙的窍门，能为他的小说取得所企求的生动效果……而且这种手法使他
能避免那些采取无所不见、无所不知态度的小说家所招致的一些困难。凡
是这个观察者不知道的事情可以很方便地让读者纳闷去。"①

　　冷先生是白鹿两家历史的见证者，他以冷静、清醒、理智的态度观察
着白鹿原的生灵们，以旁观者的客观视角把社会历史文化的变迁"揭示"
给读者。白嘉轩的第6房女人胡氏是个娇贵的美女，听信传言不肯与他同
房，冷先生解开"倒钩毒精"的疑团，为白家开枝散叶埋下伏笔；孝义
媳妇不育，求神拜佛吃药都无果，冷先生建议白嘉轩休她之前让她"上
一回棒槌会"，展现出关中农村独特的民风民俗，引出借种的故事，"突

---

① 　W. C. 布斯:《小说修辞学》，北京大学出版社1989年版，第203页。

显"了白嘉轩的道德虚伪和处世圆滑，交代了白赵氏的死，以及白家扶助兔娃的事，特别是白家土改时"幸免被划成地主"的缘由。他一句话、一个举动就能带出了一系列的人和事，涉及新生命、新家庭、新中国的诞生，涉及旧中国、旧道德的终结，还展现出政治、民俗文化、生殖崇拜、女性命运、中医知识等。凡是牵涉白家生殖与繁衍的隐秘事件，都由他讲述。

鹿子霖巧设美人计，告知白嘉轩"闲话"的人只能是冷先生。几句闲话引出白嘉轩惩戒白孝文，白孝文败家沦为乞丐，鹿三怒杀儿媳田小娥等后事。冷先生的功能就是调节文本的叙事节奏，使之张弛有致。农协运动后平静舒缓的叙事节奏被打破，白鹿两家的较量由暗转明，情势陡然紧张起来，两家力量的对比，包括财富、家风、道德人格等均发生逆转，鹿家明显占了上风。悬念随之产生：白鹿两家最终鹿死谁手，白孝文能否东山再起，鹿子霖能否一直得意下去，白嘉轩会如何对付色诱儿子的田小娥，小娥的命运又将如何？鹿子霖刚拆掉白家门房，冷先生就给他当头一棒——鹿兆鹏被捕，白鹿两家的争斗暂时停息，鹿冷两家的同盟更紧密。他用十麻袋银元（这几年攒的）托田福贤救出死刑犯鹿兆鹏，才有了鹿子霖入狱倾家荡产，冷大小姐被毒杀，鹿兆鹏与白灵结合，领导县保安团起义等故事。在这里，作者还设置了一个惊天悬念：田福贤托朱先生问鹿兆鹏共产党日后得势，"你还能容得下他？"为后文田福贤替鹿家保存财产及被枪杀埋下伏笔，也暗示了鹿兆鹏"下落不明"的结局。这一情节设置是启发读者反思国共两党的历史。

他是白鹿原上活得"最明白的人"，为人谨慎，处事圆润，定位准确，行动具有强烈的合目的性，如两个女儿的婚事，与两亲家对等关系的保持，解放战争期间对政局的分析，都表现出他超凡的生存智慧和卓越的洞察力。"巧换风水宝地"、"田小娥被杀"、"孝义媳妇借种"等事件，他都看在眼里。他曾劝鹿子霖："你要是能掺三分嘉轩的性气就好了。"[1]言下之意是白嘉轩比他沉稳老辣、有计谋，即鹿家斗不过白家。这是文本对白鹿两家命运的最早的暗示。论品行、智谋、冷硬、财富，唯有他堪与白嘉轩抗衡，他身上有墨家和道家的遗存，不可能产生"连横"或"合

---

[1] 陈忠实：《白鹿原》，人民文学出版社 1993 年版，第 154 页。

纵"的念头。

中立的叙事立场是作者赋予他的,他是作者的傀儡,性格几乎没有发展。故事发展关节处,他就站出来勾连人物和故事,任务完成又坐回药房冷眼旁观白鹿原的风云变幻,随时等候作者的召唤。布雷蒙十分关注由叙述性人物功能组成的序列,他认为:"功能与行动和事件相关;而行动和事件组成序列后,则产生了一个故事。"① 冷先生承担着叙述联系功能、悬念设置功能、场景转换功能、发现功能等,这些功能组成了一个有机的行动和事件的序列,使他显得至关重要。

## 第三节 《白鹿原》的艺术特色

### 一 《白鹿原》:现实主义的深化与发展

1985 年,先锋小说作家的文体实验给中国当代文学注入了新鲜的血液,让作家、批评家看到了中国文学走向世界的希望。寻根、先锋、新写实、新历史主义等思潮相继流行,没有哪位作家能保持 36.5 摄氏度(正常体温)。陈忠实的某些中短篇出现文化寻根的某些特征;短篇《窝囊》有新历史主义的倾向,也没能引起作者期待的反响。这加重了他的危机感和紧迫感,也坚定了他长篇小说创作的现实主义原则。

张炯认为《白鹿原》是 20 世纪 90 年代以来现实主义"尤为重要的收获",有评论者称《白鹿原》为中国新历史小说和魔幻现实主义小说的代表作。陈忠实说:"到了 1985 年,当我比较自觉地回顾包括检讨以往写作的时候,首先想到必须摆脱柳青和王汶石。我曾在一篇文章里写到这段经历,概括为一句话说,一个业已长大的孩子,还抓着大人的手走路是不可思议……但有一点我还舍弃不了,这就是柳青以'人物角度'去写人物的方法。"② 因为"一个本身没有多少思想负载的人物,单凭某种写

---

① 张寅德:《叙述学研究》,中国社会科学出版社 1989 年版,第 240 页。

② 陈忠实:《寻找属于自己的句子——〈白鹿原〉写作手记》,《小说评论》2007 年第 6 期

作方法是无法为其增加分量和深度的。"① 基本表达了他的创作思想。他认定写人物的关键不是方法，而是作家对人物理解的深度，理解人物的关键是作家的生活与生命体验是否新鲜独特。路遥《平凡的世界》（1986）第一部的成功，也极大地鞭策了他。从总体结构来看，《白鹿原》是以人物命运为核心叙述民族秘史的。

### （一）陈忠实对拉美魔幻现实主义的创造性接受

阎纲说"白鹿原"是自清末至解放的旧中国的象征，"是鲁迅笔下的未庄，柳青笔下的蛤蟆滩，加西亚·马尔克斯《百年孤独》里的马贡多小镇"。②《白鹿原》成为传统现实主义与拉美魔幻现实主义完美结合的典范，成为青年作家和文学爱好者竞相模仿的样本。作者说："现实主义者应该放开艺术视野，博采各种流派之长，创造出色彩斑斓的现实主义；现实主义者更应该放宽胸襟，容纳各种风貌的现实主义。"③

在《白鹿原》创作手记中，他追述自己如何受到卡朋铁尔《王国》，特别是作者艺术探索和传奇性经历的启发，开拓了艺术创作视野，意识到文学的根就在作家生存的土地的历史文化的纵深处④。卡朋铁尔的根在拉美，他的根在白鹿原。卡朋铁尔曾到法国学习现代派，失望回国，在拉美寻根并写出震惊欧美文坛的《王国》，开创了拉美魔幻现实主义，使拉美作家纷纷将艺术视角转向故土。陈忠实接受并借鉴了这种创作理念，将之运用于长篇创作。即"博采各种流派之长"，深化并丰富现实主义。

拉美魔幻现实主义唤醒了他记忆中沉睡的民间习俗和神话传说等，他借鉴吸收了西方文学的生命意识、象征主义等，将之与本土文化中的民间意识有机结合，完成了民族秘史的建构。《白鹿原》将叙事建构在对本民族思维方式、历史传统、民间意识和文化心理结构等的反思与批判上。作者好容易摘掉"小柳青"的帽子，显然不想再戴上"中国马尔克斯"的"光环"。他希望"《白鹿原》=陈忠实"，而不是像什么。

① 陈忠实：《寻找属于自己的句子》，上海文艺出版社 2009 年版，第 44 页。
② 阎纲：《〈白鹿原〉的征服》，《小说评论》1993 年第 5 期。
③ 陈忠实：《〈白鹿原〉创作漫谈》，《当代作家评论》1993 年第 4 期。
④ 陈忠实：《寻找属于自己的句子》，上海文艺出版社 2009 年版，第 9—11 页。

马尔克斯的魔幻现实主义是"将幻想变为现实,而又不失其真实性",他"具有相当深厚的印第安古典文化的修养,熟悉阿拉伯神话和古希腊悲剧的许多故事和情节,深受古巴作家卡朋铁尔关于拉美的现实生活是魔幻式的观点的影响,继承和发展了阿根廷大作家博尔赫斯思路开阔、'戏法虽假功夫真'的魔幻文学的表现手段,吸收了福克纳努力表现人的本能、潜意识、梦魇的特点,借用了卡夫卡式的荒诞手法,加上海明威式的新闻报道般的准确描述,形成了虚实结合,真假混杂的创作方法,使读者眼花缭乱而又心悦诚服,通过他所描写的魔幻世界,看到自己和社会的真实写照。"①《白鹿原》是一部包含着个人"偏见"的"可容性"(capacitability)文本。儒家文化传统是作者的"文化偏见",也是他几十年关中农村生存体验的本真,马克思主义、苏联文学、西方现代性、改革开放、市场经济大潮等社会思想文化思潮,影响改变着他的思维、生活和行为模式等,上述观念的激荡、冲突与交融,构成了文本内在的矛盾与叙事的张力。作者"文化偏见"与创作理想的冲突,使社会生活的整体性和复杂性得以呈现。

从文本特征看,《白鹿原》继承了传统现实主义反映重大社会历史政治问题和现实生活的特征,吸收了中国古代神话和民间传说的虚幻性成分,借鉴了欧美现代派文学的技法,如内心独白、意识流、荒诞、反讽等,将这一切与关中地域文化及民俗风情、民间传闻结合起来,吸收了中国古典文学中的"魔幻小说"的隐喻、象征、指代等创作技巧和文学精神,使白鹿原这座古原充满了神秘的魔幻色彩。

拉美魔幻现实主义常用的表现方法有时态混合、预兆预示、东西方神话与典故的融合、象征、荒诞、影射、鬼魂描写、宿命式感应等,《白鹿原》主要用以下三种方法表现其魔幻性。一是神秘异象和审美意象的运用,二是幻想与梦境的使用,三是打破人鬼、生死的界限。神秘异象在文本中时常出现,如胡氏曾梦见白嘉轩前房的五个女人;白灵出生院里百灵鸣叫,她死前给家人托梦;朱先生死时,朱白氏"忽然看见前院里腾起一只白鹿,掠上房檐飘过屋脊便在原坡上消失了"等,造成了神秘的叙

---

① 赵乐甡、车成安、王林主编:《西方现代派文学与艺术》,时代文艺出版社1986年版,第496页。

事氛围，营造了魔幻的叙事空间。白鹿是贯穿文本始终的审美意象，传说原上有"一只雪白的神鹿，柔若无骨，欢欢蹦蹦，舞之蹈之，从南山飘逸而出，在开阔的原野上恣意嬉戏。所过之处，万木繁荣，禾苗茁壮，五谷丰登，六畜兴旺，疫痢廓清，毒虫减绝，万家乐康，那是怎样美妙的太平盛世"！白鹿象征纯洁美丽、美好幸福吉祥，是民族传统文化精神的象征。与之对应的是白狼，是灾难、邪恶和死亡的象征。二者都存活在神话传说里，是人类主观感情的"客观对应物"。史载："周平王时，有白鹿游于西原"；而狼是食肉动物，性格凶残，富有攻击性，是中国草原民族（如匈奴、契丹等）和部落的图腾，历史上，中原的农耕民族经常受到草原民族的侵扰，自然将对草原民族的恐惧、仇恨转嫁到他们的图腾——狼身上。在西方，龙是邪恶的化身，也是中华民族的象征。随着欧洲进入现代工业文明，对中国的称呼也发生了转变。china 本意是陶瓷。从凶暴的 dragon 到美丽易碎的 china，中国形象发生了本质的变化。词语的转换隐喻了近现代中西方关系的变迁史。

幻想与梦境的使用，在文本中很普遍，白鹿显灵使白嘉轩认定鹿子霖的漫坡地是块风水宝地，缓解了他换地的罪恶感，鹿子霖德行不够不配拥有。换地、迁坟使白家开枝散叶，白嘉轩把儿子当县长的辉煌也算在换地上。在中国，风水宝地与人丁兴旺有同质的感应关系。弗罗伊德认为梦是人潜意识的外在表现，是未受意识净化和意志干扰的、最隐蔽、最深厚、最真实的人类心灵活动，如鹿惠氏和仙草临终前的幻觉与梦境反映了瘟疫笼罩下人们惊慌恐惧的心理状态，也反映了她们潜意识中对小娥的态度，即小娥"罪不至死"，鹿惠氏称她"咱娃的媳妇"。

打破人鬼、生死的界限，中国古代神话传说和史书有许多记载，《左传·宣公十五年》所载"结草衔环"的故事不仅有魔幻色彩，而且蕴藉着丰富的历史文化道德内涵。《山海经》、志怪小说、唐传奇、元杂剧、《聊斋志异》、《红楼梦》等古代典籍中此类记载不胜枚举，民间流传的鬼神故事依然广泛传播着。《白鹿原》中，阴阳界的交合、人鬼相斗、生死界线的消弭等现象很多，如胡氏、白灵的故事；小娥魂附鹿三申诉冤屈，白孝文扒开窑洞时有白色的飞蛾飞出，六棱塔下成群的蝴蝶等，飞蛾、蝴蝶就是小娥冤魂不散凝结所致。这些看似神奇的现实，其实是人的情感郁结所致，是艺术和情感的真实，更加逼真地反映现实的本质，这是文本的成功之处。

这些"神奇乃是现实突变的必然产物（奇迹），是对现实的特殊表现，是对丰富的现实进行非凡的、别具匠心的揭示，是对现实状况和规模的夸大。这种现实（神奇的现实）的发现，都是在一种精神状态达到'极限'和激奋的情况下才被强烈地感觉到的。"① 诸如"鏊子"、"铜板"的比喻都是对政治局势的极端表现，以及朱先生关于国共之争是"公婆之争"，还有他以国民党国旗"卜卦"，推算出"天下注定是朱毛的"等，都为《白鹿原》增添了神秘玄幻的气氛。朱先生世事洞明却不肯轻言时政，百姓"惊为神人"，以为"天机不可泄露"，红卫兵挖坟掘墓之见闻更印证了他的"先见之明"等。这种神奇"并不是经过表现后才来到世界的，而是隐藏在事物的背后并且始终活动着"的，它要"发现存在于人与人、人与其周围环境之间的神秘关系"。② 朱先生以奇异事相表明现实世界人与人、人与自然、人与社会之间的神秘关系，他临死前 7 天写下遗嘱，并亲嘱老伴朱白氏后事安排的具体事宜，朱白氏认为丈夫早已预测到自己的死期。其中"把他一生写下的十部专著捆成枕头"③ 一条，隐喻着作者的文学野心。《百年孤独》中，老处女阿玛兰塔与死神"一起在走廊里缝衣服"，"还请阿玛兰塔帮她穿针线"，死神是一位穿着蓝衣服的长发妇女，她吩咐阿玛兰塔 6 月 6 日开始织自己的裹尸布，并"告诫说在完成制作裹尸布的那天傍晚"阿玛兰塔"将没有悲痛，没有恐惧，也没有苦楚地离开人世"。人类的原始思维有许多类似之处，中国现当代文学在文化传承上出现了短暂的断裂，拉美文学率先将"民族的文化精神"展现给了世界，致使某些研究者犯了"言必称希腊"的老毛病。

弗洛伊德说文学创作是作家的白日梦，就像湘西世界是沈从文的"白日梦"，白鹿原也是陈忠实的"白日梦"。从远古神话、楚辞、桃花源、唐诗宋词、大观园到梁启超的未来中国、"大跃进"时的"人民公社"及金庸的"武林"，我们一直在精心打造国人的"梦境"。汪曾祺说:

---

① 阿莱霍·卡朋铁尔:《这个世界的王国·序言》，转引自陈光孚《魔幻现实主义》，花城出版社 1986 年版。

② 路易斯·莱阿尔:《论西班牙语美洲文学中的魔幻现实主义》，转引自陈光孚《魔幻现实主义》，花城出版社 1986 年版。

③ 陈忠实:《白鹿原》，人民文学出版社 1993 年版，第 632 页。

"中国是一个魔幻小说大国，从六朝志怪到《聊斋》，乃至《夜雨秋灯录》，真是浩如烟海。"①《山海经》就是中国最早的神话作品。割断历史是典型的媚外和文化虚无主义。

### （二）拉美魔幻现实主义与中国民间文化元素

拉美魔幻现实主义得到世界人民和文学界的一致认可，印证了"越是民族的越是世界的"的理论，马尔克斯获得诺贝尔文学奖，更加坚定了中国当代作家探寻民族文化和民族文学发展之根的信心，唤醒了作家内心对于中国古典奇幻文学的深层记忆，那曾被政治观念和各种运动（如破四旧等）压抑、破坏的童年记忆。《白鹿原》中白鹿的传说、牛才子的故事及那些神秘异象在关中农村流传久远，作者早已烂熟于心，却没有意识到能将之作为创作素材。由于历史的缘故，作者从基层农村读着柳青等现代作家和苏联作家的作品成长起来，初期基本上是在一种随顺时代的惯性推动下创作，与新中国成立后第一代作家比起来，他稍微多了些问题意识，而这种问题意识，绝不比"时代"提供给他的更多、更尖锐、更深刻。但是，虔诚的态度和广泛的阅读拯救了他。

拉美文学使他意识到：童年的记忆和民间的神话传说、鬼怪故事都是很好的创作素材，而且到了书写的时候了。拉美的魔幻现实主义拓展了他的艺术视野和文本的叙事空间，但《白鹿原》不是"复制品"，而是现实主义与中国传统文化元素和中国古典小说艺术技巧浑融的产物。白鹿传说、白鹿显灵、白狼作祟、鬼魂附体、桃木辟邪，棒槌山生殖崇拜的民俗，亲人之间托梦的心灵感应等，深刻地影响着人们的生产生活方式和日常行为方式，比如，大儒朱先生夜观天象随口说出"今年成豆"的话，被姐姐无意听到奉为箴言，是年获得丰收，表现了民间普通百姓对知识和儒者的敬仰和依赖。朱先生在民间有"素王"之实，大至皇帝退位，小至丢失衣物、走失小孩，乡民们都笃信他。以圣人之言"治世"却往往差强人意，那是因为"凡人们绝对信服圣人的圣言而又不真心实意

---

① 汪曾祺：《捡石子儿》（代序），见《中国当代作家选集·汪曾祺》，人民文学出版社1992年版，第7页。

行"①,而"圣人的好多广为流传的口歌化的生活哲理,实际上只有圣人自己可以做到,凡人是根本无法做到的。""房是招牌地是累,攒下银钱是催命鬼"是朱先生的哲言,流传很广,文本中仅朱先生终生恪守,其他人常以之劝诫他人,自己却很难实践,比如白嘉轩。

白鹿柔美飘逸,关中却以厚重稳固著称。试想一群粗犷的"兵马俑"样的汉子吼着秦腔,传颂着白鹿的故事,似乎有关西大汉唱"柳永词"之态。看似悖谬的图腾崇拜竟在关中大地绵延数千年,白鹿崇拜寄托了阴阳调和的生态伦理思想,是道家思想智慧的民间形态,幸福和平不能靠强力武功和征服而争取,而是寄托在洁白柔美娇嫩的白鹿身上。以白鹿之至阴至柔至美之物,而可在原上自由漫步,那将是何等美好的世界!这是民间的生存智慧。联想《狼图腾》、《藏獒》和《大秦帝国》等文学作品,《白鹿原》对民族文化和生存智慧的解读更具有中国特色和民间智慧。中国创世纪神话的基础就是阴阳调和,阴阳调和才能长治久安。

"凤鸣岐山"标志着周人的崛起,周平王以白鹿显灵预示国泰民安。相传人文始祖黄帝部落的图腾是龙,黄河流域农耕文明相继以"龙—凤—鹿"等动物为图腾,隐喻着中华民族的成长与壮大,丹麦人以海的女儿为民族象征,关中人以柔美的白鹿为图腾,二者具有文化与民族精神的相似性与共通性。通常情况下,内心强大的人对弱小的生灵更有悲悯的人道情怀,懦弱者更容易崇拜强悍的生命存在。东汉末年,蔡文姬以《胡笳十八拍》诉离乱之苦,诗风哀怨悲凉;与她同样遭受战乱之苦的李清照,晚年却写出"生当作人杰,死亦为鬼雄"的豪迈诗句,二人诗风迥异,这是诗人的个性和时代背景使然。东汉末年是"煮酒论英雄"的时代,南宋偏安一隅,民族精神的贫弱使女诗人发出"思项羽"的悲愤之音。现代工业文明最直接的恶果是两次世界大战,欧洲文艺复兴之后不断膨胀的侵略性险些毁掉了人类文明,暴力之后的反思是耶稣受难的形象深入人心,白灵将共产主义比作奶奶的白鹿,它们都能带来美好幸福的生活。

《白鹿原》在设计审美意象时,融入了阴阳五行的观念,诚然,在关中乃至中国,阴阳五行、万物生生相克的观念早已成为民族的文化积淀,隐藏在集体无意识中,曾遭压抑,却从未消失。秦人性格"生冷硬蹭",

① 陈忠实:《白鹿原》,人民文学出版社 1993 年版,第 26 页。

却以柔若无骨的白鹿为"美",体现了他们刚柔相济、阴阳调和的文化理念。"凤鸣岐山"是天降祥瑞,周人以凤凰为原始图腾,其"浴火重生"的特性恰好契合了秦人坚韧不屈的性格,《山海经》载凤凰形体羽毛美不胜收。史载周平王以白鹿为吉祥神兽,从火凤凰到白鹿,图腾崇拜的细微变化表现了周人思想意识和社会理想的转变,从黄帝的龙图腾到周人的凤凰再到白鹿,攻击性越来越弱,和谐柔美、稳固平和的理想追求逐步取代了开疆拓土、建功立业的征服欲,这里暗含着秦人(古人)精神文化发展的脉络。黑娃是一个秦人"文明"发展或进化的寓言,是秦文化由进攻型向保守型发展的象征,他因"性"而成长,田小娥具有龙的"攻击性"及凤凰的美丽和不屈,她化为厉鬼申冤和化作飞蛾、蝴蝶等意象就颇类凤凰重生,作者在她身上寄寓了许多历史文化元素,与白素贞类似的命运象征着传统的厚重顽固,但蝴蝶与飞蛾隐喻了她精神的重生,以及原始激情或原欲的恒久不灭。田小娥唤起并激发了黑娃的原始生命力,使他在白鹿原掀起了"风搅雪",高玉凤使他心灵宁静,学为好人,完成了从自然人(动物性)到文化人的蜕变。玉,有洁白珍贵美好之意;凤,有高贵富贵之意和生生不息之喻,她和黑娃的儿子与鹿鸣一样具有象征意义。文本未将高玉凤与白鹿类比,与白鹿相比,她多了点刚强,即她身上有凤凰的特征,她更符合朱先生对美好女性的想象。她和黑娃达到了灵与肉的完美结合。她几乎是按照传统儒家文化理念制造的样板,却没能成为艺术典型,似乎对应了"月圆则亏"的天理。在残缺美成为后现代最普遍的美的形态时,完美意味着缺乏个性。黑娃在洞房里眼前闪过小娥的身影,是他对原始激情留恋的象征。和平静穆与原始激情是人类永远的渴望和困惑,二者很难协调。

作者说他写作时,常听秦腔自娱解闷抒怀,有关中读者称阅读《白鹿原》,读出了秦腔的韵味与旋律,作者对此颇感欣慰。秦腔的曲调粗犷豪放、高亢质朴,故有"吼秦腔"之说,但秦腔的慢板等曲调婉转悠长、细腻缠绵,作者曾说小生与花旦的唱腔"洋溢着阳光和花香"①。秦腔完整地保存了秦人的文化理想,龙、凤、白鹿三种图腾的个性在秦腔唱腔中都得到完美的体现。

---

① 陈忠实:《〈白鹿原〉的秦腔记忆》,《文艺报》2008 年 9 月 3 日。

《白鹿原》充分表现了中国民间的泛神论思想。敬天畏神、祖先崇拜、鬼神崇拜等思想在民间生活中发挥着重要作用,当世俗政治与家族文化无法解释自然社会现象时,神话和民间文化就充当了"释疑者",比如祭神求雨的原始仪式表现了人面对旱灾时的无助;瘟疫横行,人们将之与人祸相联,才有了鬼神附体、捉鬼拜鬼镇鬼等一系列故事。中国传统的"天人感应"和"祥瑞灾异"等观念在民间流传很广,而且深入民心。儒家文化是典型的政治神话,儒学在中国政治生活和百姓日常生活中的作用类似于基督教在欧洲的作用。在中国乡村,宗祠与教堂、乡约与《圣经》、族长与"神父",在功能上有对等性。日本学者本田成之认为上述观念是对社会政治的解说,因为"如果不能给予一种对于自然的形而上的说明的话,则无论哪种圣贤底教训,是不能传任何人底信仰的……这种谶纬、阴阳、五行、灾异之说,从今日看,虽然妄诞可笑者多,但这是时世。不能说今日的科学知识不会被将来的世界作如是观。"① 卡西尔认为"在理论意识与神话意识之间,没有孔德'三阶段规律'所坚持的那种断裂,没有鲜明的时间分界线……科学长久以来保留着原始神话的传统。"② 在民间社会,原始神话和原始思维具有深厚而悠久的传统,只是在现当代文学表现上一度出现了有意"淡忘"或断裂的现象,《白鹿原》延续了中国古代神话叙事的传统。

文本中有数个因果循环报应的故事原型,由几个"轮回"故事共同完成,整体结构是一个"圆形",以白鹿显灵、巧换风水宝地开始,以白嘉轩向鹿子霖忏悔作结。此外白嘉轩种植罂粟发家,白孝文抽大烟败家,"成也罂粟败也罂粟";鹿子霖酒后失德调戏儿媳,虽未成奸却致其死于淫疯病,他因陪斗精神崩溃,最终亦死于疯病;黑娃是儒家文化的叛逆者,最终却成为朱先生的最后一位弟子,他闹农协时砸了祠堂,皈依后却虔诚地跪在了祠堂里,他叛逆时,白嘉轩对他"以德报怨",起义成功却遭到白孝文的暗算,等等。客观上增强了小说的可读性。

文本对中国古典小说技法的继承时有表现。"大拇指"郑芒故事借鉴了《水浒传》人物传记的方式,故事基本完整,可作为短篇发表,删去

---

① 〔日〕本田成之:《中国经学史》,孙良工译,上海中华书局1935年版,第147页。

② 卡西尔:《神话思维》,黄龙保、周振选译,中国社会科学出版社1992年版,第6页。

也不影响文本结构和叙事逻辑。其次，人物形象塑造有"道德类型化"的倾向，显然是受了《三国》和传统戏剧脸谱的影响。他摒弃了早期用肖像描写塑造人物的方法，采用"道德脸谱"塑造人物，当人性与道德发生冲突时，道德总是具有先天的优越性。作者试图超越"文化大革命"二元对立的文化审美模式，以文化心理结构塑造人物形象的经验还不够丰富，于是，下意识地借鉴了中国传统戏剧脸谱的技法，给人物预设了一个道德标准。秦腔角色体制分生、旦、净、丑四大行，角色分四生、六旦、二净、一丑，共计十三门，"四生、二净、一丑"在《白鹿原》中都可找到一一对应的人物，朱先生对应秦腔角色中的"须生"，白嘉轩对应"头道花脸"，鹿子霖对应"丑"（奸诈之人），黑娃对应"二道花脸"，白孝文、鹿兆鹏、鹿兆海对应"文武小生"，白孝文形象丰满复杂，突破了传统戏曲人物类型化的桎梏，是文本的重大收获。细数文本中的女性形象，凡道德（包括旧道德和新道德）上有"缺憾"的或者说有过"性越位"行为的女性，几乎无一善终，连婚内纵欲的白孝文妻子大姐都被"饿死"在白家。白灵在父亲看来算是"枉死"，从新道德看，她是新青年；从旧道德看，她是"逆子"，她的结局最窝囊、最荒诞；而田小娥作为旧道德的挑战者，她的生命和毁灭体现出古典美学的悲剧感，这两位女性命运的安排，也表现出作者历史文化观念的悖谬及内心的矛盾与纠结。

**（三）儒家天人感应说与《白鹿原》的神话学解读**

在人类历史上，总是多数人承担着人类生活中最贫乏单调的日常艰辛，现代科技文明曾允诺并试图逐渐消除这种日常艰难，最终我们发现多数人又不断陷入新的贫乏单调的日常艰辛，100多年前，尼采就指出这种日常艰难是现实秩序中必需的。白鹿原上的生灵们似乎永远也无法摆脱这种日常的艰难，白鹿两家世代为子嗣和家族权利而辛勤劳作、苦苦争斗，连大儒朱先生都被掘坟挖墓，人类历史就是由贫乏单调的日常艰难不断书写着的，个人悲剧和家族命运是民族和人类命运的缩写、隐喻和象征，西方现代文学艺术强调个人与社会、人类之间的共通性，中国强调"家即社会"。

梁漱溟说中国文明是"早熟的"。孔德提倡进化论式的思维方法：神话思维—形而上学思维—实证思维，这种演进过程无法有效解释中国的古代思想。先秦时期,诸子的哲学政治思想已自成体系,汉民族神话在史前时期发挥了意识形态的功能,却没有形成系统的神话思维和话语系统。体现汉民族神话思维的纬论出现在战国时期,成熟于西汉①。中国神话具有政治神话的特征,更加重视教化的作用。董仲舒说: "教,政之本也;狱,政之末也。"②朱先生化解白嘉轩与鹿子霖的土地纠纷,即以教化之力解决民间民事纠纷。德教之制被神圣化为一种宗教性的文质并彰的制度,宗教性指这种制度与天的固定关系,政治体系即祥瑞灾异说。

它是神权政治制度的核心,是政治制度的运作依据,帝王施政的依据是法天。其哲学基础是"天人感应"说。圣王受命于天,以德施治。天是自然主宰和道德主宰,以"祥瑞"和"灾异"表达对现存政治制度合理性的肯定和否定表达, "天帝与人王"通过符瑞和星象灾异"相交通"③。"阴阳五行说的政治原理之一是法天;而时序运转,就是天道的主要表现;因而政治措施自当与时序轮转相配合。"④天同时具有自然法理和道义的性质。政治措施与时序轮转的配合,通过明堂位、时政纲领和休咎之征来实现。明堂指依时序施政的场所,在民间社会体现为风水,普通百姓选择居所、墓穴、祠堂等,都会请风水先生勘定位置,如文本中的白嘉轩巧换风水宝地等行为。国家依时序拟定时政纲领,民间依黄历提示某日"宜"或"忌"出行、动土、婚嫁等之类,属个人日常生活法天的习俗规范。农业社会施政的主要项目是农事、刑狱和兵事。农事需依时令而行,违之则可能遭天谴;古时有"秋后问斩"、"午时三刻问斩"等旧律,以顺应生命自然运行的规律;兵事与时序关系密切,如气候冷暖、河水泛滥、草木葱茏等自然现象都直接关系兵事的成败,如三国赤壁之战的借东风等。休咎之征是针对"淫奢不能尚德"的现世君主设置的奖惩措施。

休征指天候变化正常、有益,咎征指天候变化反常、有害。休咎之征与祥瑞灾异的功能相似,依据都是"天人感应"。具体表现在:天候的变化(旱涝等)、植物的枯荣、人身的健康与夭寿和社会生态(包括国泰民

---

① 参见冷德熙《超越神话:纬书政治神话研究》,东方出版社 1996 年版,第 146 页。

② 苏舆:《春秋繁露义证》,钟哲点校,中华书局 1992 年版,第 94 页。

③ 参见冷德熙《超越神话:纬书政治神话研究》,东方出版社 1996 年版,第 223 页。

④ 孙广德:《先秦两汉阴阳五行说的政治思想》,台北:商务印书馆 1993 年版,第 179 页。

安、四方来贺或盗贼兴起、边防吃紧等）的变化。朱先生擅观天象，故能预知当年何种粮食丰收。作者对民间风水学很熟悉，文中对民居、墓穴、六棱塔等建筑式样结构的描述，很有特色，表现了普通百姓对"天道"的敬畏。祥瑞灾异说不仅是时政纲领的依据，还是国家政权正当性与合理性的论证法理，如有人说白狼出现预示"暴政"——县政府征收印章税；大旱瘟疫、苛捐杂税、官吏贪腐、朱先生抗税等自然社会现象，为国民党政权的覆灭提供了合理化的解释。

在原上，家就是国，白家族长之位犹如"天授"，鹿家不得觊觎。白嘉轩管理宗族是"以德施治"，族规惩戒是德治的补充和保障。他惩治田小娥，以乡约族规为依据，从天理出发，他拒绝为她修庙塑身。村人同情小娥的遭遇，就相信瘟疫是她招来的，是"天"对白鹿原的惩罚。而旱灾是原上生民为牟取暴利种植罂粟疯狂向土地掠夺导致的，是自然给人的警告。瘟疫过后，白鹿村的人口又缩回到千人以下，白嘉轩意识到"冥冥苍穹中，有一双监视着的眼睛，掌握着白鹿村乃至整个白鹿原上各个村庄人口的繁衍和稀稠……"[1] 朱先生则在墓室的砖头上刻下"天作孽犹可违，人作孽不可活"的字样。这些看似神奇怪诞的异象，用"天人感应"说都可能合理解释。这是儒家天人感应说在民间社会的存在形态。

天人感应观念在夏商周三代非常普遍，先秦两汉时期已经深入人心，不仅渗透在先秦两汉的文化典籍里，而且渗透在人们的日常生活和典章礼仪中。殷商以降，人们观星取象以占验吉凶，把人间的吉凶福祸与一些神秘的征兆联系起来，认为天能以象征暗示吉凶福祸，如战与和、胜与败、生与死、婚与嫁、动与静等的预测。方技术数则汇集了招魂、释梦、择日、风水、祈雨、祛鬼、医病、诅咒等几乎涉及人间生活所有领域的知识与技术。列维·布留尔曾认为："不发达民族总以为某人与某物有一种神秘关系，从而使有那种预知某物的特权，能看到事物的发展趋势和未来面貌。"[2] 占卜、祭祀的形式固定化、秩序化、制度化后，就形成了严格的仪礼仪式，天地神鬼人之间的联系随之固定化、常规化。原始思维是人类对现实所持的一种态度……面对不可知、难以把握的现实，人们希望智者

---

① 陈忠实：《白鹿原》，人民文学出版社 1993 年版，第 489 页。
② 万真：《魔幻的本体》，《美育》1988 年第 5 期，第 13 页。

能解释人类与自然万物的神秘关系。祖宗崇拜是庄严的仪式,宗法制社会尊父、夫为天;占卜是民间解决疑难的重要方式,从"村民丢了黄牛"、"做了怪梦"到"国共两党的前途"等,人们都要找朱先生占卜、问询。在村人看来,儒者智者都是通天的。在天地神人一体同构观念的支配下,天人感应的观念和民间方术源远流长、广备四方。

皇帝是世俗权威,不惧人而惧天。董仲舒说:"天者万物之祖,万物非天不生。"① "灾者,天之谴也;异者,天之威也。"② "屈君而伸天"是要皇帝敬德保民,在一定程度上反映了被压迫阶层的某些要求,对维护皇权和政治稳定发挥了一定作用。因其承认"君权神授",有利于维护和巩固皇权,而被君王倚重;以儒家的仁义德治为天意,借此规劝皇帝施仁政,并以天降灾异的谴告论相威慑,为儒家王道提供了保障。现代学者徐复观认为汉儒用天人感应说"控制皇帝已发生相当的效果"③。

东汉之后,灾异观念在民间广泛传播,日渐深入人心,灾异之象在一定程度上成为统治者反思德行政道、采取措施的依据,成为普通人反省自身、修正错误的参考,客观上调节和规范着人的日常行为,对中国古代的政治生活和民间社会产生了深远影响。它涉及政治、思想、文化和学术等方面。从史书到坊间笔记小说都记载了大量的灾异故事。《白鹿原》中的许多神奇异象,用天人感应和祥瑞灾异说都可以得到合理的解释,如干旱求雨的原始宗教仪式是以人身体之痛表达对神的虔敬,使龙王感知民间疾苦普降甘霖以救苍生;棒槌山因形似男性生殖器而得名,象征原始强悍的生命力,不孕妇女去棒槌山求子已成民间习俗,得到社会的普遍认可,是原始生殖崇拜的遗存;鹿惠氏和仙草的死,对鹿三和白嘉轩来说就是"灾异",警示他们反思田小娥枉死这件事,鹿三鬼魂附体就是他自我反思的矛盾体现,等等。中国封建社会体现出政教合一的形态,灾异观念具有神话学色彩。

刘小枫称儒教为"国家化的政制宗教"。从汉代到清代,祭孔逐渐发展为和祭天、祭祖同样重要的仪式和制度(从祀制)。儒教在历史上发挥

① 董仲舒:《春秋繁露》,上海古籍出版社 1995 年版,《顺命》。

② 同上书,《必仁且智》。

③ 徐复观:《两汉思想史》第 2 卷,华东师范大学出版社 2001 年版,第 358 页。

着教化作用，孔子成为文化精神偶像，五四新青年就喊出了"打倒孔家店"的口号，但在民间，儒学的影响依然久远。宗教是属人的生存现象，不会随着现代化进程而消失，刘小枫认为："儒教仍然在型塑现代中国，未来的中国也不可能与儒教断绝干系。"[1] 陈忠实从文学层面探索了儒教在现代转型期对中国社会及人心的影响与塑造。

## 二 从崇高到荒诞：《白鹿原》的美学追求

20世纪80年代末，作家们逐渐丧失了对社会现实书写与把握的冲动和兴趣，而历史"就是一杯水已经经过沉淀，你可以更准确地把握它看清它"。[2] 人们不再满足于历史教科书和主流意识形态对于过去和历史的阐释，作家试图重新建构历史和意义世界，《白鹿原》就是对民族秘史建构的尝试，是新中国成立以来正面书写传统儒家文化的重要作品。社会转型期，在西方现代文明和各种叛逆者的冲击下，儒家文化注定走向衰落的命运，使文本叙事形态破碎，作者也陷入尴尬的文化境地。这种文化悖谬与文本美学风格的转变密切相关，文本在表意过程中"作者"渐行渐远，作者对叙事话语节奏和人物性格命运的控制越来越弱，文本的美学风格从作者追求的悲剧与崇高走向了荒诞与反讽。

文本从仁义白鹿村的建构写起，皇帝退位，白嘉轩带领村民践行"乡约"，使白鹿村成为"礼仪之邦"，村民们也变得"和颜可掬文质彬彬"了，白鹿村呈现出典型的自治性宗法制乡村社会的形态，类似于欧洲中世纪的乡土文明和陶渊明"世外桃源"的政治文化范式。国民党基层行政机构在白鹿村悄然建立。"交农"事件是家族与世俗权力的第一次正面交锋，结果县长被罢免，和尚、鹿三、徐先生等七人被逮捕拘押，在村民们看来，双方"摔了一场平跤"。这是白嘉轩面对现代文明冲击的一次自发反抗，文化资源是儒家的"仁政"思想，现代政府的民主和法律制度使他困惑迷茫、无所适从，革命政府认定"交农事件是合乎宪法的

---

① 刘小枫：《儒教与民族国家》，华夏出版社2007年版，第2页。
② 苏童：《急就的讲稿》，《米》，台海出版社2000年版，第4页。

示威游行",那七人只是要"对烧房子砸锅碗负责任",他儒家那套"仁义"思想、敢作敢当的精神在现代法律精神面前显得荒唐可笑,事件最终靠人情关系和金钱解决。白嘉轩在原上"深孚众望",惩戒了族里的赌徒和烟鬼,族长、祠堂、乡约形成的政治文化理念和乡村社会制度维持着白鹿村井然的秩序。只要不影响家族权威和白鹿村乡村文明的基本形态和秩序,他并不排斥现代性,热情参加县参议会、剪辫子、送女儿读书等,还从上海买回一台轧花机。农民运动失败后,田福贤等在白鹿村的戏台上惩治参加过农协的村民,白嘉轩向田福贤鞠躬,向台下的村民下跪,提出将他吊到杆上替族人"赔情受过";鹿子霖被抓进监狱,鹿贺氏求助前,白嘉轩就已安排儿子孝武进城设法搭救;他多次解救黑娃,大度宽容,以德报怨,自觉承担起自己对族人的责任,切实维护着村民的利益和安危,他处于白鹿村乡土社会结构的核心,以其道德自律、文化修养和人格魅力树立起一个挺拔高大的文化标杆,周身散发着人格神和民间英雄的崇高与壮美,他唤起村民们的敬畏感。博克认为崇高会引发人"适度的恐惧",满足人们自我保存的冲动,黑娃从小就嫌白嘉轩的腰"挺得太硬太直……"他的仁义和善举让黑娃恐惧又不失尊敬。而鹿子霖则让黑娃感到亲切。康德强调审美对象体积的无限大能唤起审美主体的崇高感,白嘉轩挺直的腰杆、冷峻威严的仪容在白鹿村树立起了人格神的形象,由"数学与力学的崇高"引起的恐惧感在主体心中唤起崇敬的力量和气魄,这种气魄在白嘉轩身上体现为道德自律、宗族责任和以德报怨的精神。

他的人格神地位在乌鸦兵的祸害和农协运动中逐渐被消解,其审美品格开始从崇高走向悲剧。朱先生是白鹿原的圣人和文化精神偶像,从清朝到民国,历任县官或执政者都敬他三分,甚至需要借助他的社会威望解决军事争端、处理相关政务或聚拢民心。在报纸传媒所制造的现代政治和军队内部派系的勾心斗角中,朱先生干预现实的社会功能被悬置,儒家文化从社会的参与者转变为旁观者或局外人,朱先生成为一个文化符号,儒家"修齐治平"的理想失去了话语权,黑娃的土匪武装却成为国共两党争取的对象。维系中国社会几千年的儒家文化传统在现代社会的影响越来越微弱,影响的范围越来越小。

在原上,朱先生的儒家文化观念与白嘉轩祠堂里刻着的乡约与族规构成了一整套严密的文化价值体系,负责解释、评价原上的人与事,然而,一旦这些人或事延伸到白鹿原之外的政治社会之中，这套评价体系就丧失了解释能力而显得不知所措，白鹿两家子弟间的恩怨情仇已远远超出了儒家文化仁义道德的解释空间。现代社会的崛起使儒家文化成为渐行渐远的历史，黑娃的"学为好人"与回乡祭祖可以看做儒家文化的"回光返照"，黑娃的死则意味着儒家文化已淡出历史舞台。白嘉轩以县长父亲的身份走在街巷，表明他已被迫认同了现代社会的价值理念和评价体系。对鹿子霖的忏悔，是他对自己一生功过的主观评价。他刚直宽厚，坦荡磊落，自觉追求人格完善；为恪守族规，对田小娥赶尽杀绝；为正家风，他关过女儿，惩戒过儿子，辜负过妻子的临终遗愿；为了传宗接代，他先后娶了七个女人，其中一个女人就是因他的强横而引发的恐惧郁郁而亡；原上遭遇年馑，孝文媳妇饿死在白家，为了维护儒家的道统，他残暴、冷酷、绝情地对待叛逆者。但他的家族权威却不断受到挑战，鹿子霖不断蚕食他的势力范围，儿女们的忤逆一次次撕破他的脸皮，损害着白家的门风，威胁着他的族长地位和权威，而白孝文的堕落彻底毁掉了白家立家立身的纲纪。原上遭遇大旱，他带领族人祭祀求雨，黑乌梢附体的他将火红的钢钎穿透两腮，以大无畏的自我牺牲精神为民请命，豪壮之气足以感天动地，情景颇似被缚的普罗米修斯和受难的耶稣。然而，他的英雄气概没能感动上天，自然是冷酷无情、桀骜不驯的，白鹿原上的生民们在干旱与饥饿中走向绝望，道德律令和人格修养无法消除自然灾难。

　　白嘉轩悲剧英雄的形象在饿殍遍野的原上成为遗响，政府成立白鹿仓赈济会赈济灾民，他第一次缺席了原上的民生大事。瘟疫横行，小娥鬼魂附体为己申冤，原上人心大乱，连白孝武、鹿子霖和冷先生都站在他的对立面，他感觉自己成了孤家寡人。小娥冤魂被镇压，瘟疫也被大雪和寒冷冻僵，但宗祠却再也无法聚拢人心。随后白嘉轩以德报怨营救黑娃和鹿子霖的举动沦为形式，没有任何实质性的作用。儒家文化价值理念已经无法解释现实世界和党派之间的复杂关系了，但白嘉轩依然试图以之去约束子女和族人。在走向末路而不自知的文化尴尬中，他的人生由传统悲剧的崇高走向了现代悲剧的荒诞。在对待两性关系上，白嘉轩也表现出道德上的混乱，以孝和生殖崇拜为重，他先后娶了七个女人；以族规与《乡约》为基准不许黑娃夫妻进祠堂，惩戒白孝文，镇压田小娥；孝义媳妇在他授意下借种怀孕，他却觉得恶心并由衷地鄙视她，由白赵氏心理感觉的描述可推测白嘉轩的心理感受。卡夫卡认为:"从外界,人们总是胜利地用理论把世界压入坑中,自己也一同掉进去。可是,只有从内部才能够维护住自己并且使世界保持平静和真实。"① 白嘉轩用乡约族规维护白鹿村的社会秩序,却无法维护自己内心的平静和真实。

加缪说当代的悲剧是集体性的,文本中白嘉轩与鹿子霖的人生充满了悲剧感,下一代的矛盾纠葛早已超出家族矛盾和个人恩怨的范畴,进入到广阔的政治领域和社会领域,但他们的命运也充满现代悲剧的荒诞感。白嘉轩的使命是延续家族文化和家族历史,而鹿子霖的奋斗目标却是颠覆家族历史,即白家在宗祠中的统治权,他将颠覆的希望寄托在新型国家和政体赋予他的世俗权力上,这是两人的根本对立。鹿子霖的形象无法唤起人们的崇高感,他的一生充满了现代悲剧的荒诞,命运一次次给他希望将他推上财富、权利或荣誉的巅峰,又一次次将他坠入更深的谷底。他经历了富裕与贫穷的两极,在风光与绝望中游移,他被农协游斗过,坐过国民党的监狱,儿子给过他荣光,也给了他无尽的痛苦和折磨,他在原上有许多干儿,最后身边却无人养老送终。他一生都在与白家争权夺利,两个儿子竟先后爱上了白家的女儿。在镇压反革命的会场上陪斗的鹿子霖瞅见主持集会的白孝文,百感交集,鹿家几百年的努力化为泡影,他的生命意志和精神彻底崩溃了。他的疯癫不是因为恐惧,而是因为绝望,他的疯癫属于加缪荒诞哲学中自杀的一种形式,即因为绝望而主动放弃自己的理性和意识。他的儿子为抗战和新民主主义革命鞠躬尽瘁、流血牺牲,白家的儿子却轻易地窃取了革命胜利的果实。在无意识中,他对白嘉轩说:"咱俩好!"或许这是他内心的真实愿望吧。白嘉轩将鹿家的悲剧归结为家风不正,鹿子霖却放弃了思考。其悲剧是否具有普遍性,悲剧原因能否归结为宿命,探究者是鹿鸣——鹿兆鹏与白灵的儿子,这恐怕是鹿子霖无法预料的。尤奈斯库认为:"荒诞是指缺乏意义……在同宗教的、形而上学的、先验论的根源隔绝后,人就不知所措,他的一切行为就变得没有意义,荒诞而无用。"② 鹿子霖使出浑身解数:拼命聚集财富,供儿子上学,抱着纯真的幻想努力往上爬,也没能颠覆白家在白鹿村的统治地位;他设计陷

---

① 叶廷芳主编:《卡夫卡全集》(5),河北教育出版社1996年版,第33页。
② 袁可嘉:《现代主义文学研究(下册)》,中国社会科学出版社1989年版,第675页。

害白孝文，却阴差阳错成就了他。他的一切行为和反抗都变得毫无意义，逃入混沌与无意识也没能结束他的苦难，他是一个失败的精神叛逆者，现代政治只是他个体反抗的工具。

人是生存于历史之中的，个人和社会永远无法脱节。黑娃是"为生活本身而革命"，鹿家兄弟和白灵是"为信仰而革命"。鹿兆鹏的反抗还带有反抗封建父权和包办婚姻的色彩；黑娃从小就对他和白家兄弟的不平等及白嘉轩的施与有深刻的意识和觉悟，这种意识产生于日常生活中，产生于人最基本的欲望，鹿兆鹏的一块冰糖让这个冷硬的孩子浑身颤抖、哭出了声，从最基本的生存层面意识到了贫富的不均，他和小娥的婚姻遭到反对，他自己也觉得做了不要脸的事。他的反抗是从无意识开始的。他被捕入狱，土匪、宗族、共产党等势力纷纷伸出援手搭救；他学为好人，却被白孝文当作叛徒枪毙。白嘉轩的文化理念在新政府的新政策面前毫无意义，黑娃的人生充满了荒诞感，他唯一的希望就是儿子长大能找到鹿兆鹏证明他的革命史。加缪认为荒谬感是萌生于一种荒谬的气氛中的一种感受与体验，人生活于现实中，"一旦世界失去幻想与光明，人就会觉得自己是陌路人。他就成为无所依托的流放者，因为他剥夺了对失去的家乡的记忆，而且丧失了对未来世界的希望。这种人与他的生活世界之间的分离，就像演员与舞台之间的分离，真正构成荒谬感"①。黑娃最终与岳维山、田福贤等国民党反动派同台枪毙，使他"憋闷难抑"。白灵和鹿兆海是接受了五四新文化思想的新青年，两人决定加入国民党还是共产党时竟然以掷铜钱来决定，并出于爱分别加入了对方的党，荒唐的选择并没有影响两人坚定的政治信仰，却使一对恋人分道扬镳。白灵被当作特务活埋的根本原因是她的阶级出身无法合理有效地解释她的革命动机，她觉得窝囊，而不是冤枉或委屈，她让人想起加缪《局外人》中的默而索。田小娥是白鹿原上最妖媚的女子，她只是想过普通的夫妻生活，却被当作"婊子"排斥、欺辱。她没有接受过新式教育，她的反抗是发自本能的，性成为唯一的武器，她被公爹杀死，镇压在六棱塔下。兆鹏媳妇则成为鹿兆鹏反抗封建婚姻制度的牺牲品，守了一辈子活寡，最终得淫疯病被亲生父亲毒死。而原上最好的长工和医生都成为弑亲者。萨特说："人在生活中，步

---

① ［法］加缪：《西西弗的神话》，杜小真译，广西师范大学出版社 2002 年版，第5—6页。

步都有障碍、限制和不幸，每个人都是荒谬而冷酷的处境中的一个痛苦而孤独的人。这样的世界怎么能不是荒诞的，这样的现实怎么能不是恶心的，这样的社会里的人生怎么能不令人痛苦，怎么能说不是一场悲剧。"①他们的悲剧是社会性的。在加缪看来，荒谬就是没有上帝的罪孽。在作者看来，白鹿原的灾难和人性危机不仅是连年战乱和苛捐杂税造成的恶果，也是传统价值观念（如乡约和祠堂）失去话语权的必然结果。《白鹿原》的荒谬体现了传统文化在遭遇现代西方文明时所遭遇的失败，也体现了人们在适应现代文明时痛苦的精神裂变及艰难的觉醒历程。在荒谬中人类坚守传统文化的精神以对抗现代文明，而文本的文化意义就在于它对传统文化稳固性和落后性的揭露和剖析，这也是叙事没有流于某些新历史小说平面化和零散化的关键。

在白鹿村，乡约最忠实的践行者是鹿三。文本中儒家文化大致表现在三个层面：朱先生代表哲学和历史学层面，白嘉轩代表社会层面，鹿三代表个体层面。鹿三是靠诚实劳动生活的朴实农民，他勤劳本分，安贫乐道，却反抗过政府、坐过牢、杀过人，他是鲁迅笔下最想做奴隶且坐得很稳的人。他认为杀死儿媳是"替天行道"，而"天"就是白嘉轩。但他内心却难以平静，以致冤魂附体。在现代心理学看来，这是鹿三潜意识中矛盾、痛苦和压抑冲破理性桎梏外化的结果，即本我与自我的冲突，本我觉得她冤，自我觉得她该杀。"弑亲"是原始禁忌，也是他"忧郁"的根源。传统悲剧中的冲突通常因社会或性格原因引发，而"荒谬"则在莫名其妙中发生，并且没有解决的途径，所以鹿三只能通过鬼魂附体来缓解内心的恐惧。六棱塔断绝了鹿三借小娥附身发泄内心郁结的渠道，内心因道义与亲情冲突造成的痛苦与矛盾在潜意识中更猛烈地摧残他脆弱的神经，致其日渐萎靡，郁郁而死。白嘉轩的责备或许比良心的谴责更让他难以忍受。而"荒诞就产生于这种人的呼唤和世界不合理性的沉默之间的对抗"。②"这种人的呼唤"就是指人面对非理性时对幸福和理性的渴望。荒诞着力于对自身混乱、不可理解的真实处境的洞察，其审美效应就是引起审美主体恶心、呕吐、无奈等极端反应。

---

① 廖星桥：《外国现代派文学导论》，北京出版社1988年版，第336页。

② ［法］加缪：《西西弗的神话》，杜小真译，广西师范大学出版社2002年版，第25页。

小娥的死让黑娃报仇无门，无奈地离开。妖娆得令原上的其他女人妒忌的小娥，死后散发的恶臭让村人们觉得恶心；白鹿般纯洁的白灵被自己人活埋。两个叛逆者，小娥是恶之花，白灵是真善美的化身。世界对田小娥没有合理性可言，她要世界给一个合理解释的抗争统统失败，她身上闪现着传统悲剧女性悲壮惨烈的光辉，成为《白鹿原》中最具有传统悲剧精神的人物形象。

在荒诞的情境之下，人无法把握自己的生命轨迹。作者在叙事中所表现出的对历史和文化的困惑、迷茫和矛盾是他对社会历史文化思考的客观真实的展现，他无力解决这些矛盾，家庭关系和家族制度在现实生活中逐渐破裂与消亡，这是由现代政治、革命信仰、民主自由等现代理念。在白鹿村，造成鹿子霖持续挫败感的不是金钱，而是政治，从家族政治到党派争斗，文本将之归结为鹿家根基不正或命运。鹿子霖是政治斗争的牺牲品或替罪羊。"对任何人来说，他自身的特殊状况总是绝对的。"① 白鹿两家世代争权夺利，但白鹿村最富有却是冷先生，冷先生用以交换鹿兆鹏的十麻袋银元只是他几年的积攒，他以医德赢得了在原上的地位和话语权，形成了能制衡白鹿两家权力的一股力量。白鹿村的社会关系构成是 20 世纪上半叶中国北方农村的缩影，具有"绝对性"和普适性。文本叙事中的"模棱两可"和文化悖谬也是作者内心矛盾的真实反映和他对社会历史文化反思的结果。

当叙事从崇高走向荒诞时，作者似乎没有察觉，文本中悲剧英雄的形象再也无法唤起读者的崇高感，看到朱先生落寞地被县长赶出门，精心编纂的县志无钱刊印；看到白嘉轩无奈地关闭祠堂；看到鹿三被折磨得神情呆滞；看到疯癫的鹿子霖及鹿兆海墓碑上的污垢；看到黑娃被新政权处死；等等，这一切没人能笑得出来，人们感到沉重、感伤、无奈、荒谬。这部以传统悲剧理念建构的话语体系早已超出了作者的构想，表现出现代悲剧的荒诞和反讽。"无论在什么转折路口，荒谬的感情都可能从正面震撼任何一个人。荒谬的感情是赤裸裸的，令人伤感，它发出光亮，却不见光迹，所以它是难以捉摸的。"② 在社会转型期，白鹿原的儿女们以他们

---

① ［英国］雷蒙·威廉斯：《现代悲剧》，丁尔苏译，译林出版社 2007 年版，第 186 页。
② ［法］加缪：《西西弗的神话》，杜小真译，广西师范大学出版社 2002 年版，第 10 页。

难以捉摸的悲剧命运唤起人们难以捉摸的荒谬情感，这种情感同样引起了21世纪前后谋求对现实世界进行合理解释而不得的人们的强烈共鸣，这也是《白鹿原》拥有长久艺术生命力的重要原因。

# 第 四 章

# 《白鹿原》之后的创作

## 第一节　陈忠实的散文创作

陈忠实因《白鹿原》被文坛和读者熟识，却坚持散文创作近50年，因为散文是"随心所欲自由地写自己思想感情和见闻的文体"①。他在"文化大革命"前发表的散文，多为纪实文学，如报告文学、创作谈、随感等，长篇小说出版后，又致力于散文创作，写出一系列精美的文艺散文，并形成了自己的散文风格。1996年开始结集出版，如：《生命之雨》、《走出白鹿原》、《告别白鸽》、《陈忠实散文精选》和《家之脉》，从第二个集子开始，就不全是新作，而是优化组合原有的篇目。21世纪以后则有散文集和小说散文集多种，基本收录了他的短篇小说和散文、序跋、访谈等。

他的散文大致有这样几类：一是回忆性散文，即对自己往昔生命历程的回顾与反思，如《生命之雨》、《家之脉》、《三九的雨》、《关于一条河的记忆与想象》、《晶莹的泪珠》、《旦旦记趣》及"生命历程中的第一次"系列等；二是对大自然的细腻观察与感悟，如"我的树"系列、《种菊小记》、《告别白鸽》、《拜见朱鹮》、《家有斑鸠》等；三是他的行走笔记，写他游历世界各地和祖国名山大川的所见所感，如《泰国掠影》、《黄帝陵，不可言说》、《追寻貂蝉》、《再到凤凰山》等和"意大利散记"、"美、加散记"、"俄罗斯散记"、"凉山笔记"、"车过柴达木"、"感

---

① 吴组缃：《中国新文学大系1927—1937散文集一·序言》，上海文艺出版社1986年版，第2页。

动长征"等系列；四是生活杂感，包括他的人生感悟和文化散文，如
"辩证关中系列"、"老陈看奥运"、"2006 足球世界杯观感"等系列和
《漕渠三月三》、《五十开始》、《六十岁说》、《原下的日子》等名篇；五
是序跋、文论、创作访谈等，其中有些序跋以事以文写人述人，颇有特
色，如《王纾小说选》序（题为《红烛泪 杜鹃血》）、《李星文集》序
等，都堪称写人的名篇，文论《兴趣与体验》、《借助巨人的肩膀——翻
译小说阅读记忆》等，以及访谈《文学的力量》、《关于四十五年的问
答》、《白鹿原上看风景》、《人生九问》等表达了他的文学观念——文学
依然神圣，写出了他创作的艰辛历程和感悟，最终于 2009 年创作完成
《寻找属于自己的句子——〈白鹿原〉创作手记》，对自己的创作和文学
思想进行了全面的梳理和总结。其创作思想将专节叙述。这些散文勾画出
一个多面体的陈忠实的形象，表现出他生命中细腻柔软的一面。

## 一 纪实性散文：讴歌中隐藏着深沉的忧患

从《夜过流沙沟》到《闪闪的红星》、《水库情深》，作者的笔触直
指农村普通人建设社会主义的满腔热情和他们服务人民的革命热忱，《闪
闪的红星》写一位军医在山区为群众治病的感人事迹，亲切自然，深受
读者喜爱。"文化大革命"结束后，他的散文抒情性越来越淡，纪实性越
来越强。讴歌和礼赞改革现实和农村生活是其基本主题。

写于 1979 年的《躯干》是一篇特写，写了白鹿原上陈家坡村的"躯
干"——陈广汉的事迹，他曾是村里的当家人，"四清"运动时，被开除
了党籍，"从一九六六年到一九七八年的十三年间，陈家坡就像一个被抽
掉了脊梁骨的人体，再也支撑不起软瘫的躯体来"①。1979 年，他平反后，
带领社员兴修水利，他们的"坡原灌溉"工程试验成功，当年"夏季，
陈家坡获得大丰收，秋季收成也不错，全年总产量突破十二万斤，是解放
三十年来最高的收获量了"②。这篇特写呼应了当时社会对"人的发现"
与"人的价值"体认的文学潮流，是对"文化大革命"压抑人性和个性

---

① 《陈忠实文集》壹，广州出版社 2004 年版，第 461 页。
② 同上书，第 463 页。

的控诉，以真实的人物和事件说明个人在社会主义建设中的重要作用。当时徐迟的《哥德巴赫猜想》、黄宗英的《大雁情》等都是歌颂知识分子或者老一辈无产阶级革命家的，作者从农村实际出发，写出了基层群众领袖和科技人员对社员"切身饥寒温饱"的作用。

　　《可爱的乡村》、《崛起》等写农村基层领导者郭裕录，依然着力于"一个人的重要和价值"。郭裕录是陕西省礼泉县袁家大队的领头人，他几乎具有共产党人所有的美德，有理想、有胆识、有气度，有大公无私的集体主义精神，他顶着压力带领群众用十年的时间，"把袁家村建设成为一个社会主义的乐园，改变了自己的命运"，"郭裕录在带领乡亲们把一块贫瘠苦焦的土地变成一个社会主义乐园的进军中，可以说是惊天动地而泣鬼神的"①，袁家村成为楷模，参观学习者络绎不绝，"学习他们艰苦奋斗的精神，学习他们经营管理的办法，尤其对他们发展工副业的经验很感兴趣"，但作者意识到，在中国基层农村"领导班子、尤其是主要领导者的作风问题，是事业取得成功的关键所在"。② 农村基层工作的经验，使作者对农村社会矛盾的认识准确而深刻，农村的民主化、法制化程度比中国的城市和厂矿单位低得多，或许，在相当一段时间内，"道德楷模"或"乡村领头人"的作风问题还是决定农村工作成败的关键。这种观念或许陈旧落后，却道出了中国农村的基本现实，改革开放以来，我们不断听到看到农村因某个基层带头人，如共产党员郭秀明等，带领村民勤劳致富，改变乡村面貌等新闻报道，中央电视台曾做专题节目报道此类人物的事迹。作者对现实的把握极其准确，道德和党性原则对权力的约束与制衡能力到底有多大，作者并没有足够的信心。好的领头人对一个乡村的影响有时是决定性的，在今天的中国农村，思想启蒙尚未完成其历史使命，我们的乡亲们是生而受苦、有情有义的人，他们愿意将自己的信心、前途托付给"值得信任的人"，即"德者"而不一定是"智者"，中国社会历来强调"德治"，即使今天，"法治"在很多地方还只是"德治"的补充。作者深刻地意识到，我们的乡亲还在温饱、小康的层面努力着，很多农民还是愿意成为"好社员"、好村民的。乌纳穆诺说："到目前为止，我永远

---

① 《陈忠实文集》壹，广州出版社2004年版，第504页。

② 同上书，第512页。

不会把自己，或者我的信心交付给任何受欢迎的领导者，他因为领导一个民族而得以统御人，而他从来不曾深切体认到这种情感的层面：他所领导的人是有血有肉的人、是生而受苦的人、是不愿死但又有其终点的人；人本身就是目的，而不是充作手段而已；人必须成为他自己而不是其他的人；总而言之，是寻求所谓幸福的人。"① 中国社会人的整体素质还有待提高，"由于一般人性格上的许多弱点（依赖性、庸俗性），以及社会、文化、政治与经济中的许多缺陷与问题，他们常常过分依赖或渴望'奇理斯玛'的出现，以填补与解决许多社会、文化、政治与经济的缺陷与问题，并赋予它们新的秩序。"② 主流意识形态的强化、中国传统的清官思想与中国普通农民文化人格上的缺陷，再加上民主法制还有待健全，普通群众将未来生活的希望寄托在"英雄人物"身上，朱先生和白嘉轩就曾在政权交替的间隙，成为白鹿原现存秩序的维护者。在广大农村，将温饱寄托在"明君清官"身上的百姓依然普遍存在，这种情形短时期恐怕从根本上改变不了。尽管这些"讴歌'当家人'的纪实性散文，在主题上并没有什么精警、阔深之处，艺术上也难说有什么可圈可点的妙处"③，但却反映了中国农村的现实。

这类作品多停留在外在生活的记述上，未将批判的锋芒指向农村社会的深层矛盾，以致压抑了作者内心的隐忧，即普通百姓的盲目崇拜会不会导致新的偶像崇拜或权力集中，进而导致腐败或"独裁"，作者以"主要领导者的作风问题"悄然带过，削弱了作品的思想力度。礼赞普通劳动者时，作者饱含激情，铺张扬厉，以事带情。他写普通劳动者坎坷的人生、艰辛的生活，写他们对劳动、对工作的神圣态度，写他们在困境中顽强不屈的生命意志，使人读来亲切振奋，《渭北高原，关于一个人的记忆》（与田长山合作）中的李立科，身上具有温柔的怜悯心和朴实的道德感，他关注底层贫穷的村民："谁越穷，他越爱找谁"，体现出了未被政治动机和功利心污染的纯净和善良。《大地的精灵》中的农村妇女陈秀

---

① 乌纳穆诺：《生命的悲剧意识》，北方文艺出版社 1987 年版，第 17—18 页。
② 林毓生：《中国传统的创造性转化》，三联书店 1988 年版，第 83 页。
③ 李建军：《从随物婉转到与心徘徊——论陈忠实的散文创作》，《当代文坛》2009 年第 6 期。

珍，饱经磨难却从不气馁，像"大地的精灵"一般，生生不息、锐意进取，他们身上体现着中华民族的精神气质，他们是民族的脊梁和魂魄。

## 二 生命体验与小说技法在散文中的运用

《白鹿原》出版后，陈忠实的散文渐入佳境，数量庞大，精品不少，但也有应景之作。他的散文不再拘泥于对生活本身的外在书写，而是将生命体验投注其中，他说："作者进行文学创作惟一依赖的是一种双重性的体验，由生活体验进而发展到生命体验，由艺术学习发展到艺术体验，这种双重体验所形成的某个作家的独特体验，决定着作家全部的艺术个性。"① 但生命体验与生活体验的发展不是线性的，并不是说一个作家写出了具有生命体验的作品，以后的作品就都是生命体验的，他认为《百年孤独》是生命体验的作品，而马尔克斯后来的《霍乱时期的爱情》是生活体验的作品。笔者认为这一评价带有强烈的个人倾向，表现出中国文化与拉美文化间的差异，《霍乱时期的爱情》不仅是生命体验的作品，而且进入了生命本真状态，颇得道家之真谛。陈忠实的创作始终停留在历史文化层面，而没能进入宗教和哲学层面。因为文化决定社会的发展，而哲学和宗教决定人的发展。

他承认"凭生活体验产生过许多不朽之作"，但也发现生活体验容易产生雷同的作品，导致创作的类型化和模式化。他说："生命体验首先也是以生活为基础的，生命体验不但是以普通的理性理论去解剖生活，而是以作家个人独立的关于历史关于现实关于人的生存的一种难以用理性言论做表述而只适宜诉诸形象的感受或者说体验。"② 他的《生命之雨》、《漕渠三月三》、《原下的日子》、《六十岁说》等就是进入生命体验的散文，而《五十开始》、《晶莹的泪珠》、《第一次操练》等无疑是生活体验凝结的硕果，大量的序跋、演讲、报告之类却在自我重复中消磨着作者的艺术生命。当然，艺术创作不能简单地用生活体验和生命体验来划分，更多情况下，生活体验和生命体验是有机融合的，作者都难以准确判断，他冠以

---

① 《陈忠实文集》伍，广州出版社 2004 年版，第 455 页。

② 同上书，第 457 页。

"生命历程的第一次"的那组散文，生活体验的成分远远大于生命体验，而关于"山水树鸟"的那组散文，所选自然之物皆为他熟悉的物象，如法国梧桐、梨树、洋槐树、柳树、柿树等常见的树种，鸟类像朱鹮、鹭鸶、白鸽都具有洁白、柔美、优雅的仪态，他喜爱她们就如喜爱白鹿一样，对善良娇弱的燕子、被拟人化为最懒惰的鸟的斑鸠和曾经成为全民公敌的麻雀等鸟类，他抱着深切的同情，以众生平等的人道情怀期冀他们能有一个和谐的生存空间，像白鸽一样随心无虞地与人相处，对于"雀占燕巢"的现象，他在惊异之余，也从村人处探知究竟，原来是爱干净的燕子闻不得麻雀的腥臊气，可怜的麻雀逼走燕子，却惧怕屋主"介怀"它占燕巢的劣迹而心虚胆怯、贼头贼脑，断定人不介入它们的纷争时，才大胆出入精美的燕窝，神情得意而滑稽，作者"总忍不住想笑"，幼小的生命凭借各自智慧，或高贵、或卑贱地生存繁衍着，他给予了它们同样的尊重和爱护。虽然作者从小受到中国文化传统的熏陶，却有悲悯的生态情怀和独特的人生体味，梅兰竹菊四君子，他仅述及菊花，即《种菊小记》，其意只在种菊过程的书写与体验，而不在菊之象征意义，希望还菊花以自然形态，"君子"之类的寄寓，对于自然之物，或许也是"生命不能承受之重"吧。

刘勰说："故情者，文之经；辞者，理之纬。经正而后纬成，理定而后辞畅，此立文之本源也。"[1] 陈忠实叙写自然风物的散文都饱含着对乡土的依恋，对生活的热爱，对生命的执著与宽容，他细腻温情地描摹它们的形态、动作、神韵，温柔多情，从容不迫；写到人情世故时，对师友亲人的记述，文字情绪饱满，酣畅淋漓；触及个人童年记忆、青春伤痛、中年困惑时，却犹疑朦胧，内敛含蓄，有一种"欲言又止，欲说还休"的"小儿女"情态，表现出当代文坛精英们"精神撒娇"轻度感染的症状。之所以说陈忠实是轻度感染是因为他还有一种担当，尽管偶尔也有焦躁困惑迷茫寻觅的痛苦，但他从不绝望或放弃，总是以独立的坚守和文字的抗争来表达自己的思想情感和价值取向。李国平曾说，以他的社会影响力，他本可以做得更多。这种情感上的矛盾表现在散文叙事中，就是小说技法的运用。

---

① 刘勰：《文心雕龙今译》，周振甫注，人民文学出版社 1981 年版，第 346 页。

陈忠实表现内心世界和个人情感最丰富的散文大多采用第三人称展开叙述。以旁观者的身份讲述主体的生活故事和生命体验，使"他"成为作家陈忠实文化审美观照的"对象"，或者说冷静沧桑的作家陈忠实在冷眼静观那个艰难跋涉者从懵懂的孩童在汽笛声中、在他人的误解与关爱中、在挫折和懊悔中成长着，人生的磨难与痛苦以诗意的、哲理的形式展现在读者面前，它已不再是个体生命的体验，而具有了人类性，或许这是作者内心真实的想法和愿望。越是民族的越是世界的，有时，越是个人的越是人类的。20世纪90年代，文坛出现"个人化写作"和"私语化"、"呓语化"写作倾向，陈忠实不愿更不屑加入这个行列，又无法压抑内心强烈的表现欲，于是采用了这种方式。他说："我的散文写作和我的小说创作一样，没有预设性规划，都是随感受而出，即在生活世相里耳濡目染，触发到心灵里的某一根神经，或兴奋或灼痛到释之不去，便把那一点感受和体验诉诸文字，便有了一篇篇或长或短的小说和散文。"① 《汽笛·布鞋·红腰带》（1993年6月）采用小说化的叙述方式，发表后被多家刊物转载。

1992年，史铁生的《我与地坛》以第一人称叙述的方式表达了作者对生命的哲学思考，并获得"1992年度上海文学小说奖"，发表时，《上海文学》编辑部想把《我与地坛》放在"小说"专栏，作者坚持认为是散文，最终以"史铁生近作"为栏目标题发表出来。至今，关于《我与地坛》文体的争论依然存在。可见，人称不是决定文体的根本要素，陈忠实以第三人称展开叙述的散文并没有受到质疑，李建军称这类散文为小说化散文，认为这种叙述方式"将过去的自己转化为文本内的观照对象，转化为一个形式上的他者，从而与现在的自己一个冷静的叙述者，形成一种超脱的审美的距离，从而给人一种浩茫而沧桑的人生感受"。②

《生命之雨》是这类散文的代表，作者在文中记述了自己50年来的人生感悟，塑造了"他"，这个精神求索者焦灼、孤独的抒情形象，营造出细雨迷蒙的氤氲氛围。细雨滋润着那一群焦渴的灵魂，一对父子，一对

---

① 陈忠实：《凭什么活着·自序》，时代文艺出版社2007年版，第4页。

② 李建军：《从随物婉转到与心徘徊——论陈忠实的散文创作》，《当代文坛》2009年第6期。

父女，一对夫妇和他们的孩子们，他们属于这个社会的不同阶层，拥有反差很大的人生和命运，他们以各自的方式焦躁着、烦恼着、渴望着、坚守着、追求着……雨中有大世界、大情怀，这群人面对自然、社会、历史、文化时，是何等的渺小，何等的无力，他们深知"生命之雨"可遇而不可求。字里行间，有人生的无奈和执著的追寻。

文中描述的灞河边的雨景及人物，亲切自然，给人历历在目之感，若非亲历，实难尽述。作者以情感表达为依据，将生命长河中经历过的人物、事件进行了时空转换和整合，实现了审美想象和艺术创造。对人物进行虚化处理，是作者的叙事策略，他以此表达自己对文中人物的怀恋与敬意。此文写得颇为纠结，在模糊隐晦中透露出叙述人隐秘的内心世界和情感世界，透过轻柔清丽淡然朦胧的文字，凸显着叙述人对所记之人缠绵的感激怀恋，他说："细雨如丝如缕如烟，无穷无尽的前方和已经穷尽的身后都是这种雨丝，飘飘洒洒却无声无息。他沿着家乡的河水在沙滩上走着。一旦有雨或雪降下，他就有一种迎接雨雪的骚动而必须刻不容缓地走向雨雪迷朦的田野。"① "他"的焦渴是宿命般的，贯穿了"他"50年的生命历程，并注定伴"他"一生。"生命之雨"对他来说或曾失之交臂，或是永久的渴盼，人在某些时刻，注定无法与命运抗衡。

那个有琴瑟般声音的"小仙鹤"，在青年看来，"大约不过10岁""像河滩草地上偶然降至的仙鹤"，而青年却与她在青春年华错过，当"沙滩上的野苇子的茸毛已经飘落，蒿草的绿色无可挽救地变得灰黑而苍老了"时，他们邂逅了，一起探讨人生和痛苦，岁月的沧桑成为永远无法逾越的鸿沟，"生命之雨"成为他们对生命的解读，尽管他们彼此都无法说服对方。然而，"纤纤细雨依然。依然是如丝如缕如烟。依然是飘飘洒洒无声无响"。"……延伸成为一个生命的河流"。思绪恰如灞柳雨丝，绵延不绝，五十而知天命，情却剪不断理还乱，"他"定格为"一头在套的牛站在打麦场上甩着尾巴"②，挺直地站立在河滩上如丝如梦的细雨中，注视着河滩土屋里激烈争吵的一对农民夫妇。

人的职业和身份或许有高低贵贱之分，但细雨中沐浴千年的灵魂是平

---

① 《陈忠实文集》伍，广州出版社 2004 年版，第 200 页。

② 同上书，第 205 页。

等的。那位"满脸皱纹，皮肤皴黑而粗糙，骨骼粗硬而显示着棱蹭；她挽着黑色的裤脚，露出小腿如同庄稼汉一样坚硬的筋骨的轮廓"的女人，看着一个与自己年龄相当的男子瞅着自己或是自己的羊，是麻木淡漠还是超然物外？"他"想，在女人那或呆滞或不屑的眼神里，"他"或许也只是一只羊；看着这个拿着草帽淋雨的女人，"他"想，她的生命中也敏感雨而渴盼细雨的浇灌和滋润吗？无法判断这个女人真实的身份，她出现时的情景，虚构的成分使她成为"他"哲思飞扬的陪衬。她孤独凄清的影子洒落在河滩上，如密密麻麻的草芥一般，有谁关心她是在瞅一个男人、一只羊、还是辽远的虚空。望着那一家四口近乎原始状态的生活形态，几十年后，"那个扯柴禾打男孩抱女孩的愚蠢的女人肯定就变成那个放牧着七八只羊的粗硬的老女人了吧？"① 而"那个受宠的女孩"能否拥有"小仙鹤"的幸运，成长为报纸的专栏主持人呢？她们拥有彼此不同的人生，却拥有着相同的生命的焦虑和饥渴。河滩上那些让男人魂牵梦系的草儿、羊儿、人儿，和那个与"他"讨论历史人性道德爱情的琴瑟般的声音，交替出现在"他"的眼前、梦里或脑海里。然而，他们都不是"他"的生命之雨，父亲是一座山而不是雨，女人们也在焦渴中煎熬着、寻找着"生命之雨"，也曾盼望男人化作甘霖，于是男人在女人的渴盼中更加焦虑，更加需要"生命之雨"，孤独便宿命般膨胀起来，随着那棵树上赫然刻着的"陈忠实"三个字成长着，他干瘦的手掌早已无法遮蔽……

其实，将《生命之雨》作为小说来阅读的话，艺术表现的空间更大，情感更加深沉，对于生命的思考可能从社会文化层面上升到哲学宗教层面，一如巴西作家罗萨的短篇小说《河的第三条岸》那样。小说有时比表达真情实感的散文更加真实。而且，叙述人的情感之外，文本中或许也有主观虚构的成分。倘使把它当作小说来读，那么文本中的"他"，就是一个探索历史与生命意义的孤独者，他的焦虑饥渴就具有了人类的普适性，"他"由此而成为时代的精神代言者，也免去了读者的许多困惑与迷茫。陈忠实很少写诗，这篇"散文"却充满了诗意，表达出作者生命中最柔软、最有诗情的那个角落。这篇散文是解读作家陈忠实最重要的文字资料之一，其中包含或隐藏了作家50年的生存体验和情感密码，尽管其

---

① 《陈忠实文集》伍，广州出版社2004年版，第205—206页。

情感仿佛笼着轻纱的"梦"。王国维在《人间词话》中说:"诗人对宇宙人生,须入乎其内,又须出乎其外。入乎其内,故能写之;出乎其外,故能观之。入乎其内,故有生气;出乎其外,故有高致。"① 陈忠实的艺术境界原可更高,惜乎他还未完全走出自我的情感视阈,尚未达到"物我两忘"之境。

## 三 镜像世界中的抒情主体

郁达夫说:"只消把现代作家的散文集翻一翻,则这个作家的世系,性格,嗜好,思想,信仰以及生活习惯等等,无不活泼地显现在我们的眼前。"② 陈忠实在散文中记载了他的衣食住行、童年经历、成长困惑、中年睿智与老年沉静,文化思考遍及社会人生的方方面面,他透过这些记述,完成了对作家陈忠实的文化人格建构。他善于通过对他人或对象的记述营造出一种氛围,创造出一个镜像世界,这个镜像世界投射出的是作者的精神和灵魂,《家之脉》写他的家族史,透露出作者对祖先的崇敬之情和对家族文化的自豪感,《旦旦记趣》是他记述外孙旦旦生活趣事的散文,文章以一个老人的慈爱眼光观察旦旦的成长,学爷爷说话,一字不漏,日子久了竟成为一种出门的仪式,爷爷偶尔忘记,他就哭闹不止,伤心不已,觉得自己被忽略被冷落了。透过这个生活细节,旦旦的眼睛形成了一个镜像,在这个镜像中,陈忠实这个文化名人与爷爷的形象统一起来,爷爷待人接物的态度、方式直接影响着孙子,孩子教育、礼仪传承,以言传身教的方式远胜过学校教育和临时抱佛脚式的短期培训。陈忠实的形象也在记述中树立起来,对孙子的耐心慈爱,使"陈忠实"不再是许多人见到的冷硬面孔或"沟壑纵横",而是温和的笑颜、慈祥的外祖父。陈忠实的语言通过小孙子的模仿也显得格外有趣,古朴、生硬的陕西话,礼貌中透着憨直,北方人还好接受,若换了粤语或闽南语系的人,恐怕会觉得他言语轻慢或礼仪不周呢。爷爷的形象比孙子更加生动可爱。

① 王国维:《王国维遗书》(十五),上海书店出版社1983年版。
② 郁达夫:《中国新文学大系散文二集·导言》,上海良友图书印刷公司1935年版,第5页。

《李星把事弄成了》是他为《李星文集》所作的序言，他和李星都出身农村，在作协的院子里工作生活了几十年，所以这篇序绝非应景之作，也是两人情感和友谊的见证，李星是当代文坛富有盛名的评论家，追踪陈忠实的创作，并写下了大量关于陈忠实创作的评论和访谈，这次，换做陈忠实"评"评论家李星，陈忠实终于抓住了"报复"的机会，对李星"大加挞伐"，"爆料"他曾逼自己跳楼，拽着他在家里密谈，还黑着脸、跺着脚，仅此两个细节，评论家李星的形象就跃然纸上，把李星热情急躁、恨铁不成钢的知己心态表现得淋漓尽致，把两个大男人的友情写得真切感人。在叙述描写李星的过程中，陈忠实当年潜心创作《白鹿原》的情景也再现出来，他的沉静执著，临阵不乱，以及内心急切表面淡然的神态情状，也呼之欲出。在《五十开始》中，陈忠实说自 1987 年始他就有了"五十危机的心理感受"，李星的"逼"是期望、压力，也是动力，从侧面表现出当时陕西文坛对陈忠实的厚望，以李星"黑着脸"观照陈忠实的表情，只能是"木然冷静"或者"面无表情"；以李星急促的话语反观陈忠实的内心，只能是"波涛汹涌"或者"五味杂陈"。关于《白鹿原》，李星说过两句经典的话：一是"你今年再把长篇小说写不完，就从这楼上跳下去"；二是"咋叫咱把事弄成了！"① 说后一句话时"黑煞着脸，睁圆两只眼睛"，继而"踱着步跺着脚"谈他阅读《白鹿原》的观感。李星的形象是通过个性化的语言动作表现出来的；陈忠实的形象在李星的话语动作中被"反身叙述"，他的惶恐、紧张、担忧与释然后的得意窃喜，都是通过李星的动作反射出来的。在叙述中，"我"被李星的气势压迫着，被叙述人的谦虚冷静淡然压抑着，又被李星这面率真的镜子映照出来，形象更加清晰，长篇得到认可，内心的狂喜自然该比看到朋友成功的评论家李星更多些吧！两人一急一慢、一热一冷，与其内心世界恰成对照，天性不善张扬的陈忠实竟无法用外在的语言动作表达内心的情愫，在另一处他说自己写完《白鹿原》最后那个"……"呆呆地坐了许久，最后竟在河滩上烧了一坡荒草。肖云儒说散文是最真态的文体，"真正的散文家，却得裸身子站在审美的旷野上，让生命的光柱通体无疑地照射自

---

① 陈忠实：《李星把事弄成了》，《文学报》2009 年 8 月 28 日。

己。"① 陈忠实在写别人时，竟将最本真的自我展露出来，这大约就是散文被称为作者"自叙传"的原因吧。散文没有虚构的人物和情节，叙事主体无处躲藏，又要忠实于"真人真事"的叙述，叙述者的内心世界便在不经意间展现在读者面前。

在各种序跋和访谈中，陈忠实总是不吝赞美之辞鼓励文学新人，叙写亲朋好友也绝不"道人短长"，给人忠诚厚道之感，也落下"老好人"的名声。但疾恶如仇的性格又使他内心强烈的不安，于是，选材与剪裁成为他表达思想的艺术选择，即他在拼命回避给某人或某事做评价的时候，就说明他对之持否定态度。他渐入老年，于人情世故早已洞明练达，心境已趋成熟平静，已摆脱了"那无时无刻不在侵扰他的动物式的激情"②。散文集《乡土关中》以闲话方式讲述关中大地的社会历史变迁、自然人文景观及乡村生活经验，展现了关中独特的文化内涵，表达了作者对故土的深深眷恋。与城市的嘈杂喧嚣相对照，乡村还是令人怀恋的。"树依旧很绿。天空是少见的澄澈和透碧……夏收后泛着白光的麦茬地，采摘樱桃时不慎攀折断了枝条，从路边野草丛中突然蹿飞的野鸡，都会把我在城市楼房里的所有思绪排解到一丝不剩，还有乡野的风对城市的污染空气的排除与置换"，但当枣的味道"有点干巴"、"折枣"成为"过程"和仪式时，作者感到淡淡的忧伤与落寞，隐隐的惆怅与无奈，故乡已不再是纯净的精神家园，却依然是作者的生命之根、文学之根，他说："我的根在白鹿原上。"

陈忠实的散文语言与前期相比也发生了很大的转变，一是描写的成分越来越少，几乎达到"惜墨如金"的程度，初学写作时，他热衷于铺叙，似乎总是担心自己对人对事对自然物象的描摹不能穷形尽相，20 世纪 90 年代之后的散文，即使叙述描写文字也极其俭省，重在准确传神，不以华美辞藻和惊世骇俗的语言文字吓唬人，也不以博学多才的大文化散文炫耀自己，他几乎不说"我是农民"的话，也很少强调自己专业作家或人文知识分子的身份。

方言写作是陈忠实创作的一大特色，他创作早期语言具有关中方言的

---

① 肖云儒：《散谈小利》，《散文研究》2001 年第 1 期。
② 《叔本华论说文集》，商务印书馆 1999 年 9 月版，第 222 页。

特色，《白鹿原》中，方言使用在传神之余，也给粤语、闽南语等语系的读者造成了一些阅读困难，客观上影响了长篇的对外译介与传播。方言是具有独特艺术表现力的语言，而过分依赖方言则是缺乏艺术创造力的表征。21 世纪以来，陈忠实的艺术突破之一就是方言的使用越来越少，他更倾向于用简单的文字表达复杂多变的人间世相和丰沛细腻的个人情感，较少使用生僻字词，即便是小学生，阅读其散文也没有障碍，他的《晶莹的泪珠》、《一株柳》等散文被选入中学语文教材。2010 年，《学生阅读名家美文》①（5 卷本）收入其散文 22 篇。他称自己的散文为硬派散文，即不含任何杂质和水分。希望他的散文能给喧嚣繁华浮躁的社会带来质朴刚硬的精神，洒下"生命之雨"以滋润焦渴中的生灵们。

## 第二节  21 世纪以来的短篇小说创作

《白鹿原》发表之后，陈忠实似乎厌倦了小说这种文体，直到 2001 年 8 月发表短篇小说《日子》②，这几年，他陆续创作了 9 个短篇，其中"三秦人物摹写"3 篇，是写历史人物的，其他 6 篇均从不同角度切入现实生活，表达了作者对现代变革中普通人生存境遇和精神世界的关注。

### 一  关注现实人生和普通人的生存境遇

在现实题材的短篇中，陈忠实将笔触深入到社会的各个层面，诸如：农民、下岗工人、农村基层干部、警察、作家、小偷、警察局长、虚脱症患者，等等，透过这些小人物生存境遇和心理秩序的细微变化，我们不难看到作者对现代文明的探索和思考，他试图从三秦大地的一隅把握社会生活变化的脉搏。

《日子》写一对农民夫妇贫乏单调，日复一日地在河滩筛沙子，他们

---

① 时代文艺出版社出版。

② 发表于《人民文学》2001 年第 8 期；《陕西日报》2001 年 8 月 24 日；后于 2007 年获蒲松龄短篇小说奖。

不愿进城打工的原因是有的人在城里干了活拿不到钱，他们像世世代代的中国农民一样把人生的全部希望寄托在孩子身上，女儿分班考试被分出重点班，被打倒的竟然是父亲，小说写出了普通农民真实的生存状态，表现了他们朴素的人生理想、生活情趣、自然平和的生活态度和善良温厚的道德伦理。小说触及了两个社会热点问题：一是农民工工资问题，二是中国应试教育的问题，这是农民人生最重要的两件大事——生存和发展。切入点很小，反映的社会问题却很大，是典型的"以小见大"，"显然，就文学而言，传统胜过独创"。① 在"我"看来充满诗意的画面，内里却隐藏着普通农民的多少辛酸与无奈啊！

挖石头、筛沙子是他们自主的选择，是他们对尊严的最后坚守，他们以这种坚守来对抗外界的喧嚣和世事的纷攘。夫妻间的拌嘴成为生活的作料和乐趣，硬熊男人每天调侃一下政治和贪官，看着桥上走过的有好腰的女人，在艰难的劳作中获得了心灵或精神的自由，他们的生存方式显得落后，但日常生活的神性却在单调重复的劳作中得以显现，引发人对现代性的深切思考。新写实作家注重写人的俗世生存状态，而忽略或悬置了人的精神生存，人为地把人的精神和肉体二元化，这是"十七年"二元对立文化审美模式的延续或另类表现。陈忠实是"文化大革命"期间开始创作的作家，深受其害，他更关注人的复杂性和人性化。

文本叙事节奏舒缓有致，从容不迫，宛如一个智者俯瞰芸芸众生，世间沧桑变化尽收眼底，读者在阅读中能与叙述人达成一种心灵的默契，叙述人的雍容自信大气让人心气平和。人们渴望能使人神清气爽的作品，以缓解人们焦躁、郁闷、空虚、孤独、寂寞等情绪。在潜意识中，人们总是渴望身边有一个人——处变不惊、自信顽强、值得信赖，他或在现实中，或在想象中，如上帝或佛陀等。他这一时期的短篇"让人觉得踏实"。生活就是这样，日子还得这样过，问题是怎样过得更有尊严，活得更有意义。

幽默风趣是陈忠实短篇的特色。在许多作家不屑于讲故事的时代，他的小说故事性却更强了，结局往往出人意料又在情理之中，高潮处惜墨如

① ［美］阿尔伯特·莫德尔：《文学中的色情动机》，刘文荣译，文汇出版社2006年版，第193页。

金，善于以"留白"或"悬置"的方式轻松幽默或富有反讽意味地引出或交代原委。他总是将小说最容易出彩或人物最尖锐的内心冲突搁置起来，给读者留下想象的空间。《日子》中硬熊男人如何从女儿分班考试带来的痛苦绝望中解脱出来，重新回到河滩上重复那简单枯燥的劳作，他只用了一句话："大不了给女子在这沙滩上再撑一架罗网喀！"① 女人软软地瘫坐在湿漉漉的沙坑里，"一声压抑着的抽泣"是女人发出的，男人还是个"硬熊"。劳作依然简单枯燥重复，但"日子"却已变味，过去是有希望支撑的日子，现在真成了流水般的日子——简单重复无意义，"筛沙子"的意义被解构了，以后的日子男人还有心劲去看桥上有"好腰"的女人吗？喜欢腰好的女人是"男人"的审美偏好，也是男人潜意识中生殖崇拜心理的外在显现，表达了他对生命和美的热爱。

《腊月的故事》从秤砣家丢牛始，到抓到偷牛贼止，讲述了秤砣给两个朋友送年货——羊腿的故事，曾经风光的工人小卫下岗后靠"送温暖"过年，最终因偷盗被抓，朋友铁蛋来找秤砣告诉他小卫偷了他家的牛，小卫媳妇请求秤砣牛钱缓缓再还。一个凄凉的故事，一群坏不起来的小人物。小卫偷了秤砣家的牛之后，还请秤砣在家里喝酒；秤砣知道小卫偷了自家的牛还给了铁蛋一千元钱托他交给小卫媳妇；铁蛋在两个朋友和法制之间穿梭，三个人内心的痛苦辛酸凄凉无奈，作者只用了两个词——"压力"、"冷冰冰"来表达，小卫压力很大，秤砣说话冷冰冰，腊月的喜庆被彻底冲淡，生活的苦难和艰辛使朋友情意受到严峻的考验，使人心变得禁不起诱惑。弟弟"这个货"，大事干不了小事不愿干，想借作家哥哥的关系贷款买车办运输公司未果，作家半年后才知道他借了刘县长的自行车，还时却将崭新的凤凰自行车车架之外的所有零部件悉数换掉，还振振有词地说刘县长权当扶贫呢（《作家和他的弟弟》）。弟弟单纯狡黠，眼高手低，脑子活络，脸皮厚，是市场经济下中国农村中的又一类典型，他既不同于鲁迅笔下的阿Q，也不同于高晓声笔下陈奂生，更不同于的蛤蟆滩三大能人（柳青《创业史》中的人物）。作者对"这个货"讽刺批判之余，还有一丝同情和怜悯，一如作家对这个弟弟的无奈。《关于沙娜》和《猫与鼠也缠绵》几乎都有同样的美学效果。沙娜那个"女

---

① 陈忠实：《关中故事》，昆仑出版社2004年版，第34页。

人一般都不问"的女人最终被任命为乡长，个中原委让人不忍细想又忍不住不想，是像作家那样被人将"穿旗袍"、"啃红薯"、"坐拐的"三件事串在一起编成段子呢？还是……作家不愿想象，或不忍想象。小偷和局长斗智斗勇，互相以小人之心揣度对方，猫与鼠相互依存，猫本质上是"硕鼠"，同类自然惺惺相惜，局长早知道有"东窗事发"的一天，那他又何必当初呢？贪念。小偷认定局长不会报案，而且会帮他开脱。但他们却忽视了公安局还有真正的"猫"，小说标题很有反讽的意味，真的猫是一切鼠类的克星。

陈忠实刻画人物总是着意于人物的文化心理结构，故事情节有时只是人物性格发展的推进器，人物则成为作者思想意志的承载者，"硬熊"身上就体现出温柔敦厚、与人为善的品行，他吃苦耐劳、崇尚自由、特立独行、不与世俗同流合污，这些民族性格和文化心理在他身上奇妙地统一着，在民间社会，建构民间文化心理模式的因素很多，"硬熊"身上同时具有儒道释和原始生殖崇拜等多种文化因素的印记。这个人物的塑造延续了《白鹿原》的文化探索和寻根的足迹，也是"三秦人物摹写"的思想前奏。作家弟弟身上的国民劣根性和心理惰性是阿Q精神的现代版。沙娜是这些底层人物中唯一的另类，她具有现代意识和自主意识，她美丽聪明能干，有理想有胆识，是21世纪的四妹子，这是作者仅有的对于女性命运的探索与反思，她的命运差点让人联想到田小娥，作者对于女性的发展空间还是给予了希望和期盼，但正如鲁迅先生所担忧的"娜拉出走之后怎么办"，叙述人的忧虑也是作者的隐忧。他对这些人物和三秦大地有一种深沉的爱，他将自己的根深深地扎进这片土地。

关注现实人生，关注普通人的生存境遇与精神困惑，是陈忠实的艺术选择，《白鹿原》之后的沉寂与积累，使他近年来的短篇更加成熟老到，上述短篇都有一种平静雍容的气度，作者用自然平实的语言叙述着看似不合生活逻辑的离奇故事，表现出幽默诙谐的趣味。作者似乎对荒诞有点忌讳或顾虑，小说总是在距离"荒诞"一步之遥时戛然而止，使叙事停留在社会文化层面，无法进入哲学与宗教的层面，托尔斯泰平和、宽容、仁慈、博爱的宗教情怀使他的小说不仅具有史诗性，更具有人类性。陈忠实的生命中不缺少马尔克斯式的孤独和沧桑感，他缺少的是战胜孤独的勇气和力量，马尔克斯在写出《百年孤独》21年后终于找到了战胜孤独的力量；《霍乱时期的爱情》（1988）中叙述了一个简单的爱情故事，其魅力就在于永恒和温暖。孤独是人类永远无法摆脱的宿命，人是在战胜孤独的过程中走向完善的，鲁迅《呐喊》之后才发现"自己不是一个振臂一呼应者云集的英雄"，但他从未放弃。或许陈忠实需要跨越的就是这座"桥"。文学经典的生命力在于精神，而非语言和结构。作为作家，意识到这一点容易，做到却很难。

## 二 三秦人物摹写：民族精神的发现与重铸

陈忠实现实题材的短篇重在写生之艰难，"三秦人物摹写"（包括《娃的心，娃的胆》、《一个人的生命体验》、《李十三推磨》）则是以死亡为核心，写出了生之意义、死之壮烈，旨在刻画秦人的精神文化气质。小说选取的人物皆为历史人物，实有其人，实有其事，以实写虚——以真实的历史人物和事件写小说。他要写的不只是人物和事件，文本的叙事核心是民族文化和精神，是延续五千年的民族魂。对于历史，包括虚构的历史，他都审慎严谨而又充满敬畏。他要挖掘"硬熊"精神的历史文化渊源，以应对 20 世纪末以来出现的道德沦丧、金钱万能、精神颓靡的社会现象和情绪。

以历史人物的真实故事、真实姓名构思小说，不是陈忠实的独创，但他还是写出了自己的个性和特色。这三篇小说写的是不同时期的三秦人物，有个体，有群体，面对民族大义、个人尊严、非人迫害、生活困窘等考验时，他们对生存方式和生存意义的理解与选择。柳青在失去自由和尊严时，在死和活着一样艰难时，他利用自己的电学知识，希望以自己的方式结束自己的"生命"——肉体，一个人为了生命的高贵和完满决定自我结束，在这次不成功的自杀行为中，主体经历了一次生命的极限体验，使他得以超越生死，达到精神自由的审美境界，从而赋予主体"这种死亡愿望"以存在主义和生命美学的意义。福柯宣称："一种持久的自杀兴趣和某种形式的政治自觉性往往只有一步之遥。"① "这种死亡的决心很怪

---

① ［美］詹姆斯·米勒：《福柯的生死爱欲》，上海人民出版社 2003 年版，第 259 页。

异，然而在表达意志方面却具有一场恒久而坚定的功效……"① 作者通过叙述和想像柳青在"文化大革命"期间的一次极限体验表达了他对"文化大革命"历史的理性思考。

李十三是清代著名的戏剧家，一个戏痴，他忠厚仁义、安贫乐道，却在强权政治的威逼下仓皇出逃，途中吐血而死。他有民间文人的风骨和胆识，也有对封建皇权的恐惧和懦怯，他的灵魂是复杂而残缺的，但他依然可亲可敬可爱。文人推磨，这与不为五斗米折腰和"茅屋为秋风所破歌"中的情境有很大的不同，李十三没有"采菊东篱下"的情致，他想吃一碗面都要自己推磨。推磨，千百年来在关中民间普通农户家里，那是牛或驴的营生，李十三却能在推磨时构思剧本，嘴里还情不自禁地哼着曲调，民间文人的生存境遇和精神境界通过这样个性化的细节展现在读者面前。被抓和出逃，结局没有本质区别，但出逃是李十三对死亡方式的选择，是生命主体的自觉行为，当生死不再成为"问题"时，死亡方式的选择就成为主体确认其主体性的唯一途径。李十三的执拗倔强和个体意志得以体现。福柯认为自杀"是最能引起全社会震惊的抗议方式之一，而政治权力在这个社会里又恰恰是以'管理生命'为己任的。"②

作者认为："应该到钟楼下人群最稠密的地方去寻民族的'根'。"③短篇《娃的心，娃的胆》中有这样一个场景：中条山，黄河滩，身高近1.9米的（孙蔚如）"司令跪下去了"，八百个16—18岁的娃娃士兵从崖顶跳进黄河，没有一个人被俘虏。关中子弟"心高，脚远，眼宽，胆大"，他们是王鼎、杨虎城、孙蔚如、孔从洲，是八百黄河的英魂，是西北军，是关中的父老乡亲。这片土地水硬土硬，种出的麦子性硬，养出来的人"硬气"。关中汉子立马中条，硬是挡住了日寇的铁蹄。一个场景，几个细节，硬生生记述了14年的抗战史，穿起了历史上的几个重大事件，揭示出抗战胜利的深层文化原因：民族精神决定战争的胜负。民族文化的根深深地扎在关中腹地，扎在关中子弟的心中。八百个涅槃的凤凰！用生命铸造着民族之魂。

---

① [美] 詹姆斯·米勒：《福柯的生死爱欲》，上海人民出版社2003年版，第322页。
② 同上。
③ 陈忠实：《借助巨人的肩膀——翻译小说阅读记忆》，《长江文艺》2005年第1期。

"三秦人物摹写"节奏紧凑，紧锣密鼓，写出了高蹈的精神，在让人振奋的同时，也失却了雍容的气度，作者似乎被鞭策着，迫切地想要说话和表达。在文学普遍缺钙的今天，陈忠实以真人真事为摹本虚构还原了历史人物的精神面貌，使人看到民族不灭的精魂，他们身上延续着"白鹿精魂"，抗日将士们用鲜血和肉体铸就的钢铁长城阻挡了日寇的铁蹄，日本人打不进潼关，就意味着他们从未进入过中华民族文化的核心地带。从中日文化发展史上看，中条山之战在中国抗战史上具有极其重要的意义。其文化意义尚未得到应有的认识和重视，此战重挫了日军士气，给日本人带来致命的心理打击。它不单是军事史上的重要战役，更是艰苦卓绝的民族文化心理战，中国人获得的不只是战略上的胜利，更是民族气节和文化心理的胜利。在文本中，作者弘扬了顽强不屈的战斗精神，在物欲横流、信仰迷失的时代，直指人心，具有极强的震撼力；但对战争文化内涵的开掘有待深入。如果作者能将中条山之战放在人类战争史、思想史和文化史的深度和广度上开掘的话，战役背后所具有的普遍性的深层意义将得到更好的阐释，而故事文化象征层面和哲学人类学的内涵和意义将得以彰显。其次，换位思考可能也会赋予故事更深广的历史文化蕴藉，井上靖对敦煌的文化想象从一个侧面揭示了敦煌的历史和古代灿烂文明消亡的真相。针对中条山之战，中国人能否从日本人的文化心理结构来阐释和解读，汉唐文化（古长安）给大和民族带来的心理阴影和暗示复杂而纠结，站在全球化、人类性的高度探讨战役对日本侵华战争和日本人文化心理的影响，不仅会使故事具有更加广阔的历史文化视阈，对研究中日关系的发展也具有深远的意义。

作者曾说只有捕捉到至少两个以上内蕴丰富的细节，才能树立起写作的信心和表述的激情，《李十三推磨》是类传记式小说，选取李十三生命最后一天的三个生活细节（推磨、陋室说戏、出逃喋血）来描述他的生命轨迹，使人物形象更加真实丰满，富有个性。小说先后三次获奖①，既是对李十三宁死不屈精神的认可，也是对作者创作技法的肯定。人民文学奖获奖词称小说"沉郁、慷慨，简劲传神地刻画了中国民间的风骨与正

---

① 小说先后获 2007 年度"茅台杯"人民文学奖；首届"中国小说双年奖"；《小说月报》第十三届百花奖。

义。""三秦人物系列"从历史切入现实，矛头直指当代社会面临的精神文化问题，"三秦人物"身上体现的民族精神正是当代人所缺失的。这种文化探索方向与《狼图腾》等作品相比，其精神人格向度更加积极健康。

从"三秦人物"身上寻找精神资源，寻找真实的价值理想，这一艺术视角是明智可取的，艺术效果也有目共睹。但在文学失去轰动效应的当代，短篇小说的社会影响力还很有限。如果当代作家能够提供更多艺术成熟、思想文化蕴藉深厚的作品，何至于一个拥有五千年文明的国度，竟然举国讨论"狼性"还是"羊性"的问题。

一个优秀的作家首先是一个有担当、有社会责任感的人，比如萨特。抗战期间，许多优秀作家积极投身抗日救亡运动，消除彼此之间的文化隔阂，将个人的生命与艺术融入到国家民族的命运之中，或许，当年那些唤起无数民众奋起抗日的文学作品和电影话剧等，今天看来没有太大的艺术成就，但其社会历史意义和功绩是不会被抹杀的。作家是属于社会的，20世纪初，中国作家承担起了启蒙的神圣使命，而当代许多作家却热衷于作当代社会的记录者或"阐释者"，而不是"立法者"。作家不应过多地考虑个人得失，而应对社会历史文化有所担当。

## 第三节 《寻找属于自己的句子》：
## 陈忠实文学观念的形成

成名后，陈忠实发表过的创作感受、文学访谈、讲话、序跋等已有200多篇，出版文论著作3部，总结创作经验、对青年作者及陕西省作协的工作进行指导等，在扶持文学新人等工作中发挥了重要的作用，但其文学观念的形成却是《寻找自己的句子——〈白鹿原〉创作手记》（以下简称《创作手记》）的创作和发表。

《创作手记》是应读者和编辑要求创作的，《白鹿原》的成功使陈忠实成为中国当代文坛的神话和文学青年的楷模，不少热衷文学的青年将其奋斗经历当作前行的动力。他的创作道路具有示范意义，文学青年们渴望从他的创作中得到艺术的灵感和启迪，更希望得到陈忠实切实的文学指导。

作者用散文的笔法对自己的艺术实践进行回顾，坦诚地将自己创作的酸甜苦辣、痛苦艰辛喜悦毫无保留地奉献给读者，有对社会、历史、文化、人生、自然和命运等的体验与感悟，有对自己生命历程和个人情感的回忆，语言质朴感性，文笔淡然舒缓，以创作者的身份与读者娓娓而谈，而不是像当今流行的学院派批评那样用新词，生怕读者读得懂。《创作手记》告诉读者文学理论也能以感性的方式，散文化的笔法来阐释，而且作家指导作家更直观、更具有可操作性。

近年来，文学理论和文学批评与文学创作的距离越来越远，红包批评、人情批评等现象普遍存在，批评家和作家互相指责，各说各话，学院派批评"掉书袋"的习气很盛，使批评很多时候成为自说自话，不少作家表示自己压根儿看不懂那些评论自己作品的学术论文，更谈不上指导自己的创作实践了。这种现象已经引起作家和广大文学工作者的普遍关注，成为迫切需要解决的问题。《创作手记》从作家的艺术实践出发，坦率真诚地讲述了他创作《白鹿原》的过程，从触发写作长篇的"念想"到"田小娥"等人物的"跃现"，再到小说情节结构的建构，以及主要历史事实的调查考证，小说语言的运用和作者对小说出版发行的担忧，等等。细细道来，如同与读者对面交流，实实在在地把自己读过的书，借鉴过文学理论观点，使用过的创作手法等，一一回嚼，不掖不藏，不啻是一部生动形象的小说创作教科书。

文本就以下问题展开叙述：一、交代了作者通过痛苦的精神剥离超越文革文化审美模式的过程；二、叙述作者寻找适合自己叙述方式和叙述语言的艰难曲折；三、探讨如何保持良好的创作状态；四、解读《白鹿原》有争议的问题，如"鳌子说"、性描写及修订本获奖等。

## 一　作家的自我认知及其主体性的获得

陈忠实"文化大革命"前开始创作，其中短篇小说打上了深深的"文化大革命"烙印，他清醒地意识到并试图突破"文化大革命"模式，以及柳青对他创作的深刻影响。在当代文坛，衡量一个作家的艺术成就，长篇小说是重要的指标；他的艺术实践表明中篇无法容纳这座古原的历史，长篇是其内心创作冲动最恰当的表现形式；其次，长篇创作也是一项

"任务"。1985 年夏，陕西省作家协会召开了两次名为"陕西长篇小说创作促进会"的笔会，动员包括路遥、陈忠实在内的一些青年作家创作长篇，他当时明确表示尚无准备。陈忠实是一个具有自我批判意识的作家，新时期以来，他的中短篇小说大多书写社会变革时期普通人的生活变迁和精神裂变，创作上没有大的突破，还曾遭到"随波逐流"、"图解政治"等指责。其实，许多知名作家的创作中都存在类似问题。社会变革时期，作家一时无法把握时代发展变化的脉搏，感到迷茫困惑，这是客观现实。任何艺术上的超越都不会一蹴而就，陈忠实也不例外。他对自己精神裂变的过程进行了追述和总结。

他不缺少农村生活经验和创作素材，对中国农村的历史现实也有深刻的反思，从《白鹿原》的创作来看，也不乏真知灼见，他的困惑就在于如何表现。他用海明威"寻找属于自己的句子"表现自己艺术探索的过程，他说他所寻找的就是一种表达方式，既能准确表达自己的思想，又能为读者接受和喜爱的表达方式。他说《白鹿原》"不标明我真正寻找到了属于自己的最好的句子"。① 的确如此，《白鹿原》出版后引发的诸多争论也从侧面说明，作者的意图并未完全实现。倾注他毕生心血的艺术探索，为他带来了声誉、财富、官位等等，或许，《白鹿原》是以最适宜表述他独特生命体验的语言完成的，但是，小说的政治"言说"及性描写等在当时并没有得到社会的普遍认可，以致修订后才获得茅盾文学奖。

在《创作手记》中，他记述了自己获得主体性的契机和经过。首先，农村基层工作的经验，即联产承包责任制使他意识到"我在公社十年努力巩固发展的人民公社制度彻底瓦解了"②，而农民的生活水平和农村生产力水平却提高了。这种巨大的社会变革使他困惑、迷茫、不安，他将这种困惑写进了短篇小说中，如《霞光灿烂的早晨》中主人公对集体经济的怀恋等。回想自己之前的创作，兼与柳青比较，他认识到自己与柳青在思想艺术上的差距。于是，他决心了解 1949 年前乡村生活的形态和秩序及其对当今社会人心的影响。在《白鹿原》中，鹿兆海在与白灵争论时

---

① 陈忠实：《寻找自己的句子——〈白鹿原〉创作手记》，上海文艺出版社 2008 年版，第 177—178 页。

② 同上书，第 9 页。

曾质疑"列宁打倒了富人，却使穷人更穷"的历史事实，以及黑娃"风搅雪"式的革命方式，这些都是作家历史反思在文本中的表现，从鹿兆海与白灵的悲惨结局和荒诞命运中，我们看到了作者内心的苦闷与痛苦，两个优秀儿女的毁灭使人不得不对历史发出质问与控诉，这个历史问题作者无力解答，但发现问题、提出问题以引起"疗救者的注意"，也是一件有意义的、功德无量的事。

其次，西方文艺思潮的影响。作者细致描述了他初识拉美魔幻现实主义的情景，震撼，惊异！特别是卡朋铁尔的创作道路给他带来的文学视野和文学观念上的启示。西方文化对他创作的影响是多方面的，作家主体性的获得也不是一朝一夕获得的，这要从作者 1980 年前后在小寨文化馆的"自虐式阅读"谈起，他那时集中研读外国名著，如莫泊桑等的作品，这对他走出"文化大革命"文化审美模式和创作模式产生了根本性的影响，表达了他摆脱"文化大革命"文学与政治紧密关系的意图。其实，处理文学与政治关系最有技巧的是中国文人，从孔子、李斯到司马迁，早已达到登峰造极的程度。研读《史记》，我发现司马迁论证西汉政治现实合理性的文字高明之极，而且开创了一代文风。孔子尚有"春秋笔法"，尽管"微言大义"有被后世经学家过度阐释的嫌疑，但孔子的历史观倒也诚实恳切；李斯是有骨气的文人，《谏逐客书》以一己之言推动了历史发展的进程，实在让人敬佩慨叹；然《史记》记述夏商周之史时，可圈可点，而述及楚汉相争之后的史实，却远不及孔子、李斯之笔力强劲。后世文人多步孔子、司马迁之后尘，鲜有能超越者。杜甫、范仲淹当属同道，在他们心里"君"排在"民"前，杜甫"每饭必思君"，而不是"思民"或"思亲"，"思亲"是人性。这种文化积淀和思维模式早已成为中国文人的集体无意识，虽经五四文人作家努力反拨，但文化心理结构的改变绝非一朝一夕可为。所以，我们在批评陈忠实及其创作的同时，还应看到其中所透露出的文化内涵和民族性的因素（是否国民劣根性恐怕不能随便说）。

陈忠实获得作家主体性的具体标志是他不再受文化政策和行政命令的操纵，开始有了自己对艺术创作的规划。新时期以来，陕西涌现出一批青年作家，但截止到 1985 年夏，陕西新老作家却没有一部长篇小说出版，连续两届茅盾文学奖评奖，陕西省都推荐不出一部参评作品。这种形势让当时以胡采为核心的作协领导层很焦虑和重视，陈忠实是他们认为有能力驾驭长篇的陕西作家之一，并对他进行动员。陈忠实却觉得长篇"可望而不敢想"，认为他"至少应该写过 10 个中篇小说，写作的基本功才可能练得有点眉目。"① 他是典型的、能沉得住气的关中男人，没有十足把握绝不轻言。他早已不是"文化大革命"后期那个冲动的、急切的、唯命是从的业余农民作家了，文学创作是他毕生追求的事业，懂得尊重艺术规律，不再被组织的行政命令或倡导等促进、激励或左右。《白鹿原》基本修改完成后，适逢路遥获得第三届茅盾文学奖，李星以"跳楼"的话激他，他都要坚持全部修改完成，才给他看。长篇创作使他真正成熟起来，成为一个具有强烈主体性的作家，21 世纪以来的短篇小说及部分艺术散文具有很高的艺术造诣。他主持陕西作协工作十几年，有人指责他对中青年作家扶持不够，他也不做过多的辩解，而是从自己的创作经验出发，鼓励青年作家自己成长。他认为这样更有利于青年作家形成独特的艺术风格和艺术个性。

## 二　沉静是作家生命存在的状态，也是长篇创作的最佳心态

生活积累是文学创作巨大丰厚的库存，有生活库存的作家很多，但如何把它们转化成文学创作的素材，需要激发、照亮和打开，陈忠实意识到了这一点，并为之而苦恼。1985 年前后，当时的成名作家都被长篇创作困扰着，茅盾文学奖的设立是为了鼓励长篇创作的，而长篇创作这时依然处于低谷，无论从数量和质量都不尽如人意，长篇创作成为衡量一个省、一个作家文学成就的重要指标。"文化大革命"后，文化艺术界出现青黄不接的现象，文学生态与自然生态具有极大的相似性，山火过后，最先成长起来往往是小草、灌木，很多年后才会出现高大的树木，成片的针叶林和阔叶林则需要长时间的积累。

中篇小说《蓝袍先生》的写作使作者意外萌发了创作长篇的欲念，激发他创作灵感的不是"牛蒡"，而是蓝袍先生朦胧的情愫，蓝袍先生痛苦而无奈地接受了父亲施与的婚姻，却被杨龟年家年轻美貌的寡居儿媳所

---

① 陈忠实：《寻找自己的句子——〈白鹿原〉创作手记》，上海文艺出版社 2008 年版，第 3 页。

"惊扰"，可就在那"邪念""萌而未生"时，竟被父亲察觉，无情地扼杀在了摇篮中。从此，一个模糊的影像——镂刻着"读耕传家"的四合院的门楼缠绕着他，神秘又充满诱惑，他止不住想要去思索、去探究。

这种欲念像鞭子一样驱赶着他，他决定从实地考察走访开始，查阅地方县志，阅读各类名著以充实自己，来沟通关中大地的历史和现实，寻找创作的灵感和契机，进行总体构思，将一个个瞬间闪现过的细节串联起来，探寻其文学意义及其对人物命运发展轨迹的作用。为了这种创作激情，他修盖了新房，拥有了属于自己的书房，决定隐居祖屋创作"垫棺作枕"之作。这时，全国正处于全民下海的热潮中。

确立了创作的基本目标，如何来实现就成为首要问题。他熟悉这片古原的沟沟坎坎和生存着的生灵们，他知晓他们如何活着，也惊异于他们何以要这样活着？在翻阅蓝田县志贞妇烈女卷时，田小娥闯进了他的心，他终于找到了结构《白鹿原》的关键性人物，率先确定了"田小娥被鹿三从背后插进梭镖利刃的情节"，田小娥是小说中白鹿两家矛盾激化的焦点，她代表生命原欲，代表一种具有诱惑力、破坏力的强大力量，她的妩媚性感与反抗精神使她成为家族政治最直接的破坏者和颠覆者，她的出现激化了白鹿两家的矛盾，使白鹿村的社会伦理关系更加复杂。田小娥的塑造是陈忠实走向艺术成熟的重要标志，他早年以擅长写农村老汉而得名，还曾以不善写女性而自我调侃。在中外文学艺术史上，总是有作家艺术家以艺术的神圣名义追逐女性，陈忠实在《创作手记》中详细记述了他塑造田小娥的过程，有童年的记忆，有贞妇烈女事迹的刺激诱发，有作家的艺术想象和生活积累，当然也有之前文学阅读经验的启发①。

《白鹿原》中朱先生是有原型的，作者塑造这个人物时，艺术想象力受到生活原型的制约，越想忠实于生活原型，越不讨好，反让读者觉得"假"。尽管作者从朱先生的性格逻辑和文化心理结构出发，为人物设置了"鳌子说"、"公婆说"等情节，结果还是引发了争议和"误读"。塑造白灵，作者几乎原封不动地将生活原型的故事搬进了小说，以期还历史本来面目，竟遭到"艺术源于生活，更要高于生活"的批评。白灵形象

---

① 这一点，作者在《创作手记》中没有谈到，但我们从田小娥身上依然能看到中国古典小说中女性形象的踪迹和影像，特别是荡妇淫妇的体貌特征和鬼魂附体的传说。

的塑造表达了作者对历史某一阶段的深刻反思，人物成为阐释历史观念的工具，人物形象有简单化、概念化之嫌。作者对这两个人物的解释使其创作意图"欲盖弥彰"，以致作者在后记中谈到一位青年评论者要他立即终止《创作手记》的写作。将文本与《创作手记》比较阅读，对我们分析20世纪90年代的文学生态和文化环境具有深刻的借鉴意义。鹿兆鹏是几位共产党人事迹综合的结果，其中武装斗争那段经历以渭华起义为依据，部分历史事实和事迹取自陕西党组织的领导人汪峰，滋水和平解放也是历史事实。

　　白孝文是作家艺术创造的结果，也是《白鹿原》中最复杂、最丰满、最具个性的人物形象，倾注了作者的颇多心血，这个人物的解读需与黑娃、鹿兆鹏，特别是《蓝袍先生》中的徐慎行进行比照，这几个人物在精神序列上密切关联，黑娃似乎天生具有叛逆性，他反抗意识萌发的最早，有人说这是由于他受到的压抑相对于白孝文、鹿兆鹏及徐慎行来说，要小一些，事实可能正好相反。在小说中，鹿三反复比较白鹿两家的家教与家风，可见他对家教重视的程度，家教的方式很多，小说虽没有直接讲述鹿三如何教育儿子，却多次写到他目睹白嘉轩"教子"的感受和感想。鹿三是"行动多于言辞"的人，或曰"敏于行而讷于言"，黑娃砸祠堂，他要去结果了他；田小娥被他捅死，这些行为都从侧面表现出黑娃所经受的"家教"。不仅如此，黑娃的头上除了血缘上的父亲鹿三外，还有一个类似于西方人教父的"父亲"白嘉轩，或许可以称之为"精神之父"。白嘉轩在黑娃看来是刚正不阿的正义化身，小说中最具代表性的话是"他的腰挺得太直"，鹿三的媳妇是白秉德连订带娶的，黑娃也得到类似的承诺，弟弟兔娃与父亲鹿三一样，从某种程度上说，黑娃的身份类似于"家奴"，白嘉轩对他具有从肉体到精神的主宰权，送他读书，给他打短工的机会，这些恩惠在白嘉轩是发自内心的，在黑娃却是一种巨大的压力，压得他喘不过气来，黑娃从骨子里并不排斥读书，他排斥的是被施与的读书机会。从以上分析中，我们看到黑娃这个看似粗野的孩子所承受的精神压抑与白孝文等相比更加深重，他的反抗最激烈是因为他所受的压迫最深重。白嘉轩是儒家文化伦理的人格化身，是家族文化的主宰，所以，黑娃对白嘉轩的反抗就体现出鲜明的反封建礼教和家族统治的特征，换言之，假使白嘉轩转而成为"革命的先驱"，黑娃反对的依然是白嘉轩和他所代表的社会阶层。黑娃的反抗是针对白嘉轩个人的，而不是针对家族制度和儒家文化的，这是他与鹿兆鹏和白灵等革命者不同的地方，也是黑娃从农会干部、革命军人变成土匪，再变成国民党县保安团营长的根本原因。他皈依儒家文化、回归宗祠是内心情感和精神的需要，是自发的、由衷的，与白孝文的回乡祭祖从性质上说截然不同。而白孝文是不幸的，因为他聪慧、有思想。他之所以决绝地背弃父亲，最终成为"弑父"者，是他清楚地看到了"父亲"（封建礼教）"吃人"的一面。尽管鹿子霖帮助他并非真心，但他并不恨他，或者说他恨父亲甚于恨鹿子霖。小说曾交代说，鹿子霖相信田小娥并没有向白孝文揭露他，却没说白孝文未察觉真相，白孝文的阴险就在于不相信任何人，他把一切都埋在心里，所以，他是原上最孤独的人。仅是上述这几个人物间复杂的关系与性格的设置、塑造与完成，就不是一朝一夕能完成的事，没有沉静的心态，单是梳理这些人物复杂的关系就很难，更不要说人物个性的塑造了。一个内心没有痛切体验的人很难描摹出白孝文的内心世界。

将白孝文与隋抱朴（张炜《古船》中的人物）略作比较，即可发现两位作家创造时的心境，白孝文的塑造透露出作者的沧桑感与孤独感，表现出作者风雨之后的沉淀与厚重；隋抱朴的塑造透露出作者的内在激情与理想主义情怀，换言之，隋抱朴身上还有"文化大革命"人物的深深烙印。《白鹿原》体现出作家的老年心态，即叔本华所说的"一个人终于摆脱了那无时无刻不在侵扰他的动物式的激情"① 的老年时代。叔本华说："只有到了老年，一个人年轻时获取的知识才能得以深化；他曾经获得的观念才能被解释得详尽；他以为他早在儿时就已明白的事此时才能被真正理解。"② 其实作家创作时表现出来的是心理年龄，有些作家即使活到80岁依然有一颗稚嫩的童心，如泰戈尔；有些作家人到中年却表现出暮年的心态。陈忠实创作长篇时尚未到"知天命"的年岁，但心理年龄却具有老年人沉稳的特征。难怪有读者后来写信问《白鹿原》的作者是否还活着，有人说读了小说觉得作者写出这样的作品还不得累得吐血，等等，都从侧面证明了小说所表现出的厚重与苍凉。

---

① 《叔本华论说文集》，商务印书馆1999年版，第222页。
② 同上书，第218页。

陈忠实对长篇创作过程的追忆，回答了上述读者的疑问，指出作家在创作时，既要沉入其中，又要超乎其外，不为小说中的情节与人物左右，而沉静就是一种良好的创作状态与心境。在四年的长篇写作中，沉静成为陈忠实生命的存在状态，他独居原上的祖屋中，摒弃世俗的纷扰，几乎与世隔绝，因参与作协领导工作太少而备受指责，几乎不参加社会活动，真正做到了心无旁骛。为了创作，推掉了"陕西省文联党组书记"的官衔，他感受到"踏实里的某种压迫，具体到摊开稿纸直面白嘉轩们的时候，我感觉更沉静也更专注了"①。陈忠实说此事曾令他"陷入焦虑甚至可以说是慌惶状态"。

沉静是一种心态，一种创作的状态，在喧嚣的20世纪末，沉静也具有形式感，如陈忠实所说，他住在乡下的祖屋，过着几乎与世隔绝的隐居生活，村庄的喧闹离他很近，又很远，尽管村里谁家"过事"还会请他，但他所承担的角色已悄然变化，他的出现是"过事"人身份的象征，"事"品级、档次的象征，就像《白鹿原》成功后，作家研讨会及朋友聚会等也以他的出现为荣、为傲。陕西这个地方，即便是乡村，对文化人也格外看重，陈忠实兼具文化人和官员两种身份，情形自然与他在公社当干部时不同。他创作的习惯与路遥不同，他早上开始创作，夜晚按时休息，他沉浸在创作中时，乡邻们自觉地不去打扰他，毕竟陈忠实是一位副厅级的作家。所以，陈忠实的"隐"在形式上也是成立的，与现在某些作家的所谓闭门造车完全不同。"沉静"还要能沉得住气，静得下心，要有定力，不受外界的影响。他极少谈到道家思想对他的影响，他的静心定性表现出他对宋明心学的理解和认识。

陈忠实在写《创作手记》时，或许真的意识到了"沉静"对于长篇创作的重要性，短篇创作篇幅规模相对小得多，作者完全可以在应激状态下完成，如百十字的诗、一般千字的散文或上万字的小说，都可依靠灵感和激情来完成，长篇则不然。从某种程度上说，陈忠实《白鹿原》之后至今未推出长篇力作，恐怕也有"沉静"不下来的问题。创作的欲念容易产生，但再找回那种沉静的状态，并维持四年，很难有人做得到，包括

---

① 陈忠实：《寻找自己的句子——〈白鹿原〉创作手记》，上海文艺出版社2008年版，第139页。

作者本人。张爱玲骨子里是孤独的，孤独是她生命存在的方式，她一生都与外部世界格格不入，她为自己的心而活，所以她能在闹中取静，能达到"大隐隐于市"的人生境界，能关起门来过她的公寓生活（《公寓生活记趣》），写她的人生故事；陈忠实是一个具有强烈"入世"与"济世"情怀的作家，《白鹿原》完成后，他在访谈中几次谈到长篇创作的构想，2001 年春节过后，还曾回到原上的祖屋潜心创作，并于 2004 年推出小说散文集《原下的日子》，可见，这次的"隐居"并没有找到创作长篇的状态与心境，却写出了几个精致的短篇和一些优美的散文。

创作理想与创作现实都不是以作家的意志为转移的，欲望产生到欲望达成的过程漫长而艰辛，尤其是创作欲望的产生与达成，牵涉的因素很多，包括政治、经济、社会、文化、市场、作家的家庭生活、个人情感等等，任何一个环节出现纰漏，都可能前功尽弃。简单地说，是天时地利人和成就了陈忠实和《白鹿原》。一旦时过境迁，作家本人也无法复制自己曾经的创作状态和创作激情。陈忠实的一位崇拜者盼望他能推出长篇，完成对 20 世纪中国社会的叙述，竟然慨叹、祈祷上苍给作者一次刻骨铭心的爱情，以激发其艺术创造力，这当然是玩笑话，但也从侧面揭示了艺术创作的客观规律。他自己也说："创作是个人内心的一种需要，体验观察都是个人化的，没有真正地体验社会，提供再好的环境他也写不出好作品。"① 外在的、形式上的同构与同质固然很重要，但作家作为主体的个人化体验却很难构建或复制。

## 三 寻找属于自己的句子——作家的"个性化追求"

《白鹿原》构思用了近两年时间，根据酝酿中的人物及其复杂的人生故事，作者预备写上下两部，每部 30 万—40 万字。1988 年清明前后动笔时，作者已将规模压缩至一部，40 万字。这对作者来说是非常艰难且痛苦的事，做文字工作的人几乎都有过删改文本的经验，有人形容那感觉就"像割自己身上的肉"一样痛。原因一是作者的阅读习惯，他不喜欢阅读

---

① 陈忠实、张英：《白鹿原上看风景——关于当前长篇小说创作和〈白鹿原〉》，《作家》1997 年第 3 期。

多部规模的小说，哪怕是名家的翻译作品；二是市场运作的无情的杠杆，这是作者出版《四妹子》的切身体验。

陈忠实认为应对市场法则的唯一出路就是"赢得文学圈子以外广阔无计的读者的阅读兴趣"①，普通读者群决定着一本书的印数和发行量。尊重读者，不是放弃艺术原则，一味迎合读者的审美趣味，作家还有责任提升读者的审美情趣和艺术品位。作者在处理作者、作品与读者关系上还是比较成功的。

用 40 万字容纳构思时两倍篇幅的内容，包括人物性格的塑造、完整的故事情节、真实生动的细节等，是艰难的。他先根据合理性和必要性原则，对人物、情节、细节等删减，直到无法舍弃。随后在语言文字上下功夫，力争用最准确简洁的语言叙述故事情节、表达思想情感，即用叙述语言代替描写语言。他认为叙述语言难度比描写语言"大很多"，却可"成倍节省字数和篇幅"。他决定用"形象化的叙述"来"表述已经意识和体验到的那一段历史生活内容"，并使语言选择成为对小说语言形态的深入思考。回顾自己的中短篇创作，他发现"一句凝练的形象准确地叙述"，换成描写语言可能要用"5 到 10 倍乃至更多的篇幅"才能完成，"而其内在的纯粹的文字魅力却不存在了"②。要保持"叙述语言的内在张力和弹性"则要求作家透彻理解和掌握他的人物。他在《窝囊》、《轱辘子客》、《害羞》、《两个朋友》等短篇创作中进行语言实践。《轱辘子客》引起关注，几位同事感到新鲜，以为这种形态不错，并当面指出其语言变化。在语言实践中，为避免大段叙述语言阅读过程中可能产生的审美疲劳，他尝试"以个性化的有内涵的对话语言，给大段连接大段的叙述里增添一些变化"③。在长篇写作中，他已能进入"完全自如的文字叙述"，对叙述语言的把握产生的空前的自信。他总结说短篇的操练"功夫没有白做，更重要的甚至是决定性的因素，在于对那个历史时段原上人物的理解和体验的程度"④。陈忠实关于叙述语言的分析论述，是对"语言即文化"观念

---

① 陈忠实：《寻找自己的句子——〈白鹿原〉创作手记》，上海文艺出版社 2008 年版，第 57 页。

② 同上书，第 60 页。

③ 同上书，第 61 页。

④ 同上书，第 64 页。

的形象化的解读和阐释。海德格尔说："语言是存在的寓所。人栖居在语言这寓所中。用词语思索和创作的人们是这个寓所的守护者。"① "语言是人类存在的家园"，作家就是人类精神家园的"守护者"，陈忠实用他独特的"叙述语言"讲述着中华民族的秘史，试图成为民族文化和白鹿精神的"守护者"。

"寻找属于自己的句子"原是海明威的话，陈忠实认为这句话道出了艺术创作的规律，这个形象化的比拟准确形象，"寻找"的过程就是作家实现自己"个性化追求"的过程，"句子"不仅指作家对历史和现实事象的独特的生命体验，这种生命体验既是作家自己的独特感受和体验，也可以是沟通普遍人类心灵与精神的共性体验；而且包括艺术体验，即以一种独特的最适宜表述那种生命体验的语言完成叙述。

他说他的文学生涯就是"寻找属于自己的句子"的历程，从"无意识里的盲目"模仿开始，经过短篇小说和中篇小说的探索，再到《白鹿原》的创作，他一直在"寻找"，《白鹿原》的成功并"不标明我真正寻找到了属于自己的句子"，他说"我还将继续'寻找属于自己的句子'"，表达了他坚持文学信仰的决心。

---

① ［德］海德格尔：《关于人道主义的信》，《海德格尔选集》，三联书店1996年版，第358页。

# 参考文献

**译著**

1. 阿尔贝·加缪：《西西弗的神话》，杜小真译，广西师范大学出版社 2002 年版。

2. 爱德华·W. 萨义德：《东方学》，三联书店 1997 年版。

3. 埃里希·弗洛姆：《寻找自我》，陈学明译，工人出版社 1988 年版。

4. 埃里希·弗洛姆：《爱的艺术》，李健鸣译，上海译文出版社 2008 年版。

5. 埃里希·弗洛姆：《人心——人的善恶本性》，范瑞平等译，福建人民出版社 1988 年版。

6. 阿普尔比等：《历史的真相》，刘北成等译，中央编译出版社 1999 年版。

7. 阿恩海姆：《视觉思维》，腾守尧译，四川人民出版社 1998 年版。

8. 安敏成：《现实主义的限制》，江涛译，江苏人民出版社 2001 年版。

9. 奥兹本：《弗洛伊德与马克思》，董秋斯译，中国人民大学出版社 2004 年版。

10. ［保］基·瓦西列夫：《情爱论》，赵永穆、范国恩、陈行慧译，三联书店 1984 年版。

11. 巴赫金、沃洛希诺夫：《弗洛伊德主义》，佟景韩译，上海文艺出版社 1988 年版。

12. 巴赫金：《小说理论》，河北教育出版社 1995 年版。

13. 巴赫金：《哲学美学》，河北教育出版社 1998 年版。

14. 波德莱尔：《波德莱尔美学论文选》，郭宏安译，人民文学出版社1987年版。

15. 彼得·贝格尔：《神圣的帷幕》，高师宁译，上海人民出版社1991年版。

16. 别尔嘉耶夫：《论人的使命》，张百春译，学林出版社2001年版。

17. 别林斯基：《别林斯基选集》，辛未艾译，上海译文出版社2006年版。

18. 丹尼·卡瓦拉罗：《文化理论关键词》，张卫东等译，江苏人民出版社2006年版。

19. 大卫·库尔珀：《纯粹现代性批判》，周宪、许钧主编，商务印书馆2004年6月版。

20. 戴维·雀伊：《阐释学与文学》，张弘译，春风文艺出版社1988年版。

21. 戴卫·赫尔曼主编：《新叙事学》，马海良译，北京大学出版社2002年版。

22. ［丹麦］索伦·克尔凯郭尔：《爱之诱惑》，王才勇译，上海社会科学院出版社2002年版。

23. 丹尼尔·贝尔：《资本主义文化矛盾》，赵一凡等译，三联书店1992年版。

24. ［德］洛维特、沃格林等：《墙上的书写——尼采与基督教》，田立年、吴增定等译，华夏出版社2004年版。

25. 杜·舒尔茨：《现代心理学史》，杨立能等译，人民教育出版社1982年版。

26. 杜赞奇：《文化、权力与国家》，王福明译，江苏人民出版社2003年版。

27. 恩斯特·卡西尔：《人论》，甘阳译，西苑出版社2004年版。

28. ［法］吕西安·戈尔德曼：《论小说的社会学》，中国社会出版社1988年版。

29. 弗雷德里克·詹姆逊：《快感：文化与政治》，王逢振等译，中国社会科学出版社1998年3月版。

30. 福柯：《福柯集》，杜小真编选，上海远东出版社1998年版。

31. 弗洛伊德：《弗洛伊德主义原著选辑》，车文博主编，辽宁人民出版社 1988 年版。

32. 格尔茨：《文化的解释》，韩莉译，译林出版社 1999 年版。

33. ［古巴］阿莱霍·卡彭铁尔：《小说是一种需要》，云南人民出版社 1995 年版。

34. ［荷］米克·巴尔：《叙述学：叙事理论导论》，谭君强译，中国社会科学出版社 1997 年版。

35. 海德格尔：《诗、语言、思》，彭富春译，文化艺术出版社 1987 年版。

36. 海登·怀特：《后现代历史叙事学》，陈永国、张万娟译，中国社会科学出版社 2003 年版。

37. 海登·怀特：《形式的内容：叙事话语与历史再现》，董立河译，文津出版社 2005 年版。

38. 洪堡特：《论人类语言结构的差异性及其对人类精神发展的影响》，姚小平译，商务印书馆 1997 年版。

39. 黑格尔：《美学》卷三下册，朱光潜译，商务印书馆 1981 年版。

40. 华莱士·马丁：《当代叙事学》，伍晓明译，北京大学出版社 1990 年版。

41. 卡尔文·斯·霍尔等：《弗洛伊德心理学与西方文学》，包华富等编译，湖南文艺出版社 1986 年版。

42. 卡林内斯库：《现代性的五副面孔》，顾爱彬、李瑞华译，商务印书馆 2002 年版。［意］克罗奇：《历史学的理论》，田时刚译，中国社会科学出版社 2005 年版。

43. 卡西尔：《语言与神话》，于晓译，三联书店 1988 年版。

44. 康德：《单纯理性限度内的宗教》，李秋零译，中国人民大学出版社 2003 年版。

45. 康德：《判断力批判》（上卷），宗白华译，商务印书馆 1964 年版。

46. 克罗奇：《作为思想和行动的历史》，田时刚译，中国社会科学出版社 2005 年版。

47. 伽德默尔：《科学时代的理性》，薛华译，国际文化出版公司

1988 年版。

48. 吉登斯：《现代性与自我认同》，赵旭东等译，三联书店 1998 年版。

49. ［加］诺斯洛普·弗莱：《批评的剖析》，陈慧等译，百花文艺出版社 1998 年版。

50. ［捷］茨拉夫·哈维尔：《哈维尔文集》，崔卫平译，内部参考文献。

51. 昆德拉：《小说的艺术》，孟湄译，三联书店 1995 年版。

52. J. R. 坎托：《文化心理学》，王亚南、刘薇琳译，云南人民出版社 1991 年版。

53. 杰姆逊：《后现代主义与文化理论》，唐小兵译，北京大学出版社 2005 年版。

54. 雷蒙·威廉斯：《现代悲剧》，丁尔苏译，译林出版社 2007 年版。

55. 李怀印：《华北村治——晚清和民国时期的国家与乡村》，岁有生、王士皓译，中华书局 2008 年版。

56. 列维－斯特劳斯：《野性的思维》，李幼蒸译，商务印书馆 1997 年版。

57. 理查德·沃林：《文化批评的观念》，张国清译，商务印书馆 2001 年版。

58. 罗兰·巴特：《符号帝国》，孙乃修译，商务印书馆 1994 年版。

59. 罗素：《诗与真》，江燕译，三联书店 1997 年版。

60. 罗洛·梅：《爱与意志》，冯川译，国际文化出版公司 1987 年版。

61. 罗伯特·休斯：《文学结构主义》，刘豫译，三联书店 1988 年版。

62. 罗杰·福勒：《语言学与小说》，於宁、徐平、昌切译，重庆出版社 1991 年版。

63. 马克斯·舍勒：《价值的颠覆》，罗悌伦译，三联书店 1997 年版。

64. 马克斯·舍勒：《爱的秩序》，林克等译，三联书店 1995 年版。

65. 马克思、恩格斯：《马克思恩格斯选集》第 1、4、42 卷，中央编译局、人民出版社 1995 年版。

66. 马克斯·韦伯：《儒教与道教》，洪天雷译，江苏人民出版社 1995 年版。

67. 马尔库塞：《爱欲与文明》，黄勇、薛民译，上海译文出版社1987年版。

68. 马尔库塞：《单向度的人》，张峰、吕氏平译，重庆出版社1988年版。

69. 马克斯·韦伯：《新教伦理与资本主义精神》，于晓、陈维纲等译，陕西师范大学出版社2006年版。

70. 马修·阿德诺：《文化与无政府状态》，韩敏中译，三联书店2002年版。

71. 迈克·费瑟斯通：《消费文化与后现代主义》，刘精明译，译林出版社2000年版。

72. 麦克斯·霍克海姆：《批判理性》，重庆出版社1989年版。

73. M. H. 艾布拉姆斯：《镜与灯：浪漫主义文论及批评传统》，北京大学出版社2004年版。

74. 米尔希·埃利亚德：《神秘主义、巫术与文化风尚》，宋立道、鲁奇译，光明日报出版社1990年版。

75. 尼采：《悲剧的诞生》，李长俊译，人民文学出版社1986年版。

76. 欧文·白璧德：《法国现代批评大师》，孙宜学译，广西师范大学出版社2002年版。

77. P. 蒂利希：《存在与勇气》，贵州人民出版社1995年版。

78. 皮埃尔·布迪厄：《艺术的法则：文学场的发生和结构》，中央编译出版社2001年版。

79. 皮亚：《发生认识论原理》，何兆武译，商务印书馆1984年版。

80. 乔治·巴塔耶：《色情史》，刘晖译，商务印书馆2003年版。

81. 乔治·桑塔耶那：《美感》，缪灵珠译，中国社会科学出版社1982年版。

82. 乔纳森·卜勒：《文学理论》，李平译，辽宁教育出版社1998年版。

83. 齐奥尔格·西美尔：《时尚的哲学》，费勇等译，文化艺术出版社2001年版。

84. 齐格蒙特·鲍曼：《后现代伦理学》，张成岗译，江苏人民出版社2003年版。

85. 齐格蒙特·鲍曼：《流动的现代性》，欧阳景根译，上海三联书店2002 年版。

86. 齐格蒙特·鲍曼：《后现代性及其缺憾》，郇建立、李静韬译，学林出版社 2002 年版。

87. 瑞恰兹：《文学批评原理》，杨白伍译，百花洲文艺出版社 1992 年版。

88. 让·保罗·萨特：《想象心理学》，光明日报出版社 1988 年版。

89. 让－弗朗索瓦·利奥塔：《后现代道德》，莫伟民、伈晓笛译，学林出版社 2000 年版。

90. 热奈特：《叙事话语新叙事话语》，王文融译，中国社会科学出版社 1990 年版。

91. ［日］北冈诚司：《巴赫金：对话与狂欢》，魏炫译，河北教育出版社 2002 年版。

92. ［瑞士］荣格：《心理学与文学》，三联书店 1987 年版。舍勒：《资本主义的未来》，罗悌伦等译，三联书店 1999 年版。

93. 苏珊·朗格：《情感与形式》，刘大基等译，中国社会科学出版社 1986 年版。

94. 苏珊·朗格：《艺术问题》，滕守尧、朱疆元译，中国社会科学出版社 1983 年版。

95. 汤因比：《展望 21 世纪》，荀春生等译，国际文化出版公司 1985 年版。

96. 特里·伊格尔顿：《二十世纪西方文学理论》，伍晓明译，陕西师范大学出版社 1986 年版。

97. 特里·伊格尔顿：《审美意识形态》，王杰等译，广西师范大学出版社 1999 年版。

98. 特里·伊格尔顿：《后现代主义的幻象》，华明译，商务印书馆 2002 年版。

99. 特里·伊格尔顿：《历史中的政治、哲学、爱欲》，马海良译，中国社会科学出版社 1999 年版。

100. 托多洛夫：《俄苏形式主义文论选》，蔡鸿宾译，中国社会科学出版社 1989 年版。

101. W. 古德：《家庭》，魏章玲译，社会科学文献出版社 1986 年版。

102. W. C. 布斯：《小说修辞学》，华明等译，北京大学出版社 1989 年版。

103. 韦勒克．沃伦：《文学理论》，刘象愚等译，三联书店 1984 年版。

104. 沃尔夫冈·韦尔施：《我们的后现代的现代》，洪天富译，商务印书馆 2004 年版。

105. 沃尔夫冈·韦尔施：《重构美学》，陆扬、张岩冰译，上海世纪出版社 2006 年版。

106. ［匈］阿格妮丝·赫勒：《日常生活》，衣俊卿译，重庆出版社 1990 年版。

107. 雅斯贝尔斯：《存在与超越——雅斯贝尔斯文集》，余灵灵译，上海三联书店 1988 年版。

108. 詹姆斯·费伦：《作为修辞的叙事—技巧、读者、伦理、意识形态》，陈永国译，北京大学出版社 2002 年版。

109. 詹姆逊：《詹姆逊文集》，王逢振主编，中国人民大学出版社 2004 年版。

**中文著作**

1. 安乐哲：《礼与古典儒家的无神论宗教思想》，《中国学术》第 2 辑，商务印书馆 2000 年版。

2. 白烨：《清新醇厚 简朴自然——评陈忠实的短篇小说》，《文学评论丛刊》第十二辑，中国社会科学出版社 1982 年版。

3. 白烨：《文学观念的新变》，辽宁大学出版社 1987 年版。

4. 白烨：《文学论争二十年》，华中师范大学出版社 1998 年版。

5. 白烨：《热读与时评》，中国社会科学出版社 2005 年版。

6. 白烨：《演变与挑战》，作家出版社 2009 年版。

7. 蔡尚思：《孔子思想体系》，上海人民出版社 1982 年版。

8. 崔志远：《现实主义的当代中国命运》，人民文学出版社 2005 年版。

9. 崔志远：《乡土文学与地缘文化——新时期乡土小说论》，中国书籍出版社 1998 年版。

　　10. 董之林：《热风时节——当代中国十七年小说史论（1949—1966）》（上下），上海书店出版社 2008 年 12 月版。

　　11. 陈平原：《当代中国人文观察》，人民文学出版社 2004 年版。

　　12. 陈晓明：《文学超越》，中国发展出版社 1999 年版。

　　13. 陈晓明：《剩余的想象》，华艺出版社 1997 年版。

　　14. 陈思和等：《理解 90 年代》，人民文学出版社 1996 年版。

　　15. 陈思和主编：《中国当代文学史教程》，复旦大学出版社 1999 年版。

　　16. 程文超等：《欲望的重新叙述》，广西师范大学出版社 2005 年版。

　　17. 程金城：《20 世纪中国文学价值系统》，敦煌文艺出版社 1996 年版。

　　18. 陈美兰：《中国当代长篇小说创作论》，上海文艺出版社 1991 年版。

　　19. 陈寅格：《隋唐制度渊源略论稿》，上海古籍出版社 1982 年版。

　　20. 陈寅格：《金明馆从稿二编》，上海古籍出版社 1980 年版。

　　21. 陈众议：《加西亚·马尔克斯传》，新世界出版社 2003 年版。

　　22. 陈众议：《魔幻现实主义》，辽宁大学出版社 2001 年版。

　　23. 蔡元培：《中国伦理学史》，人民出版社 2008 年版。

　　24. 蔡宁如：《小说叙述形态论》，新疆人民出版社 1993 年版。

　　25. 曹文轩：《二十世纪末中国文学现象研究》，作家出版社 2003 年版。

　　26. 曹文轩：《中国八十年代文学现象研究》，作家出版社 2003 年版。

　　27. 程德培：《当代小说艺术论》，学林出版社 1990 年版。

　　28. 程文超：《新时期的文学叙事转型与文学思潮》，中山大学出版社 2005 年版。

　　29. 程文超：《中国当代小说叙事演变史》，中国社会科学出版社 2006 年版。

　　30. 丁帆等：《中国乡土小说史》，北京大学出版社 2007 年版。

　　31. 党圣元：《在传统与现代之间》，山东教育出版社 2009 年版。

　　32. 董小英：《叙述学》，社会科学文献出版社 2001 年版。

33. 费孝通：《乡土中国　生育制度》，北京大学出版社 2003 年版。

34. 冯友兰：《中国哲学简史》，北京大学出版社 1996 年版。

35. 方生主编：《后结构主义文论》，山东教育出版社 1998 年版。

36. 高行健：《现代小说技巧初探》，花城出版社 1981 年版。

37. 顾彬：《20 世纪中国文学史》，华东师范大学出版社 2008 年版。

38. 辜鸿铭：《中国人的精神》，黄兴涛等译，海南出版社 1996 年版。

39. 何清涟：《现代化的陷阱——当代中国的经济社会问题》，今日中国出版社 1998 年版。

40. 洪子诚：《中国当代文学史》，北京大学出版社 1999 年版。

41. 洪子诚：《问题与方法》，三联书店 2002 年版。

42. 韩民青：《哲学人类学》，当代世界出版社 2000 年版。

43. 胡绩伟：《从华国锋下台到胡耀邦下台》，香港明镜出版社 1997 年版。

44. 胡庆钧：《论绅权》，见《皇权与绅权》，天津人民出版社 1988 年版。

45. 胡万春：《胡万春短篇小说集》，宁夏人民出版社 1982 年版。

46. 黄平主编：《乡土中国与文化自觉》，三联书店 2007 年版。

47. 黄卓越、叶廷芳：《二十世纪艺术精神》，河南人民出版社 1992 年版。

48. 黄发有：《文学季风——中国当代文学观察》，山东大学出版社 2005 年版。

49. 贾越：《中国小说叙述艺术论》，浙江大学出版社 2001 年版。

50. 蒋孔阳、朱立元主编：《西方美学通史》，上海文艺出版社 1998 年版。

51. 金汉：《中国当代小说艺术演变史》，浙江大学出版社 2000 年版。

52. 雷达：《思潮与文体》，人民文学出版社 2002 年版。

53. 雷达：《民族灵魂的重铸》，中国工人出版社 1992 年版。

54. 雷达：《文学活着》，人民文学出版社 1995 年版。

55. 雷达：《雷达自选集》（上卷），山东文艺出版社 2007 年版。

56. 雷达：《当前文学症候分析》，作家出版社 2009 年版。

57. 雷达：《重建文学的审美精神》，北京师范大学出版社 2010 年版。

58. 刘小枫：《现代性社会理论绪论》，三联书店 1998 年版。

59. 刘小枫：《儒教与民族国家》，华夏出版社 2007 年版。

60. 李建军：《小说修辞研究》，中国人民大学出版社 2003 年版。

61. 李建军：《时代及文学的敌人》，中国工人出版社 2004 年版。

62. 李建军：《文学因何而伟大》，华夏出版社 2010 年版。

63. 李建军编：《十博士直击中国文坛》，中国工人出版社 2004 年版。

64. 李欧梵：《中国现代文学与现代性十讲》，复旦大学出版社 2002 年版。

65. 李泽厚：《中国古代思想史论》，人民出版社 1985 年版。

66. 李泽厚：《美的历程》，文物出版社 1981 年版。

67. 梁丽芳：《从红卫兵到作家》，万象图书股份有限公司 1993 年版。

68. 林毓生：《中国意识的危机——"五四"时期激烈的反传统主义》，贵州人民出版社 1988 年版。

69. 鲁迅：《鲁迅全集》（第 3 卷），人民文学出版社 1981 年版。

70. 鲁迅：《中国小说史略》，见《鲁迅全集》（第 9 卷），人民文学出版社 1981 年版。

71. 刘半农：《刘半农诗选》，人民文学出版社 1958 年版。

72. 刘半农：《半农杂文》，河北教育出版社 1994 年版。

73. 梁漱溟：《梁漱溟全集》，山东人民出版社 1988 年版。

74. 梁漱溟：《中国文化要义》，上海人民出版社 2003 年版。

75. 梁启超：《中国近三百年之学术史》，见《梁启超论清学史二种》，复旦大学出版社 1985 年版。

76. 林语堂：《吾国与吾民》，宝文堂书店 1988 年版。

77. 林太乙：《林语堂传》，北岳文艺出版社 1994 年版。

78. 林舟：《生命的摆渡——中国当代作家访谈录》，海天出版社 1998 年版。

79. 李洁非：《小说学引论》，广西教育出版社 1995 年版。

80. 李运抟：《中国当代小说五十年版》，暨南大学出版社 2000 年版。

81. 刘绍信：《当代小说叙事学》，黑龙江出版社 2002 年版。

82. 鲁枢元：《超越语言——文学语言学刍议》，中国社会科学出版社 1990 年版。

83. 鲁枢元：《创作心理研究》，黄河文艺出版社 1985 年版。

84. 罗常培：《语言与文化》，语文出版社 1989 年版。

85. 罗根泽：《中国文学批评史》，上海古籍出版社 2003 年版。

86. 马一夫、厚夫：《路遥研究资料汇编》，中国文史出版社 2006 年版。

87. 南帆：《文学的维度》，三联书店 1998 年版。

88. 南帆：《文学理论新读本》，浙江文艺出版社 2002 年版。

89. 南帆：《小说艺术模式的革命》，上海三联书店 1987 年版。

90. 庞守英：《反思与追寻》，齐鲁书社 2004 年版。

91. 庞守英：《新时期小说文体论》，山东大学出版社 2002 年版。

92. 钱穆：《中国史学发微》，东大图书公司 1989 年版。

93. 钱穆：《国史大纲》，商务印书馆 1996 年版。

94. 钱穆：《民族与文化》，香港新亚书院 1962 年版。

95. 钱冠连：《美学语言学》，海天出版社 1993 年版。

96. 孙立平：《现代化与社会转型》，北京大学出版社 2006 年版。

97. 苏国勋：《理性化及其限制——韦伯思想引论》，上海人民出版社 1988 年版。

98. 施建伟：《林语堂传》，十月文艺出版社 1999 年版。

99. 宋剑华：《百年版文学与主流意识形态》，湖南教育出版社 2002 年版。

100. 沈从文：《沈从文文集》（第 1 卷），花城出版社 1982 年版。

101. 申丹：《叙述学与小说文体学研究》，北京大学出版社 1998 年版。

102. 盛宁：《新历史主义》，台湾扬智文化事业公司 1996 年版。

103. 孙德喜：《20 世纪后 20 年的小说语言文化透视》，长江出版社 2005 年版。

104. 陶东风：《社会转型与当代知识分子》，三联书店 1999 年版。

105. 谭好哲、马龙潜：《文艺学前沿理论综论》，山东大学出版社 2001 年版。

106. 谭桂林：《长篇小说与文化母题》，湖南师范大学出版社 2002 年版。

107. 谭桂林：《转型与整合——现代中国小说精神现象史》，陕西人民教育出版社 2003 年版。

108. 谭君强：《叙事理论与审美文化》，中国社会科学出版社 2002 年版。

109. 唐跃、谭学纯：《小说语言美学》，安徽教育出版社 1995 年版。

110. 陶东风：《文体演变及其文化意味——文体学丛书》，云南人民出版社 1999 年版。

111. 童庆炳：《文体与文体的创造》，云南人民出版社 1997 年版。

112 童庆炳：《文学活动的美学阐释》，陕西人民出版社 1992 年版。

113. 王德威：《想像中国的方法》，三联书店 1998 年版。

114. 吴忠民：《发展社会学》，高教出版社 2002 年版。

115. 王铭铭：《村落视野中的文化与权力：闽台三村五论》，三联书店 1997 年版。

116. 汪晖：《现代中国思想的兴起》，三联书店 2008 年版。

117. 王沪宁：《当代中国村落家族文化》，上海人民出版社 1991 年版。

118. 王爱松：《当代作家的文化立场与叙述艺术》，南京大学出版社 2004 年版。

119. 王一川：《汉语形象美学引论》，广东人民出版社 1999 年版。

120. 王一川：《语言乌托邦》，云南人民出版社 1999 年版。

121. 王一川：《中国形象诗学》，上海三联书店 1998 年版。

122. 王又平：《新时期文学转型中的小说创作潮流》，华中师范大学出版社 2001 年版。

123. 韦建国等：《陕西当代作家与世界文学》，中国社会科学出版社 2004 年版。

124. 温铁军：《三农问题与世纪反思》，三联书店 2005 年版。

125. 吴俊等：《国家文学的想象和实践》，上海古籍出版社 2007 年版。

126 吴俊：《遮蔽与发现》，上海文艺出版社 2007 年版。

127. 吴十余：《中国小说美学论稿》，复旦大学出版社 2006 年版。

128. 吴效刚：《小说叙述艺术论》，敦煌文艺出版社 2001 年版。

129. 吴秀明：《转型时期的中国当代文学思潮》，浙江大学出版社2004年版。

130. 吴义勤：《中国当代新潮小说论》，江苏文艺出版社1997年版。

131. 伍益甫主编：《西方文论选》（上、下卷），上海译文出版社1979年版。

132. 吴毅：《村治变迁中的权威和秩序》，中国社会科学出版社2002年版。

133. 夏志清：《中国现代小说史》，复旦大学出版社2005年版。

134. 谢有顺：《身体修辞》，花城出版社2003年版。

135. 徐岱：《小说形态学》，杭州大学出版社1992年版。

136. 徐岱：《小说叙事学》，中国社会科学出版社1992年版。

137. 徐岱：《批评美学：艺术论释的逻辑与范式》，学林出版社2003年版。

138. 许寿裳：《鲁迅回忆录》（上册），北京出版社1999年版。

139. 许志英、丁帆：《中国新时期小说主潮》，人民文学出版社2002年版。

140. 叶舒宪：《探索非理性世界》，四川人民出版社1988年版。

141. 叶舒宪选编：《原型批评》，陕西师范大学出版社1987年版。

142. 余虹：《革命审美解构——20世纪中国文学理论的现代性与后现代性》，广西师范大学出版社2001年版。

143. 姚文放：《当代性与文学传统的重建》，人民文学出版社2004年版。

144. 以群：《文学的基本原理》，上海文艺出版社1980年版。

145. 袁可嘉：《现代主义文学研究》，中国社会科学出版社1989年版。

146. 叶朗：《中国小说美学》，北京大学出版社1982年版。

147. 叶维廉：《中国诗学》，上海三联书店1992年版。

148. 周宪：《审美现代性批判》，商务印书馆2005年版。

149. 赵学勇：《文化与人的同构》，兰州大学出版社2000年版。

150. 赵学勇等：《新文学与乡土中国——20世纪中国乡土文学与西部文学研究》，兰州大学出版社1993年版。

151. 张法：《中西美学与文化精神》，北京大学出版社 1994 年版。

152. 张恒学：《悲剧美学：历史的回顾与中国新时期小说的悲剧意识》，中南工业大学出版社 1999 年版。

153. 张家哲：《拉丁美洲：从印第安文明到现代化》，中国青年出版社 1999 年版。

154. 张炯：《当代文学新潮》，人民文学出版社 1998 年版。

155. 张炯：《新中国文学五十年》，山东教育出版社 1999 年版。

156. 张炯：《文学评论与对话》，百花洲文艺出版社 2006 年版。

157. 张炯：《文学多维度》，作家出版社 2009 年版。

158. 张鸣：《乡村社会权力和文化结构的变迁》，广西人民出版社 2001 年版。

159. 张世英：《哲学导论》，北京大学出版社 2002 年版。

160. 张器友：《近五十年中国文学思潮通论》，安徽教育出版社 2000 年版。

161. 张卫中：《母语的魔障——从中西语言的差异看中西文学的差异》，安徽大学出版社 1998 年版。

162. 张卫中：《新时期小说的流交与中国传统文化》，学林出版社 2000 年版。

163. 张学军：《中国当代小说流派史》，山东大学出版社 2000 年版。

164. 张燕瑾、吕薇芬：《当代文学研究》，北京出版社 2001 年版。

165. 张意：《文化与符合权力》，中国社会科学出版社 2005 年版。

166. 张毅：《文学文体概说》，中国人民大学出版社 1999 年版。

167. 张寅德编：《叙述学研究》，中国社会科学出版社 1989 年版。

168. 张志忠：《1993：世纪末的喧哗》，山东教育出版社 1998 年版。

169. 申丹等：《英美小说叙事理论研究》，北京大学出版社 2005 年版。

170. 朱狄：《当代西方美学》，人民出版社 1984 年版。

171. 朱德发：《现代中国文学英雄叙事论稿》，山东教育出版社 2006 年版。

172. 朱德发、贾振勇：《评判与建构：现代中国文学史学》，山东大学出版社 2002 年版。

173. 朱德发等：《20 世纪中国文学理性精神》，上海人民出版社 2003 年版。

174. 朱光潜：　《悲剧心理学》，张隆溪译，人民文学出版社 1987 年版。

175. 朱玲：《文学文体建构论》，海峡文艺出版社 2005 年版。

176. 朱寨、张炯：《当代文学新潮》，人民文学出版社 1997 年版。

177. 周宪：《超越文学——文学的文化哲学思考》，上海三联书店 1997 年版。

178. 宋剑华：《百年版文学与主流意识形态》，湖南教育出版社 2002 年版。

## 陈忠实著作详见《陈忠实年表》

### 陈忠实及《白鹿原》研究著作

1. 郑万鹏：《〈白鹿原〉研究》，时代文艺出版社 1998 年版。

2. 李建军：《宁静的丰收——陈忠实论》，华夏出版社 2000 年版。

3. 李建军等编：《〈白鹿原〉评论集》，人民文学出版社 2000 年版。

4. 王玉林：《〈白鹿原〉论稿》（中文版），韩国新星出版社 2001 年版。

5. 段建军：《白鹿原的文化阐释》，西北大学出版社 2001 年版。

6. 公炎冰：《踏过泥泞五十秋——陈忠实论》，陕西人民出版社 2002 年版。

7. 畅广元：《陈忠实论——从文化角度考察》，人民文学出版社 2003 年版。

8. 卞寿堂：《走进白鹿原——考证与揭秘》，太白文艺出版社 2005 年版。

9. 雷达主编，李清霞编选：《陈忠实研究资料》，山东文艺出版社 2006 年版。

10. 冯希哲、赵润民主编：《走近陈忠实》，陕西人民出版社 2006 年版。

11. 冯希哲、赵润民主编:《说不尽的〈白鹿原〉》,陕西人民出版社 2006 年版。

12. 赵录旺:《〈白鹿原〉写作中的文化叙事研究》,陕西人民出版社 2009 年版。

13. 冯望岳、李兆虹:《陈忠实小说——在东西方坐标上》,中国社会 科学出版社 2009 年版。

**报刊文献**

1. 白烨:《作为文学、文化现象的"陕军东征"》,《小说评论》1994 年第 4 期。

2. 白烨:《"一鸣惊人"前后的故事》,《洪流》1994 年第 5 期。

3. 白烨:《清新醇厚 简朴自然——评陈忠实的短篇小说》,《文学评 论丛刊》第十二辑,中国社会科学出版社 1982 年版,第 329—330 页。

4. 畅广元、屈雅军、李凌泽:《负重的民族秘史——〈白鹿原〉对 话》,《当代作家评论》1993 年第 4 期。

5. 昌切:《肉身问题》,《文艺评论》2004 年第 4 期。

6. 车宝仁:《〈白鹿原〉与张载"关学"》,《唐都学刊》2008 年第 1 期。

7. 陈思和:《"历史—家族"民间叙事模式的创新尝试》,《当代作家 评论》2008 年第 6 期。

8. 陈福民:《文化认同与国家认同》,《文艺报》2008 年 5 月 18 日。

9. 陈思和:《欲望时代与人性的另一面——试论张炜小说的恶魔性》, 《文学评论》2002 年第 6 期。

10. 陈涌:《关于陈忠实的创作》,《文学评论》1998 年第 3 期。

11. 陈忠实:《〈白鹿原〉获茅盾文学奖后答问录》,《延安文学》 1997 年第 6 期。

12. 陈忠实、张英:《白鹿原上看风景——关于当前长篇小说创作和 〈白鹿原〉》,《作家》1997 年第 3 期。

13. 陈忠实、李星:《关于〈白鹿原〉的答问》,《小说评论》1993 年 第 2 期。

14. 陈忠实:《我的文学生涯——陈忠实自述》,《小说评论》2003 年第 5 期。

15. 陈忠实：《借助巨人的肩膀——翻译小说阅读记忆》，《长江文艺》2005 年第 1 期。

16. 陈玉霞：《马尔库塞对"工业发达社会"的批判及意义》，《理论探讨》2003 年第 6 期。

17. 陈仲义：《肉身化诗写刍议》，《南方文坛》2002 年第 2 期。

18. 程勇真：《试论五四新文学与现代性》，《河南大学学报》（社会科学版）2001 年第 1 期。

19. 弗洛姆：《马克思关于人的概念》，《哲学译丛》1979 年第 2 期。

20. 洪治纲：《民族精魂的现代思考——重读〈白鹿原〉》，《南方文坛》2007 年第 2 期。

21. 胡采：《谈谈陈忠实的创作》，《文艺报》1981 年第 3 期。

22. 孔宪铎：《基因与人性——生命科学与社会学理论的分析》，《文史哲》2004 年第 4 期。

23. 峻里：《试论〈蓝袍先生〉创作思想在陈忠实创作中的地位》，《西安教育学院学报》2000 年第 4 期。

24. 蒋培坤：《也谈当代形态马克思主义文艺学的建设》，《文艺研究》1988 年第 6 期。

25. 雷达：《废墟上的精魂》，《文学评论》1993 年第 6 期。

26. 雷达：《第三次小说高潮——九十年代长篇小说述要》，《小说评论》2001 年第 3 期。

27. 李洁非：《躯体的欲望》，《当代作家评论》1998 年第 5 期。

28. 李建军：《在通往〈白鹿原〉的路途中——陈忠实前期小说的修辞分析》，《延安大学学报》2008 年第 10 期。

29. 李星：《重构陈忠实》，《东方》1999 年第 10 期。

30. 李星整理：《一部可以称之为史诗的大作品——北京〈白鹿原〉讨论会纪要》，《小说评论》1993 年第 5 期。

31. 李星：《新的崛起：在传统的长河中——陕西作家论之二》，《小说评论》1990 年第 3 期。

32. 李咏吟：《公民生命自由教育的沉沦——小娥形象的创造与陈忠实的思想局限》，《当代作家评论》2004 年第 1 期。

33. 李杨：《重返"新时期文学"的意义》，《文艺研究》2005 年第 1 期。

34. 李泽厚：《漫说"中体西用"》，《孔子研究》1987 年第 1 期。

35. 林兴宅：《出路：生命自由意识的觉醒》，《福建文学》1988 年第 12 期。

36. 敏泽：《市场经济与文化建设》，《哲学研究》1994 年第 2 期。

37. 彭富春、扬子江：《文艺本体与人类本体》，《当代文艺思潮》1987 年第 1 期。

38. 孙绍振：《〈白鹿原〉在艺术上的破产》，《网络与信息》1996 年第 7 期。

39. 孙绍振：《什么是艺术的文化价值——关于〈白鹿原〉的个案考察》，《福建论坛》（文史哲版）1999 年第 3 期。

40. 宋希仁：《关于世俗化的断想》，《湖南科技大学学报》（社会科学版）2005 年第 1 期。

41. 石天强：《批评对理论的救赎》，《文艺争鸣》2005 年第 2 期。

42. 石现超：《新意识形态与中国想象的转型——论"中产阶级写作"的文化品格》，《理论与创作》2004 年第 4 期。

43. 谭桂林：《论〈白鹿原〉的家族母题叙事》，《河北学刊》2001 年第 2 期。

44. 万晓高：《道德不是文学批评的有效尺度》，《西安联合大学学报》2004 年第 3 期。

45. 王尧：《"文革"对"五四"及"现代文艺"的叙述与阐释》，《当代作家评论》2002 年第 1 期。

46. 王蓬：《白鹿原下》，《青年作家》2010 年第 9 期。

47. 王仲生：《从与农民共反思到与民族共反思——评陈忠实 80 年代后期创作》，《小说评论》1991 年第 2 期。

48. 吴俊：《环绕文学的政治博弈》，《当代作家评论》2004 年第 6 期。

49. 吴晖湘：《20 世纪家族小说叙述方式的转换》，《湖南大学学报》（社会科学版）2003 年第 6 期。

50. 谢冕：《美丽的逃遁》，《文学评论》1988 年第 6 期。

51. 夏鑫：《论马尔库塞对科学技术的批判》，《河南社会科学》2001年第 2 期。

52. 杨击、叶柳：《情感结构：雷蒙·威廉斯文化研究的方法论遗产》，《新闻大学》2009 年第 1 期。

53. 杨大春：《意识哲学解体的身体间性之维——梅洛－庞蒂对胡塞尔他人意识问题的创造性解读与展开》，《哲学研究》2003 年第 11 期。

54. 袁银传：《文化心理结构之我见》，《哲学动态》1988 年第 10 期。

55. 俞可平：《关于现代化代价的反思》，《市场经济导报》1995 年第 1 期。

56. 王达敏：《论当前小说性描写热与性描写艺术原则》（年版）。《当代作家评论》1994 年第 5 期。

57. 阎纲：《〈白鹿原〉乡党夜话》，《中国文化报》2008 年 10 月 19 日第 8 版。

58. 张光芒：《中国近现代启蒙文学思潮的哲学建构》，《文学评论》2002 年第 2 期。

59. 张杰：《论文艺学中精神分析》，《南京师范大学报》（社会科学版）1989 年第 1 期。

60. 张志忠：《怎样走出〈白鹿原〉——关于陈忠实的断想》，《当代作家评论》1998 年第 4 期。

61. 张静静：《艺术的拯救之途——马尔库塞的审美功能论》，《淮南师范学院学报》2004 年第 1 期。

62. 张颐武、刘心武：《九十年代文坛的反思与回顾》，《大家》1996 年第 2 期。

63. 赵德利《家缘与诗思：家族小说的两难选择》，《渭南师范学院学报》2002 年第 1 期。

64. 赵彦芳：《美学的扩张：伦理生活的审美化》，《文学评论》2003 年第 5 期。

# 附 录

# 陈忠实年表

1942 年

农历六月二十二日，出生于陕西省西安市灞桥区毛西乡西蒋村一个普通的农民家庭。

1950 年

就读于西安市灞桥区毛西乡西蒋村小学。

1953—1955 年夏

就读于蓝田县华胥镇的油坊村高级小学。

1955 年夏

考入西安市第 16 中学（位于西安市东郊韩森寨）。

1956 年

因家境贫寒，上半年休学一年。秋季复读初一。

1958 年 11 月 4 日

在《西安晚报》发表歌颂"大跃进"、人民公社、总路线"三面红旗"的诗歌《钢·粮颂》："粮食堆如山，钢铁入云端。兵强马又壮，收复我台湾。"

1959 年夏

初中毕业于西安市第 16 中学。

1961 年

与同学常志文、陈鑫玉组织文学社"摸门小组"，创办了文学墙报"新芽"。

1962 年

7 月，高中毕业于西安市第 34 中学。高考落榜成为村里第一个高中毕业回乡知青。

9 月，成为西蒋村初级小学民办教师。立志自修文学。

1964 年

调入毛西公社农业中学任教，并担任校团支部书记。

12 月，在《西安晚报》的《春节演唱》专栏发表陕西快板一篇。

1965 年

1 月 28 日，在《西安晚报》发表快板《一笔冤枉债——灞桥区毛西公社陈家坡陈广运家史片断》。

3 月 6 日，在《西安晚报》发表诗歌《巧手把春造》。共 14 行。

3 月 8 日，在《西安晚报》文艺副刊发表散文处女作《夜过流沙沟》。随后陆续发表《杏树下》（1965 年 4 月 17 日）、《樱桃红了》等散文。

1966 年

2 月，成为中共预备党员。发表《春夜》（1966 年 3 月 25 日）和《迎春曲》（1966 年 4 月 17 日）等散文特写。

1968 年

与初中肆业的农村女子王翠英结婚。婚后共育两女一子。

在毛西公社党委东李八年制学校任初中教员。

1971 年

年末，被抽调到毛西公社协助工作。

1972 年

担任公社卫生院院长。

8 月 27 日，在《西安日报》发表革命故事《配合问题》。

10 月 22 日，在《西安日报》发表散文《雨中》，后陆续发表散文《寄生》、《闪亮的红星》等。散文《水库情深》发表于内刊《郊区文艺》。

1973 年

春，担任毛西公社革委会副主任，成为国家正式干部。

编写村史《灞河怒潮》，陕西人民出版社 1975 年 9 月出版，印数：25000 册。

5 月 6 日，在《西安日报》发表散文《青春红似火》。

7 月，散文《水库情深》发表于《陕西文艺》第 1 期。

11 月，短篇小说处女作《接班以后》发表于《陕西文艺》第 3 期。

1974 年

1—6 月，以"西安市南泥湾五七干校第八期学员"身份，在延安南泥湾学习。

9 月，短篇小说《高家兄弟》发表于《陕西文艺》第 8 期。

第一次以作家身份接待日本文化访华团。32 岁。

1975 年

发表短篇小说《公社书记》、特写《铁锁——农村生活速写》（《西安日报》4 月 12 日）。

被任命为中共毛西公社党委副书记。

1976 年

3 月，参加《人民文学》编辑部在北京的一个创作笔会。发表短篇小说《无畏》（《人民文学》第 3 期）。

6 月 20 日，在《西安日报》发表特写《社娃——农村生活速写》。

发表言论《努力学习，努力作战》（《陕西文艺》第 6 期"毛主席啊，延安儿女永远怀念您"专辑）。

10 月，打倒"四人帮"，《无畏》被指与"四人帮"的某人有关，陈忠实被撤销公社党委副书记职务，接受审查。

《接班以后》被西安电影制片厂改编为电影《渭水新歌》（编剧陈忠实），1977 年公映。

1977 年

6 月，被任命为毛西公社平整土地学大寨的副总指挥。

年底，被任命为毛西公社灞河河堤水利会战工程副总指挥，带领群众修筑了 8 华里的河堤，至今依然起着防洪抗洪的作用。

1978 年

10 月，调入西安市郊区文化馆，任副馆长。

10 月 18 日，报告文学《忠诚》发表于《西安晚报》。

年底，短篇小说《南北寨》发表于《延河》第 12 期。

1979 年

6 月 3 日，短篇小说《信任》发表于《陕西日报》副刊，随即被《人民文学》7 月号、《青年文学》创刊号转载，《中国文学》以英、法文介绍给世界，美国《中国当代文学作品选》收录，还被翻译成日语出版。并获 1979 年全国优秀短篇小说奖。

发表短篇小说《小河边》、《幸福》、《徐家园三老汉》、《七爷》、《心事重重》、《猪的喜剧》、《立身篇》，报告文学《忠诚》等。

《立身篇》获《甘肃文艺》1980 年优秀作品奖。

9 月 25 日，加入中国作家协会。

1980 年

4 月，被任命为灞桥区文化局副局长，兼文化馆副馆长。

发表短篇小说《回首往事》、《石头记》、《枣林曲》、《早晨》、《第一刀》、《反省篇》、《尤代表轶事》，散文《分离》、《山连着山》，创作谈《我信服柳青"三个学校"的主张》，随笔《党性 生活 虚心》，电视剧本《信任》等。

7 月 10—20 日，参加《延河》编辑部主办的"农村题材短篇小说创作座谈会"（陕西省太白县）。

7 月 29 日，参加陕西省作家协会西安分会召开的"农村题材创作漫谈会"。

《第一刀》获《陕西日报》征文特等奖。

1981 年

发表短篇小说《土地诗篇》、《乡村》、《苦恼》、《正气篇》、《丁字路口》、《征服》、《珍珠》，报告文学《崛起》，散文《面对这样一双眼睛》、《可爱的乡村》，随笔《短篇小说集〈乡村〉后记》、《看〈望乡〉后想到的》。

4 月，参加"笔耕组"组织召开的"农村题材创作座谈会"。

夏，在与青岛隔海相望的黄岛，参加《北京文学》组织的文学笔会。

《尤代表轶事》获《延河》优秀作品奖。

父亲陈广禄因食道癌去世，享年 76 岁。

1982 年

7 月，出版第一个短篇小说集《乡村》（陕西人民出版社），收录短篇小说 19 篇，其中 18 篇创作于 1979—1981 年间，《铁锁》创作于 1975 年。

发表短篇小说《蚕儿》、《土地——母亲》、《冯二老汉》（《陕西日报》2 月 14 日）、《初夏时节》、《霞光灿烂的早晨》、《绿地》、《田园》，散文《春风又绿灞河岸》、《万花山记》、《延安日记》，创作谈《和生活的创造者一起前进》、《深入生活浅议》。

5 月，参加中国作家协会西安分会在延安举行的"毛泽东《在延安文艺座谈会上的讲话》发表四十周年"纪念活动。

9 月 3—11 日，参加中国作家协会在西安召开的"西北、华北部分青年作家座谈会"。

11 月，调入陕西省作家协会，从事专业创作。时年 40 岁。

1983 年

早春，参加中国作家协会召开的"农村题材创作研讨会"（河北涿州）。

春夏之交，妻子儿女农转非成为城镇居民。

第 1 部中篇《康家小院》发表于《小说界》第 2 期。获《小说界》首届优秀作品奖。

发表短篇小说《珍珠》、《旅伴》，特写《诗情不竭的庄稼汉》，创作谈《突破自己》。

1984 年

发表中篇《初夏》（《当代》第 4 期），获 1984 年《当代》文学奖），以及中篇《梆子老太》。

发表短篇小说《马罗大叔》、《鬼秧子乐》、《田雅兰》、《拐子马》、《送你一束山楂花》，散文《鲁镇杂记》，创作谈《从昨天到今天》等。

1985 年

4 月，在中国作家协会陕西分会三届二次理事会（陕西咸阳）上，被选举为陕西省作家协会副主席。

中篇《十八岁的哥哥》发表于《长城》第 1 期，并获"1985 年《长城》文学奖"，《夭折》发表于《飞天》第 1 期、《最后一次收获》发表于《莽原》第 4 期。

发表短篇《我们怎样做父亲》、《夜之随想曲》、《毛茸茸的酸杏》、《灯笼》，报告文学《大地的精灵》，散文《鲁镇记行》、《绿色的南方》、《迪斯科与老洞庙》，创作谈《关于中篇小说〈初夏〉的通信》、《忠诚的朋友》。

12 月 20 日至次年 1 月 5 日，首次随中国作家代表团出访泰国。著有游记《访泰日记》。

1986 年

4 月，白鹿原上的新房竣工。

6 月，出版第 1 个中篇小说集《初夏》，上海文艺出版社。

中篇《蓝袍先生》发表于《文学家》第 2 期。发表短篇小说《到老白杨树背后去》、《打字机嗒嗒响》、《失重》、《桥》等，散文《湄南河上——访泰散记》（《西安晚报》5 月 11 日）、《大地的精灵》，报告文学《皮实》，创作谈《创作感受谈》、《收获与耕耘》等。

1987 年

发表中篇《四妹子》（《现代人》第 3 期）、《地窖》等。

发表短篇小说《兔老汉》、《山洪》、《石狮子》、《窝囊》，散文《第一次投稿》、《珍贵的记忆》，2 集电视剧本《四妹子》，创作谈《刀声》、《中篇小说集〈四妹子〉后记》等。

10 月 19 日，在北京参加中国共产党第十三次代表大会。

1988 年

获得"文学创作一级作家"职称。

4 月，出版中篇小说集《四妹子》，中原农民出版社 1992 年版，获首届"双五"文学奖优秀作品奖。

发表短篇小说《轱辘子客》、《害羞》，散文《敬上一杯酒》，创作谈《关于〈四妹子〉的附言》。

完成《白鹿原》初稿。

1989 年

发表短篇小说《两个朋友》，散文《默默此情谁诉》、《美玉出蓝田》。

1990 年

发表报告文学《山里有黄金》、《渭北高原，关于一个人的记忆》（与田长山合作，后获 1990—1991 年全国报告文学奖），创作谈《我说关中人——〈灞桥区民间文学集成〉序》、《篇篇珠玑说〈泥神〉》、《从"跳底子"看美中人的心理结构》、《惟有真情才动人》。

继续《白鹿原》的写作。

1991 年

继续《白鹿原》正式稿的写作。

1 月，出版短篇小说集《到老白杨树背后去》，陕西人民教育出版社；文论集《创作感受谈》，陕西人民出版社。

1992 年

2 月 18 日，被任命为《延河》杂志主编。

3 月写成《白鹿原》，《当代》第 6 期与次年第 1 期连载，引起轰动。

10 月，参加中国共产党第十四次代表大会。

12 月，出版中篇小说集《夭折》，陕西人民出版社。

发表短篇小说《舔碗》，散文《悼路遥》、《又见鹭鸶》，诗歌《猜想死亡》，诗词《小重山·创作感怀》、《青玉案·滋水》，报告文学《腼腆》、《生命礼赞——神针赵步长》，创作谈《天下谁人不识君》。

1993 年

3 月 23—24 日，中共陕西省委宣传部、中国作家协会陕西分会联合召开《白鹿原》研讨会。

6 月 8—10 日，陕西省作家协会第四次会员代表大会召开，陈忠实当选为陕西省作家协会主席。

6 月 10 日，《白鹿原》获陕西省第二届"双五"文学奖最佳作品奖。

7 月 16 日，人民文学出版社、中共陕西省委宣传部、陕西省作家协会在北京联合召开《白鹿原》研讨会。

10 月 12—26 日，随中国作家代表团出访意大利。

12 月，获得人民文学出版社"炎黄杯"人民文学奖。

6 月，出版长篇小说《白鹿原》（人民文学出版社，14850 册），年内印刷 7 次，总数达 56 万多册。香港天地图书公司出版《白鹿原》（繁体字版）。

出版中篇小说集《蓝袍先生》，中国文学出版社。

9 月，出版《陈忠实短篇小说选萃》、《陈忠实中篇小说选萃》，西安出版社。

11 月，出版《陈忠实爱情小说选》，太白文艺出版社。

发表散文《汽笛·布鞋·红腰带》、《晶莹的泪珠》、《悼路遥》、《黑色的 1992》等，创作谈《〈白鹿原〉创作漫谈》、《关于〈白鹿原〉与李星的对话》、《文学这个魔鬼》、《一生燃烧的总结》等。

1994 年

1 月，出版《白鹿原》，台湾新锐出版社。

2 月，出版中篇小说集《蓝袍先生》，作家出版社。

4 月，出版中篇小说集《地窖》，台湾汉湘文化事业股份有限公司；中篇单行本《初夏》，陕西人民出版社。

发表系列散文《我的树》（3 篇）、《生命历程的第一次》（2 篇），散文《生命之雨》、《虽九死其犹未悔》、《故乡，心灵中温馨的一隅》、《中国餐与地摊族》等，创作谈《文学依然神圣》、《小说最是有情物》、《沟通，我的期待——〈白鹿原〉韩文版序》、《与莫斯科留学生汪健通信》等。

1995 年

4 月，访问美国和加拿大。

出版文论集《陈忠实创作申述》，花城出版社。

发表散文《绿风》、《绿蜘蛛，褐蜘蛛》、《贞节带与斗兽场——意大利散记之二》，创作谈《文学无封闭》、《兴趣与体验》、《关于陕西长篇小说创作的回顾与展望》。

1996 年

1 月，出版《陈忠实小说自选集》（三卷本），华夏出版社。

2 月，出版《陈忠实小说精选》，太白文艺出版社。

8 月，出版《陈忠实文集》（五卷本），太白文艺出版社；散文集《生命之雨》，陕西人民教育出版社。

10 月，出版《白鹿原》（日文版），日本中央公论社。

12 月，参加中国作家协会第五次全国代表大会，被选为中国作家协会第五届全国委员会委员。

《白鹿原》入选《百年中国文学经典》。

发表散文《告别白鸽》、《秦人白桦》等。

1997 年

出版《白鹿原》（5 卷本）（韩文版），韩国文院。

12 月，出版《白鹿原》（修订本），人民文学出版社。

12 月 19 日,《白鹿原》(修订本)获得第四届茅盾文学奖。

发表散文《五十开始》、《喝茶记事》等,创作谈《踏过泥泞》等。

1998 年

4 月 20 日,陈忠实登上北京人民大会堂的颁奖台,领取第四届茅盾文学奖。

在陈忠实的奔走努力下,陕西省作家协会办公大楼竣工。

访问台湾。

1 月,出版散文集《告别白鸽》,湖南文艺出版社。

发表散文《追寻貂蝉》、《告别白鸽》、《喇叭裤与"本本"》、《陶冶与锻铸》、《伊犁有条渠》等,言论《跨越障碍》、《也已成荫的大树》、《从生活体验到心灵体验——与〈人民日报〉记者高晓春的对话》、《品读蔡如桂》等。

1999 年

《白鹿原》入选"百年百种优秀中国文学图书"。

6 月,《白鹿原》入选"20 世纪中文小说一百强",排名第 38 位。

1 月,出版《陈忠实散文典藏本》,华夏出版社。

4 月,出版《陈忠实小说精选》(二卷),台湾金安出版社。

5 月,出版小说集《康家小院》,河南文艺出版社。

9 月,秦腔《白鹿原》在陕西蓝田县向阳剧院公演,获得成功。西安市秦腔一团改编。

发表散文《家之脉》、《凉山二题》、《俏了西安》、《拔出话筒》等、言论《心灵剥离》、《自家销售与自购盗本》、《人生九问》、《在〈当代〉,完成了一个过程》等。

2000 年

3 月 18 日,在北京做客网易嘉宾聊天室,与网友畅谈文学。

2 月,出版《白鹿原》,台湾金安出版社。

7 月,出版《白鹿原》(百年百种优秀中国文学图书),人民文学出版社。

10 月,出版《白鹿原》(蒙文版),内蒙古人民出版社;散文集《家之脉》,广州出版社。

出版《白鹿原》(越南文),越南岘港出版社;《陈忠实卷——中国当代作家选集》，人民文学出版社。

发表散文《活在西安》（同年获得"走进西部"散文征文二等奖，《人民日报》文艺部主办）、《拜见朱鹮》、《为了十九岁的崇拜——追忆尊师王汶石》（《人民文学》第2期）、《一株柳》等。发表言论《你写的书，让我不敢轻率翻揭》、《一个堂堂正正的人——致徐剑铭》、《卓尔不群这一株》、《文学活着》等。

2001年

春节过后，陈忠实回到白鹿原的祖屋，潜心创作。

12月，参加中国作家协会第六次全国代表大会，当选为中国作家协会副主席。

12月，被聘为西安石油学院学术委员会名誉主任，西安石油大学"中国近现代文学研究中心"主任，西安石油学院双聘教授。

1月，出版散文集《走出白鹿原》，陕西旅游出版社。

8月24日，发表短篇小说《日子》（《陕西日报》、《人民文学》第8期），2007年获蒲松龄短篇小说奖；《作家和他的弟弟》（《北京文学》第12期，《小说月报》次年第2期）。

发表散文《何谓益友》、《家有斑鸠》、《足球与城市》、《种菊小记》、《麦饭》、《搅团》、《关于皇帝》、《生命的审视和哲思——〈李汉荣诗文选〉阅读笔记》等。

写作言论、序言《乡村，喧哗与骚动》、《大地的精灵》、等。

2002年

1月，出版《白鹿原》（大学生必读本）、《中国当代作家选集·陈忠实卷》，人民文学出版社；《白鹿原——世界百部文学名著速读》，海峡文艺出版社。

7月31日，在西安常宁宫休闲度假山庄举行了陈忠实"文学生涯45周年庆贺笔会"。

9月，出版《陈忠实散文》，解放军出版社；小说散文集《日子》，陕西旅游出版社；小说散文集《原下集》，上海人民出版社。

10月，出版《走向诺贝尔·陈忠实卷》，文化艺术出版社。

《白鹿原》被教育部全国高等学校中文学科教学指导委员会列入大学生必读书目。

发表短篇小说《一个虚脱症患者的发言片断》、《腊月的故事》（《中国作家》第 5 期）、《猫与鼠也缠绵》（《长城》第 5 期）等。

发表散文《三九的雨》（《人民文学》第 5 期）、《第一声鸣叫》、《漕渠三月三》、《遇合燕子，还有麻雀》、《六十岁说》、"品评足球系列"（9 篇）等，创作谈、序言《诗性的质地》、《关于 45 年的答问》、《"文学"是我人生中最重要的主题词》、《聆听耿翔》等。

2003 年

6 月 15 日，与侯跃文做客央视《讲述》栏目讲述父爱。

夏季，参加中国作家采风团。

10 月，参加中国当代文学首届"西湖论剑"活动；会见香港作家金庸。

10 月，出版《白鹿原——茅盾文学奖获奖书系》，人民文学出版社。

发表短篇小说《关于沙娜》，散文《我的树》、《"非典"不是虎烈拉》、《黄帝陵，不可言说》、《别路遥》、《狗事》等，言论、序言《功夫还得在诗内》、《文学的信念与理想》（《文艺争鸣》第 1 期）、《我的文学生涯》、《走向生命体验的艺术探索》、《虽九死其犹未悔》、《民间关中》、《多重交叉的舞蹈》、《活着，只相信诚实——怀念胡采》等。

创作散文"辩证关中系列"（6 篇）；写作序言《〈原下的日子〉后记》、《背离共性，自成风景》等。

2004 年

荣获陕西省首届红旗人物称号。

出版《陈忠实文集》（七卷），广州出版社；《陈忠实自选集》（三卷），长江文艺出版社。

1 月，出版小说散文集《原下的日子》，太白文艺出版社。

3 月，出版《白鹿原》（"中国文库"版），人民文学出版社。

5 月，出版短篇小说集《关中故事》，昆仑出版社。

9 月，在西安市"脚步·西安"城墙艺术月活动中被评为"西安名人"。

9 月 25 日，凤凰卫视《名人面对面》栏目闾丘露薇对话陈忠实，谈文学创作与天才、天分的关系。

10 月，受邀成为"魅力咸阳"城市推荐人。

11 月 29 日，中央电视台科教频道《子午书简》栏目播出专题片《陈忠实在白鹿原上》。

12 月，在"让世界充满爱"大型秦腔义演活动中担任"爱心大使"，该活动由陕西省文化厅、省文联、省残联等联合举办。

发表散文《原下的日子》（《人民文学》第 3 期，同年获《人民文学》优秀作品奖）、《永远的骡马市》、《皮鞋·鳝丝·花点衬衣》、《关于一座房子的记忆》、《从大理到泸沽湖》、《在河之洲》、《柴达木掠影》、"老陈看奥运"系列（6 篇）等，言论《有剑铭为友》、《我的关中》、《天性与灵性》、《令人敬重的发现》、《令人喜悦的阅读》、《幽默与机智的魅力》等。

2005 年

3 月 25 日，李若冰逝世，陈忠实吊唁并题词"艺术之魂，文学之魂"。

4 月 2 日，为柳青扫墓；会见台湾作家陈若曦。

4 月 20 日，参加雷电长篇小说《容颜在昨夜老去》研讨会。

5 月，参加中国作家协会组织的中国作家"重访长征路，讴歌新时代"采风团。

6 月，"白鹿书院"（与西安思源学院联办）成立，陈忠实自任院长，旨在弘扬传统文化，加强学术交流，扶持文学新人。

7 月，出版小说集《康家小院》，中国社会出版社。

10 月，受聘为西安工业大学教授、人文学院名誉院长、当代文学研究中心主任。

发表短篇小说《娃的心，娃的胆——三秦人物摹写之一》（《人民文学》第 5 期）、《一个人的生命体验——三秦人物摹写之二》（《人民文学》第 11 期），散文《借助巨人的肩膀》（《长江文艺》第 1 期）、《太白山记》、《关山小记》、《也说中国人的感情》、《西安城与人》、《皮鞋的记忆》，言论《文学的力量》、《敬重宝成》、《红烛泪　杜鹃血》、《吟诵关中》、《业已铸就无限——悼念巴金》、《关中娃，岂止一个"冷"字——读〈立马中条〉》、《仰天俯地　无愧生者与亡灵——感动孔从洲将军》等。

2006 年

出版《陈忠实精选集》（"世纪文学 60 家"），北京燕山出版社。

登上中国作家富豪榜第13名。

3月26日，在首届陕西城市经济文化发展高峰论坛上，获得杰出人物奖。

5月，受聘担任西安半坡博物馆文化代言人，在中国博物馆界尚属首例。

5月31日至7月2日，北京人艺创作的话剧《白鹿原》在北京首都剧场连演29场，剧中用陕西方言，首次将华阴老腔搬上话剧舞台，同年2月，华阴老腔被列了国家级的非物质文化遗产保护名录。

6月24日，获首届"柳青文学奖"评选"突出成就奖"。

7月9日，话剧《白鹿原》在西安易俗大剧院连演4场。

7月19日，做客中央电视台《艺术人生》，讲述人生传奇。

8月，出访俄罗斯。

9月2日，接受韩国一家电视台采访，谈论黄河与中国文化。

10月，出版散文集《关于一条河的记忆》（"品读名家系列"），中国社会出版社。

11月，参加中国作家协会第七次全国代表大会，再次当选中国作家协会副主席。

发表散文《完成一次心灵洗礼》（《求是》第5期，并获《求是》杂志"九旭杯·红色之旅"散文征文一等奖）、《走过武汉》（《人民文学》第8期）、《父亲的树》（《人民文学》第11期）、《地铁口脚步爆响的声浪》、《林中那块阳光明媚的草地——俄罗斯散记》、《娲氏庄杏黄》、《陪一个人上原》、"2006足球世界杯观感"系列（13篇）；言论《诗性的婉转与徘徊》

2007年

1月，"陈忠实文学馆"开张。

出版散文集《凭什么活着——我的人生笔记》，时代文艺出版社。

5月，出版散文集《我的行走笔记》，时代文艺出版社。

5月20日，被灞桥区政府聘为灞桥区决策和咨询委员会委员、灞桥区文化旅游策划委总顾问、白鹿原发展建设总顾问，成为"白鹿原形象代言人"。

6月7日，由首都师范大学音乐学院主创的现代交响舞剧《白鹿原》

在北京保利剧院公演。

7月6日，做客阳光卫视《人生在线》，谈《白鹿原》的创作过程。

7月20日，与法国波尔多第三大学副教授邵宝庆，商谈《白鹿原》法文版的翻译与出版。

8月，出版小说集《关中风月》，东方出版中心；小说散文集《我的关中我的原》，学林出版社。

卷入"2007年中国文坛最大欺诈案"。

9月18日，陕西省作家协会第五届理事会第一次代表大会召开，被聘为主席团名誉主席，贾平凹当选为陕西作家协会主席。

10月10日，获首届陕西文艺大奖"艺术成就奖"。

11月，参加"路遥逝世十五周年纪念暨全国路遥学术研究讨论会"，并为纪念馆揭牌。与贾平凹一起救助身患肝癌的路遥弟弟及生活困难的亲人。

发表短篇小说《李十三推磨——三秦人物摹写之三》（《小说月报》第9期，《人民文学》第7期，后先后获2007年度"茅台杯"人民文学奖；首届"中国小说双年奖"；《小说月报》第十三届百花奖。），散文《回家折枣》、《我的第一次投稿》，言论《接通地脉》、《难得一种真实》、《直抵灵魂的冲击——谈〈迟开的玫瑰〉》、《村子，乡村的浓缩和解构——读冯积岐长篇小说〈村子〉》、"寻找属于自己的句子"系列（13篇）（《小说评论》第4期始，连载至2009年第5期）等。

2008年

1月，"首届陕西慈善名流之夜"慈善晚会上，捐赠两幅4尺书法作品。

出版《白鹿原》评点本（雷达点评）、《陈忠实小说》（何西来评点），文化艺术出版社；小说集《四妹子》，时代文艺出版社；《蓝袍先生》、《第一刀》，北京十月文艺出版社；《陈忠实自选集》海南出版社；《陈忠实散文精选集》，新世界出版社；散文集《乡土关中》，中国旅游出版社；《秦风》（大雅中国风系列），华东师范大学出版社；小说散文集《吟诵关中——陈忠实最新作品集》，重庆出版社；《原下的日子》，北京十月文艺出版社。

4月，参加方英文长篇小说《后花园》研讨会。

7月4日，在西安市小雁塔前参加奥运圣火的传递，为第六棒奥运火炬手。

12月4日，《白鹿原》入选深圳"读书月组委会"联合深圳报业集团主办的"30年30本书"。

发表散文《在原下感受关中》、《那边的世界静悄悄》、《一个人的声音——李星印象》、《生命里的书缘》、《龙湖游记》（《人民文学》第12期），言论《难得一种纯洁与鲜活——感动陈希学》、《陷入的阅读及其它——〈骞国政文集〉阅读笔记》。

2009年

1月，出版《陈忠实散文》评点本（古耜点评），文化艺术出版社。

4月，小说集《回首往事》、散文集《默默此情》，中国盲文出版社；《陈忠实精选集——轱辘子客》，北京燕山出版社；《白鹿原》"共和国作家文库"，作家出版社。

8月，出版《寻找属于自己的句子——〈白鹿原〉创作手记》，上海文艺出版社。

10月16日，央视《读书》栏目播出专访《守望——白鹿原》。

12月12日，参加"新世纪第一个十年文化状况与文学状况"研讨会，白鹿书院主办。

发表散文《我的秦腔记忆》、《清茶伴我读美文》、《百草园的月色》，言论《寻找属于自己的句子——〈白鹿原〉创作手记》（连载九至十二及后记）等。

《白鹿原》全文入选《中国新文学大系》第五辑（1976—2000），上海文艺出版社。

2010年

2月6日，2009年度"陕西最具文化影响力人物"评选活动揭晓，陈忠实被评为5位"功勋人物"之一。

3月，《钟山》（第2期）揭晓"30年10部最佳长篇小说"投票结果，《白鹿原》名列榜首。

8月，出版散文集《在河之洲》（何启治点评），广东教育出版社。

8月26日，接受英文《中国日报》记者采访。

9月9日，电影《白鹿原》在北京开机。

发表散文《热情率性与悄没声息——王愚印象》、《我经历的"鬼"事》、《毛乌素沙漠的月亮》、《排山倒海的炮声——灞河过年记忆》，言论《〈长安农事拾遗〉序》、《难得一种渴望性阅读——〈黑河〉读记》等。

2011 年

1 月，中央电视台第 10 频道《大家》栏目推出《陈忠实——寻找白鹿原》（上、下），解读陈忠实的文学人生。

《寻找属于自己的句子——〈白鹿原〉写作自述》（"大家自述史"系列），北京大学出版社。

5 月 1 日，做客凤凰卫视访谈栏目《名人面对面》，称：文学是无法摆脱的"魔鬼"。

11 月 22—25 日，参加中国作家协会第八次全国代表大会，当选为中国作家协会副主席。

发表言论《从感性体验出发的生命飞升旅程》、《感动一种决绝——钟镝印象》、《伟大的风格隐藏在看不见的地方》、《看陈彦的三部现代戏》等。

2012 年

5 月，《白鹿原》法文版出版。

6 月，出版散文集《接通地脉》，作家出版社。

9 月 12 日，人民文学出版社举办的"《白鹿原》出版 20 周年庆典暨纪念版、手稿版揭幕仪式"在中国人民大学逸夫会议中心第一报告厅举行。陈忠实设立人民文学出版社"白鹿当代文学编辑奖"。

9 月 15 日，电影《白鹿原》全国首映。

11 月，做客中央电视台《小崔说事》栏目，谈论《我的白鹿原》。

12 月，散文《根在乡村》发表于《求是》杂志。

# 后　记

　　《陈忠实的人与文》是我在博士后研究报告《陈忠实评传》的基础上修订完成的，写作时间历时 10 年。2003 年冬，我在兰州接受了雷达老师的任务，编选《陈忠实研究资料》，在整理资料的过程中，开始撰写陈忠实及《白鹿原》研究的系列论文；2008 年 7 月，我申请到中国社会科学院文学所博士后流动站工作，导师张炯先生认为我的陈忠实研究已有一定基础，要我深入下去，于是有了这一选题。2012 年 2 月 10 日，我完成了博士后研究报告的答辩，导师组由张炯、包明德、白烨、陈骏涛、王光明五位先生组成，他们在肯定书稿的同时，也提出了具体而中肯的修改意见，我在张炯老师指导下多次修改。定稿后，张炯老师为该书撰写了序言，白烨老师将书稿推荐给了中国社会科学出版社。

　　此刻，面对书稿，我深感愧疚。我深知没能达到张炯和雷达两位恩师的殷切期望，张老师慈父般包容我为人为文的一切不足，多次帮我修改书稿；雷老师是我的博士生导师，他先后两次审阅书稿，他说一日为师终身为师，他们的恩情，非言语所能尽表，唯有在学术上不断进取，方能回报恩师教诲之点滴。陈忠实先生对我的研究和写作给予了巨大的帮助，由于我年轻固执，曾与他争得面红耳赤，他却毫不介怀，多次审阅书稿，核实书中涉及的史料，使我顺利完成了书稿的写作。我深知学术研究需要尽心竭力，而自己没能尽心竭力；我深知父母家人需要照顾，而自己没能很好照顾；我深知花开花落应有时，而自己却常常错过丁香盛开、雪花飘落，辜负了馨香串串。

　　白烨老师多次帮我审阅书稿、推荐出版，朱小如、李建军、董之林、陈福民等老师都曾给予了我真诚而有效的帮助，陈忠实的朋友赵润民先生为我提供了大量的研究资料，我一直心存感激。陕西省作家协会的雷涛、贾平凹、李国平、许如珍等老师，为本书的创作和项目申报做了大量的工作，在此，我真诚地跟你们说声：谢谢！

感谢中国社会科学出版社的李炳青和周慧敏女士，李炳青老师是本书的责任编辑，她才思敏捷，待人真诚，工作效率极高，是我的良师益友，周慧敏老师耐心诚恳，工作认真负责。感谢她们为本书出版所做的一切努力。

感谢陕西当代文学与艺术研究中心为本书创作和出版提供的帮助。书中图片由陈忠实、赵润民和冯希哲提供。

李清霞

于 2013 年 1 月 11 日